창세기 1-3장은 역사의 시작과 종말을 이미 포괄하며 하나님의 구원사의 종결을 앞당겨 전망하는 대서론(大序論)이다. 창세기 1-3장이 가장 분명하게 드러내는 진리는 우주의 기원이나 인간의 유래가 아니라 이런 광대무변한 우주와 지구의 피조물인 인간을 만드셔서 그들과 언약을 맺으시는 지극히 인격적인 하나님에 대한 앎이다. 창세기 1-3장을 바로 해석하는 원리는 이 인격적인 창조주 하나님에 대한 앎이다. 1970년에 하버드 대학교에서 수학 박사 학위를 취득하고 수학 교수로 학생들을 가르치다가 신학을 한 이후에 웨스트민스터 신학대학원에서 신학생들을 가르치게 된 저자는 창세기 1-3장에서 창조 과학을 도출하려는 무모한 창조 과학자들에게 계몽적 깨우침을 준다. 창세기 1-3장은 하나님에 대한 앎의 시작이지 물리적 우주의 최초 형성 장면을 귀납적으로 재구성하는 데 필요한 충분한 정보를 제공하지 않는다. 창세기 1-3장은 창조주 하나님이 자신의 나라를 건립하는 것을 보여주는 건국 담론이다. 무신론적 유물론에 치우친 과학자들은 도저히 상상할 수 없는 인격적인 하나님을 선포하는 책이다. 어쩌면 이 책은 위로를 주는 경건 서적에 익숙한 독자들에게 다소 어렵게 느껴질 수 있으나 약간의 인내심만 발휘하면 우주를 창조하시고 인간을 당신의 형상으로 창조하셔서 당신의 부왕으로 삼으신 하나님의 장엄한 사랑에 감동할 수밖에 없다.

김회권 숭실대학교 기독교학과 구약학 교수

근년에 창세기 첫 장들 연구에서 고대 근동학과 과학의 무게가 점증되고 있다. 아울러 창세기의 창조 본문은 학문적 왕래가 잦지만, 교통 신호 체계가 없는 교차로가 되었다. 서로가 육감으로 운전 중이다. 서로 조심해서 들어가야 한다. 이 와중에 호루라기를 불며 등장한 원로 학자가 있다. 번 포이트레스다. 그는 수학자, 언어학자, 과학 철학자로 출발한 신약 신학자로서 성경의 권위를 아주 중요시하는 정통 신학자이기도 하다. 그가 창세기 1-3장에 관한 논의에 뛰어들었다는 자체가 놀랍지 않은가? 이 책은 평범하지 않은 책이다. 이 책에서 그는 과학적(언어 철학) 법칙에 따라 성경의 언어를 이해하고, 신학의 언어를 재정립해야 한다고 주장한다. 달리 말해 학자들이 창세기 1-3장 해석에서 사용하는 언어들을 재정의하는 데서 시작해야 한다는 것이다. 이 책은 기본적으로 텍스트의 해석학 원리를 제시하며 이에 따른 해석학 렌즈로 창세기 1-3장을 살핀다. 수많은 도표와 그림들은 저자가 얼마나 언어의 정확성을 강조하는지를 보여준다. 저자는 전통적인 신학과 철학적 사유를 통해 하나님의 말씀으로서의 성경의 권위, 특히 창세기 1-3장의 신적 권위를 확고하게 드러내려고 애를 쓴다. 저자가 주장하는 창세기 해석 모두에 동의하지는 않지만, 언어 분석 철학을 사용하여 펼치는 세밀한 논의는 설득력 있게 들릴 때가 많다. 아마 저자와 이 책을 이해하려면 상당한 노력이 필요할 것 같다. 고된 독서와 세심한 관찰 끝에 하나님 말씀의 권위를 존중하게 된다면 얼마나 즐겁고 기쁜 일이겠는가!

류호준 백석대학교 신학대학원 구약학 교수(은퇴)

창세기는 근원이다. 만물의 기원에 대해 말해주어서만이 아니라 창세기의 가르침을 이해하고 믿는 것이 인간의 인간 됨과 세계의 존속을 가능케 한다는 뜻에서 그렇다. 저자가 이 근원적 텍스트와의 오랜 씨름에서 빚어낸 『천지창조에서 에덴까지』는 비범한 책이다. 단지 몰랐던 무언가를 알게 해주고, 모르는 줄도 몰랐던 이슈들에 눈뜨게 할 뿐 아니라 독자가 가졌던 확신을 흔들고 해체한 뒤 더 견고하게 세워주기 때문이다. 저자는 광범위한 학문 분야의 도구들을 사용해 창세기 1-3장을 입체적으로 조명함으로써 우리가 "창세기 1-3장을 성경으로서 읽고 해석하기"를 통해 "정통"주의를 내세우지 않고도 정통적 성경관을 견지할 수 있음을 보여준다. 자의로 타의로 갖게 된 모든 이념의 이름표들을 잠시 내려놓고 저자와 함께 창세기를 읽어보라. 새로운 지식과 함께 성경을 보는 새로운 안목이 열릴 것이다.

유선명 백석대학교 신학대학원 구약학 교수

이 책은 현대 과학 이론과 성경의 내용을 철저하게 비교 분석하고 있다. 저자는 현대 과학 이론을 맹목적으로 수용하는 것을 거부하고, 정반대로 교조주의적 입장에서 그것을 배제하지도 않고 매우 진지하게 대화한다. 이러한 해석학적 입장에서 이 주제의 대표적 전쟁터인 창세기 1-3장을 주석하며 해석한다. 신약학 교수인 저자는 구약학자들만의 정형화된 주석과 해석의 방법을 떠나서 보다 자유롭고 폭넓게 창세기 본문을 분석한다. 여기에 조직신학적 논의와 교회사적 검토도 빼놓지 않는다. 수학 박사 출신답게 수많은 표와 그림으로 매우 복잡한 내용을 아주 간결하게 정리하고 있는 점도 이채롭다. 창세기 1-3장을 현대 과학과 연결하여 새롭고 깊이 있고 진지하게 다룬다는 면이 이 책의 큰 장점이다. 저자의 모든 주장에 동의할 수는 없지만, 누구나 한 번쯤은 고민하는 내용을 다루고 있어서 함께 진지하게 머리를 맞댈 수 있는 동기를 제공한다.

차준희 한세대학교 구약학 교수, 한국구약학연구소 소장, 한국구약학회 회장 역임

성경의 세계로 들어가는 관문이자 출발점인 창세기 1-3장은 역설적으로 현대인들에게 가장 큰 걸림돌이 되곤 한다. 현대인들이 추종하는 과학적 주장과 배치된다고 여겨지기 때문이다. 저자는 이러한 현대 독자들을 위해서 창세기 1-3장을 "성경으로서" 읽고 해석할 수 있는 해석 원리들을 제시한다. 저자는 무엇보다 창세기 1-3장을 어떤 이론이나 전제를 갖지 않고 있는 그대로 읽어야 함을 역설한다. 무엇보다 고대 이스라엘인들의 눈에 어떻게 보였을지를 염두에 두고 읽어야 본문이 제대로 "열림"을 깨닫게 한다. 결론적으로 저자는 창세기 1-3장의 해석이 하나님에 대한 믿음의 문제임을 강조한다. 이러한 원리들은 하나님의 말씀인 성경을 제대로 해석하려고 할 때 언제나 필수적으로 요구되는 원칙과 태도다. 많은 사람이 이 책을 통해 성경의 관문을 잘 통과하여 하나님 말씀의 세계를 "찐"하게 경험할 수 있기를 바란다.

하경택 장로회신학대학교 구약학 교수

이 책은 창세기 1-3장을 다루는 것과 관련해 평범한 책이 아니다. 이 책은 다른 책들이 다루는 것과 동일한 여러 가지 문제(가령, 창조의 날들의 길이 같은 문제)를 다룬다. 하지만 또한 이 책은 당신이 그런 문제들에 대해 예상했던 것보다 훨씬 더 깊게 생각할 것을 요구한다. 예컨대 어쩌면 당신은 이 책에서 문자적 해석을 옹호하는 논증을 찾으려 할 수도 있을 것이다. 그럴 경우 포이트레스는 당신에게 **문자적**이라는 용어에는 적어도 다섯 가지 의미가 있다고 말할 것이다. 그로 인해 문자적 해석과 비유적 해석에 관한 주장들은 우리가 보통 그것들에게 부여하는 것보다 훨씬 더 세심한 공식화가 필요해진다. 그러나 이런 신중한 구별 중 어느 것도 하나님의 말씀으로서의 성경의 무오류성을 양보하려는 의도를 갖고 있지 않다. 실제로 이 책의 읽기를 마칠 즈음에 당신은 창세기가 어떻게 하나님의 말씀인가에 대한 보다 큰 인식을 얻게 될 것이다. 실제로 당신은 포이트레스가 말하는 것처럼 "하나님 앞에서 하나님의 말씀을 읽는 방법에 대해 많은 것을 배우게 될 것이다. 이 책은 성경을 설명할 때 성경과 언어에 관한 전문적인 지식이 어떻게 사용되어야 하는지를 보여준다."

존 M. 프레임 리폼드 신학교 조직신학 및 철학 명예교수

번 포이트레스가 쓴 이 새로운 책은 창세기 1-3장을 해석하는 데 사용되는 최근의 다양한 접근법들에 대한 두드러질 정도로 현명하고 포괄적인 분석이다. 포이트레스는 지난 수십 년에 걸쳐 이루어진 상세한 성경 연구에 의지하면서 아주 간단하게 창세기에 "과학적 오류"가 있다고 여기는 현대적 견해에 효과적으로 답한다. 또한 그는 창세기 1-3장이 허구적인 혹은 알레고리적인 문헌으로서가 아니라 실제 사건을 묘사할 목적을 지닌 산문 내러티브로 이해되어야 한다는 것을 설득력 있게 입증한다. 그러나 또한 그는 현명하게도 창세기 1-3장이 그것의 인간 저자나 신적 저자의 의도가 아닌 과학적 정보를 담고 있다고 주장함으로써 그것을 "과도하게 해석하는 것"에 대해 경계한다. 적극 추천한다!

웨인 그루뎀 피닉스 신학교 신학과 성경학 명예교수

우리는 번 포이트레스가 성경 본문 및 다른 해석자들과 신중하고 사려 깊게 씨름해 온 것에 늘 감사하고 있다. 특히 이런 본문들 및 주제들과 관련해서는 더 말할 것도 없다! 언어학적 세부 사항에 대한 관심과는 별도로 포이트레스는 언제나 독자들을 해석과 기독교 세계관에 연결된 보다 큰 문제로 이끌어간다. 이 책은 당신이 시간을 들여 읽고, 공부하며, 생각하고, 곱씹어볼 만한 가치가 있는 책이다.

C. 존 콜린스 커버넌트 신학교 구약학 교수

포이트레스는 우리 시대의 천재다. 이 책은 아주 복잡한 문제들(어떤 문제들은 내가 처음에 생각했던 것보다 훨씬 더 복잡하다)을 다루며 앞으로 나아가기 위한 길을 제시한다. 지금 이후로 창조 이야기를 다루는 그 어떤 해석자도 이 책을 다루지 않을 수 없을 것이다.

데릭 W. H. 토마스 리폼드 신학교 특임교수

이 책은 매력적이고, 유익하며, 아주 잘 쓰였다. 그동안 번 포이트레스는 오늘날 창세기 1-3장을 신중하게 읽는 것과 관련해서 제기되는 심각한 질문들을 해석학적 솜씨를 발휘해 의미 있는 방식으로 다뤄왔으며, 그와 동시에 그 문제와 연관된 현대의 과학 이론들에 분별력 있게 대응해왔다. 우리는 그가 여러 가지 문제, 논의들 그리고 서로 경쟁하는 견해들을 공정하고 지혜롭게 다루는 방식을 배우기 위해 그의 모든 결론에 동의할 필요는 없다. 이 책은 우리가 우리에게 가장 중요한 몇 가지 문제들에 대해 보다 분명하고 깊게 생각하도록 도와준다.

리처드 E. 에이버벡 트리니티 복음주의신학대학원 구약학 및 셈어학 교수

Interpreting Eden

A Guide to Faithfully Reading and Understanding Genesis 1–3

Vern S. Poythress

창세기 1-3장을 성경으로서 읽고 이해하기

INTER
PRETING
EDEN

천지창조에서 에덴까지

번 S. 포이트레스 지음

김광남 옮김

새물결플러스

목차

표와 그림들

| 표 |

| 그림 |

머리말

신학의 어떤 주제들은 악명 높을 정도로 복잡하다. 그중에서도 창조 교리만큼 복잡한 것은 달리 없다. 이런 복잡함은 주로 그 주제에 아주 많은 것, 예컨대 창세기의 처음 장들과 창조에 대해 이야기하는 다른 성경 구절들에 관한 주해, 문학 장르의 문제, 해석학적 원리들, 성경과 (우주론에서 시작해 열역학, 생물학 그리고 지질학 등으로 분류된 여러 학문 분야를 포함하는) 현대 과학의 연관성, (여러 세기 동안 아주 많은 문화에서 창세기의 처음 장들을 이해해온 해석의 역사와 씨름한) 수용 이론, 인식론, 하나님의 영감으로 쓰인 텍스트를 다루는 것의 의미, 진보 진영과 보수 진영의 다양한 신학적 분파들의 교조주의, 역사의 본질, 문학적 구조 그리고 하나님에 대해 말할 때 유비의 역할 등이 창조 교리에 영향을 끼치는 데서 발생한다. 분명히 말하지만, 이 목록은 완전한 것이 아니라 단지 함축적인 것이다.

검색창에 번 포이트레스(Vern Poythress)라는 이름을 쳐보라. 모든 신약학자가 학자로서의 삶을 하버드에서 수학 박사 학위를 받고 시작하거나, 세례, 과학, 섭리, 수용, 번역 이론, 삼위일체, 무오성, 해석학, 영적 은사, 문학 장르, 유형론, 종말론, 묵시론, 사회학 그리고 창조 같은 아주 광범위한 신학적 주제들에 대해 글을 쓰지는 않는다. 나는 포이트레스 박사와 40년 넘게 교제해왔는데, 그동안 그는 계속해서 중요한 연구 주제들의 경계를 넓혀왔다. 그의 모든 작업을 따라가기는 어렵다. 그리고 바로 그것이 그가 성경이 창조에 대해 말하는 것과 씨름하는 일에 자격을 갖춘, 아니 그 누구보다도 적격인 이유다. 그는 일생 동안 연관된 수많은 분야를 지적으로 섭렵하며 지내왔다. 실제로 그에 대해 얼마간이라도 아는 독자들은 그가 이 연구에서 이전에 수행한 연구의 결과 중 일부를 반복하고 있음을 알게 될 것이다. 이는 그가 이전에 수행한 연구의 결과들을 이런 분석과 종합의 형태로 결합하여 제시하기 때문이다.

포이트레스 박사가 이런 주제에 관한 책을 쓰기에 적합한 사람임을 보여주는 두 번째와 세 번째 이유는 서로 밀접하게 연관되어 있다. 그는 성경에 대한 높은 관점(a view of Scripture, 하나님이 오직 성경을 통해서만 말씀하신다고 여기는 관점―역주)과 고전적인 신앙고백주의(confessionalism, 교회의 가르침 전체에 대한 명백한 동의의 중요성을 강조하는 태도―역주)를 동시에 지지한다. 어떤 이들은 전자를 택하기는 하나 후자에 대해서는 거의 알지 못한다. 그들은 단지 증거 본문을 주해하는 것에만 몰두한다. 그로 인해 오른쪽에서 열여섯 번째 나무의 세 번째 가지에 있는 옹이에 주목하느라 정작 숲을 보지 못한다. 우리는 45년 전에 프랜시스 쉐퍼(francis Schaeffer)가 그의 책『창세기의 시공간성』(Genesis in Space and Time)에서 보여주었던 통찰을 기억한다. 그는 창세기 1-11장에서 최대한 발견할 수 있는 것이 아니라 성경의 나머지 부분이 일관되고 충실한 것이 되기 위해서는 반드시 참이어야 하는 모든 것을 풀어나가기 시작했다. 포이트레스 박사는 그 정도로 집요함을 보이지는 않지만 가장 중요한 것을 찾아내는 일에 탁월한 본능을 지니고 있다. 다른 이들은 자기들이 역사적 신앙고백주의에 헌신한다고 큰 소리로 공언하지만 신중한 주해를 하려고 하지 않거나 그럴 능력이 없다. 포이트레스 박사는 이런 양극성을 함께 유지하려고 한다.

포이트레스 박사가 이런 책을 쓰기에 적합한 네 번째 이유는 그가 주제의 복잡성과 미묘함에도 불구하고 명확하고 간결한 글을 쓰기 때문이다.

마지막으로 포이트레스 박사는 비상할 만큼 유연하고 창조적인 정신의 소유자다. 대개 종교개혁적 신앙고백주의의 영향을 받은 학자들은 그 유산을 충실하게 표현하는 것 이상의 일을 하지 못하는 반면(물론 그것이 별 게 아니라는 뜻은 아니다), 그것에 대한 지적 충성심을 거의 갖고 있지 않은 학자들은 그 범위를 벗어나는 때에라도 여러 가지 자극적이고 창의적인 제안을 할 수 있다. 그러나 포이트레스 박사는 풍요로운 전통이라는 신학적 "탄탄함"을 유지하면서도 두려움 없이 여러 가지 창의적인 일들을 제안한다. 이것이야말로 그의 책을 읽는 일이 즐거운 이유 중 하나다. 나는 그의 책을 읽을 때마다 내가 늘 올바르게 이해했다고 잘못 생각한 무언가를 통해 나의 길을 다시 생각할 수 있도록 언제나 자극받고 도전받으며 부추김을 받는다.

그것이 포이트레스 박사가 이 책을 통해 이룬 가치 있는 일의 큰 부분이다. 내가 그의 책을 즐겁게 읽는 이유는 그가 늘 옳고 따라서 나의 편향을 강화해주는 것 이상의 일을 하지 않기 때문이 아니라, 오히려 내가 아는 한 그는 옳지 않기보다는 옳을 가능성이 훨씬 더 큰 데다가 어떤 경우에든 내가 심원한 기독교 신앙이라는 모체 안에서 사고하도록 자극하기 때문이다. 몇몇 경우에 나는 그가 틀렸다고 여긴다. 예컨대 그가 신적 저자와 인간 저자의 가중된 공헌을 상정하는 방식은 대담하기는 하나 별 설득력이 없어 보인다. 그러나 내가 그가 틀렸다고 여길 때조차 그는 나에게 나의 입장을 좀 더 조심스럽게 강화하도록 가르친다.

아무튼, 내가 내용에 동의해서 추천하는 책들은 그것들 나름의 유용성을 지니고 있다. 그러나 내가 고도로 지적이며 고무적인 방식으로 성경의 본문들과 씨름한다는 이유에서 추천하는 책들은 내가 그 내용에 동의하든 동의하지 않든 간에 훨씬 더 유용하다. 이 책을 집어 들고 읽으라.

D. A. 카슨

감사의 글

내가 예전에 게재했던 논문들을 이 책에서 다시 사용하도록 허락해준 「웨스트민스터 신학 저널」(*Westminster Theological Journal*)에 감사드린다. 나는 이 책에 논리적으로 들어맞게 하려고 그 논문들을 개작했고 때로는 그중 일부를 재배열하기도 했다. 이 책에 사용된 논문들은 아래와 같다.

"Rethinking Accommodation in Revelation." *Westminster Theological Journal* 76, no. 1 (2014): 143-56.

"A Misunderstanding of Calvin's Interpretation of Genesis 1:6-8 and 1:5 and Its Implications for Ideas of Accommodation." *Westminster Theological Journal* 76, no. 1 (2014): 157-66.

"Three Modern Myths in Interpreting Genesis 1." *Westminster Theological Journal* 76, no. 2 (2014): 321-50.

"Correlations with Providence in Genesis 1." *Westminster Theological Journal* 77, no. 1 (2015): 71-99.

"Rain Water vs a Heavenly Sea in Genesis 1:6-." *Westminster Theological Journal* 77, no. 2 (2015): 181-91.

"Correlations with Providence in Genesis 2." *Westminster Theological Journal* 78, no. 1 (2016): 29-48.

"Dealing with the Genre of Genesis and Its Opening Chapters." *Westminster Theological Journal* 78, no. 2 (2016): 217-30.

"Genesis 1:1 Is the First Event, Not a Summary." *Westminster Theological Journal* 79, no. 1 (2017): 97-121.

"Time in Genesis 1." *Westminster Theological Journal* 79, no. 2 (2017): 213-41.

필요

우리는 창세기 1-3장을 어떻게 충실하게 해석할 수 있을까?[1] 창세기 가장 앞부분에 나오는 장들의 의미에 대해 많은 논쟁이 벌어지고 있다. 우리는 어떻게 그런 논쟁을 헤치며 우리의 길을 찾을 수 있을까? 성경 해석을 위한 건전한 원리들을 살펴보는 것이 우리가 바른길로 나아가도록 도울 수 있을 것이다. 우리가 이 책에서 하려는 일이 바로 그것이다. 우리는 건전한 해석의 원리들을 위한 기초를 제공하는 성경의 진리들에 초점을 맞출 것이다. 그러면 다시 그런 원리들이 우리가 창세기 1-3장을 충실하게 해석하도록 이끌어줄 것이다.

---

1 창세기의 문학적 단절은 창 3장의 끝이 아니라 4장의 끝에서 나타난다. 그것이 C. John Collins가 그의 책 *Gesnesis 1-4; A Linguistic, Literacy, and Theological Commentary* (Phillipsburg, NJ: P&R, 2006)에서 창 4장을 포함시킨 이유다. 우리는 창세기의 그런 문학적 구조에 분명하게 주의를 기울여야 한다. 그러나 이 책에서 우리는 창 1-3장에 보다 집중할 것이다. 그 장들이 지닌 신학적 함의와 그것들과 과학적 주장들 사이의 연관성 때문이다. Collins의 책은 창 4장을 포함시킴으로써 이 책에 대해 보충 자료를 제공한다. 또한 C. John Collins, *Reading Genesis Well: Navigating History, Poetry, Science, and Truth in Genesis 1-11*(Grand Rapids, MI: Zondervan, 2018)을 보라.

창세기 1-3장에 관한 논쟁 중 많은 것이 현대 과학의 주장들과 상관이 있다. 예컨대 주류 우주론자들은 우주가 수십억 년에 걸쳐 발전했다고 주장하는 반면, 창세기 1장은 하나님의 창조 행위가 6일에 걸쳐 일어났다고 전한다. 우리는 이런 차이를 어떻게 다뤄야 하는가? 연관된 다양한 과학적 주장들을 상세하게 평가하기 위해서는 그 자체로 한 권의 책이 필요할 것이다.[2] 창세기 1-3장이 현대 과학과 조화를 이룰 수 있는가에 관심이 있는 독자들에게 분명하게 말하는데, 그 질문에 대한 답들이 존재한다. 그러나 우리는 그런 질문을 다루는 과정을 견뎌내야 한다. 우리가 인내해야 하는 이유는 우리가 여러 가지 쟁점과 연관된 길을 따라 걸어야 하기 때문이다. 우리가 발견하게 될 내용 중 일부는 서구 문화의 엘리트들 사이에 널리 퍼져 있는 가정들과 상충할 것이다. 지배적인 문화적 분위기 안에 존재하는 어떤 가정들은 도전받을 필요가 있다.

특히 우리는 과학이 어떻게 성경에 기초한 세계관에 들어맞는지에 대해 살펴볼 것이다(특히 이 책의 1장, 2장 그리고 4장을 보라). 인간의 노력으로서의 과학은 얼마간 놀라운 열매를 얻을 수 있다. 그러나 과학 역시 편향될 수 있으며 나중에 참되지 않은 것으로 혹은 전혀 진실이 아닌 것으로 드러나게 되는 주장을 할 수도 있다.

그럼에도 우리는 이 책에서 주로 과학의 주장이 아니라 창세기 1-3장

---

2   나는 나의 책 *Redeeming Science: A God-Centered Approach*(Wheaton, IL: Crossway, 2006)에서 그런 시도를 한 바 있다. 그것이 지닌 과학적 약점을 포함해 다윈주의에 대한 최신의 비평을 위해서는 다음을 보라. Michael Denton, *Evolution: Still a Theory in Crisis* (Seattle: Discovery Institute, 2016); J. P. Moreland, et al., eds., *Theistic Evolution: A Scientific, Philosophical, and Theological Critique* (Wheaton, IL: Crossway, 2017). 『유신진화론 비판』(부흥과개혁사 역간).

에 초점을 맞출 것이다. 어째서 창세기 1-3장인가? 그 장들 그리고 더 나아가 창세기 전체는 성경 전체에서 중요한 역할을 맡고 있다. 그것들이 우리에게 역사의 시작에 대한 이야기를 전하기 때문이다. 역사의 시작과 끝에 대한 이야기는 모두 우리가 그 중간기, 즉 우리가 살아가는 시간을 이해하는 방식에 큰 영향을 준다. 근래에 창세기를 해석하는 것에 대한 논쟁이 점점 더 활발해지는 이유는 그런 논쟁 중 몇몇이 우리가 그 중간기를 해석하는 방식에서 차이를, 아마도 굉장한 차이를 만들어내기 때문이다.

　　넓은 의미에서 그 중간기에는 우리뿐만 아니라 성경이 말하는 거의 모든 사건이 포함된다. 거기에는 구속의 핵심적 사건들—특히 그리스도의 삶, 죽음, 부활, 승천 그리고 다스림—이 포함된다. 창조와 타락에 관한 성경의 설명은 우리가 그것에 비추어 중간기를 이해해야만 하는 가장 큰 배경을 제공한다. 그러나 성경 전체 그리고 특별히 창세기는 창조와 타락에 관해 어떤 이야기를 하는가?

창조와 타락-과학의 맥락에서

창세기의 처음 세 장에 대한 해석에는 여러 가지 문제가 연관되어 있다. 우리가 한 권의 책에서 그 모든 문제에 동등하게 주목하기는 어렵다. 다음과 같은 문제들이 있다. (1) 창조론, 인간론, 죄론 그리고 인간의 성별(性別)의 의미 같은 신학의 문제, (2) 빛, 질서와 무질서, 신실함, 지배와 같은 주제들 그리고 그런 주제들이 성경의 나머지 부분과 연관되는 문제, (3) 창세기 1-3장과 현대 과학적 주장들의 관계에 대한 문제. 우리는 이 책에서 주로 이 세 가지 문제에 초점을 맞출 것이다.

창세기 1-3장을 해석하는 데 따르는 몇 가지 논쟁은 우주의 발전의 초기 단계에 대한 현대 과학의 주장들과 분명하게 연관되어 있다. 사람들은 생물의 기원에 관한 표준적인 주류의 신다윈주의적인 설명과 연관된 문제들도 살핀다. 지금과 같은 다양한 종류의 식물과 동물들은 어떻게 나타났는가? 그것들은 아무런 계획 없는 무작위적인 과정에 의한 것인가, 아니면 하나님의 계획에 의한 것인가?[3]

또한 우리는 아담과 하와에 관한 여러 가지 주장과 마주한다. 그렇다면 창세기 2장에 나오는 아담과 하와의 창조에 관한 설명은 인간의 기원에 관한 주류 과학의 주장과 어떻게 연관되는가? 유일한 최초의 한 쌍의 부부가 있었던 것인가? 그들은 어떤 의미에서 최초인가? 그들은 자연적 과정을 통해 그들보다 이른 시기의 영장류로부터 나왔는가?

이런 각각의 문제들에 대해 어떤 이들은 기꺼이 주류 과학의 주장을 거부하고 창세기 1-3장에 대한 자신들의 해석을 고수하려 한다. 다른 이들은 성경의 설명을 거부하고 현대 과학의 주장에 대한 그들의 이해를 고수하려 한다. 그리고 그들 사이에 여러 가지 서로 다른 입장을 지닌 이들이 있다. 어떤 이들은 창세기와 과학의 조화를 제안한다. 어떤 이들은 창세기에 대한 재해석을 제안하고, 어떤 이들은 과학적 자료들에 대한 재해석과 재검토를 제안한다. 과학자들 사이에서 지배적인 견해가 유일한 견해가 아니라는 것을 인식하는 것이 중요하다. 자격을 갖춘 과학자들에 의해 대표되는 여러

---

3   그런 여러 가지 문제에 대한 개관을 위해서는 Kenneth D. Keathley and Mark F. Rooker, *40 Questions about Creation and Evolution*(Grand Rapids, MI: Kregel, 2014)을 보라.

가지 소수파 견해들이 존재한다. 그러나 이런 견해들은 주로 다수파의 목소리에 의해, 적극적인 박해에 의해, 그리고 미디어가 선택적으로 보도하는 내용들에 의해 억압된다.

과학과 창세기 1-3장에 대한 더 상세한 문제들은 보다 큰 맥락을 갖고 있다. 과학의 본질은 무엇인가? 성경의 본질은 무엇인가? 이런 질문 중 어느 것에 답하더라도 책 한 권이 필요할 수 있다.[4] 하지만 우리는 이 책에서 창세기 1-3장을 면밀하게 살피기 위한 지면을 확보하기 위해 그런 것들에 대해서는 짤막한 개요로 만족해야 할 것이다.

해석의 원리들

이런 문제 중 몇 가지는 어렵다. 어째서인가? 창세기 1-3장 자체는 우리가 제기할 수 있는 모든 문제에 대해 직접적인 답을 제공하지 않기 때문이다. 하지만 그것은 말할 것을 갖고 있다. 우리는 그것이 하는 말을 어떻게 해석해야 하는가? 많은 것이 우리가 성경 구절을 해석하는 방식에 달려 있다.

어느 정도 그 문제들은 해석의 과정에 죄가 틈입하므로 **더욱** 어려워진다. 성경에 대한 혹은 창세기 1-3장에 대한 모든 해석이 도덕적으로 무고

---

4 다음의 책을 보라. Vern S. Poythress, *Redeeming Science: A God-Centered Approach* (Wheaton, IL: Crossway, 2006); Vern S. Poythress, *God-Centered Biblical Interpretation* (Phillipsburg, NJ: P&R, 1999); Vern S. Poythress, *Inerrancy and Worldview: Answering Modern Challenges to the Bible* (Wheaton, IL: Crossway, 2012). 이 중 마지막 것에 대한 보다 특별한 보충 자료는 Vern S. Poythress, *Inerrancy and the Gospels: A God-Centered Approach to the Challenges of Harmonization*(Wheaton, IL: Crossway, 2012)에서 찾아볼 수 있다.

하지는 않다. 사실 우리가 창세기 1-3장을 바르게 이해하려는 진지한 갈망을 가질 때조차, 우리도 모르는 사이에 죄가 틈입할 수 있다. 죄는 우리의 정신에 영향을 준다. 우리는 "마음을 새롭게 함으로 변화되어야 할" 필요가 있다(롬 12:2).

창세기 1-3장의 본문은 예나 지금이나 동일하다. 그러나 논쟁은 사라지지 않고 있다. 그런 논쟁들은 모두가 만족할 정도로 해소되지도 않고 있다. 논쟁이 계속될 때는, 보다 큰 명확성을 얻고 앞으로 나아가리라는 희망을 품고서 해석의 원리들에, 즉 해석학적 쟁점들에 주목하는 것이 유용할 수 있다. 우리가 이 책에서 제안하는 것이 바로 그것, 즉 창세기 1-3장을 몇 가지 해석의 원리에 비추어 새롭게 살펴보자는 것이다. 따라서 이 책에서 우리의 초점은 창세기 1-3장의 내용과 그것의 의미에 관한 문제들이 아니라 해석의 과정과 그것의 가정들에 맞춰질 것이다.[5]

특히 지면이 제한된 이 책에서 우리가 아담과 하와에 관해 제기될 수 있는 모든 질문에 명확하게 답할 수는 없을 것이다. 사실 그 주제에 관해서는 이미 여러 권의 책들이 쓰였다.[6] 그것이 중요한 주제가 되는 까닭은 부분

---

5   언어학적이고 문학적인 원리들에 초점을 맞추는 연구에 대해서는 Collins, *Reading Genesis Well*을 보라.

6   Ann Gauger, Douglas Axe, and Casey Luskin, *Science and Human Origins* (Seattle: Discovery Institute, 2012); Hans Madueme and Michael Reeves, eds., *Adam, the Fall, and Original Sin: Theological, Biblical, and Scientific Perspectives*(Grand Rapids, MI: Baker, 2014)를 보라. 『아담, 타락, 원죄』(새물결플러스 역간). 다양한 견해를 위해서는 Matthew Barrett and Ardel B. Caneday, eds., *Four Views on the Historical Adam*(Grand Rapids, MI: Zondervan, 2013)을 보라. 『아담의 역사성 논쟁』(새물결플러스 역간). 우리는 이와 관련된 한 가지 중요한 주석적 그리고 신학적 공헌을 J. P. Versteeg, *Adam in the New Testament: Mere Teaching Model or First Historical Man?*(Phillipsburg, NJ: P&R, 2012)에서 찾아볼 수 있다. 『아담의 창조』(P&R 역간).

적으로는 인류의 기원에 관한 이야기가 인간이 된다는 것이 무엇을 의미하는지에 관한 우리의 견해에 영향을 주는 방식 때문이고, 또한 부분적으로는 신약성경이 아담과 그리스도를 평행시키는 특별한 방식 때문이다(롬 5:12-21; 고전 15:21-22, 44-49). 그 평행은 아담이 실제 사람이었다는 가정에 근거한다. 아담이 그런 죽음에 대한 책임 소재로서 실제로 존재하지 않았더라면, 우리와 온 인류가 아담 안에서 "죽는 것"이 어떻게 가능하겠는가?(고전 15:22; 롬 5:12, 16-18)

비록 우리가 모든 결론에 필요한 충분한 논증을 제시하지는 못하겠지만, 우리가 이 책을 통해 문제들에 대한 답을 얻기 위해 점진적으로 나아가는 해석학적 틀을 제공하는 일에서 진전을 이루기를 바란다.

많은 것이 위태로울 때, 우리는 자신에 대해 그리고 다른 이들에 대해 인내할 필요가 있다. 우리는 해석의 영역에서 죄의 뿌리를 뽑는 일이 쉽지 않음을 인정해야 한다. 그것은 우리 안에서나 다른 이들에게서나 마찬가지다. 인간은 모두 사악하기에 성경을 그것이 실제로 성령의 뜻과 능력을 따라 말하는 방식으로 읽기보다는 오히려 자기들이 바라는 방식으로 읽으려는 유혹에 빠진다.

또한 우리는 우리 자신의 지식의 상태에 대해 인내해야 한다. 하나님은 성경을 통해 몇 가지 답을 주기로 하셨다. 하지만 그분은 우리가 호기심을 가질 만한 모든 문제에 대한 답을 주지는 않으셨다. 고대 근동 사회에 대한 우리의 지식은 단편적이다. 그리고 과학의 연구는 계속되고 있다. 과학은 "진행 중인 일"이며, 우리가 증거를 해석하는 과정에서 급격한 변화가 나타날 수도 있는 곳을 항상 미리 알 수는 없다.

천지창조에서 에덴까지

INTERPRETING EDEN

1부

기본적인 해석 원리들

1장

하나님

몇 가지 기본적인 해석의 원리들에서 시작해보자.

우리는 창세기 1-3장의 다양한 구절에 대한 각각의 모든 질문들과 대부분의 해석상의 질문들 배후에서 하나님에 관한 질문을 발견한다. 하나님이 어떤 분이신지를 이해하는 것이 창세기 1-3장에 대한 우리의 이해에 영향을 준다. 사실 하나님 문제는 성경 전체를 해석하는 데 가장 중요하다. 실제로 그것은 오늘날 서구 문명이 답해야 할 가장 중요한 질문이다. 의미 있는 소수를 제외하고, 서구 문명의 엘리트 문화는 하나님이 성경이 묘사하는 삼위일체 신이라는 개념을 포기했다. 교육, 언론 그리고 예술은 다른 방향으로 달려가고 있다.

현재 탐험이 이루어지고 있는 한 방향은 유물론(materialism) 혹은 자연주의(naturalism)다. 유물론 철학은 세계가 운동하는 물질로 이루어져 있다고 주장한다. 물질이 세상의 기저에 존재하는 모든 것이며 인간 경험의 토대다. 우리가 보는 모든 복잡성은 물질의 보다 단순한 구성 요소들로부터 점차적으로 형성된 것이다. 특히 그런 사고 안에는 하나님이 존재하지 않는다. 창세기 1-3장은 기원에 대한 여러 가지 만들어진 이야기 중 하나로 간주된다(철학적 유물론이 그 나름의 기원 이야기를 갖고 있음에 주목하라. 표 1.1을 보라).

그러나 철학적 유물론은 실제로 가능한 것인가? 만약 물질이 존재하는 모든 것이라면, 우리의 사고와 생각은 실제가 아닌 것처럼 보일 것이다. 그 것들은 환상에 불과하다. 어떤 유물론자들은 의식은 환상이라고 말한다. 하 지만 의식이 환상이라면, 유물론 철학의 개념들 역시 환상일 뿐이다. 따라서 유물론 철학은 그 자신의 토대에 대해 일관성 있는 설명을 제공하지 못하는 것처럼 보인다.

그림 1.1: 철학적 유물론과 성경적 유신론

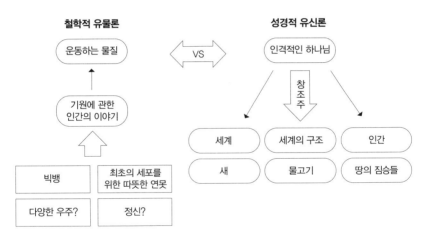

오늘날 모두가 유물론자인 것은 아니다. 순전한 유물론은 너무 암울해 보 인다. 그런 까닭에 어떤 이들은 모든 것이 하나님이라고 주장하는 범신론 (pantheism) 쪽으로 더 기울어진다. 비록 이런 입장은 어느 의미에서 "영적"

이기는 하나 그것은 창세기 1-3장과는 아주 다르다. 그것은 창세기 1-3장을 포기하거나, 그것을 모든 것이 신성하다고 주장하는 실제 현실에 대한 혼란스러운 반응 정도로 여긴다.

하나님의 문제가 중요한 까닭은 하나님 자신이 중요하기 때문이다. 그러나 그 문제는 그것이 도덕과 인간의 삶에 대해 갖는 함의 때문에 중요하기도 하다. 어떤 행위가 도덕적으로 옳다는 것이나 틀렸다는 것은 무엇을 의미하는가? 도덕은 그것의 뿌리를 하나님의 도덕적 성품에 두고 있는가? 하나님이 존재하신다면, 그분은 인간의 삶을 위한 목적들, 즉 우리가 실제로 누구인지를 우리에게 말해주는 목적들을 갖고 계시는가?

우리가 하나님이 없다고 여긴다고 가정해보라. 그럴 경우, 도덕은 마치 어떤 이가 초콜릿 아이스크림이 바닐라 아이스크림보다 낫다고 여기는 것처럼 단지 개인적이고 주관적인 선호에 불과한 것이 되지 않겠는가? 도덕은 무심하고, 의도되지 않으며, 무작위적인 진화의 산물에 불과하지 않겠는가? 만약 그렇다면, 도덕에 대한 모든 사람의 생각 역시 진화의 결과로 보일 것이다. 따라서 다른 이들을 돕고자 하는 갈망은 다른 이의 물건을 훔치려는 갈망과 같은 지위를 갖는다. 그럴 경우, 어떤 이의 도덕적 선호가 다른 이의 그것보다 낫다고 여길 수 있는 실제적 토대는 존재하지 않는다.

하나님의 문제가 중요하기 때문에 창세기 1-3장 역시 중요하다. 그것은 성경이 하나님에 대해 말하는 핵심 본문 중 하나다.

하나님은 누구신가?

서구 문화의 엘리트의 관점에서 본다면, 하나님은 존재할 수도 있고 존재하지 않을 수도 있다. 그러나 그 문제가 어떻든 간에 삶은 계속된다. 이런 종류의 사고에 따르면, 삶은 대부분의 경우에 하나님에 대한 언급 없이 진행될 수 있다. 어떤 이가 자신의 사적인 삶에 종교적 차원을 덧붙이고자 한다면, 그것은 그 사람에게 달려 있다. 그리고 실제로 오늘날 많은 이들은 자신들이 어느 의미에서 "영적"이라고 여긴다. 그들은 초월적인 무언가와의 접촉을 추구한다. 그러나 그들 중 많은 이들이 성경에 묘사된 하나님을 추구하지 않는다. 그들은 다른 곳에서, 즉 명상에서, 자연과의 교류에서, 영성주의에서 그리고 다양한 출처에서 나온 자료들을 읽거나 들으면서 대체물을 찾는다.

성경은 이런 분위기와 상충한다. 그것의 메시지의 중심에는 하나님이 있다. 그리고 하나님은 특별한 성품을 갖고 계신다. 오직 한 분 하나님이 계신다(신 4:35, 39). 그분만이 하나님이시기에 그분만 경배하는 것이 옳다. 그분은 우리에게 배타적인 충성을 요구하신다. 그분은 한 남자와 한 여자가 결혼 생활에서 서로에게 행하도록 기대되는 배타적 충성을 요구하신다. 이런 배타적 충성에 대한 요구는 많은 현대인에게 폭압적으로 보인다. 그러나 그것은 그들이 하나님을 이해하지 못하거나 그들 자신을 이해하지 못하기 때문에 나타나는 현상이다. 그들은 자기들이 하나님과 교제하도록 지음 받았으며 그런 교제만이 그들의 참된 본성을 드러낸다는 것을 이해하지 못한다. 그들은 인간적 반역을 통해 그 교제를 상실했다.

따라서 하나님에 대한 그 어떤 다른 개념도 그리고 초월자에 대한 다른 그 어떤 종류의 반응도 적절하지 않다. 우리는 **이 특별한 하나님**에 대해 알아야 하고 또한 우리가 바라는 하나님에 대한 온갖 다른 개념들을 끌어오려는 유혹에 맞서야 한다.

기적

우리가 실제로 성경에 주의를 기울일 때, 우리는 그것이 하나님에 대해 말하는 것을 발견한다. 그리고 이 하나님은 자신이 원하실 때 기적을 행하신다는 사실이 드러난다. 사복음서는 모두 예수가 기적을 행했음을 알려준다. 그리고 성경에서 가장 큰 기적은 예수가 하나님의 능력으로 죽은 자들 가운데서 부활한 것이다. "하나님이 죽은 자 가운데서 그를 **살리신지라**. 갈릴리로부터 예루살렘에 함께 올라간 사람들에게 여러 날 보이셨으니 그들이 이제 백성 앞에서 그의 증인이라"(행 13:30-31). 구약성경에는 다른 놀라운 기적들이 등장한다. 하나님이 인간의 모습으로 아브라함에게 나타나셨다(창 18:1-2). 그분은 소돔과 고모라에 불과 유황을 쏟아 부으셨고(19:24), 홍해를 가르셨으며(출 14:21), 시내산 꼭대기에서 이스라엘을 향해 인간이 들을 수 있는 음성으로 말씀하셨고(출 19), 엘리야를 통해 사렙다 과부의 죽은 아들을 일으키셨다(왕상 17:21-22).

오늘날 서구의 많은 이들은 그런 주장에 대해 회의적이다. 그러나 어째서 그러한가 하고 질문할 경우, 우리는 서구 문화가 성경의 어느 구절을 읽기도 **전에** 이미 그런 하나님 개념을 포기했다는 사실과 마주하게 된다. 주장대로라면, "현대 과학"은 기적이 불가능하다는 것을 보여주었다. 그러나 과학자들이 수행하는 실험적 연구들은 단지 **규칙성**(regularities)을 밝힐 뿐인데, 과학자들은 그것을 "법칙"이라고 부른다. 그들은 예외가 있을 수 없다고 정당하게 말하지 못한다. 그들이 예외가 없다고 말하는 것은 그들이 이미 하나님은 존재하지 않는다고, 세상은 메커니즘에 의해 움직인다고, 따라서 예외가 있을 수 없다고 말하는 철학에 의해 영향을 받았기 때문이다[1](그림 1.2를 보라).

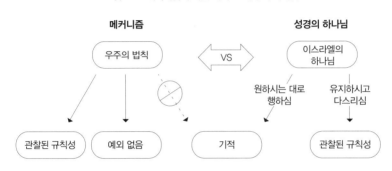

그림 1.2: 메커니즘에 따른 기적 vs 성경의 하나님

만물에 대한 하나님의 통치

그러나 기적은 우리가 하나님에 대해 생각하는 방법의 시작일 뿐이다. 성경은 하나님이 세상의 사건들에 친히 관여하신다고 알려준다. 그분은 비상하고 예외적인 사건들뿐 아니라 대부분의 평범한 사건들에도 관여하신다.

---

1   이에 대한 추가적인 논의를 위해서는 Vern S. Poythress, *Redeeming Science: A God-Centered Approach* (Wheaton, IL: Crossway, 2006), chap. 1을 보라.

그분은 주권적 통치를 통해 크고 작은 일 모두를, 그리고 자연의 일과 인간의 일 모두를 다스리신다. 하나님의 통치의 현실성을 철저하게 확인하고자 하는 독자들은 전적으로 그 주제를 다룬 책들을 살펴볼 수 있을 것이다.[2] 그러나 여기서는 샘플이 될 만한 몇 개의 성경 구절을 인용하는 것으로 만족하자.

> 그가 가축을 위한 풀과
>
> 사람을 위한 채소를 자라게 하시며
>
> 땅에서 먹을 것이 나게 하셔서(시 104:14).

> 제비는 사람이 뽑으나
>
> 모든 일을 작정하기는 **여호와께** 있느니라(잠 16:33).

> 오늘 있다가 내일 아궁이에 던져지는 **들풀도** 하나님이 이렇게 **입히시거든** 하물며 너희일까보냐? 믿음이 작은 자들아(마 6:30).

> 인자는 이미 **작정된 대로** 가거니와 그를 파는 그 사람에게는 화가 있으리로다(눅 22:22).

---

2   John M. Frame, *The Doctrine of God* (Phillipsburg, NJ: P&R, 2002); 『신론』(CLC 역간). Loraine Boettner, *The Reformed Doctrine of Predestination* (Grand Rapids, MI: Eerdmans, 1936); Vern S. Poythress, *Chance and the Sovereignty of God: A God-Centered Approach to Probability and Random Events* (Wheaton, IL: Crossway, 2014).

과연 헤롯과 본디오 빌라도는 이방인과 이스라엘 백성과 합세하여 하나님께서 기름 부으신 거룩한 종 예수를 거슬러 **하나님의 권능과 뜻대로 이루려고 예정하신 그것을 행하려고** 이 성에 모였나이다(행 4:27-28).

또한 우리는 하나님의 통치의 포괄적 성격을 일반적인 용어로 선포하는 구절들을 갖고 있다.

> 주의 명령이 아니면
> 누가 이것을 능히 말하여 이루게 할 수 있으랴?
> **화와 복이**
> 지존자의 입으로부터 나오지 아니하느냐?(애 3:37-38)

> **모든 일을** 그의 뜻의 결정대로 **일하시는** 이의 계획을 따라 우리가 예정을 입어 그 안에서 기업이 되었으니(엡 1:11).

이와 같은 원리들은 성경의 한두 책들만이 아니라 여러 책들에서 나타난다.[3] 그것들은 구약성경과 신약성경 모두에서 나타난다. 그것들은 예수뿐 아니라 다른 사람들의 입을 통해서도 드러난다.

하나님의 포괄적인 통치라는 개념은 오늘날 일반화된 몇 가지 다른 개념과 대조된다. 그것은 하나님이 존재하지 않는다고 믿는 철학적 유물론과

---

3 성경에 들어 있는 이야기책들에서 그런 원리들은 종종 배경에 숨어 있다. 즉 그런 책들에서는 사건들이 하나님의 목적에 따라 일어나고 있다고 가정된다.

대조된다. 그것은 세계를 신과 동일시하는 범신론("세계가 신이다")과 대조된다. 그것은 이신론과도 대조된다.

이신론(deism)은 18세기에 유행했던 견해다. 고전적 형태의 이신론은 하나님이 세상을 창조하셨으나 그 후로는 세상에 개입하지 않으신다고 상정했다. 그것은 성경이 묘사하는 하나님의 지속적인 개입과 대조된다.

우리 시대의 자칭 그리스도인들 가운데도 이신론에 가까운 무언가가 여전히 존재한다. 그것은 대부분의 경우에 창조된 것들은 스스로 발전하기에 충분하다는 개념으로 이루어져 있다. 다시 말해, 하나님은 기본적으로 세상일의 구체적인 발전 과정에 개입하지 않으신다. 이런 식의 견해는 중요한 때에―예컨대 그리스도의 부활 같은―기적을 통한 개입이 일어나는 것을 완전히 부정하지는 않는다. 또한 그것은 하나님이 창조된 것들 모두를 **존재하도록** 유지하는 일에 계속해서 개입하신다는 것을 긍정하는 것일 수도 있다. 예컨대 하나님께서 들풀이 존재하도록 하신다는 것은 분명히 옳다. 그러나 그것은 최소한의 확언이다. 성경은 "그가 가축을 위한 풀과 사람을 위한 채소를 자라게 하시며"라고 말씀한다(시 104:14). 하나님은 단지 풀의 존재를 유지하지 않으시고 그것들이 자라게 하신다. 혹은 다른 예를 생각해보라. 이신론적 견해는 하나님이 바람과 물의 존재를 유지하신다고 확언한다. 시편 147:18은 "그가 바람을 불게 하신즉 물이 흐르는도다"라고 노래한다. 이 시편은 하나님께서 이신론적 견해가 주장하는 것보다 훨씬 더 활발하고 직접적으로 특정한 사건들에 개입하시는 것을 묘사한다.

과학과 현대의 이신론적 사고

우리 시대에 이신론적 견해는 과학과 그것이 인간의 삶에 끼치는 기술적 유익의 우세에 의해 영향을 받는다. 사람들은 과학이 우리에게 세계가 어떠한지를 보여준다고 여긴다. 그리고 과학이 우리에게 보여주는 것은 대부분의 사물이 그것들 나름의 힘으로 인과 관계를 일으켜 발전하는 세계다. 즉 우리의 세계는 완전히 하나님이 없는 세계이거나 이신론적 세계, 즉 하나님이 대체로 세상을 그것의 내적인 작용에 맡겨두시는 세계다.

그러나 그런 사고는 과학적 데이터의 결과라기보다 그 데이터를 이신론적 방식으로 분석함으로써 얻어진 결과다. 다시 말해 이신론은 사람들이 과학에 대해 생각할 때 가정하고 사용하는 틀 안에 은연 중에 내장되어 있다. 사람들은 인과 관계의 과정을 자기충족적인 것으로 해석하며 모든 일을 자신의 뜻을 따라 행하시는 하나님의 존재를 무시한다(엡 1:11). 그들은 자기충족성을 입증하기보다는 가정한다. 대조적으로, 하나님이 친히 풀을 자라게 하시고 바람이 불게 하신다고 참으로 믿는 이들은 과학적 데이터를 하나님의 신실함에 대한 설명으로 여긴다. 하나님은 아주 신실하게 풀이 자라고 바람이 불게 하시므로 우리는 그런 방식의 규칙성을 상세하게 설명할 수 있을 정도다. 과학자들은 기껏해야 하나님이 세계를 포괄적으로 통치하시는 규칙적인 방식 중 일부를 설명할 뿐이다.

우리는 그것을 유비를 사용해서 설명할 수 있다. 어느 과학자가 나의 삶과 내 아내의 삶에서 나타나는 패턴들을 관찰하는 임무를 맡았다고 가정해보자. 우리 부부는 매일 아침 7시경에 기상한다. 이 패턴은 여러 달 동안 지속된다. 그래서 그 과학자는 법칙을 만들어낸다. "이 부부는 아침 7시에 기상한다." 그것은 예외가 없는 완벽하게 훌륭한 법칙처럼 보인다. 그러나 어느 날 아침에 우리는 아침 5시에 기상한다. 그러면 이것은 "기적"인가? 우리가 그 시간에 기상하는 것은 분명히 예외적이고, 낯설며, 설명할 수 없는 것처럼 보일 수 있다. 그러나 이어서 그 과학자는 우리가 그 시간에 기상한 것은 우리가 그날 아침 일찍 비행기를 타야 했기 때문이라는 것을 알아낸다. 우리의 일상생활에서 규칙적으로 지키는 수면 시간이 포함된 우리의 개인적인 목적들은 어느 때에라도 **다른 것에 의해**, 즉 우리에게 중요한 것 그리고 이것을 위해서 우리가 평범한 행동에서 이탈하는 것이 타당한 훨씬 특별한 목적들에 의해 무시될 수 있다. 하나님에 관해서도 마찬가지다. 만유에 대한 그분의 통치의 지속성과 "정상성"은 우리에게 우리가 미래를 예측하고 우리 주변의 믿을 수 있는 세상 속에서 정상적인 삶을 살아갈 능력을 위한 토대를 제공한다. 태양은 매일 떠오른다. 당구공 하나가 다른 당구공을 쳐서 움직이게 하거나 태풍이 집을 쓰러뜨리는 경우에서처럼(욥 1:19), 신학자들이 "이차 원인"(secondary causes)이라고 부르는 것들이 실제로 존재한다. 하나님은 그분의 계획을 따라 이런 인과 관계들을 규정하신다. 그러나 그분은 인격적이시고 사람을 위한 계획들을 갖고 계시기 때문에, 그분의 계획과 특별한 상황 사이의 연계는 우리가 익숙하게 알고 있는 것에서 이탈하는 원인이 될 수 있다. 인격적 통치는 비인격적인 메커니즘과 다르다. 비록 사람들이 그 차이를 늘 쉽게 알아차리는 것은 아니지만 말이다.

그렇다. 대개 사람들은 과학자들이 발견한 규칙성을 만유를 통치하시는 하나님의 신실하심에 대한 표현과 드러냄이라기보다는 비인격적인 메커니즘의 일부로 여긴다. 그러나 그런 이야기는 잘못된 것이다. 그리고 그것은 잘못된 것으로 밝혀질 수 있다. 왜냐하면 규칙성 자체가 합리적이고 언어와 유사하며, 그것을 규정하시는 하나님의 인격적 본성을 입증하기 때문이다.

이런 문제들을 훨씬 더 폭넓은 설명 없이 숙고할 수는 없다. 그러나 그것은 다른 책에서 다룰 문제다.[4] 여기서는 현대의 이신론적 견해가 성경이 하나님의 개입에 관해 말하는 것과 크게 다르다는 것을 지적할 수 있을 뿐이다(그림 1.3을 보라).

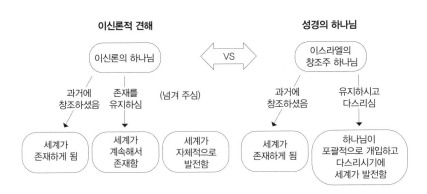

그림 1.3: 하나님의 개입에 대한 이신론적 견해 vs 성경적 견해

하나님의 다스림의 의미

당신은 어떻게 생각하는가? 하나님은 무엇과 같으신가? 그분은 성경이 묘사하는 것과 같으신가? 나는 그렇게 믿는다. 우리가 성경을 따르지 않는다면, 결국 우리는 하나님에 대한 우리 자신의 견해를 만들게 될 것이다.

성경의 가르침은 개인뿐 아니라 서구 문명 전체에 근본적인 도전을 제

---

4   Poythress, *Redeeming Science*, 특히 1장.

기한다. 서구 문명은 한때는 성경의 가르침에 크게 영향을 받았으나, 지금은 그것의 영향을 급속하게 상실해가고 있는 중이다. 그런 상황은 다음과 같은 질문으로 이어진다. "하나님은 실제로 존재하시는가, 그리고 그분은 성경이 묘사하는 것처럼 모든 것을 다스리는 하나님이신가?" 그분은 "바람을 불게 하시고 물이 흐르게 하시는"(시 147:18) 하나님이신가? 만약 그렇다면 서구 문명의 많은 것이 재고되고 재편되어야 한다.

그런 재고는 우리가 과거와 현재의 모든 것을 거부하는 것을 의미하지 않는다. 하나님은 모든 문화에 여러 가지 선한 것들을 허락하셨다(행 14:17). 우리는 그런 복을 "일반 은총"(common grace)이라고 부른다. 그것들이 "일반"(common)인 것은 하나님이 그런 복들을 온 세상의 모든 문화와 모든 종교에 속한 이들에게 주시기 때문이다.[5] 그러나 하나님이 존재하신다면, 우리는 실제로 무엇이 좋은 것인지, 그리고 무엇이 진리의 타락 혹은 왜곡인지에 대해 다시 생각해야 한다. 하나님에 대한 잘못된 믿음과 거짓 신들에 대한 잘못된 충성은 그로 인한 결과를 낳는다.

참 종교와 거짓 종교

또한 우리는 영적 영역과 초월의 영역으로 인간들이 사용하는 개념들에 대해서 하나님 자신이 어떻게 생각하시는지를 물을 수도 있다. 성경은 그것에

---

5   Vern S. Poythress, *The Lordship of Christ: Serving Our Savior All of the Time, in All of Life, with All of Our Heart* (Wheaton, IL: Crossway, 2016), 53-59.

대해서도 가르친다. 그것은 하나님이 헛된 예배를 혐오하신다고 말하는데, 거기에는 참 하나님을 대체하는 모든 종류의 거짓 신 혹은 거짓된 예배의 대상들이 포함된다. 구약성경은 모압 족속의 신 그모스나 암몬 족속의 신 몰렉 같은 다른 신들을 섬기는 것은 혐오스러운 일이라고 분명하게 말한다.

모압의 **가증한** 그모스를 위하여 예루살렘 앞 산에 산당을 지었고, 또 암몬 자손의 **가증한** 몰록을 위하여 그와 같이 하였으며, 그가 또 그의 이방 여인들을 위하여 다 그와 같이 한지라. 그들이 자기의 신들에게 분향하며 제사하였더라. 솔로몬이 마음을 돌려 이스라엘의 하나님 여호와를 떠나므로 여호와께서 그에게 **진노하시니라.** 여호와께서 일찍이 두 번이나 그에게 나타나시고 이 일에 대하여 명령하사 다른 신을 따르지 말라 하셨으나, 그가 여호와의 명령을 지키지 않았으므로(왕상 11:7-10).

만국의 모든 신들은 **우상들**이지만
여호와께서는 하늘을 지으셨음이로다(시 96:5).

이스라엘의 하나님에 대한 이런 배타적인 주장은 모든 종교는 기본적으로 동일하며 그것들 모두가 신에게 이르는 적법한 길을 대표한다는 현대적 개념과 날카롭게 대조된다(그림 1.4를 보라).

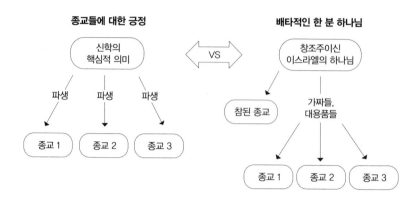

그림 1.4: 종교들에 대한 긍정 vs 배타적인 한 분 하나님

참 하나님을 예배하는 것에 대한 대용품 중에는 고대의 신들뿐 아니라 현대의 신들도 포함된다. 이신론이 고안해낸 신은 거짓 신이다. 그런 대용품 중에는 사람들이 비인격적인 무언가를 궁극적인 것으로 여기는 경우도 포함된다. 자연, 물질, 운명 혹은 돈이나 섹스처럼 사람들이 바라는 것 등이 그렇게 비인격적임에도 궁극적인 것이 될 수 있다. 또한 모든 것을 지배하는 과학 법칙이라는 비인격적인 개념도 그런 것이 될 수 있다.[6] 이 단계의 분석에서 대용품들은 종교나 세속주의가 아니다. 즉 종교가 아니다. 오히려 모든 이들이 무언가를 궁극적으로 여긴다. 그렇게 궁극적인 것으로 가정된 각각의 것들이 하나님의 자리를 차지한다. 이 단계에서 모든 사람은 어떤 "종교"를 갖는다. 철학적 유물론자조차 그가 물질을 궁극적이라고 가정할 때 어떤 종교를 갖는다. 물질이 그의 신이다. 그의 견해는 자기충족적이고 영원한데, 그것은 하나님의 특성이다(그림 1.5를 보라).

---

6   나는 Poythress, *Redeedming Science*, 1장에서 이런 견해를 비판한 적이 있다.

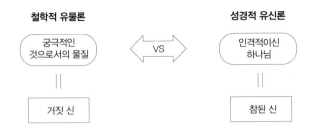

그림 1.5: 무엇이 궁극적인가?

철학적 유물론

궁극적인 것으로서의 물질

VS

성경적 유신론

인격적이신 하나님

거짓 신

참된 신

오늘 우리는 여호수아 시대에 이스라엘 백성이 그랬던 것처럼 결단해야 한다. 어느 쪽을 섬길 것인가?(수 24:15) 이스라엘의 하나님 야웨를 섬길 것인가 아니면 인간의 상상력이 만들어낸 가짜 신들을 섬길 것인가? 우리의 충성을 나누는 것은 도움이 되지 않을 것이다.

> 여호수아가 백성에게 이르되 "너희가 여호와를 능히 섬기지 못할 것은 그는 거룩하신 하나님이시요 질투하시는 하나님이시니 너희의 잘못과 죄들을 사하지 아니하실 것임이라. 만일 너희가 여호와를 버리고 이방 신들을 섬기면 너희에게 복을 내리신 후에라도 돌이켜 너희에게 재앙을 내리시고 너희를 멸하시리라"(수 24:19-20).

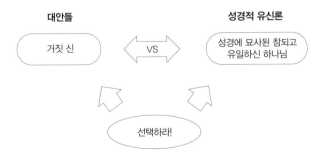

그림 1.6: 거짓 신들과 참 하나님

대안들

거짓 신

VS

성경적 유신론

성경에 묘사된 참되고 유일하신 하나님

선택하라!

요약하자면, 창세기 1-3장을 해석하는 문제는 우리가 하나님을 어떤 분으로 여기는가에 달려 있다. 우리는 그 장들을 해석할 때 만물을 창조하시고, 모든 것을 다스리시며, 원하실 때마다 기적을 행하실 수 있는 유일하신 참된 하나님이 계신다는 것에 유념할 필요가 있다.

2장

하나님의 활동의 해석적 함의

성경의 하나님은 유일하게 참된 하나님이시다. 우리가 그분을 섬기기로 결심한다면, 우리는 오직 그분만을 섬겨야 한다. 그리고 하나님에 대한 진리의 의미는 아주 광범위하다. 이 장에서 나는 우리가 성경과 고대 근동, 언어 그리고 현대 과학의 관계를 해석하는 방식에 예비적으로 영향을 주는 것들에 대해 간략하게 설명할 것이다.

하나님의 개입

하나님이 이 세상에 어떻게 개입하시는지를 생각해보자. 하나님은 자신의 섭리적 다스림을 통해 모든 일에, 즉 세상의 큰 전쟁들부터 개미탑 위의 모든 개미의 움직임까지 개입하신다. 그분은 정신의 문제들―모든 학문적 주제―을 포함해서 인간의 모든 일에 개입하신다. C. S. 루이스(Lewis)가 경험을 통해 발견했듯이, 하나님은 근본적인 차이를 만드신다.

어느 날 땅 주인—그를 당신이 원하는 이름으로 부르라—이 세상으로 돌아와 갈라진 틈이 하나도 없을 만큼 온 세상을 가득 채웠다. 그분은 들리거나 보일 수 있는 모든 것, 즉 요한이 앉아 있는 이곳부터 세상 끝까지 모든 것 안에서 자신의 눈으로 응시하셨고, 손으로 가리키셨으며, 음성으로 명령을 내리셨다. 그리고 당신이 세상의 끝을 넘어갔더라도, 그분은 거기에도 계실 것이다.…모든 것이 한 단어를 말했다. **붙들렸도다.** 다시 붙들려 노예가 되어 모든 날 동안 눈을 감은 채 신중하게 걷고, 결코 홀로 있지 않으며, 결코 자신의 영혼의 주인이 되지 않고, 사생활을 갖지 않으며, 온 우주를 향해 말할 수 있는 구석도 갖지 않게 되었도다. 여기는 나의 장소다. 여기서 나는 내가 원하는 것을 할 수 있다. 그런 우주적이고 날카로운 응시 아래에서 요한은 거인의 손에 붙들려 확대경 아래에 놓인 어떤 작은 짐승처럼 웅크렸다.[1]

루이스의 설명은 암울해 보인다. 정신을 차려보니 자신이 기대했던 것보다 하나님이 훨씬 크고 훨씬 더 무섭다는 사실을 발견한 사람에게는 실제로 암울해 보일 수 있다. 그러나 루이스는 더 나아가 그리스도 안에서 발견한 하나님의 은혜와 긍휼에 관해 말한다. 결국 그것은 전혀 암울하지 않다. 오히려 그것은 영광스럽다.

---

1   C. S. Lewis, *The Pilgrim's Regress: An Allegorical Apology for Christianity, Reason, and Romanticism*, 3rd ed. (Grand Rapids, MI: Eerdmans,1943), 147. 『순례자의 귀향』(홍성사 역간). Lewis는 우리에게 "알레고리적 변증"을 제공하지만, 그 안에 들어 있는 많은 것은 그가 그리스도인이 되는 과정에서 경험한 것들을 희미하게 반영한다.

고대 근동을 어떻게 이해할 것인가

하나님에 관한 진리가 세상의 모든 "갈라진 틈"을 위한 함의를 지니다면, 그것은 해석을 위한 함의, 즉 여러 가지 함의를 가질 것이다. 우리는 앞장의 마지막 요점에서 시작할 수 있을 것이다. 하나님은 "질투하는" 하나님이시다 (출 20:5). 참 하나님께 드리는 참된 예배는 중요하다. 그분은 다른 모든 거짓 신들과 구별되신다. "만방의 모든 백성이 만든 신은 **헛된 우상**이다"(시 96:5, 새번역). 그렇다면 우리는 더 이상 고대 근동에 대한 정보를 오늘날 그것이 현대의 비판적 학문 영역에서 읽히는 방식으로 읽어서는 안 된다.

학자들은 현대의 학문적 도구들을 사용하고 싶어 하는데, 거기에는 현대의 사회학, 종교학 그리고 역사 서술 같은 도구들이 포함된다. 많은 통찰이 일반 은총 덕분에 얻어진다. 그러나 우리는 현대적 도구들을 사용함으로써 발생하는 왜곡의 가능성에 대해서도 생각해보아야 한다. 그런 도구들이 만들어내는 분위기는 종교를 초월의 영역에 대해 어떤 모호한 방식으로 반응하기 위해 인간이 만든 산물로 취급하는 것이다. 모든 종교는 근본적으로 동등하다. 그러나 정말로 그러한가? 아니면 심지어 그분의 선민인 이스라엘 안에서도 존재하는 모든 거짓된 예배를 비난하시는 한 분 하나님이 계신가? 정말로 이스라엘은 하나님이 그들을 자신의 백성으로 택하셨다는 사실에 의해 세상의 다른 모든 백성과 구분되는가?(그림 2.1을 보라)

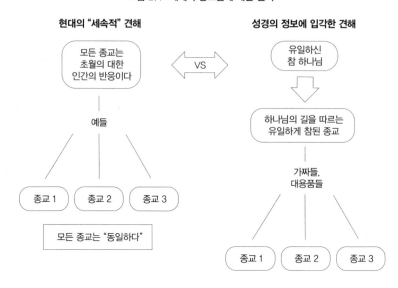

그림 2.1: 세계의 종교들에 대한 분석

현대의 "세속적" 견해

모든 종교는 초월의 대한 인간의 반응이다

VS

예들

종교 1   종교 2   종교 3

모든 종교는 "동일하다"

성경의 정보에 입각한 견해

유일하신 참 하나님

하나님의 길을 따르는 유일하게 참된 종교

가짜들, 대용품들

종교 1   종교 2   종교 3

하나님에 대한 진리는 우리가 창세기 1-3장을 고대 근동이라는 보다 큰 환경 안에서 해석하는 방식에 영향을 끼친다. 창세기 1-3장은 먼 과거에 관한 고대 근동의 시, 신화 그리고 전승들에 속한 하나의 문서에 불과한가? 그것은 세계가 어떻게 해서 점차적으로 지금과 같은 모습이 되었으며 인간이 어떻게 해서 현재와 같은 상태에 이르렀는지에 관한 수많은 상상력 있는 이야기 중 하나인가? 하나님이 존재하시지 않는다면 혹은 그분이 이스라엘과 특별한 관련이 없으시다면, 창세기 1-3장을 그저 하나의 또 다른 문서로 여기는 것은 타당해 보일 수도 있다(그림 2.2를 보라).

그러나 하나님이 존재하신다면 어찌 되는가? 하나님이 창세기 1-3장을 그분이 이스라엘과 소통하기 위한 수단으로 쓰이게 하셨다면 어찌 되는가? 그때 우리는 그분이 그저 기존의 사고방식에 빠져 드셨을 뿐이라고 결론지을 수 있는가? 성경의 하나님을 믿는다고 주장하는 어떤 이들은 그렇게 생각하는 것처럼 보인다. 물론 그들은 창세기 1-3장이 일신론적 특성을 보인다고 확언한다. 창세기 1-3장은 만물을 지으신 위대하신 한 분 하나님에 대해 말한다. 그것은 **신학적으로** 고대 근동의 다신론과 다르다. 그러나 이 한 가지 차이가 모든 것 안으로 퍼져나가 결국 모든 것을 달라지게 만드는가? 하나님은 나중에 우리에게 자신의 "질투"에 관해 말씀하심으로써 자신이 거짓 신들과 관련된 모든 전통과 자신을 대조하고 계심을 알려주신다. 우리는 이런 핵심 원리를 어떻게 다룰 것인가? 지금 우리는 창세기 1-3장의 해석을 위한 열쇠는 그것을 고대의 맥락 안에서 해석하는 것이라고 말하는 것인가? 음, 그렇다. 하나님은 그것을 무엇보다도 그런 고대의 맥락에 맞춰 지으셨다. 하지만 그분은 그런 맥락과 다르고 또한 대조되는 무언가를 말씀하실 수 있었다. 그리고 **또한** 하나님은 그분의 목적을 따라서 그것이 그분의 모든 미래 세대의 백성들과 오늘 우리에까지 계속해서 적절하게 말씀하시도록 그 장들을 지으셨다(신 31:9-13, 24-29; 롬 15:4).

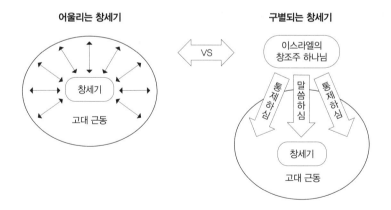

그림 2.2: 어울리는 창세기 vs 구별되는 창세기

또한 우리는 하나님의 현존이 고대 근동의 종교들에 대한 우리의 해석에 어떻게 영향을 주는지에 대해 생각해보아야 한다. 모든 종교가 동등한 것은 아니다. 또한 그것들 모두가 해롭지 않은 것도 아니다. 사람들은 참 하나님을 섬기거나 아니면 가짜들을 섬긴다. 그 가짜들은 진리의 파편들을 갖고 있다. 하지만 그것들은 참된 것을 대체한다(롬 1:23). 그것들은 우상들이다. 그것들이 진짜인 척하는 과정은 창조에 관한 문화적 개념들을 통해 이루어질 수 있다. 고대 근동에는 가짜 창조 이야기들 안에 등장하는 가짜 신들이 있었다. 물론 그런 이야기들에는 진짜 이야기, 즉 창세기 1-2장에 나오는 창조 이야기들과 유사한 요소들이 있었다. 그 가짜 이야기들이 사람들의 충성심을 효과적으로 유지하기 위해서는 진실과 가까워져야 했다. 진짜인 척하는 것에 대한 이런 개념은 그것을 고대 근동의 종교들에 적용할 경우, 모든 종교에 대한 분석에서 "중립적"이고자 하는 종교사회학적 접근법과 다르다.

요약하자면, 우리는 사회학적 분석, 역사 그리고 과거와 현재의 모든 문헌에 대한 분석에 사용되는 우리의 원칙들을 재고해보아야 한다. 하나님을 특정한 그림 안에 집어넣는 것은 에베레스트산을 홍수가 난 평야 한가운데 쑤셔 넣는 것만큼이나 과격하게 파괴적인 것이다. 그와 동시에 우리는 일반 은총 덕분에 현대적인 분석을 통해서 수많은 단편적인 통찰들이 나타날 수 있음을 인정하고 그것에 대해 감사해야 한다. 우리는 분별할 필요가 있다.

언어를 어떻게 이해할 것인가

창세기는 히브리어로 쓰였다. 그리고 히브리어는 언어다. 인간의 언어란 무엇인가? 그것은 단지 인간적인 것인가? 만약 그렇다면, 히브리어로 쓰인 책은 한낱 인간의 한계를 넘어설 수 없는 것인가? 아니면 창세기는 하나님의 발언인가?

여기서도 하나님이 변화를 가져오신다. 하나님은 그 어떤 인간도 존재하기 전에 정말로 "빛이 있으라"라고 말씀하셨는가?(창 1:3) 하나님은 정말로 시내산 꼭대기에서 이스라엘 백성을 향해 누구나 알아들을 수 있는 음성으로 말씀하셨는가?(출 20:18-19; 신 5:22) 혹은 언어는 단지 인간의 구상으로서 그것의 한계가 곧 우리 "세계"의 한계가 되는가? 성경에 따르면, 하나님 자신이 언어의 기원이시다.[2] 언어에 대한 우리의 견해는 우리가 "빛이 있으라" 같은 하나님의 발언을 이해하는 방식에 영향을 끼친다. 그리고 그것은—우리가 그것을 하나님의 발언으로 여기든, 아니면 미지의 신에게로 나가는 단순히 인간적인 말로 여기든 간에—우리가 창세기 1-3장 전체를 바라보는 방식에 영향을 준다(그림 2.3을 보라).

---

2   Vern S. Poythress, *In the Beginning Was the Word: Language—A God-Centered Approach* (Wheaton, IL: Crossway, 2009).

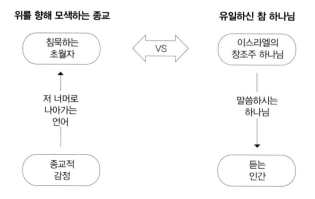

그림 2.3: 하나님에 관한 두 가지 소통 방식

위를 향해 모색하는 종교   유일하신 참 하나님

침묵하는 초월자   VS   이스라엘의 창조주 하나님

저 너머로 나아가는 언어   말씀하시는 하나님

종교적 감정   듣는 인간

창세기 1장을 어떻게 이해할 것인가

성경의 하나님에 대한 믿음은 창세기 1장에 대한 우리의 이해에도 크게 영향을 준다. 성경의 하나님은 그분이 기뻐하시는 일을 하실 수 있다(시 115:3). 그분이 "빛이 있으라"라고 말씀하시면 정말로 빛이 나타났다(창 1:3). 하나님이 그런 사건들을 일으키고자 하신다면 오늘날 우리가 경험하는 것과 완전히 다른 일들이 벌어질 수 있다.

현대 서구는 기존의 사물의 질서를 고정된 것으로 여기는 경향이 있다. 그것은 창세기 1장에도 그런 틀 안에서 접근한다. 그로 인해 사고는 다음과 같이 흘러간다. 창세기 1장은 그것이 환상적인 허구 이상의 것이라면, 무엇보다도 이 기존의 질서에 관한 것이어야 한다. 따라서 그것은 그 질서와 하나님의 관계에 관한 모호하게 시적인 설명 같은 것이다. 창세기 1장이 먼 과거에 특정한 시간적 순서를 따라 발생한 시공간의 사건들에 관한 것이 **아니라** 신학적인 것이라고 결론을 내리는 것은 겨우 한 걸음을 내딛는 것에 불과하다. 그러나 하나님이 하나님이시라면, 우리는 사물의 현재의 질서 위에서, 마치 그것이 영원한 것이라도 되는 것처럼, 어떤 가정을 해서는 안 된다(현재의 질서를 영원한 것으로 만드는 것은 사실상 두 번째 영원, 즉 현재의 질서라는 영원의 형태를 지닌 대체 신을 만들기 시작하는 것이다).

하나님의 발언을 어떻게 이해할 것인가

하나님의 존재는 또한 우리가 하나님의 발언(God's speech)을 이해하는 방법에 영향을 준다. 여기서 우리가 이 문제를 길게 논할 수는 없으나 적어도 시작은 할 수 있을 것이다.[3] 성경의 하나님은 발언을 통해 세상을 다스리신다.

> 여호와의 **말씀으로** 하늘이 지음이 되었으며
> 그 만상을 그의 입 **기운**으로 이루었도다(시 33:6).

과학자들은 하나님의 형상을 따라 지음을 받았다. 그리고 그들은 피조물의 차원에서 하나님의 사고를 따라 할 수 있다. 그들은 우주의 법칙에 관해 최선을 다해 추론할 수 있다. 그러나 실제 법칙, 즉 실제로 우주를 지배하는 법칙은 하나님의 발언이다.[4] 그것은 인격적인 발언이지 비인격적인 메커니즘이 아니다. 하나님은 자신의 약속에 너무도 충실하시기에 과학자들은 확신을 지니고 예측할 수 있다. 그분은 아주 일관되게 신실하신 분이어서, 믿지 않는 과학자로서는 자기가 어떤 메커니즘을 다루고 있다고 여길 수 있을 정도로 매우 신실하신 분이시다. 그러나 그것은 환상, 즉 기적에 의해 부정되

---

3   Vern S. Poythress, *Redeeming Science: A God-Centered Approach* (Wheaton, IL: Crossway, 2006)을 보라.

4   Poythress, *Redeeming Science*, 1장.

고 그리스도가 재림하시며 하나님이 새 하늘과 새 땅을 창조하실 때 더 크게 반박될 환상이다(계 21:1).

현대 과학을 어떻게 이해할 것인가

따라서 과학에 대해 한 가지가 아니라 두 가지 개념이 있다. 기독교적 개념에 따르면, 하나님은 자신의 명령의 말씀을 통해 우주를 다스리신다.

그의 **명령**을 땅에 보내시니

그의 **말씀**이 속히 달리는도다.

눈을 양털 같이 내리시며

서리를 재 같이 흩으시며(시 147:15-16).

두 번째 개념에 따르면, 메커니즘과 같은 비인격적인 무언가로서의 "자연법"이 그저 존재한다(그림 2.4를 보라).

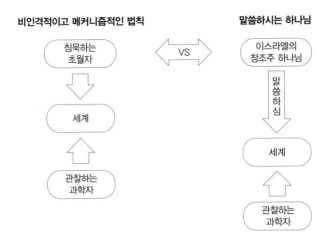

그림 2.4: 과학의 법칙에 관한 두 가지 개념

비인격적이고 메커니즘적인 법칙

침묵하는
초월자

↓

세계

↑

관찰하는
과학자

VS

말씀하시는 하나님

이스라엘의
창조주 하나님

말씀하심

↓

세계

↑

관찰하는
과학자

이 두 번째 개념은 진리에 **가깝다**. 하나님은 자신의 신실하심을 따라 아주 규칙적인 방식으로 세계를 유지하신다. 그로 인해 과학이 가능해진다. 비기독교적·불가지론적·무신론적 과학자들은 자신들의 작업을 여러 가지 방식으로 수행할 수 있다. 그들은 우리에게 견고한 통찰들을 제공할 수 있다. 한편, 이런 메커니즘적 견해는 하나님의 인격적 통치에 대한 진리를 대체한다. 그것은 인격적인 것을 비인격적인 것으로 대체한다. 그런 점에서 그것은 가짜다. 그것은 가짜 신이다.

과학자들은 계속해서 하나님의 신실하심에 의존한다. 그들은 하나님의 형상을 따라 지음 받은 자신들의 정신에 의존하고 있으며, 그렇기 때문에 자기들이 그분이 만물을 다스리기 위해 사용하시는 발언을 이해할 수 있으리라는 소망도 갖는다. 그와 동시에 그들은 자신들의 마음으로 과학적 법칙이라는 비인격적 개념의 형태를 지닌 어떤 대체물을 만들어낸다. 근본적인 차원에서 이런 대체물을 사용하는 것은 고대인들이 자신들의 신들에 대한 표현으로 제작한 조각상들에게 절하는 것과 같은 우상숭배다.

따라서 현대 과학의 많은 부분은 유익한 동시에 오류가 있다. 그것은 하나님의 신실하심과 그분의 통치의 규칙성에 의존하기에 유익하다. 그것은 진리에 가까운 법칙이라는 개념을 지니고 있다. 동시에 법칙은 비인격적이라는 개념에 들어 있는 종교적 부패 때문에 오류가 있다. 그러므로 우리는 그것을 순진하게 믿어서는 안 된다. 우리는 과학이 일반 은총 덕분에 행하는 긍정적인 기여에 감사해야 한다. 동시에 우리는 그것이 종종 종교적 부패를 슬그머니 불러들이는 방식을 간파해야 한다.

창세기 1-3장에 대한 이해는 우리 시대에 창세기 1-3장을 현대 과학과 연결하려는 수많은 시도와 함께 이루어진다. 대화하는 것에 잘못이 있는 것은 아니다. 그러나 그 대화의 초기부터 어떤 이들은 과학이 "옳다"고 가정한다. 그들은 과학으로부터 통찰을 얻는 정도가 아니라 과학이 언제나 그리고 모든 면에서 정답을 제공한다고 가정한다. 또한 과학적 노력이 "종교적으로 중립적"이라는, 즉 거기에는 아무런 편향이나 타락도 존재하지 않는다는 억측도 있다.

나는 과학과 신앙 간의 대화 모임을 위한 홍보물들을 보아왔다. 내 생각에는 대개 그런 대화들은 비대칭적으로 연출된 것처럼 보인다. 그런 모임의 취지는 신학자들과 성경학자들이 과학자들과 대화를 나누고 과학자들이 발견한 것을 듣는 데 있다. 그 후에 신학자와 성경학자들은 집으로 돌아가 자신들이 전에 지녔던 개념들을 과학에 비추어 어떻게 개정해야 하는지를 평가할 것이다. 이때 전제되는 것은 성경학자들과 신학자들은 생각을 바꿔야 하는 반면, 과학자들은 그럴 필요가 없다는 것이다. 이것은 과학자들이 자신들의 전문 분야 안에서 이미 정답을 갖고 있다고 간주하기 때문이다.

이 과정에서 배워야 할 것이 있다. 과학자들은 일반 은총을 통해 꽤 큰 가치가 있는 아름다운 것들을 발견할 수도 있다. 그러나 우리는 신학자들이 혹시 현대 과학이 과학적 법칙이라는 개념에 들어 있는 우상숭배적 왜곡으로 인해 타락하지는 않았는지를 묻는 것이 허락된 컨퍼런스를 얼마나 자주 발견하는가? 그런 논의가 이루어질 가능성은 적은데, 그것은 서구에서 살아가는 우리가 우리의 현대성 안에서 안정을 느끼기 때문이다. 그러니 그런 비난은 지나치게 별나 보인다.

내가 주장하는 것은 이런 안전감이 환상이라는 것이다. 주변화된 소수파의 목소리를 별개로 하더라도, 그동안 서구 세계의 엘리트들은 자기들도 모르게 성경이 묘사하는 것과 같은 하나님이 존재할 가능성을 거부해왔다. 그런 가능성을 받아들이는 것은 계몽주의 시대 이후 서구에서 달성된 모든 것에 대한 재평가 및 우리의 "문명" 안에 존재하는 안정에 대한 상실을 요구할 것이기 때문에 정신적으로 아주 고통스러운 일이 될 것이다.

그러나 우리는 사실상 이런 하나님이 존재할 단순한 가능성에 대해 말하고 있는 게 아니다. 그분은 존재하신다. 내가 언급한 서구의 모든 문명은 매일 그분에게 의존하고 있다(행 17:28). 그분은 필연적으로 존재하시며, 우리는 그분이 이곳에 계신다는 것을 알고 있다. 그럼에도 우리는 이 진리를 억누르고(롬 1:18), 그분에 대한 우리의 의존을 숨기기 위해 스스로 이런저런 이야기를 한다. 우리가 여기서 그 모든 것에 대해 말할 수는 없으며, 그러려면 책 한 권이 필요할 것이다.[5] 내가 말하고자 하는 것은 우리가 하나님을

---

5   *Poythress, Redeeming Science*; 부수적으로, Vern S. Poythress, *Redeeming Sociology: A Cod-Centered Approach* (Wheaton, IL: Crossway, 2011).

진지하게 고려하기 시작할 때, 그것은 창세기 1-3장을 해석하기 위한 몇 가지 중요한 해석학적 원리들에 변화를 가져온다는 것이다. 사실 그것은 해 아래 존재하는 모든 해석학적 원리를 변화시킨다. 왜냐하면 그것들은 모두 하나님의 존재에 의해 영향을 받기 때문이다.[6]

하나님을 염두에 두고 창세기 읽기

오늘날 우리는 창세기에 대한 여러 가지 해석, 심지어 창세기 1-3장이나 그중 일부에 초점을 맞추는 더 많은 해석들을 접할 수 있다. 그런 해석들은 서로 일치하지 않는다. 우리가 그로 인해 놀라야 하는가? 아니다. 창세기 1-3장은 우리가 그것과 관련해서 제기할 수 있는 모든 질문에 완벽한 답을 제공하기에 충분할 만큼의 정보를 포함하고 있지 않다. 그로 인해 우리가 몇 가지 문제를 상세하게 다룰 때 우리는 불확실성에 빠진다. 본질적으로 현재의 지식 상태로는 확실하게 알 수 없는 문제들에 대해서 사람들이 의견의 일치를 보지 못하는 것은 이해할 만한 일이다.

　게다가, 해석들은 진공 상태에서 발생하지 않는다. 사람들은 이미 과거의 훈련으로 인한 지평뿐 아니라 마음의 지평도 갖고 있다. 풍성하고 복잡한 과거가 없는 사람은 유아나 다름없는데, 그런 이는 그 어떤 텍스트도 해석할 능력을 갖고 있지 않다. 그렇다. 해석자들은 과거의 영향을 받는다. 그

6　Vern S. Poythress, *Reading the Word of God in the Presence of God: A Handbook for Biblical Interpretation* (Wheaton, IL: Crossway, 2016).

들이 필연적으로 과거의 노예인 것은 아니지만, 그럼에도 그들은 과거를 지니고 있다.

창세기 1-3장의 모든 잠재적 해석자들에게 이 과거에는 무엇이 존재하는가? 많은 것이 있다. 그중에서 종교적 헌신이 제기하는 도전이 있다. 해석자는 성경에 묘사된 하나님을 믿는가, 믿지 않는가? 믿지 않는다면, 그는 어떤 대체물을 가지고 있어야 한다. 결국 그는 자기가 고안하지 않은 규칙성들(regularities), 즉 역사, 사회, 언어, 자연계 그리고 그 자신의 정신적 장치와 기억 안에 존재하는 규칙성들에 의존해야 한다. 그런 것들이 없다면 그는 아무것도 할 수 없다. 시작조차 할 수 없다. 따라서 그는 그런 것들에 의존한다. 그는 하나님의 신실하심과 그분의 주권적 유지 능력에 대한 표현들인 그것들을 붙잡고 있는가? 그는 그것들로 인해 하나님께 감사하는가? 아니면 그것들은 단지 하나님과 무관한 비인격적인 규칙들로서 존재하는가? 그는 누구로부터 배웠는가? 그는 모든 자료에서 배웠다. 그러나 그런 자료들은 하나님께 혹은 거짓 신들, 즉 거짓말을 하는 대체물들에게 어떤 헌신을 하는가?

많은 해석자가 해석의 원리들의 문제에 대해 숙고하지 않은 채 해석을 수행한다. 우리는 본문 자체, 즉 창세기 1-3장에 대한 논의를 해나가고자 하는 자연스러운 열망을 갖고 있으므로 그것은 편리한 전략처럼 보일 수도 있다. 더 나아가, 창세기 1-3장에 다른 종교적 신념들을 대입하는 해석자들은 여전히 일반 은총을 통해 긍정적인 통찰들을 제공할 수도 있다. 빨리 앞으로 나아가려는 충동은 이해할 만하다. 그러나 그렇게 할 경우, 우리는 어째서 때때로 해석들이 그렇게 크게 달라지는지를 이해하지 못하게 될 수도 있다. 어떤 차이들은 몇 가지 세부 사항과 관련된 사소한 것들이다. 우리는 우리가 현재의 지식의 상태에서는 어떤 사소한 차이와 관련해 명확하게 결론을 내릴 수 없음을 알게 될 수도 있다. 그러나 물론 창세기 1-3장의 경우에 때로 그 차이들은 심각하다. 예컨대 어떤 해석자들은 창세기 1-3장은 오래전에 시공간 안에서 실제로 일어난 사건들에 대한 설명이 아니라 이스라엘 백성과 그들이 처한 상황에 대한 시적 혹은 신학적 해석이라고 여긴다. 따라서 할 수 있다면, 우리의 해석자들에게 "당신은 하나님에 관해 어떻게 생각하는가?"라고 물어보는 것이 유익하다.

당신이 성경에 묘사된 하나님을 믿는다고 주장한다면, 당신은 그런 믿음이 우리 문명의 엘리트 그룹 안에 존재하는 종교에 대한 일반적인 가정들과 얼마나 크게 다른지에 대해 생각해본 적이 있는가? 당신은 그런 믿음이 당신이 고수하며 실천하고 있는 모든 해석학적 원리들을 어떻게 재구성하게 될지에 대해 생각해본 적이 있는가? 당신은 우리가 고대 근동, 언어 그리고 현대 과학의 주장들을 바라보는 방식에 어떤 함의가 있는지에 대해 생각해본 적이 있는가?

당신이 성경에 묘사된 하나님을 믿지 않는다면, 당신은 어떤 대체물을 가진 것이고, 그것이 당신의 해석에 영향을 주고 있을 것이다. 세부적으로 아주 다양한 모습을 지닌 수많은 대체물이 있을 수 있다. 이것은 창세기 1-3장에 대한 수많은 해석이 있을 수 있음을 의미한다. 그러나 결국 그것은 아무것도 의미하지 않는다. 물론 어떤 이가 하나님의 현존의 의미 같은 근본적인 현실과 관련해 방향을 잃는다면, 결국 그는 그런 치명적인 움직임의 영향을 드러내 보이게 될 것이다. 늘 그렇듯이, 나쁜 종교적 헌신에도 불구하고, 여전히 일반 은총에 의해 통찰들이 나타난다. 역으로, 좋은 종교적 헌신에도 불구하고 통찰에서 실패할 수도 있다. 우리는 정신적 투쟁의 세계에서 살아간다.

현대의 어떤 해석들은 스스로 기독교적 해석이라고 주장하는데, 그중에는 창세기 1-3장을 오래전에 있었던 실제 사건들에 대한 언급으로 여기지 않는 해석들이 포함되어 있다. 그렇게 말하는 것은 그럴듯해 보인다. 하지만 그것은 그 자체로는 그다지 많은 것을 의미하지 않는다. 왜냐하면 **기독교적**(Christian)이라는 단어는 아주 느슨하게 사용될 수 있기 때문이다. 그보다는 "당신은 예수 그리스도가 세상에 계실 때 가르치셨던 그리고 사도들에게 전하도록 위임하셨던 하나님을 믿는가?"라고 묻는 것이 더 낫다. 하나님이 누구이신가 하는 근본적인 문제와 관련해서 예수 그리스도는 자신이 다음과 같은 것을 안다고 주장했다. "내 아버지께서 모든 것을 내게 주셨으니 아버지 외에는 아들을 아는 자가 없고 아들과 또 아들의 소원대로 계시를 받는 자 외에는 아버지를 아는 자가 없느니라"(마 11:27). 예수가 말하는 성부 하나님은 구약성경에 묘사된 바로 그 하나님이시다. 그분은 기적을 행하신다. 그분은 참새나 머리카락 같은 가장 사소한 것들까지 돌보신다(10:29-30). 그분은 십자가형과 부활 사건들을 미리 결정하셨다(눅 22:22).

비록 어떤 성경 해석자들이 그것에 주목하지 않는 쪽을 택하더라도, 하나님이 어떤 분이신가 하는 문제는 사라지지 않을 것이다. 그 문제는 중요하다. 우리가 그 문제를 다루는 방식과 관련해서는 대안이 많지는 않다.

1. 어떤 이가 예수가 우리에게 정확하게 가르치고 있다고 여긴다면, 그는 하나님이 우리가 지금까지 성경에 근거해 설명해온 바로 그분이시라는 것을 인정해야 한다. 그리고 이것은 그가 현대 서구 문화로부터 물려받은 모든 것을 재구성하도록 이끈다. 그는 더 이상 창세기를

같은 방식으로 해석하지 못한다.

2. 어떤 이가 하나님에 대한 예수의 견해가 잘못되었다고 여긴다면, 종교 교사로서의 그의 권위는 무너지고, 역사적 기독교는 붕괴된다.

3. 어떤 이는 복음서들이 예수가 가르친 것에 대해 잘못된 인상을 준다고 여길 수 있다. 그러나 복음서들이 그런 근본적인 문제에 대해 실수하고 있다면, 그것들은 우리에게 예수의 종교적 가르침의 핵심을 알려주는 일에서 본질적으로 무가치하게 될 것이다. 그리고 그럴 경우 아무도 예수가 실제로 하나님에 대해 어떻게 생각했는지 알 수 없을 것이고, 그로 인해 그의 중요성은 훼손될 것이다.

4. 마지막으로, 어떤 이가 성경 전체가 하나의 종교적인 문서일 뿐이라고 여긴다면, 그 문제로 골머리를 앓을 이유가 뭐겠는가? 그것은 하나님에 관한 가르침과 관련해 단지 주변적인 것에서가 아니라 핵심적인 면에서도 현대인들에게 수용될 수 없을 터이니 말이다.

해석자가 하나님의 문제에 답하는 방식은 창세기 1장을 해석할 때 특별한 차이를 만든다. 이 장은 바로 그 문제에 관한 것이다. 창세기 1장은 하나님이 지으신 세상에 대한 하나님의 주권을 보여준다. 직접 하나님의 주권과 현존에 관한 교리를 **가르침으로써**가 아니라 하나님의 명령에 의해 그리고 그분의 계획을 따라서 발생한 특별한 사건들에 대한 묘사를 통해 그분의 주권을 **보여줌으로써** 그렇게 한다.[7] 창세기 1장은 그 장의 내용을 통해 동일

---

7 히브리어 내러티브에서 "보여주기"와 "말하기"의 차이에 관해서는 C. John Collins, *Genesis 1-4: A Linguistic, Literacy, and Theological Commentary* (Phillipsburg, NJ: P&R, 2006), 11-12을 보라. 거기에서 그는 V. Philips Long, *The Reign and Rejection of King Saul: A Case*

한 문제를 제기한다. "하나님은 이런 종류의 하나님이신가, 아닌가?" 그가 그런 분이시라면, 우리는 창세기 1장도 성경의 나머지 모든 부분에 대해 해석하는 것처럼, 하나님의 본질과 조화를 이루는 해석학적 원리들을 사용해서 해석해야 할 의무가 있다. 반대로, 창세기 1장이 하나님이 어떤 분이신지를 표현하는 것과 같은 근본적인 문제에서 잘못을 저지르고 있다면, 우리는 그것이 다른 문제들에서 탁월한 종교적 가치를 지닐 것이라고 기대해서는 안 된다. 그것은 희귀한 기록이라는 점을 제외하고는 특별한 관심을 받지 못할 것이다.

물론 해석자들은 여전히 하나님에 관한 다른 대안적 견해를 제공하는 창세기 1장에 대한 해석을 내놓을 수 있다. 일단 창세기 1장이 성경과 예수의 가르침의 맥락 밖에 놓이게 되면, 거기에는 여러 가지 의미들이 귀속될 수 있다. 그러나 우리 자신의 환상을 충족시키려는 것이 아니라면, 어째서 우리가 다른 것들보다 어느 하나의 의미를 택해야 하는가?

따라서 우리는 엘리야가 그의 시대에 제기했던 것과 유사한 도전을 우리 자신에게 제기할 수 있을 것이다. "너희가 어느 때까지 둘 사이에서 머뭇머뭇하려느냐. 여호와가 만일 하나님이면 그를 따르고 바알이 만일 하나님이면 그를 따를지니라"(왕상 18:21). 현대 서구의 엘리트 문화는 바알을 숭배하지 않는다. 하지만 그들은 자신의 대안들을 갖고 있다. 선택하라! 엘리

---

for Literary and Theological Coherence (Atlanta: Scholars Press, 1989), 31-34 같은 다른 자료들을 인용한다. 또한 C. John Collins, *Did Adam and Eve Really Exist? Who They Were and Why You Should Care* (Wheaton, IL: Crossway, 2011), 60-64, 164-65; 『아담과 하와는 실제로 존재했는가?』(새물결플러스 역간). C. John Collins, *Reading Genesis Well: Navigating History, Poetry, Science, and Truth in Genesis 1-11*(Grand Rapids, MI: Zondervan, 2018), 46-47을 보라. 우리는 이 문제를 이 책의 6장에서 다시 다룰 것이다.

야가 두 개의 대안을 기적에 의한 시험이라는 맥락에 위치시켰던 것은 흥미 롭다. "불로 응답하는 신 그가 하나님이니라"(왕상 18:24).

그림 2.5: 바알과 이스라엘의 하나님

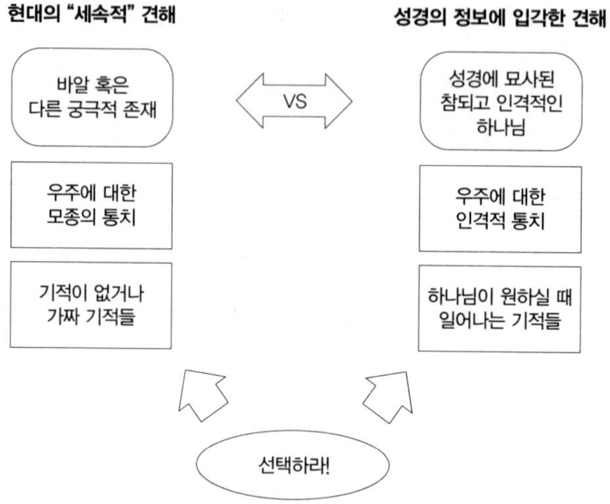

현대의 "세속적" 견해   성경의 정보에 입각한 견해

바알 혹은 다른 궁극적 존재	VS	성경에 묘사된 참되고 인격적인 하나님
우주에 대한 모종의 통치		우주에 대한 인격적 통치
기적이 없거나 가짜 기적들		하나님이 원하실 때 일어나는 기적들

선택하라!

현대 서구의 엘리트 문화는 이런 하나님을 믿지 않는다. 그러므로 그들은 기적도 믿지 않는다. 따라서 열왕기상 18장을 읽을 때 그들은 이미 명확한 해석의 전략을 갖고 있다. 그동안 그들은 자신들에게 그 이야기를 어떤 기 적에 대한 사실적 설명이 아니라 과장된 전승이나 전설로 여기도록 가르쳐 왔다. 하지만 그렇게 함으로써 그들은 성경 자체의 핵심에 분명하게 맞서고 있다. 이 지점에서 성경은 하나님의 문제를 기적의 실재성과 연관시킨다. 그 러므로 열왕기상 18장은 우리로 하여금 우리가 이미 살펴본 하나님의 존재 및 본질에 대한 동일한 문제와 마주하도록 만든다. 서구 문화에 매몰된 전 형적인 학자는 그 문제를 간단하게 회피한다. 그는 그 문제가 자신의 마음

을 사로잡게 하기보다는 자기는 옳고 성경이 틀렸다고 억측한다.

나의 입장을 말하자면, 나는 엘리야 편에 서 있다. 현대 서구의 해석자들에게 나는 엘리야가 제기했던 것과 동일한 질문을 제기하고자 한다. "너희가 어느 때까지 둘 사이에서 머뭇머뭇 하려느냐?" 그리고 당신이 바알—혹은 철학적 유물론, 과학적 법칙이라는 기계론적 개념 혹은 범신론이나 포스트모더니즘의 한 형태를 지닌 그것의 현대적 유사체—을 따르기로 한다면, 당신은 종교적 권위로서의 성경과 결별해야 한다. 결국 당신은 그것이 **근본적 차원에서** 종교적 거짓으로 가득 차 있다는 결론을 내린 셈이기 때문이다. 마치 그것이 여전히 종교적 권위의 근원인 것처럼 취급함으로써 다른 사람은 물론이고 자신을 속이지 말라.[8] 그렇다. 우리 중 누구라도 여기저기에 흩어진 구절들로부터 아주 그럴듯한 종교적 교훈들을 끌어낼 수 있다. 그러나 우리는 추리고 선택하는 작업을 해나갈 것이고, 우리 신앙과 관련된 권위의 참된 토대는 다른 곳에 있을 것이다.

그러나 엘리야의 대안도 있다. 하나님, 즉 이스라엘의 하나님이자 주님이 존재하신다. 그분은 성경에 묘사된 바로 그 하나님이시다. 그것이 우리가 창세기를 살필 때 가져야 할 전제다. 하지만 그것이 참되다면, 우리는 창세기에 대한 여러 현대적 해석들—심지어 스스로 "기독교적"이라고 주장하는 어떤 것들까지 포함해—과는 아주 다른 방향으로 가게 될 것이다.

우리가 이 다른 방향을 택한다고 해서 모든 것을 올바로 해석하게 되리라는 보장은 없다. 인간의 모든 지식은 유한하며 죄로 인한 부패에 종속되

---

8   J. Gresham Machen은 수십 년 전에 자신의 *Christianity and Liberalism*(초판은 New York: Macmillan, 1923; 개정판은 Grand Rapids, MI: Eerdmans, 2009)에서 유사한 지적을 했다. 『기독교와 자유주의』(복있는사람 역간).

어 있기 때문이다. 성실함이 지식의 견고함을 보장해주지도 않는다. 우리가 이런 것을 상기하는 것은 중요하다. 따라서 나는 내가 제시하는 것이 모든 문제에 대한 최종적인 답이라고 주장하지 않는다. 하지만 그것은 길을 따라 나아가는 한 걸음은 될 것이다.

3장

성경의 지위

근본적인 해석학적 지평과 관련된 문제가 하나 더 남아 있다. 그것은 성경의 지위에 관한 문제다. 성경이란 무엇인가? 그 안에 있는 창세기는 무엇인가? 창세기는 이야기를 모아놓은 문학 모음집이다. 그런 문학 모음집으로서이 책은 우리가 지금껏 말해온 하나님과 어떤 관계가 있는가?

성경은 하나님의 말씀이다

우리는 여러 가지 질문을 제기할 수 있다. 참으로 하나님이 말씀하시는가? 창세기 1:3은 그분이 그렇게 하신다고 전한다. "하나님이 이르시되 '빛이 있으라' 하시니 빛이 있었다." 하나님이 인간에게 말씀하시는가? 그분은 그렇게 하신다. "여호와 하나님이 그 사람에게 명하여 이르시되 '동산 각종 나무의 열매는 네가 임의로 먹되 선악을 알게 하는 나무의 열매는 먹지 말라. 네가 먹는 날에는 반드시 죽으리라' 하시니라"(창 2:16-17). 하나님은 역사의 과정에서 이스라엘에게 말씀으로 전하셨던 것을 영구한 기록물로 만들기 시작하셨는가? 그분은 십계명의 형태로 그렇게 하셨다. "여호와께서 두 돌판을 내게 주셨나니 그 돌판의 글은 하나님이 **손으로** 기록하신 것이요, 너희의 총회 날에 여호와께서 산상 불 가운데서 너희에게 이르신 모든 말씀이니라"(신 9:10; 출 31:18과 비교해보라).

이런 본문들과 성경의 기타 본문들은 모두 우리가 성경의 본문들이 하나님의 섭리를 따라 수집되어 영구한 정경의 형태를 지니게 된 하나님의 말씀이라는 성경의 가르침에 대해 숙고하도록 만든다. 여기서 우리는 여러 가지 중요한 문제와 마주한다. 하나님이 존재하시며 우리에게 말씀하신다면, 우리로서는 그분이 말씀하고 계신다는 것을 알아차리고 그분이 받으실 만한 모든 복종으로 그분께 응답해야 한다. 성경이 하나님의 말씀이라는 주장은 그 말씀에 수반되는 기적들에 의해, 예언된 사건들이 발생하기 수세기 전에 선포된 예언들에 의해, 그리고 성경 자체의 증명에 의해 뒷받침된다.

그러나 어떤 이들이 주장하듯이 창세기 1장과 2장 사이에 혹은 창세기 1-3장과 현대 과학 사이에 모순이 존재한다면, 그런 성경이 어떻게 하나님의 말씀일 수 있는가? 이 책에서 나중에 우리는 그런 우려에 대해 다룰 것이다. 하지만 여기서 그 문제와 관련해 비록 인간으로서 우리가 아직 그것에 대해 충분한 답을 갖고 있지 못한 난제들이 있기는 하나 성경에는 모순이 존재하지 않는다는 것 정도는 미리 말해둘 수 있을 것이다.

우리가 이 책에서 성경의 신적 영감을 충분히 옹호할 수는 없다. 나는 오래전에 그리고 보다 최근에 쓰인 이런 견해를 옹호하는 책들의 주장에 동의한다.[1] 그런 견해는 우리가 창세기 전체와 특히 창세기 1-3장을 해석하는 방식에서 분명하게 차이를 만들 것이다.

예수가 마태복음 19:4-5에서 하시는 말씀에 주목할 필요가 있다.

예수께서 대답하여 이르시되 **"사람을 지으신 이가** 본래 그들을 남자와 여자로 지으시고 말씀하시기를 '그러므로 사람이 그 부모를 떠나서 아내에게 합하여 그 둘이 한 몸이 될지니라' 하신 것을 읽지 못하였느냐?"

여기서 예수는 창세기 2:24을 인용한다. 그는 그것이 하나님이 말씀하신 것이라고 말한다. 창세기 2장의 맥락에서 24절은 분명히 그 이야기 속의 한 절이다. 그러므로 예수는 창세기 전체가 하나님이 말씀하신 것이라고 함축

---

1   이런 견해는 아우구스티누스(*The Harmony of the Evangelists*)에게서, 장 칼뱅에게서 그리고 John D. Woodbridge, *Biblical Authority: A Critique of the Rogers/McKim Proposal*(Grand Rapids, MI: Zondervan, 1982, 『성경의 권위』[선교횃불 역간])에 의해 확증되는 고대의 여러 작가들에게서 찾아볼 수 있다. 보다 최근에 이런 견해를 옹호하는 학자들 중에는 다음과 같은 이들이 있다. Archibald A. Hodge and Benjamin B. Warfield, *Inspiration*, with introduction by Roger R. Nicole (Grand Rapids, MI: Baker, 1979); Benjamin Breckinridge Warfield, *The Inspiration and Authority of the Bible*, ed. Samuel G. Craig (Philadelphia: Presbyterian and Reformed, 1967); N. B. Stonehouse and Paul Woolley, eds., *The Infallible Word: A Symposium by Members of the Faculty of Westminster Theological Seminary*, 3rd rev. printing (Philadelphia: Presbyterian and Reformed, 1967); D. A. Carson and John D. Woodbridge, eds., *Scripture and Truth* (Grand Rapids, MI: Baker, 1992); John M. Frame, *The Doctrine of the Word of God* (Phillipsburg, NJ: P&R, 2010, 『성경론』[P&R 역간]); Kevin DeYoung, *Taking God At His Word: Why the Bible Is Knowable, Necessary, and Enough, and What That Means for You and Me* (Wheaton, IL: Crossway, 2014, 『성경, 왜 믿어야 하는가?』[디모데 역간]); Peter A. Lillback and Richard B. Gaffin, Jr., eds., *Thy Word Is Still Truth: Essential Writings on the Doctrine of Scripture from the Reformation to Today* (Philadelphia: Westminster Seminary Press; Phillipsburg, NJ: P&R, 2013). 또한 다음을 보라. Vern S. Poythress, *Inerrancy and Worldview: Answering Modern Challenges to the Bible* (Wheaton, IL: Crossway, 2012).

해서 말하고 있는 셈이다. 예수는 이런 식으로 그리고 다른 방식으로 구약 성경이 하나님의 말씀임을 확언한다.[2]

전승과 자료는 어떠한가?

성경의 책들은 오랜 세월 동안 필사를 통해 전승되었다.[3] 그 전승 과정은 매력적인 연구 과제다. 전승은 사본들을 살피는 일을 통해 원본의 메시지에 접근할 수 있게 해주기 때문에 우리가 성경을 해석하는 과정에서 어떤 분명한 역할을 한다.

그러나 성경의 본문 **배후에 있는** 자료들, 즉 성경의 책들의 다양한 저자들이 사용했을 자료들은 어떠한가? 성경의 책 중 어떤 것들은 그 책들의 저자들이 보다 이른 시기의 자료들을 활용했음을 알려준다(가령, 눅 1:1; 삼하 1:18; 왕상 11:41). 성경학자들 사이에서 창세기와 모세 오경의 다른 책들과 관련된 한 가지 인기 있는 관점은 이른바 "문서설"이다. 이 가설에는 세부적으로 차이를 보이는 몇 가지 형태가 있다. 그러나 19세기부터 가장 잘 알려진 가설은 모세 오경 배후에 일반적으로 J, E, D, P라고 불리는 네 개의 주된 자료가 있다고 주장한다. 이 네 개의 자료들은 서로 다른 시기에 만들어졌으며, 서로 다른 그리고 때로는 분명하게 모순되는 내용들을 지니고 있다.

---

2   특히 John Murray, "The Attestation of Scripture," in *The Infallible Word*, 1-42을 보라.
3   필사 시대로부터의 전승에 관한 짧은 논의를 위해서는 John H. Skilton, "The Transmission of the Scripture," in *The Infallible Word*, 141-95을 보라.

많은 책이 이 견해를 옹호하며, 또한 그것을 비판한다.[4] 나의 입장은 그것이 적절하지 않다는 것이다. 그러나 여기서 우리가 그 모든 내용을 상세하게 논할 수는 없다. JEDP 이론을 주장하는 이들과 또한 자료들에 관해 다른 이론을 주장하는 어떤 이들은 종종 창세기 1-3장에 대한 해석을 지금 우리가 갖고 있는 본문 배후에 있는 자료들을 해석하는 방식으로 수행한다. 특히 문서설은 창세기 1-2장에는 두 개의 구별되는 창조 이야기가 포함되어 있다고 주장한다. 하나는 창세기 1:1-2:4a이고 다른 하나는 2:4b-25인데, 그것들은 각각 P자료와 J자료에서 온 것이며 서로 일치하지 않는다.

이런 접근법과 달리, 자료는 육필 본문의 의미에 대한 우리의 이해에 **직접적인** 기여를 하지 않는다. 인간 저자가 쓴 본문에서조차도 그 저자는 자기가 사용하는 자료의 내용을 다른 의미로 사용할 수도 있다. 따라서 우리는 저자의 자료가 아니라 저자가 말하는 것과 그가 그것을 통해 의미하는 것에 주목해야 한다(그림 3.1을 보라).

---

4   가령, T. D. Alexander, *From Paradise to Promised Land: An Introduction to the Pentateuch*, 2nd. ed. (Grand Rapids, MI: Baker, 2002), 3-82. JEDP에 대한 의심 중 하나는 그 이론에 내적인 문제가 있다는 것인데, 오늘날 많은 학자는 그것이 19세기에 그랬던 것만큼 그럴듯해 보이지 않는다고 여긴다.

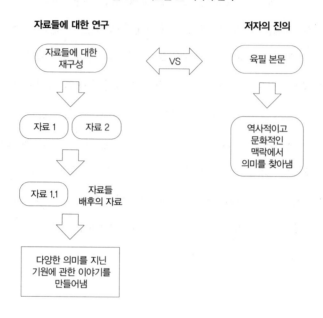

그림 3.1: 자료들 vs 저자의 진의

자료와 관련된 문제는 우리가 성경의 각 책들의 자료에 대한 확실한 지식을 갖고 있지 않기 때문에 복잡해진다. 우리는 역대상·하를 예외로 들 수 있을 것이다. 역대상·하의 인간 저자가 사무엘상·하와 열왕기상·하를 자료로 사용했음은 분명해 보인다. 그러나 그는 지금 우리가 갖고 있지 않은 다른 자료들도 사용했을 것이다(대상 9:1; 대하 24:27). 누가는 마가복음을 사용했을 수도 있다. 물론 이것은 다수 의견이지만, 그것 역시 논쟁거리다. 우리는 성경의 다른 책들에 대해서는 그것들의 자료에 대해 아주 작은 확신조차 갖지 못한다. 우리가 그렇게 추정되는 자료들을 갖고 있지 않기 때문이다. 그런 상황에서 자료들을 재구성하는 것은 추측에 의한 작업일 수밖에 없다. 우리로서는 그런 작업에서 우리가 언제 성공했는지 알 길이 없다. 설령 우리가 그 작업에 성공했다고 할지라도, 지금 우리 앞에 놓인 책의 저자가 그 자료를 갖고서 우리와 다른 무언가를 의미했을 수도 있다. 그가 의미했던 것은 우리의 것과 미묘하게 다르거나 완전히 다를 수도 있다.

특히 성경에 대한 역사비평적 접근을 통해 시도되는 대부분의 재구성과 관련해서 그럴 수 있다. 성경 배후에 있는 어떤 자료가 특정한 사건의 역사에 대해 다른 신학이나 다른 그림을 갖고 있다는 주장이 제기될 때, 우리는 이 다른 (그리고 지금은 사용할 수 없는) 견해가 우리가 갖고 있는 본문보다 우선한다고 말해야 할까? 나의 답은 "아니오"다. 어떤 본문들, 즉 정경의 어떤 본문들은 신적 권위를 갖고 있다. 다른 본문들 혹은 구전들은 그렇지 않다.

따라서 창세기를 해석할 때, 우리는 그 본문의 추정된 자료들이 아니라 본문 자체를 해석해야 한다. 특히 창세기 1-3장을 하나의 연속적인 문학 작품으로 해석해야지 그것을, 일각에서 주장하는 것처럼, 창세기 1장과 2장에 실려 있는 두 개의 모순된 창조 이야기들로 분해되어야 하는 하나의 복합 문서로 해석해서는 안 된다.

유사한 원리가 창세기와 고대 근동의 다른 본문들과 관습들 사이에 있는 것으로 의심되는 유사물들에도 해당된다. 하나님이 말씀하시거나 쓰실 때, 그분은 언어의 절대적 지배자라는 신분으로 그렇게 하신다. 또한 하나님은 언어적·역사적·문화적 상황을 다스리는 지배자시다. 그분은 이런 상황에 자신의 말씀을 보내신다. 그러므로 모든 해석은 상황의 주인이신 그분이 어떤 분이신지를 고려해야 한다. 우리가 상황을 고려하는 이유는 그분 자신이 그것을 고려하시기 때문이다.[5] 상황을 고려하는 것은 언어와 문화의 모

---

5   Poythress, *Inerrancy and Worldview*, 특히 1장을 보라.

든 조각을 하나의 동질적인 전체로 평준화하는 것과 아주 다르다. 따라서 성경에서 언어를 통한 의사소통은 주변의 의사소통의 사례들이나 주변의 문화들과 다른 무언가를 의미할 수 없다. 인간 화자조차 새로운 개념을 가질 수 있고 새로운 생각을 말할 수 있다. 결국 그들은 하나님의 형상대로 지음 받은 자들이다. 하나님이 인간과의 담화에서 앞서 말해졌던 것들의 경계를 넘어서는 것들을 얼마나 많이 말씀하실 수 있겠는가? 따라서 우리는 하나님이 주변의 상황과 부합하는 방식으로 말씀하시는 것을, 또한 그분이 말씀하고 싶어 하시는 것을 주변 상황과 구별되는 방식으로 말씀하시도록 허락해야 한다.

요약

요약하자면, 창세기 1-3장을 해석할 때 우리는 창세기가 하나님의 발언이라는 사실을 고려해야 한다. 이것은 우리가 그 본문을 통해 타당한 가르침을 받기 위해서는 그 본문의 가능한 출처들이 아니라 그 본문이 전하는 내용 자체에 초점을 맞춰야 한다는 것을 의미한다.

4장

과학적 주장과의 상호작용

우리는 창세기의 처음 장들과 현대의 과학적 주장들 간의 관계를 어떻게 다뤄야 하는가? 그동안 많은 해석자들은 과학적 주장이 과연 우리가 성경을 정확하게 해석해왔는지를 재검토하기 위한 계기가 될 수 있다고 지적했다. 그러나 이것은 우리가 성경과 과학을 나란히 "동등한 권위"를 지닌 것으로 여기는 것과는 아주 다르다.[1] 우리는 성경의 권위를 현대의 과학적 선언을 위해 주장된 권위들과의 관계 속에서 어떻게 다뤄야 하는가?

해석을 재검토하기 위한 계기로서의 과학적 주장들

코페르니쿠스의 이론의 역사는 보통 인식되는 것보다 훨씬 더 복잡하지만

---

1   이에 관한 유익한 논의를 위해서는 James N. Anderson, "Can We Trust the Bible over Evolutionary Science?" *Reformed Faith & Practice* 1, no 3 (December 2016): 6-23, 〈http://journal.rts.edu/article/can-we-trust-the-bible-over-evolutionary-science/〉을 보라.

여전히 하나의 가설적 본보기의 역할을 할 수 있다. 코페르니쿠스의 이론은 지구가 자전하며 태양 주위를 돈다고 주장한다. 따라서 그 이론은 움직이지 않는 지구에 관해 말하는 성경 구절들과 긴장 관계를 이루는가?(시 93:1; 96:10; 104:5)[2] 성경 구절들을 재검토해보면, 우리는 그것들이 천문학 이론을 선언하는 게 아니라 평범한 인간의 관찰과 관련된 시적 진술을 하고 있다는 결론을 내릴 수도 있다. 지구는 그 위에서 살아가는 이들의 관점에서 보면 멈춰 있다.

이 시나리오 안에서 코페르니쿠스의 이론은 사람들이 성경에 관해 새로운 질문을 제기하도록 자극해왔다. 그러나 모든 것이 잘 진행된다면, 그 구절들의 의미에 대한 결론적인 대답은 **코페르니쿠스의 이론에 관한 지식이 없더라도** 질문을 제기함으로써 볼 수 있는 답이다. 해석적 이해에서 실제적인 전환점은 니콜라우스 코페르니쿠스(Nicolaus Copernicus)로부터가 아니라 우리가 시편의 내용과 그것의 장르를 관찰함으로써 나온다. 시편은 시로 쓰인 노래다. 그리고 그것들은 전문적인 천문학자들이 아니라 평범한 사람들을 상대로 쓰였다. 초점은 우리가 딛고 서 있는 지구의 안정을 통해 예시되는 하나님의 신실하심 때문에 그분을 경배하고 신뢰하는 것에 맞춰진다.

우리는 그것을 다른 방식으로 말할 수 있다. 하나님이 지으신 세계는 풍요로우며 여러 측면을 지니고 있다. 기술적이고 과학적인 이론들은 나름 놀라울 수 있다. 하지만 그것들은 세계를 설명하는 여러 가지 방법 중 하나이거나 몇 가지일 뿐이다. 평범한 인간의 경험 역시 우리가 세계를 이해하

---

2   이 책의 5장에 실려 있는 코페르니쿠스의 이론에 대한 나의 논의를 보라.

도록 돕는 역할을 할 수 있으며 또한 우리에게 실재의 한 측면을 알려준다.[3] 따라서 성경과 **대립하는** 듯 보이는 코페르니쿠스의 이론이나 다른 과학 이론들과의 접촉은 성경적 의사소통이 초점을 맞추는 **종류**의 의사소통과 현실에 대한 우리의 이해를 증진시키는 타당한 계기가 될 수 있다.

으뜸패로서의 과학적 주장들

하지만 우리가 성경과 과학이 동등한 권위를 지녔다고 여긴다면, 그때 우리는 그것들 사이에 이루어지는 다른 종류의 상호작용을 경험하게 된다. 그리고 현실적으로 그것은 우리 시대가 경험하고 있는 유혹이다. 그동안 과학의 권위와 성취에 대한 존경은 그 영향력이 너무 컸다. 그로 인해 많은 이들에게 과학적 주장은 다른 모든 권위를 넘어서는 으뜸패가 되었다. 그로 인해, 성경이 과학적 주장에 동의하지 않는 것처럼 보이면, 성경은 그만큼 더 나쁘게 보인다(그림 4.1을 보라).

그럼에도 어떤 이가 자신은 계속해서 성경에 모종의 권위를 부여해야 한다고 느낀다면, 그는 성경의 확언을 과학자들의 주장에 맞추기 위해 필요한 무슨 일이든 하려고 한다. 그는 그 갈등을 해소해줄 해석을 찾아내려 한다. 그 과정에서 문제가 되는 개별적인 성경 구절들이 재해석된다. 혹은 그런 재해석이 더 보편적인 것이 된다. 그로 인해 어떤 이는 과학은 방법에 관

---

3 Vern S. Poythress, *Redeeming Science: A God-Centered Approach* (Wheaton, IL: Crossway, 2006), 16장.

한 것인 반면, 성경은 존재와 이유에 관한 것이라고, 따라서 그 두 자료는 사실상 실제로는 불일치하는 것이 아니라고 주장할 수도 있다.[4]

그림 4.1: 으뜸패로서의 과학

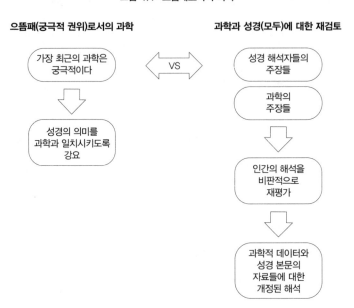

그러나 이런 시나리오에는 몇 가지 잘못된 것이 있다. 첫째, 그런 상황 속에는 사람들이 과학의 주장들과 조화를 이루는 방향으로 해석을 왜곡하도록 만드는 굉장한 압력이 존재한다. 그로 인해 참된 성경의 권위가 사실상 와해된다.

둘째, 과학의 주장들은 신성불가침이 아니며, 결국 과학자들 역시 인간

---

4 비록 여기에 얼마간의 진실이 있기는 하나, 나는 Poythress, *Redeeming Science*, 107-8에서 이런 공식에 대해 논하고 그것을 거부했다.

에 불과하다. 과학적 연구는 복잡하고 다차원적인 일이며, 따라서 선한 의지를 지닌 사람들에 의해 진지하게 수행될 때조차 여러 가지 방식으로 잘 못될 수 있다.[5] 한때 확립되어 영원한 것처럼 보이던 과학 이론들이 다른 이론들로 대체되었다. 그에 대한 두드러지는 예가 19세기에서 20세기 사이에 물리학에서 나타난 변화다. 19세기에 대부분의 물리학자들은 아이작 뉴턴(Isaac Newton)까지 거슬러 올라가는 앞선 연구의 결과를 따르면서, 자기들이 물리력의 영향 아래에 있는 시간, 공간 그리고 동작의 본질을 충분히 이해했다고 느꼈다. 그들은 물체가 그 안에서 움직이는 절대적인 시간과 공간에 관한 그림을 발전시켰다. 그 그림은 대체 불가능한 것처럼 보였다. 하지만 그것은 대체되었다. 그것도 하나가 아니라 20세기에 나타난 두 가지 다른 이론—상대성이론과 양자역학—에 의해 대체되었다.

기술에서의 실제적인 성취는 평범한 사람들이 과학은 틀림없이 아주 안정적일 것이라고 느끼도록 만든다. 그것이 성공적이기 때문이다. 그러나 성공은 다른 것들보다도 몇 가지 이론들에 더 의존한다. 그리고 19세기 물리학처럼, 어떤 이론은 그것이 대체될 필요가 있을 때조차 실용적 측면에서 "성공적"일 수 있다.

더 나아가, 과학의 행위는 사회적 차원과 심지어 정치적인 차원까지 갖고 있다. 우리는 사정이 그렇지 않기를 바랄지 모르나, 야심에 찬 사람들은 진리와 공정함을 추구하는 것보다 자신의 우월감과 영광을 우선시할 수도

---

5 우리는 Thomas S. Khun, *The Structure of Science Revolutions*(Chicago: University of Chicago Press, 1970,『과학혁명의 구조』[까치 역간])를 과학적 연구의 몇 가지 인간적 차원과 사회적 차원에 초점을 맞추고 있는 중요한 영향력 있는 작품으로 인용한다. 그동안 비판적으로든, 확증적으로든, 수정적으로든 Kuhn의 작품을 둘러싸고 많은 문헌이 나타났다.

있다. 막후에서 중상과 조작이 시행될 수도 있다. 과학적 합의는 때로는 집단적 사고의 결과일 수도 있다.

셋째, 과학 작업은 우상숭배로 인해 타락할 수 있다. 그리고 오늘날의 상황이 그러하다. 앞서 나는 (1) 우주의 법칙을 인격적인 하나님의 발언으로 이해하는 것과, (2) 그 법칙을 비인격적이고 메커니즘적인 것으로 이해하는 것의 차이에 대해 말한 바 있다. 두 번째 개념은 첫 번째 것의 우상숭배적 타락이다. 우리는 그 차이를 인식하고 그것이 과학자들의 작업에 전파되어 과학 연구의 보다 큰 방향에 영향을 끼칠 가능성에 대해 생각할 필요가 있다.

또한 오늘날 서구의 지적 담론 중 상당수가 과학의 발전은 철학적 유물론, 즉 세계는 물질, 에너지 그리고 운동에 불과하다는 견해를 상정한다고 여기는 것을 살펴보자. (물리주의의 일부 형태들은 인간의 의식, 자유 의지, 도덕적 기준 그리고 아름다움의 실재성을 부인한다. 다른 형태들은 보다 신중하게 이 후자의 것들은 단지 물질, 에너지 그리고 운동으로부터 자발적으로 나타난 여분의 층들이라고 말한다.) 철학적 유물론은 과학자들이 하는 일에 영향을 주고 어떤 종류의 질문과 절차와 가설들이 적절한지에 대한 그들 자신의 개념에도 영향을 준다. 따라서 과학적 연구는 사실상 중립적인 입장에서 그리고 철학적 확신이나 지평에 의해 영향을 받지 않은 상태에서 수행되지 않는다. 그런 영향들은 과학자들의 기술적인 작업에서 거의 주목되지 않거나 분명하게 논의되지 않는데, 왜냐하면 그들은 자기들이 좋아하는 보다 세부적인 작업을 하려고 서두르기 때문이다. 이는 이해할 만한 일이다. 그러나 그런 영향들은 여전히 총체적인 분위기의 형태로 존재할 수 있다.

사실 이런 관찰 소견은 생물학을 위한 총체적인 틀로서 신다윈주의

(neo-Darwinism)와 관련해 특별한 힘을 지니고 있다. 신다윈주의는 살아 있는 세포 안에서 나타나는 굉장한 복잡성과 기본적인 생물학적 "형태들"의 안정성을 위한 증거를 다루는 일에서 큰 어려움을 겪는다. 예컨대 사람들이 개들을 사육하면 그들은 개를 얻지 결코 고양이를 얻지 않는다. 그들이 초파리 속(genus Drosophila)에서 인위적으로 돌연변이를 만들어낼 경우, 그들은 많은 수의 죽은 파리들을 얻을 수는 있으나, 동일한 속(genus)에 속한 더 많은 파리들 외에 다른 그 어떤 것도 얻어내지 못한다.[6]

그러나 철학적 유물론과 경쟁할 만한 대체 이론은 보이지 않는다. 엄격한 유물론은 별개로 하더라도, 만약 어느 이론가가 우주의 법칙들은 비인격적이고 기계적이며 예외도 없고 신적 능력의 임재와 개입도 없다고 믿는다면, 생명이 점차적인 단계를 거쳐 앞선 생명으로부터 나온다는 이야기 외의 다른 대안은 있을 수 없다. 따라서 그 이론가는 그런 이야기의 어떤 형태가 참된 것일 수밖에 없다고 여긴다. 현재의 증거가 그것을 지지하든 그렇지 않든 간에 말이다.

여기서 우리는 몇 가지 어려운 질문을 던질 필요가 있다. 신다윈주의는 실제로 증거에 의해 얼마나 뒷받침되는가? 그것은 어떤 종류의 증거인가? 실제로 그 이론에 통합되기 어려운 어떤 증거가 있는가? 그 이론은 법칙이라는 비인격적인 개념이나 유물론에 대한 철학적 신념 때문에 혹은 동등하게 유물론적인 대안적 이론의 결여 때문에 얼마나 유지되는가?[7]

6　예컨대 Michael Denton, *Evolution: Still A Theory in Crisis* (Seattle: Discovery Institute, 2016)를 보라.

7　나는 특히 다음과 같은 지적 설계 옹호자들이 수행한 작업에 대해 생각하고 있다. Michael J. Behe, *The Edge of Evolution: The Search for the Limits of Darwinism* (New York: Free Press, 2007); Stephen C. Meyer, *Signature in the Cell: DNA and the Evidence for Intelligent Design*

성경과 과학의 관계

이런 어려움에 더하여, 우리는 성경과 과학의 주장이 같은 차원에 속해 있지 않음을 아주 쉽게 알 수 있다. 성경에 대한 우리 인간의 해석은 잘못될 수 있다. 그리고 과학적 데이터에 대한 우리의 해석 역시 잘못될 수 있다. 따라서 그 사이에서 발생하는 명백한 긴장들은 늘 그 둘 모두를 (단지 성경에 대한 우리의 해석만이 아니다!) 재평가하는 계기가 될 수 있다. 그러나 성경은 하나님의 말씀이다. 그리고 그것은 주장을 펼칠 때 사용하는 것과 동일한 언어적 구조와 의미를 지닌 것으로 우리에게 주어졌다.

우리는 성경의 언어적 구조를 과학자가 조사하는 상황과 대조할 수 있다. 하나님이 우리에게 주신 세계는 그분의 능력 있는 말씀을 통해 다스려진다. 그러나 창세기 1:3 같은 몇 가지 예외를 제외한다면, 우리는 그분이 명백하게 언어적 형태로 말씀하시는 경우를 접하지 못한다. 과학자들은 법칙에 관해, 즉 세상을 지배하시는 하나님의 말씀에 관해 추측한다. 그러나 그들의 추측은 하나님의 말씀과 동일하지 않다. 따라서 과학의 주장을 무오한 것으로 여기는 것은 잘못이다. 그러나 성경의 담론을 무오한 것으로 보는 것은 잘못이 아니다(표 4.2를 보라).

또한 성경에 따르면 하나님은 우리에게 구원의 메시지를 주시고, 우리를 자신과 화해시키시며, 또한 우리를 자신의 명령에 순종하는 길 위에 세

(New York: HarperOne, 2009, 『세포 속의 시그니처』[겨울나무 역간]); Meyer, *Darwin's Doubt: The Explosive Origin of Animal Life and the Case for Intelligent Design* (New York: HarperOne, 2013, 『다윈의 의문』[겨울나무 역간]); J. P. Moreland et al., eds., *Theistic Evolution: A Scientific, Philosophical, and Theological Critique* (Wheaton, IL: Crossway, 2017).

우시기 위해 성경에 담겨 있는 계시를 통해 우리에게 말씀하신다. 그것은 죄를 치유하는 일에서 핵심적 역할을 한다. 죄가 우리의 마음을 포함해서 모든 것을 오염시켰기에 성경은 우리의 마음을 깨끗하게 하는 데 꼭 필요한 도움이 된다.

성경을 해석하는 것과 과학적 자료를 해석하는 것 사이의 상호작용 과정에 대해서는 더 많은 말을 할 수 있을 것이다. 그리고 독자들은 다른 곳에서 그 문제에 관한 보다 충분한 논의들을 발견할 수 있을 것이다.[8] 그러나 우리의 목적을 위해 여기서 우리는 간단한 요약만으로 만족해야 한다.

이 책의 나머지 부분에서 우리의 목표는 과거에 대한 과학적 주장들을 상세히 다루는 것이 아니다. 그런 일은 다른 책들에게 맡기자. 우리의 목표는 창세기의 의미를 과학의 주장들과의 관계 속에서 살피는 방법에 영향을 주는 해석의 문제들을 살피는 것이다. 그런 일을 할 때 우리는 그것이 우리를 성경과 과학적 주장 간의 관계에 대한 답들에 좀 더 가까이 이르게 한다는 것을 알게 될 것이다.

---

8   Poythress, *Redeeming Science*, 2-3장.

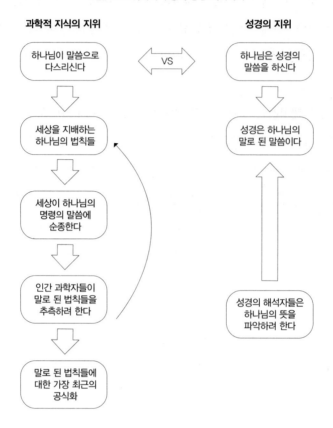

그림 4.2: 과학적 주장과 성경 해석하기

과학적 지식의 지위   성경의 지위

하나님이 말씀으로 다스리신다   VS   하나님은 성경의 말씀을 하신다

세상을 지배하는 하나님의 법칙들

성경은 하나님의 말로 된 말씀이다

세상이 하나님의 명령의 말씀에 순종한다

인간 과학자들이 말로 된 법칙들을 추측하려 한다

성경의 해석자들은 하나님의 뜻을 파악하려 한다

말로 된 법칙들에 대한 가장 최근의 공식화

요약

요약하자면, 성경과 과학의 역할은 동일하지 않다. 각각이 가르침의 원천으로서의 역할을 한다. 하지만 성경이 두 가지 이유에서 우선권을 갖는다. 첫째, 그것은 하나님의 말로 된 담화인 반면, 과학은 인간이 생각하는 자연법에 관한 오류가 있을 수 있는 인간의 설명이다. 둘째, 하나님은 성경을 특별히 우리를 위한 지침이 되도록 고안하셨다. 무엇보다도 그분은 성경을 통해

우리가 어떻게 우리 자신의 죄책을 벗어던지고 그분과 화해할 수 있는지에 관한 지침을 주신다. 그러나 이어서 그분은 그 화해의 결실로서 삶의 모든 것에 관한 우리의 생각을 변화시키는 지침들을 주신다.

5장

창세기 1장 해석에 영향을 주는
현대의 세 가지 신화

계속해서 우리는 오늘날의 가정들로 이루어진 틀이 해석에 끼치는 영향에 대해 살펴볼 수 있을 것이다. 이 장에서 우리의 목표는 고대 근동이라는 보다 넓은 환경에 대한 정보가 우리의 창세기 해석에 어떤 영향을 주는지를 평가하는 건전한 접근법을 개발하는 것이다. 이를 위해 우리는 지금 우리가 어떤 종류의 세상에서 살고 있는지 그리고 고대 근동의 문화처럼 멀리 있는 문화를 어떻게 이해해야 하는지에 관한 현대의 생각들을 비판적으로 살펴볼 것이다. 그런 문제들에 관한 가정들은 창세기 1-3장, 특히 창세기 1장에 대한 해석에 영향을 준다.[1]

창세기 1장을 해석하는 데는 종종 세 가지 현대적 신화들이 끼어든다. 이 장에서 나는 창세기 1장에 대한 이해를 가로막는 장애물들을 제거하기

---

[1] 이 장은 서론 단락과 별개로 Vern S. Poythress, "Three Modern Myths in Interpreting Genesis 1," *Westminster Theological Journal* 76, no. 2 (2014): 321-50을 개작한 것이다. 허락을 받아 사용했다.

위해 그 세 가지 신화를 밝히려고 한다.

즉각 신화들에 관한 이야기를 시작하기보다 먼저 창세기 1장에 대한 현대적 해석에서 나타나는 한 가지 요소에 대해 살펴보자. 이 접근법은 창세기 1장을 고대 근동이라는 상황 안에서 읽는 것으로 시작한다. 그것은 창세기 1장을 고대 근동의 신화들과 비교하고 대조하는데, 그렇게 함으로써 현대의 많은 독자들이 창세기 1장을 잘못 읽고 있음을 보이려 한다. 그들은 과학적 가정과 질문들을 염두에 두고서 창세기 1장을 읽는다. 또한 아주 쉽게 창세기 1장에 들어 있지 않은 상세한 과학적 정보를 거기에 투사한다. 그들은 자기들이 읽는 것에 의지해서 창세기 1장이 현대 과학과 일치한다는 것을 혹은 일치하지 않는다는 것을 알 수 있다. 그러나 그 과정 전체가 잘못이다. 왜냐하면 그 과정에는 잘못된 해석이 포함되어 있기 때문이다. 독자들은 창세기 1장에서 과학적 가르침을 찾으려 하면 안 되고, 오히려 그것을 그것 자체로, 즉 우리와 다른 문화에서 온 문서로 읽어야 한다.

낡은 우주론이라는 개념

이런 접근법에 대해서는 우호적으로 말할 만한 것이 아주 많다. 왜냐하면 현대의 가정들이 개입할 경우, 창세기 1장을 옹호하는 자들과 비판하는 자들은 모두 그 본문을 오해할 수 있기 때문이다. 그러나 우리의 장기적인 영적 건강에 영향을 끼치는 많은 것이 해석의 과제가 **어떻게** 수행되느냐에 달려 있다. 그것이 항상 잘 수행되지는 않는다. 어떤 책들과 논문들은 창세기 1장에는 자연스레 그리고 이해할 만하게 고대 근동에서 일반적이었던 낡고 잘못된 우주론적 개념들이 포함되어 있다고 알려준다. 창세기 1장이 그런 문화적 환경에서 쓰였기 때문이다. 예컨대 학자들은 창세기 1:6-8이 하늘의 견고한 반구("궁창")와 그 궁창에 의해 지탱되는 하늘의 바다("궁창 위의 물")에 대해 언급한다고 말할 수도 있다.[2]

그런 주장들은 한 세기 이상 진보적인 학자들 사이에서 제기되었다. 하지만 지금 그것들은 몇몇 복음주의 진영에서도 제기되고 있다. 성경에서 잘못된 우주론적 개념들이 나타난다고 여기는 이들은 여전히 자기들이 성경의 신적 권위를 긍정하고자 한다고 말할 수 있다. 예컨대 그들은 창세기 1장이 잘못된 우주론을 포함하고 있으면서도 그것의 신적 권위는 결코 손상되지 않는다고 말할지도 모른다. 왜냐하면 저자의 의도는 과학이나 고대 우주론이 아니라 신학을 가르치는 것이기 때문이다. 그들의 사고는 이런 식이다.

그 우주론적 장식들은 차량일 뿐이고 그 차량이 운반하는 "화물"은 그 구절의 신학적 내용으로 이루어진다. 보다 구체적으로, 창세기 1장의 화물은 하나님이 유일한 하나님이시며 유일한 창조주시라는 신학적 확언으로 이루어진다. 화물은 그 구절이 신학적으로 가르치고자 하는 것이다. 차량은 창세기 1장에서 그 표현들을 발견하는 문화적으로 조건 지워지고, 제한적이며, 잘못된 우주

---

2 하늘의 바다에 있는 견고한 반구라는 개념은 T. H. Gaster, "Cosmogony," in *Interpreter's Dictionary of the Bible,* ed. George Arthur Buttrick (New York: Abingdon, 1962), 1.703, 704 같은 구약성경의 학술적 문헌들 여러 곳에서 나타나며 Francis Brown, S. R. Driver, and Charles A. Briggs, *A Hebrew and English Lexicon of the Old Testament* (Oxford: Oxford University Press, 1953), 956, רָקִיעַ sense 2 같은 어휘집에 포함되었다. 보다 나은 접근법을 위해서는 C. John Collins, *Genesis 1-4: A Linguistic, Literary, and Theological Commentary* (Phillipsburg, NJ: P&R, 2006), 45-46과 이것에 이어진 장들을 보라.

론이다. 차량은 화물을 운송하는 역할을 한다. 그러나 차량은 그 구절이 가르치고자 하는 것이 아니다.

그러므로 이런 접근법에 따르면, 창세기 1장은 그것의 **가르침**에는 아무런 잘못도 들어 있지 않다. 사실 그것의 가르침은 현대 과학과 잘 조화된다. 왜냐하면 적절하게 이해될 경우, 창세기 1장은 과학에 **관한** 혹은 과학과 **모순될 수 있는** 아무것도 직접적으로 가르치지 않기 때문이다. 편의상 나는 이런 식의 접근법을 **차량-화물 접근법**(vehicle-cargo approach)이라고 부르겠다. 사람들이 화물(핵심적 가르침)과 차량의 구분을 어떻게 해석하는가는 심각한 논쟁으로 이어지는데, 여기서 우리가 그것을 따라갈 수는 없다.[3]

---

3   Noel Weeks, "Cosmology in Historical Context," *Westminster Theological Journal* 68, no. 2 (2006): 283-93; Weeks, "The Ambiguity of Biblical 'Background,'" *Westminster Theological Journal* 72, no. 2 (2010): 219-36; Vern S. Poythress, "Problems for Limited Inerrancy," *Journal of the Evangelical Theological Society* 18, no. 2 (1975): 93-102을 보라.

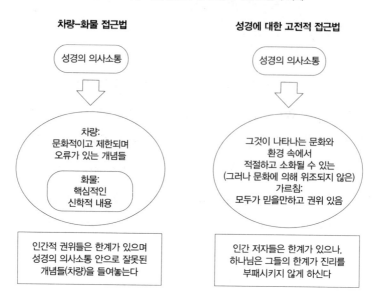

그림 5.1: 차량-화물 접근법 vs 성경에 대한 고전적 이해

차량-화물 접근법

성경의 의사소통

⬇

차량:
문화적이고 제한되며
오류가 있는 개념들

화물:
핵심적인
신학적 내용

인간적 권위들은 한계가 있으며
성경의 의사소통 안으로 잘못된
개념들(차량)을 들여놓는다

성경에 대한 고전적 접근법

성경의 의사소통

⬇

그것이 나타나는 문화와
환경 속에서
적절하고 소화될 수 있는
(그러나 문화에 의해 위조되지 않은)
가르침:
모두가 믿을만하고 권위 있음

인간 저자들은 한계가 있으나,
하나님은 그들의 한계가 진리를
부패시키지 않게 하신다

차량-화물 접근법은 하나님이 고대의 수취인들의 잘못된 견해에 자신을 "적응시키시고" 그런 견해가 성경 안에서 자리를 차지하게끔 하신다고 말할 수 있다. 그러나 우리는 조심해야 한다. "적응"(accommodation)이라는 단어는 몇 가지 용법을 갖고 있다. 교회사에서는 몇 가지 종류의 "적응"이 나타났다. 고대 교회에서 고전적인 적응 교리는 성경이 유한한 인간의 능력을 고려하는 방식으로 말씀한다고 주장했다. 하지만 그것은 성경이 오류에는 적응하지 **않았다**고 주장했다. 대조적으로, 적응에 관한 보다 최근의 개념은 성경비평과 관련이 있다. 그것은 오류의 포함을 수용하며, 그것이야말로 결정적인 차이다.[4] 이런 용법에 더하여, 해석자들은 때때로 적응의 한 형태로

---

4   Richard A. Muller, *Dictionary of Latin and Greek Theological Terms: Drawn Principally from*

서의 점진적 계시에 대해 말한다. 왜냐하면 보다 앞선 시대에 제시된 계시는 보다 앞선 구속사적 시대와 그 시대의 사람들의 역량에 적합하거나 "적응하기" 때문이다.[5] "적응"이라는 단어는 하나님의 발언과 구별되는 그분의 구속적 행위에 적용될 수도 있다. 하나님의 부성적인 돌보심은 그분의 백성의 약함을 고려하신다.[6]

우리는 적응에 관한 더 복잡한 문제들을 만나야 하는데, 그것은 지난 몇십 년 동안 어떤 작가들이 마르틴 루터, 장 칼뱅 그리고 그보다 앞선 이들이 한 진술들을 마치 그것들이 차량-화물 구별 방식(혹은 그와 같은 그 무엇)을 사용한 것처럼 해석해왔기 때문이다. 나는 그런 해석에 동의하지 않는다. 하지만 여기서 복잡한 역사적 토론을 벌일 생각은 없다.[7] 비록 우리가 우리의 논의를 위해 정통 진영의 전근대적인 해석들 안에서 차량-화물 접근법이 나타나고 있다고 가정할지라도, 그것은 단지 우리가 새로운 생각들과 함께 오래된 생각들도 신중하게 살펴볼 필요가 있음을 의미할 뿐이다.

지금껏 말해왔듯이, 오늘날의 많은 저작은 (그런 특정한 명칭을 사용하지 않으면서도) 차량과 화물 사이의 해석학적 구분을 사용한다. 이런 저작들이 모두 같은 것은 아니다. 그것들을 뭉뚱그려서 하나로 처리하는 것은 공평하지 않다. 그러나 각각의 작품들을 개별적으로 다루는 것은 이 장의 범위를 훨

Protestant Scholastic Theology (Grand Rapids, MI: Baker, 1985), 19을 보라.

5 L. M. Sweet and G. W. Bromiley, "Accommodation," in *The International Standard Bible Encyclopedia* (Grand Rapids, MI: Eerdmans, 1979), 1.25.

6 Jon Balserak, "The God of Love and Weakness: Towards an Understanding of God's Accommodating Relationship with His People," *Westminster Theological Journal* 62, no. 2 (2000): 177-95.

7 예컨대 Vern S. Poythress, "A Misunderstanding of Calvin's Interpretation of Genesis 1:6-8 and 1:5 and Its Implications for Ideas of Accommodation," *Westminster Theological Journal* 76, no. 1 (2014): 157-66을 보라. 이 내용은 이 책의 부록 C에도 실려 있다.

씬 넘어서게 될 것이다. 또한 유사한 종류의 저작들이 계속해서 나타나고 있다. 따라서 나는 어느 특정한 작품을 택하고 싶지 않다. 내 말의 요지는 어떤 공통의 패턴들이 있는 것처럼 보인다는 것이다. 그런 패턴들 중에는 창세기 1장이 고대의 잘못된 우주론의 조각들을 포함하고 있다는 생각이 있다.[8] 편의상 나는 이 한 가지 개념만 다룰 것이고, 거기에 "차량-화물 접근법"이라는 명칭을 사용할 것이다. 비록 그것이 그런 패턴들의 변형들에 대해서는 공정하지 않을 수 있더라도 말이다.

나는 나의 제한된 목적을 위해 차량-화물 접근법이 빠질 수 있는 세 가지 덫에 초점을 맞출 것이다. 그 세 가지 덫 모두가 다른 문화권에서 온 문서들을 이해할 때 제기되는 도전들과 상관이 있다. 우리가 문화들 사이에 다리를 놓으려고 할 때 만나게 되는 가장 큰 방해물 중 하나는 우리가 자신이 속한 문화로부터 가져오는 숨겨진 전제들 안에 들어 있다. 차량-화물 접근법은 많은 이들이 창세기 1장을 읽을 때 현대 과학의 영향 때문에 덫에 빠진다는 것을 충분히 잘 알고 있다. 유감스럽게도 그리고 얼마간 역설적이게도, 차량-화물 접근법은 적어도 세 가지 현대적 신화들의 존재 때문에 자신이 만든 덫에 빠질 수 있다.

그러나 이에 대한 분석을 할 때 우리는 조심해야 하고 관대해야 한다.

---

8   예를 들어, 우리는 다음과 같은 작품들을 들 수 있을 것이다. Peter Enns, *Inspiration & Incarnation: Evangelicals and the Problem of the Old Testament* (Grand Rapids, MI: Baker, 2005), 25-27, 49-56; Kenton Sparks, *God's Word in Human Words: An Evangelical Appropriation of Critical Biblical Scholarship* (Grand Rapids, MI: Baker, 2008), 231-36; Denis O. Lamoureux, *I Love Jesus & I Accept Evolution* (Eugene, OR: Wipf & Stock, 2009), 46-70; John H. Walton, *The Lost World of Genesis One: Ancient Cosmology and the Origins Debate* (Downers Grove, IL: InterVarsity Press, 2009,『창세기 1장의 잃어버린 세계』[그리심 역간]), 55-57; Walton, *Genesis 1 as Ancient Cosmology* (Winona Lake, IN: Eisenbrauns, 2011), 155-61,『창세기 1장과 고대 근동 우주론』(새물결플러스 역간).

지금 나는 차량-화물 접근법을 택하는 모든 이가 그런 신화들의 먹잇감이 된다고 말하는 것이 아니다. 단지 나는 창세기 1장의 독자들과 현대의 저작들을 읽는 이들이 오해를 피하기 위해서 그런 신화들에 대해 조심할 필요가 있음을 보이고자 할 뿐이다.

과학적 형이상학이라는 신화

첫 번째 신화는 현대 과학으로부터 온 지식이 현대 문명과 아무런 접촉점도 갖고 있지 않은 고대 세계와 부족 문화의 지식을 능가하는 방식에 관한 것이다.

지식을 개선한 표준적인 예는 태양과 관계가 있다. 그것은 이런 식으로 진행된다.

고대 세계는 지구가 움직이지 않으며 태양, 달 그리고 별들이 지구 주변에서 움직인다고 생각했다. 니콜라우스 코페르니쿠스는 태양은 움직이지 않으며 지구가 태양 주위를 회전하며 움직인다는 것을 보였다. 그때 이후로 우리는 고대인들이 잘못 생각했음을 알고 있다. 태양은 뜨지 않는다. 오히려 지구가 회전한다. 따라서 성경은 우주론과 관련해 명백한 오류를 포함하고 있다. 예수 자신이 태양이 뜨는 것에 관해 말씀하신다(마 5:45). 그분은 잘못된 우주론을 교정하지 않으시고 그것을 영적 진리를 표현하기 위한 차량으로 사용하신다. 하나님의 사랑과 자비에 관한 교리적 가르침은 참되다. 태양에 관한 진술은 잘못이다. 그러나 그것은 그 가르침의 일부가 아니다. 가르침에는 잘못이 없다. 왜냐하면 예수님은 우리에게 태양이 뜬다는 것을 가르치실 의도가 없으셨기 때문이다.

오랫동안 어떤 해석자들은 태양의 문제에 다른 방식으로 접근했다. 그들은 성경이 사물들이 **보이는 방식대로** 묘사한다는 원칙에 만족했다. 칼뱅은 창세기 1장을 논하면서 이런 식으로 말한다.

> 내 생각에 이것은 확실한 원리다. 즉 여기[창세기 1장]에서는 세상의 **가시적 형태** 외에는 아무것도 다루어지지 않는다.…
>
> 우리가 기억해야 할 것은 모세가 숨은 신비에 관해 철학적 예민함을 지니고 말하는 게 아니라 교양이 없는 사람에 의해서도 모든 곳에서 **관측되고** 공통으로 사용되는 것들에 관해 말하고 있다는 것이다.…
>
> 모세는 두 개의 큰 광명체[태양과 달]를 만든다. 그러나 천문학자들은 결정적인 이유로 그 별[즉, 토성]이 먼 거리 때문에 모든 것 중 가장 작게 보이지만 실제로는 달보다 크다는 것을 입증한다. 여기에 차이가 있다. 모세는 그 사실에 대한 언급 없이 상식을 지닌 모든 보통 사람이 이해할 수 있는 것들을 일반적인 방식으로 썼으나, 천문학자들은 그것이 무엇이든 인간 정신의 현명함이 이해할 수 있는 것을 굉장한 노력을 기울여 탐구한다.…천문학자가 별들의 실제 크기에 관해 탐구한다면, 그는 달이 토성보다 작다는 것을 발견하게 될 것이다. 그러나 이것은 어려운 작업인데, 왜냐하면 **우리의 눈에는 다르게 보이기 때문이다.** 그러하기에 모세는 그의 담화를 일반적인 용법에 맞춘다.[9]

---

9   John Calvin, *Commentaries on the First Book of Moses Called Genesis* (Grand Rapids, MI: Baker, 1979), 1.79 [on Gen. 1:6], 1.84 [on Gen. 1:14], 1.86-87 [on Gen. 1:16] (강조는

버나드 램(Bernard Ramm)은 1954년에 글을 쓰면서 현상적 언어(phenomenal language), 즉 사물이 평범한 사람의 눈에 어떻게 보이는지를 묘사하는 언어에 관한 논의를 포함시켰다.[10] 성경은 현상적 언어를 특색 있게 사용한다. 일단 우리가 그것을 인식하고 나면, 기초적인 문제 중 많은 것이 해소된다.

그러나 이런 접근법이 오늘날 모든 이들을 만족시키는 것처럼 보이지는 않는다. 사람들은 계속해서 태양의 문제를 거론한다. 분명히 그들은 현상적 언어에 대한 잘 알려진 호소에 만족하지 않는다. 어째서인가?

태양이 뜨는 문제가 계속해서 제기되는 것은 그 자체가 너무 복잡해서가 아니라 그것이 성경에 대한 우리의 해석이 보다 넓게 조정되어야 하는 방식을 예시한다고 생각되기 때문이다. 즉, 거기에는 더 많은 것이 걸려 있다. 그것은 무엇일까? 차량-화물 접근법은 성경이 단지 현상적 언어가 아니라 잘못된 우주론을 포함하고 있다고 주장한다.[11]

덧붙인 것임). 칼뱅이 창 1:6에 관해 한 주석에 관해서는 이 책의 부록 C를 보라.

10 Bernard Ramm, *The Christian View of Science and Scripture* (Grand Rapids, MI: Eerdmans, 1954), 67-68. 『과학과 성경의 대화』(IVP 역간). 여기서 그는 John H. Pratt, *Scripture and Science Not at Variance*, 7th ed. (London: Hatchards, 1872), 24-29을 인용한다. 또한 Collins, *Genesis 1-4*, 46n23, 264-65을 보라.

창 1장에 묘사된 거의 모든 사건은 그것들을 지켜볼 인간이 존재하기 이전에 발생했다. 그러나 기록된 서술로서의 창 1장은 현대 과학과 접촉이 없었던 이들을 포함해서 인간을 향해 쓰였다. 아주 적절하게 그것은 사건들을 인간에 의해 관찰되었을 것과 관련된 방식으로, 또한 규칙적으로 관찰되는 섭리적 사건들("현상")을 드러내는 것과 유사한 방식으로 묘사한다. 창 1장에 대한 칼뱅의 논의는 이 점을 이해하고 있다. 비슷한 방식으로, 욥기 38:27은 "사람이 없는 곳에서" 풀이 돋아나는 것을 묘사한다. 그 풀을 지켜보는 사람은 아무도 없다. 그러나 인간 독자가 무슨 일이 일어나고 있는지를 이해하는 것은 쉬운 일이다. 실제로 풀은 다양한 사막 지역에 존재한다. 인간은 풀을 (현상적으로) 보는 것이 무엇과 같을지 안다. 나는 나중에 이 책의 한 장을 사용해서 창 1장의 서술 안에 들어 있는 이런 적극적인 측면을 다룰 것이다.

11 나의 주장을 보완하는 요점들을 위해서는 C. John Collins, *Reading Genesis Well: Navigating History, Poetry, Science, and Truth in Genesis 1-11* (Grand Rapids, MI: Zondervan, 2018), 9

따라서 차량-화물 접근법은 교회가 코페르니쿠스와 관련해서 잘못했으며 또한 태양이 뜨고 지구가 움직이지 않는 것에 대한 성경의 서술(시 93:1; 96:10) 역시 잘못되었다고 지적할 수도 있다. 그것이 그런 지적을 하는 까닭은 우리가 성경의 실제적인 성격을 재평가하게 하기 위함이다. 그런 재평가로 인해, 우리는 더 이상 성경을 현대 과학과 충돌시키지 않을 것이다. (그리고 차량-화물 접근법을 옹호하는 어떤 이들은 그들의 원리를 과학 외에도 역사나 윤리 같은 잠재적인 갈등의 요소를 지닌 다른 분야들에까지 확장하기를 원한다.)

이런 조화의 경로는 이해할 만하지만, 그것은 코페르니쿠스에 대한 신화, 즉 현대 문화 안에서 과학의 대중화에 의해 전파된 신화에 의존하고 있다. 그 신화는 몇 가지 구별되는 요소들을 갖고 있는데, 그것들 모두가 언제나 존재하는 것은 아니다. 첫 번째이자 가장 덜 중요한 요소는 코페르니쿠스 자신의 이야기와 관련되어 있다.[12] 때때로 사람들은 코페르니쿠스가 지구가 움직인다는 것을 **증명했다**는 인상을 받는다. 그러나 사실 그는 그것이 쉽게 증명될 수 없음을 알았다. 보다 앞선 프톨레마이오스의 수학적 모델과 코페르니쿠스 자신의 태양 중심 모델은 모두 주요한 천문학적 관찰을 설명할 수 있었기 때문이었다. 약간의 오차가 있지만, 두 모델은 모두 하늘에 있는 해, 달 그리고 행성들의 위치에 대해 동일한 예측을 했다. 코페르니쿠스의 모델이 프톨레마이오스의 수학적 모델보다 훨씬 더 단순하게 설명하는

장을 보라.

12 여기서 우리가 그 역사의 상세한 내용(Thomas S. Kuhn, *The Copernican Revolution: Planetary Astronomy in the Development of Western Thought* [Cambridge: Harvard University Press, 1992], 『과학혁명의 구조』[까치 역간])이나 그 시대의 어떤 신학자들과 철학자들이 코페르니쿠스에게 보였던 잘못된 반응을 다룰 수는 없다. 신화에 관한 우리의 논의는 부분적으로 그것들과도 관련되어 있다.

장점을 갖고 있다.[13]

두 번째 신화적 요소는 태양은 움직이지 않는다고 주장한다. 그러나 아이작 뉴턴의 중력이론(그것은 코페르니쿠스의 이론보다 나중에 나왔다)에 따르면, 그것은 한 가지 분명한 의미에서 움직인다. 태양과 목성은 모두 공통의 무게 중심을 중심으로 궤도를 따라 움직인다. 태양은 훨씬 더 크기 때문에 움직임이 훨씬 더 작지만, 그것의 움직임은 여전히 중요하다.

세 번째 신화적 요소는 보다 미묘하다. 그것은 운동에 관한 언어가 모호하지 않다는 대중적인 가정에 있다. 태양은 움직이거나 움직이지 않는다. 그러나 우리가 "무엇과 관련해서 움직이는가?"라고 물을 경우, 그 가정은 즉시 무너진다. 이웃한 은하계 안에서 안정적으로 선택된 관찰 관점에서 본다면, 태양은 은하계의 중심 주변에서 거대한 궤도를 따라 움직이고 있음이 관측될 수 있다. 태양 자체의 관점에서 본다면, 그것은 전혀 움직이고 있지 않다. 하지만 그것은 사소한 문제다. 마찬가지로, 지구의 관점에서 본다면, 지구는 움직이고 있지 않다. 관련된 전문 분야에서 일하는 과학자들은 이 모든 것을 아주 잘 알고 있다. 하지만 그것은 태양과 지구에 관한 대중화된 견해의 일부가 아니다. 나의 목표는 부분적으로나마 과학의 대중화된 지식이 지닌 결함 있는 특성을 분명하게 밝히는 것이다.

네 번째 신화적 요소는 어느 한 가지 관찰 관점이 원래의 것이라거나 옳은 것이라는 가정과 관련되어 있다. 알베르트 아인슈타인(Albert Einstein)의 일반상대성 이론은 관찰자들을 다른 모든 관찰자와 수학적으로 동일한

---

13   또한 Tycho Brahe가 제안한 세 번째 모델도 있었는데, 그것에 따르면 달과 태양은 지구 주위를 도는 반면, 다른 행성들은 태양 주위를 돌았다.

단계에 있는 가속된 시스템 안에 위치시킨다. 지구 위에 있는 관찰자도 그런 관찰자 중 한 명이다. 이 과학 이론의 관점에서 보면, 지구가 움직이고 있다는 진술은 그것이 움직이고 있지 않다는 진술보다 본질적으로 나을 게 없다. 우리가 관점을 특정하지 않는 한, 두 가지 진술 모두 모호하다. 그런 진술 중 어느 것이라도 우리가 어떤 관점을 특정하느냐에 따라 참된 것이 될 수 있다. 변환의 방정식들은 우리가 하나의 관점에서 다른 관점으로 이동할 수 있게 해준다.[14]

일단 우리가 세 번째 요소와 네 번째 요소의 신화적 성격을 인식한다면, 태양이 떠오른다는 표현에 대한 현대적 비판은 붕괴될 위험이 있다. 문제는 성경이나 고대 근동이 아니라 현대의 신화에 있다.

차량-화물 접근법은 고대 근동의 문제는 사람들이 태양이 떠오르는 것처럼 **보인다**가 아니라 **정말로** 떠오른다고 여겼다는 것이라고 주장함으로써 수리 작업을 수행할지도 모른다. 그들이 그렇게 생각한 것은 그들이 관찰 관점과 관련해서 오늘 우리와 같은 세련됨을 갖고 있지 않았기 때문이다.[15] 그렇게 시도된 수리 작업에 대한 가장 단순한 대답은 다음과 같을 것이다. "아마도 그들이 그렇게 생각한 것은 그것이 사실이었기 때문이었을 것이다. 그들의 관찰 관점을 고려한다면, 태양은 떠올랐다(그리고 여전히 떠오른다)." 차량-화물 접근법은 "실재"와 단순한 "외양" 간의 대조에 호소한다. 이런

---

14 이런 개념들이 낯선 독자들은 그 이론의 창시자로부터 분명한 서론적 설명을 들을 수 있다. Albert Einstein, *Relativity: The Special and General Theory* (New York: Henry Holt, 1920). 『상대성 이론』(지만지 역간).

15 사실, 평범한 고대의 관찰자가 세계가 집이나 천막 밖에서보다 안에서 볼 때 다르게 보인다는 것을, 또한 계곡의 밑바닥에서보다 언덕 위에서 볼 때 다르게 보인다는 것을 알아차리기는 아주 쉬웠다.

호소는 현대적 접근법이 아직도 자신이 어떤 신화에 사로잡혀 있는지를 이해하지 못했음을 보여준다. 그것은 마치 우리가 "실제로" 사정이 어떠한지를 정할 수 있는 것처럼 말한다. 하지만 우리는 그 접근법이 고대 관찰자의 계몽되지 않은 관점이라고 여기는 것을 제거할 때만 그렇게 할 수 있다. 그러나 상대성 이론이 명백하게 밝혀왔듯이, 관점을 제거하는 것은 운동과 쉼에 관해 일관성 있게 말하는 능력을 제거하는 것이다.

따라서 차량-화물 접근법을 다시 시도해보자. 그 접근법을 옹호하는 이는 이렇게 말할지도 모른다. "내가 말하고자 하는 것은 고대인들은 우주에 대해 여러 가지를 가정하고 있었고 지금 우리는 그런 가정들이 틀렸음을 안다는 것이다. 예컨대 그들은 지구가 절대적 의미에서 우주의 중심에 있다고 생각했다." 그렇다. 아마 그들은 그렇게 생각했을 것이다. 평범한 이스라엘 사람이 천체의 움직임을 묘사하기 위해 복잡한 물리학 혹은 수학적인 시스템에 대해 걱정하지는 않았을 것 같지 않은가? 아마도 그는 태양이 떠오르기 때문에 (그의 관점에서 보면) 태양이 떠오른다고 생각했을 것이다. 또한 그는 예수께서 그렇게 말씀하셨던 것처럼(마 5:45), 하나님이 그것을 떠오르게 하셨으므로 그것이 떠오른다고 생각했을 것이다.[16] 그는 그 어떤 과학적 이론도 없이 그런 생각을 할 수 있었을 것이다. 그는 자기가 본 것을 묘사했을 뿐이고, 하나님이 그렇게 하셨다고 생각했을 뿐이다. 하나님이 **어떻게** 그렇게 하셨는지, 그리고 훗날 과학 이론들이 태양계를 위한 기본적인 수학적 체계에 대해 무엇이라고 말할 것인지는 아마도 그의 관심사가 아니

---

16   이 마지막 요점은 1차 원인으로서의 하나님과 창조세계 내의 2차 원인들 간의 구분을 전제한다. 이에 대한 논의를 위해서는 Vern S. Poythress, *Redeeming Science: A God-Centered Approach*(Wheaton, IL: Crossway, 2006), 1장을 참고하라.

었을 것이다.

어쩌면 우리는 우리의 정신의 배경에 있는 대중화된 과학의 거대한 틀 (거기에는 대중화 과정에서 생성된 신화적 요소들이 포함된다)을 갖는 일에 익숙해져서, 그런 과학적 관심사를 평범한 이스라엘 사람들에게 투사하고 그 사람들이 지금 우리가 갖고 있는 참된 과학 대신에 어떤 잘못된 과학을 갖고 있었음이 틀림없다고 추측하는 것일 수도 있다. 그러나 평범한 이스라엘 사람들은 그 어떤 "이론"조차 갖고 있지 않았을 수도 있다.

마지막으로, 이스라엘 사람들이 우주에 대한 잘못된 가정들을 갖고 있었다고 가정해보자. 성경은 태양이 떠오른다고 단순하게 말함으로써 그들의 가정들을 인정하지 않는다. 성경은 분명히 그런 문제들에 대해 말하지 않는다. 램은 **"성경의 언어는 자연의 사물들에 대해 그 어떤 것도 가정하지 않는다"**고 지적했다. 즉, 그것은 그 어떤 특별한 과학적 우주론도 가정하지 않는다. 그것은 **"이론화 작업"**(theorizing)을 하지 않는다.[17] 대신 그것은 세계를 육안으로 보이는 대로 묘사한다. 차량-화물 접근법은 성경이 우주론, 생물학 혹은 다른 전문적인 지식 분야에 관한 모든 가능한 잘못된 가정들을 즉각 교정하지 않음을 넌지시 암시하는 점에서는 옳다. 논란은 그것이 아니라 의사소통이 참되다는 것이 무엇을 의미하느냐와 연관되어 있다. 그것이 그런 잘못된 가정들에 대해 말하지 않는다면, 그것은 참된 것일 수 있다. 그것이 적극적으로 그런 가정들을 지지하거나 분명하게 그것들을 전제한다면, 그것은 참된 것일 수 없다.[18]

---

17 Ramm, *Christian View of Science*, 69(강조는 원저자의 것임).
18 이 문제에 관심이 있는 독자들은 Vern S. Poythress, *Inerrancy and Worldview: Answering Modern Challenges to the Bible* (Wheaton, IL: Crossway, 2012), 특히 3-4, 8-13장에서 그에

코페르니쿠스를 다루는 네 개의 작은 신화적 요소들은 그와 관련이 없는 보다 큰 신화에 기여한다. 그 웅장하고 인기 있는 신화는 현대 과학이 겉으로 드러나는 사물들의 잘못된 특성이 아니라 사물들이 "실제로 존재하는" 방식을 드러낸다는 것이다. 이 웅장한 신화에 따르면, "실재"는 지구가 움직이는 것인데, 단지 움직이지 않는 것처럼 잘못 **보일** 뿐이라는 것이다. 견고해 보이는 테이블은 대부분이 기본적인 입자들 사이에 존재하는 공간인데,[19] 단지 견고한 것처럼 잘못 **보일** 뿐이다. 무지개는 사실은 다양한 주파수를 지닌 빛의 파장인데, 단지 우리의 눈에 아름다운 색깔들로 **보일** 뿐이다. 우리의 마음은 사실은 뉴런(neurons)의 전기적이고 화학적인 흥분인데, 단지 생각을 갖고 있는 것처럼 **보일** 뿐이다.

이 웅장한 신화는 무엇이 실재이고 또 무엇이 실재가 아닌지에 대한 확대된 형이상학적 진술을 이룬다. 이 신화에 따르면, 현대 과학은 궁극적인 형이상학적 답들을 제공한다고 알려져 있다. 우리는 이것을 **과학적 형이상학**(scientistic metaphysics)의 신화라고 부를 수 있다.[20]

_____

대한 추가적인 논의와 예시들을 찾을 수 있을 것이다. 덧붙여서, 진리에 관한 심상(心象) 이론에 관한 문제들이 제기될 수도 있다. 그것을 위해서는 Poythress, *Inerrancy and the Gospels: A God-Centered Approach to the Challenges of Harmonization* (Wheaton, IL: Crossway, 2012), 7장을 보라. 심상 이론은 본문의 의미와 독자들의 마음에서 만들어지는 심상을 혼동한다. 이 이론이 제기될 때, 이스라엘의 독자들 사이에 존재하는 우주에 관한 그 어떤 잘못된 심상도 마치 그것이 그 의미의 일부였던 것처럼 본문 안에 섞여서 읽힌다.

19 그 사이에 공간을 지닌 입자들에 관한 대중화된 그림이 이번에는 3차원적 공간을 통해 그 어떤 정확하고 직관적인 표현을 얻지 못하는 수학 이론인 양장자론(quantum field theory)에 의해 자격을 부여받는 것은 아이러니하다. 수학은 복소수 무한차원 벡터 공간(힐버트[Hilbert] 공간)을 사용하며, "빈" 공간은 가상의 입자들이 형성한 바다, 특히 원자들 안에 있으며 그리고 그것들 사이에 있는 전자기력을 중재하는 가상의 광자들의 바다라는 단순화된 모델을 제안한다. 그러므로 테이블이 대부분이 빈 공간이라는 확신은 물리학의 보다 앞선 형태들로부터 남겨진 인기 있는 신화들(가령, 원자의 러더포드[Rutherford] 모델) 중 하나다.

20 과학적 형이상학이 철학적 유물론과 같지 않다는 것에 유의하라. 철학적 유물론은 물질, 운

이 웅장한 신화를 논박하기 위해서는 형이상학적 성찰이 필요한데, 그 것은 우리가 여기서 할 수 있는 일이 아니다.[21] 그러나 최소한 우리는 그 웅장한 신화가 별 근거가 없음을 알 수 있다. 전문적인 과학 분야에서 이루어지는 연구는 우리가 전에는 알 수 없었던 의미의 추가적인 "층들"(layers)— 예컨대 미시적 수준, 천문학과 우주론의 거시적 수준, 생물학, 지리학, 기상학, 화학 그리고 물리학의 층들—을 밝혀준다. 그것 자체는 평범한 관찰을 통해 본 최초의 "현상적" 층들이 "비실재적"이라는 것을 의미하지 않는다. 외관들의 "비실재성"은 우리가 과학이 존재의 "바닥" 즉 "현실적" 토대에 이른다고, 또한 그 바닥 위에 있는 모든 것은 그 바닥과 관련해서 비현실적 이라고 주장하는 "환원주의"의 형이상학적 원리를 갖고 있을 때만 드러난다(그림 5.2를 보라).

동 그리고 에너지 외에는 아무것도 존재하지 않는다고 주장한다. 과학적 형이상학은 과학이 우리에게 가장 깊은 실재를 보여주는 반면, 평범한 경험은 실재하지 않는 외양만을 제공한다고 주장한다.

21 Poythress, *Redeeming Science*, chaps. 15-16; Poythress, *Redeeming Philosophy: A God- Centered Approach to the Big Questions* (Wheaton, IL: Crossway, 2014), parts II-IV.

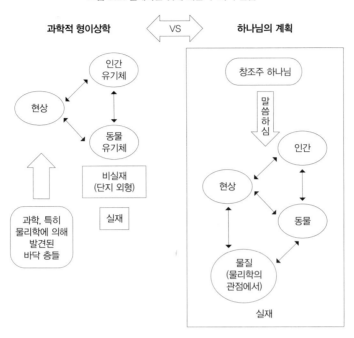

그림 5.2. 실재하는 것에 대한 두 가지 관점

과학적 형이상학 〈VS〉 하나님의 계획

이 과학적 형이상학은 과학 연구를 통해 밝혀진 세부 사항에 기초한 실질적인 근거를 갖고 있지 않지만, 그것은 형이상학적 의미를 해석한 것으로서 이런 연구에 부과된 근거 없는 가정이다. 다시 말해, 우리는 여기서 경신(輕信), 즉 근거 없는 믿음의 한 예를 만난다. 과학적 형이상학의 주장이 신빙성 있는 이유는 부분적으로는 그것이 한 사람에게서 다른 사람에게 사회적으로 전달되기 때문인데, 오늘날의 분위기는 그 핵심적 가정에 대해 의문을 제기하는 이가 없을 정도다.

흥미롭게도, 한 가지 비슷한 교훈이 현대 과학의 발흥 이전 세대들과 관련이 있었다. 프톨레마이오스가 묘사한 고대 그리스의 천문학 체계와 그것의 대중화된 형태들은 사람들이 그 체계를 천문학적 계산을 위한 특화된 틀이라기보다 우주의 궁극적 기초에 관한 형이상학적 진술로 해석하도록 만들었다. 유대인들, 그리스도인들 그리고 이방인들 모두가 때때로 이런 덫에 빠졌고, 이어서 그 형이상학의 일부를 창세기 1장에 투사했다.

코페르니쿠스(Copernicus)와 갈릴레오 갈릴레이(Galileo Galilei)가 살았던 시대는 아리스토텔레스주의의 영향을 받았는데, 그것 역시 세계의 궁극적인 형이상학적 특성에 관한 답을 제공하는 것처럼 보였다. 사람들이 코페르니쿠스의 이론을 형이상학적 주장으로 보았다면, 그것은 아리스토텔레스의 주장과 모순되었다. 싸움은 두 가지 형이상학적 체계들 사이에서 벌어졌는데, 그것들 각각은 세상의 궁극적 구조를 드러낸다고 주장하고 있었다.

물론 성경 해석자들이 창세기 1장이 어떻게 당대의 천문학적 주장과 연관되는지를 살피는 것은 자연스러운 일이었다. 그러나 **가능한** 관계들을 살피는 것은 특정한 형이상학적 분석 안에 갇히거나 현대 이전의 천문학에 포함된 지식의 질을 과대평가하는 것과 다르다.

이런 종류의 싸움에서 벗어나는 길은 부분적으로는 하나 이상의 관점이 세계에 대해 참되지만 철저하지 않은 설명을 제공할 수 있다는 것을 아는 데서 온다.[22]

우리는 사람들에게 태양이 뜬다는 것을 확신시키기 위해 신화의 영향에 대해 다소 무거운 논의를 해왔다. 하지만 사실 그 무거운 장치들은 모두 필요하지 않았어야 했다. 사실상 어느 문화에서든 평범한 사람들은 만약 어떤 이가 관찰 관점을 분명하게 밝히지 않은 채 사건들을 설명한다면 그가

---

22   Vern S. Poythress, *Symphonic Theology: The Validity of Multiple Perspectives in Theology* (repr.; Phillipsburg, NJ: P&R, 2001).

그 자신의 관점에서 설명하고 있는 것이라고 암묵적으로 이해한다. 따라서 태양이 뜬다고 말하는 것은 옳고 참되다. 우리가 그 장치를 소개한 것은 오직 우리가 태양이 (정말로!) 뜬다는 것을 똑바로 알고 우리 자신과 다른 이들에게 인정할 수 있기 위해서는 그 배경에 있는 신화들을 인식할 필요가 있기 때문이다.

진보라는 신화

두 번째 신화는 **진보라는 신화다.**[23] 진보라는 인기 있는 신화는 과학이 우리에게 보다 많은 지식과 도구를 주기 때문에 우리는 과학적으로, 종교적으로, 도덕적으로 그리고 우리 자신과 하나님에 대한 우리의 이해에서 점점 더 나아지고 있다고 주장한다. 우리의 문화는 아마존과 고대 근동의 부족들의 "원시적인" 문화보다 우월하다(그림 5.3을 보라).

그림 5.3: 진보라는 신화

이것이 우리가 생각하는 것이다. 하지만 예민한 사람들은 그것에 대해 큰

---

23 이 단락과 "진보주의"(progressivism)에 관한 Noel Weeks의 논의 사이에는 유사성이 있다. Weeks, "Cosmology in Historical Context," 283-84.

소리로 말하는 것을 피한다. 그런 생각을 큰 소리로 말한다면, 우리는 문화적 가부장주의, 편견 그리고 과도한 일반화에 빠진 것은 아닌지에 대해 답변을 요구하는 질문을 피하기 어려워진다. 그래서 우리는 조금 뒤로 물러나그저 우리가 우주에 대한 지식과 관련해서 그들보다 낫다고만 말한다. 하지만 그것조차 온전하게 참된 것은 아니다. 우리가 보았듯이, 세부 사항에서의우월성은 나쁜 형이상학과 양립할 수 있다.

또 다른 현대의 신화에 대해 생각해보라. 이 신화는 마귀는 존재하지않으며 원시적 미신의 산물이라고 주장한다(그림 5.4를 보라).

그림 5.4: 마귀는 신화적이라는 견해

이 신화는 우리가 전문적인 과학 연구 덕분에 이것을 안다고 주장한다. 그러나 사실 우리는 알지 못한다. 자연과학은 경험적으로 연구하는 반면, 마귀는 영적 존재이며 따라서 대다수 자연과학의 초점 밖에 존재한다. 더 나아가, 일반적인 세속화된 서구인은 자신이 마귀가 존재하지 않음을 "아는" 이유는 자기가 직접 그 문제를 광범위하게 연구해보았거나 그것에 대해 방대한 증거를 갖고 있는 이들에게 그것을 요구해서 얻었기 때문이 아니라 자기주변의 사람들이 그렇게 믿기 때문이라고 생각한다. 또한 그들이 그렇게 믿는 것은 마귀가 지배적인 유물론과 양립할 수 없기 때문이다. 마귀가 존재하

지 않는다는 것은 분위기로 인한 가정, 즉 신화다[24](그림 5.5를 보라).

그림 5.5: 서구인들이 마귀가 신화적이라고 믿는 이유

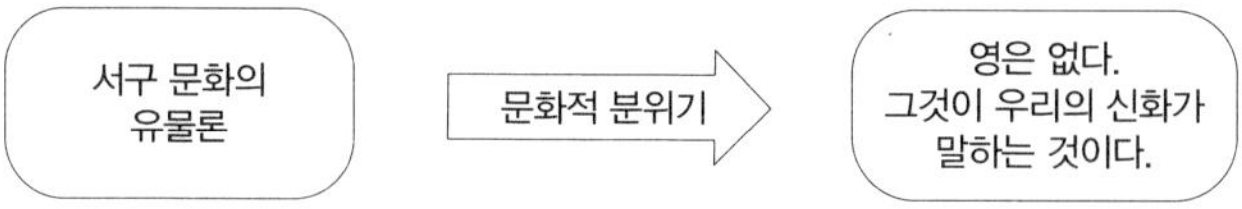

서구 문화의 유물론 → 문화적 분위기 → 영은 없다. 그것이 우리의 신화가 말하는 것이다.

많은 현대인이 과학은 과학적 형이상학을 지지한다고, 또한 이 형이상학은 세계가 기계적이고 따라서 본질상 비인격적이라고 주장한다고 생각한다. 이와 대조적으로 많은 고대인은 오늘날 어떤 부족들과 비서구 문화권에 속한 이들처럼 인격적 존재—영들과 신들—를 지닌 세계를 가정한다. 종교적으로 그들이 이런 영들과 신들을 숭배하는 일에 빠질 때 그들은 심각하게 잘못을 저지른다. 하지만 한 가지 의미에서 그들은 진리에 가깝다. 왜냐하면 하나님은 인격적이시고 그분의 인격적 활동은 온 세상에서 나타나기 때문이다. 더 나아가, 하나님은 천사들을 인격적인 존재로 창조하셨다. 천사 중 일부가 반역했고, 그로 인해 지금은 선한 천사와 악한 천사(마귀)가 모두 존재한다. 이런 천사들은 자연계를 포함해서 세상에 관여하고 있을 수도 있다 (욥 1:12, 19; 단 6:22; 행 12:7-10, 23). 자연계 내의 인격적 의도의 존재를 긍정하는 비서구권 문화는 세계와 세계의 법들이 완전히 비인격적이라고 선언하는 현대의 기계적 세계관보다 진리에 더 가깝다. 따라서 이 점에서 현

---

24 서구에서 그 신화는 몇 종류의 현대적 신비주의, 영매술 그리고 일원론에 의해 도전을 받고 있다. 하지만 지금 나에게는 그것이 힘을 가진 이들의 진영 안에서 여전히 기본적인 믿음으로 간주되고 있는 것처럼 보인다. 그 신화는 사람들이 영적 세계를 믿는 비서구 문화들을 주변화시켜야만 한다.

대 서구의 주류적 사고는 전진했다기보다 퇴보했다(그림 5.6을 보라).

그림 5.6: 형이상학에서 서구의 퇴보

그럼에도 논의를 위해서, 우리의 지식이 고대인들의 그것보다 압도적으로 우월하다고 가정해보자. 그런 가정은 여전히 유감스러운 영향을 끼칠 수 있다. 그것은 다른 문화들을 내부자의 공감을 지니고 이해하려는 진지한 시도를 종식시킬 수 있다. 왜냐하면 그럴 경우 그런 문화들에는 우리가 거기에서 배울 수 있는 흥미로운 것이 아무것도 없기 때문이다. 창세기 1장에 적용된 진보라는 신화는 그것이 고대 문화로부터 온 고대 문서이며, 따라서 아마도 하나님에 관한 몇 가지 핵심적인 종교적 메시지를 제외하고는—설령 그것이 정말로 그것의 문화적 덫의 한계 위로 솟아오를 수 있을지라도—거의 할 말이 없을 수 있다고 주장한다. 이런 태도는 공감을 훼손하며 공감의 결여는 참된 이해를 방해한다.

사실을 통해 문화를 이해한다는 신화

간문화적(cross-cultural) 이해에 관한 우리의 관찰은 세 번째 신화, 즉 다른 문화를 이해하는 것에 대한 대중적인 신화에 대한 고찰로 이어진다. 그것은 처음 두 개의 신화들보다는 덜 강력하지만, 여전히 영향력이 있다. 그 신화의 핵심은 우리가 잠시 안락의자에 앉아 몇 가지 사실들에 대해 배움으로써 어느 문화를 효과적으로 연구하고 이해할 수 있다는 생각이다. 인기 있는 사고는 이렇게 주장한다. "결국, 여기저기 적절한 곳에 끼워 놓여 있는 변형된 관습과 믿음들을 제외한다면, 다른 모든 이들은 우리와 같다."

여기서 제기되는 문제는 다른 문화들이 현대 문화의 거주자들이 쉽게 예상할 수 없는 방식으로 놀라울 정도로 다르다는 점이다. 더 나아가, 다른 문화를 분석하는 이들은 동일한 사실에 대해 여러 가지 해석을 내놓을 수 있다. 그리고 그 각각의 해석은 얼마간 타당성을 지닐 수 있다. 따라서 "이해"라는 느낌은 환상일 수 있다.

사실, 우리와 급격하게 다른 문화를 깊이 이해하는 것은 도전적인 작업이다. 아시아의 문화들은 몇 가지 방식에서 서구의 문화와 크게 다르며, 다른 방식들에서는 미묘하지만 짜증스럽고 놀라울 정도로 다르다. 따라서 우리 중 어떤 이가 그런 문화들을 여행자가 받는 인상 이상으로 이해하는 것은 쉽지 않다. 고대 근동과 관련된 이런 어려움들은 우리와 그 문화 사이의 직접적인 접촉이 없는 것으로 인해 더 심해진다. 사실상 우리는 어느 고대 문화 안으로 깊숙이 들어가 "내부에서" 그것을 진지하게 그리고 공감적으로 배우면서 사회인류학 분야에서 잘 훈련된 현장 일꾼 같은 역할을 할 수 없다. 게다가 고대 근동은 수천 년에 걸쳐 변화하면서 상호작용하고 있는 수많은 하위 문화로 이루어져 있다. 현존하는 문서상의 증거와 고고학적인 증거들은 파편적이다. 증거를 통해 풍부한 정보를 갖고 있고, 간문화적 사고와 적응에 능숙하며, 생생한 공감 능력을 지닌 사람들은 종종 좋은 추론을 할 수 있다. 그러나 **서로 맞물려 있는 하나의 전체**로서의 문화에 대한 지식

은 여전히 부분적이고 잠정적인 것으로 남아 있다.[25]

그 이상의 걱정거리들이 있다. 지적인 현대인이 고대 근동의 신화들을 읽는 동안 계속해서 그것들이 다른 문화에서 왔음을 인식하는 것은 분명히 가능하다. 실제로 그렇게 인식하기가 쉽다. 왜냐하면 그런 신화들에서는 고대의 남신과 여신들에 대한 언급이라는 형태로 계속해서 증거가 제시되기 때문이다. 오히려 쉽지 않은 것은 이런 지적인 현대인이 "자연"의 항목들에 대한 신화적 언급들을 자신이 "참"이라고 아는 자연의 계획에 맞추지 않으면서 고대의 자료를 읽는다는 점이다. 다시 말해 그는 현대의 대중화된 과학이라는 짐을 짊어지고 다닌다.

예컨대 고대 문헌에서 하늘에 대한 언급은 자동적으로 머리 위에 있는 푸른 하늘에 대한 언급인데, 그것은 현대의 학생이 대기(大氣)라고 알고 있는 것이며 그 안에서 푸른 색깔은 회절된 햇빛에서 나온다. 현대의 학생은 하늘을 시인의 관점, 화가의 관점, 농부의 관점, 사제의 관점 혹은 외양에 대한 묘사보다는 과학적 설명이라는 측면에서 생각하는데, 그것은 과학적 분석이 우리에게 과학적 형이상학이라는 신화에 따라 "실재적인" 것을 제공해주기 때문이다.

현대의 학생은 고대의 작가가 이런 현대적인 과학적 정보를 갖고 있지

---

25 Wayne Horowitz는 그런 어려움을 다음과 같이 지적한다. "이런 접근법은 몇 가지 위험성을 제기하는데, 그중 가장 나쁜 것은 우리가 예측이 어려운 고고학적 발견들은 물론이고 고대의 작가들과도 시간적으로 그리고 공간적으로 멀리 떨어져 있다는 점이다.…현재의 증거는 분명히 우리가 예컨대 과연 고대의 길가메시 독자들이 실제로 자기들도 우주의 바다를 건너는 항해를 통해 우트나피쉬팀을 방문할 수 있을 거라고 믿었는지…혹은 과연 소수의, 다수의, 대부분의 혹은 모든 고대의 독자들이 Gilg. IX-X에 실려 있는 지형학적 자료를 형이상학적으로 이해했는지 아니면 신화적으로 이해했는지 알 수 있게 해주지 않는다. Horowitz, *Mesopotamian Cosmic Geography* (Winona Lake, IN: Eisenbrauns, 1998), xiii-xiv.

않았다는 것도 안다. 고대의 작가는 무언가를, 즉 하늘을 언급하고 있음이 틀림없다. 그는 그것을 하나의 **물리적** 대상(a physical object)으로 언급하고 있음이 틀림없다(과학적 형이상학이 우리에게 사물의 물리적 측면이 궁극적이라고 말했던 것을 기억하라). 현대의 학생은 이어서 대기에 대한 현대적 지식을 갖고 있지 않았던 고대인이 하늘의 물리적 구조와 구성에 대해 잘못된 개념을 갖고 있었을 것이 분명하다고 추론한다.[26] 예컨대 그는 고대인들이 하늘을 견고한 돔이라고 생각했다고 주장할 수도 있다. 다시 말해 그들은 현대 과학이 제공하는 "옳은" 설명 대신 일종의 잘못된 대체물을 갖고 있었음이 분명하다. 그 잘못된 대체물은 "고대 과학"이라고 불릴 수도 있다.

현대 학생의 출발점을 감안한다면, 이 모든 것은 분명하게 가능성이 있다. 그러나 거기에는 오독(誤讀)이 수반될 수도 있다. 현대의 학생은 성경을 읽을 때 아주 쉽게 물리적 구조와 물리적 원인에 대한 질문들이 현대 문화의 관점에서만이 아니라 모든 인류에게 궁극적이라는 가정을 주입할 수 있다. 따라서 고대인들은 자신들이 선호하는 우주론과 신화들을 통해 표현한 주제에 관한 견해들을 갖고 있었음이 분명하다. 현대의 우주론은 물리적·구조적 설명인데, 우리는 그것을 **물리주의적** 설명(phyicalistic account)이라고 부를 수 있을 것이다. 물리주의적 설명은 물질, 운동 그리고 에너지에 초점을 맞추며, 그것의 설명은 물리적 원인과 결과에 의존한다. 그러므로 고대의 우주론 역시 그것을 포함했을 수 있다. 고대인들은 시를 썼다. 하지만 그것

---

26 Weeks는 잘못된 추론에 관해 동일한 지적을 한다. "이어서 우리는 과연 물리적이고 기하학적인 우주론을 성경 본문 안으로 집어넣어 읽으려는 유사한 시도가 또한 현대 세계의 우선적 관심사를 성경 본문의 관심사로 대체하는 위험에 직면하고 있지 않은지 물을 필요가 있다." Weeks, "Cosmology in Historical Context," 290.

역시 얼마간 그들이 "실제 사물", 즉 물리적 구조에 대해 생각했던 것을 드러내고 있음이 분명하다.[27]

나는 고대인들이 믿었던 모든 것을 알지 못한다. 내가 보기에 고대 근동에서 믿음들은 하위 문화에 따라 다양했던 것 같다. 그리고 비록 그것들이 서로 유사성을 보이기는 하나, 하나의 믿음은 다른 믿음과 상충했던 것처럼 보인다.[28] 그러나 현대의 학생이 세상이 어떤지를 설명하는 고대 세계의 방식에는 세부적으로 잘못된 물리학적 설명이 존재한다고 가정할 때, 나는 우리가 여전히 조심해야 한다고 제안하고자 한다. 근동에서 고대인들의 실제적 관심사는 아주 광범위했을 수도 있다. 하지만 내가 보기에 (성경을 제외하고) 세계 전체로서의 우주에 대해 설명하는 가장 주목할 만한 글들은 대부분―우리가 여러 문화의 파편적인 유물들에서 복구할 수 있는 한―사람들이 자기 주변에서 관찰하는 것의 기원과 현재의 패턴들 모두에 신들이 어떻게 개입했는지를 설명하는 시적 설명들에서 발견되는 것처럼 보인다.

이집트에서 신들은 태양, 하늘, 파라오, 나일강 그리고 땅과 뒤죽박죽

---

27 나는 성경이 우리에게 상대주의가 아니라 진리를 제공한다고 믿는다. 그러나 세계의 궁극적 구조에 대한 인간의 관념은 비판적으로 조사될 필요가 있다.

28 Weeks, "Cosmology in Historical Context," 283-93. 한 예를 살펴보자. E. A. Wallis Budge 는 이집트의 『사자의 서』(*Book of the Dead*)를 분석하면서 "천장[하늘]"은 "납작했거나 아치형이었다"고 주장한다. 만약 납작했다면, 그것은 "직사각형이었고, 각 코너는 기둥에 의해 지지되었다." 그 기둥들은 "세계의 네 구역을 주관하기로 되어 있었던, 따라서 기본 방위들의 신으로 인식되었던" "암세트[Amset], 하피[Hapi], 투아마우테프[Tuamautef] 그리고 퀘브흐세누프[Qebhsennuf]" 같은 신들과 동일시되었다. E. A. Wallis Budge, *The Book of the Dead: The Papyrus of Ani in the British Museum: The Egyptian Text with Interlinear Transliteration and Translation, a Running Translation, Introduction, etc.* (London: Longmans, 1895), ci, ⟨http://www.sacred-texts.com/egy/ebod/⟩. 이런 설명은 Budge가 몇 줄 후에 언급하는 누트(Nut, 하늘의 신)와 슈(Shu, 공기의 신)의 그림에 대한 물리주의적 해석과 기술적으로 일치하지 않는다.

얽혀서 동일시되는 것처럼 보인다. 신들이 서로 관계를 맺는 모습은 어느 이집트인이 자신의 주변에서 쉽게 볼 수 있는 것과, 무엇보다도 그가 지하 세계에서 일어날 것이라고 추측하는 것에 대해 설명해주었다.

> 그들[고대 이집트인들]에게 우주는 살아 있는 신적 존재들이 형성한 놀라운 시스템이었다. 땅과 하늘 그리고 나일강은 모두 각각의 생명력과 개성을 지녔고 본래의 창조력─이 창조력이 어떤 이름을 지녔든 간에─에서 자신들의 생명을 얻은 실체들이었다.[29]

> 이집트인들은 사물들이 아니라 존재들로 구성된 우주 안에서 살았다. 각각의 요소들은 단순히 물리적 구성 요소가 아니라 독특한 개성과 의지를 지닌 구별된 개체들이다. 하늘은 생명이 없는 둥근 천장이 아니라 밤마다 태양을 잉태하고 아침마다 그것을 낳는 여신이었다.[30]

이런 설명은 반물리주의적이고 과학과 상반되며 현대 과학의 2차적인 물리적 원인과 구조의 특성에 대한 관심과 전혀 닮지 않았다. 그것은 너무나 달라서 실제로 그런 문화 속에서 사는 것이 어떤 것인지를 상상하는 것이 도전 거리가 될 정도다. 이집트학자인 빈센트 토빈(Vincent Tobin)은 다음과 같이 주장한다.

---

29 Vincent Arieh Tobin, "Myths: Creation Myths," in *The Oxford Encyclopedia of Ancient Egypt*, ed. Donald B. Redford (New York: Oxford University Press, 2001), 2.471; 또한 2.469.

30 James P. Allen, *Genesis in Egypt: The Philosophy of Ancient Egyptian Creation Accounts* (New Haven, CT: Yale Egyptological Seminar, Department of Near Eastern Language and Civilizations, The Graduate School, Yale University, 1988), 8. 또한 62을 보라.

어느 문화에서든 창조 신화들은 우주가 존재하게 된 방법을 보여주는 과학적 설명으로 의도된 것이 아니다. 오히려 그것들은 창조된 존재 영역의 의미와 중요성을 보여주는 상징적 표현이다.[31]

토빈이 창조 신화들을 "과학적 설명"과 대조하는 것에 주목하라. 토빈의 견해에 따르면, 창조 신화들은 현대 과학과 동일한 **종류**의 정보를 제공하려는 조악한 대체물이 아니다. 오히려 그것들은 "상징적 표현"이다. 그것들은 인간의 삶과 연관된 세계의 종교적 깊이와 의미를 집중적으로 다룬다.

물론 어느 학생은 토빈의 견해에 맞서 물리주의적 방향으로 움직이는 고대의 신화들을 현대인의 생각에 맞추어 설명하는 해석들을 발견할 수도 있다. 그런 해석들은 신화들 속에서 "과학적 설명들"과 매우 밀접한 유사성을 발견할 수도 있다. 나의 목표는 다양한 해석 사이에서 어떤 해석이 옳은지를 판단하는 것이 아니라 다양한 해석이 우리에게 어려움을 제기한다는 것을 지적하는 것이다. 고대 근동에서 일반적으로 받아들여졌던 반대중적인(semipopular) 설명이 이런 어려움을 극복할 수 있을지도 모른다. 그런 설명은 이집트학이나 고대 메소포타미아 연구의 전문가들을 위해서가 아니라 폭넓은 청중을 위해 쓰였다. 이해할 만하게도, 단순화가 발생한다. 반대중적인 설명은 고대 신화들의 일부를 물리주의적 해석으로 마무리할 수도 있다. 이런 설명을 이제 막 읽기 시작한 독자들은 이런 물리주의적 설명을 타당한 것으로 볼 수 있다. 왜냐하면 그런 물리주의적 해석은 1차 문헌과 2차 문

---

31 Tobin, "Myths: Creation Myths," 2.469. 또한 Allen의 주장을 보라. "이집트의 설명들은 물리적이기보다 형이상학적이다. 그것들은 물리적 실재 너머에 있는 것과 연관되어 있다." *Genesis in Egypt*, 56.

헌을 모두 자기들에게 유리하도록 인용할 수 있기 때문이다. 전문가가 아닌 독자들은 다른 해석의 가능성에 대해 알지 못하는 상태로 남아 있다.

차량-화물 접근법은 여기서 어려움을 겪는다. 이 접근법은 창세기 1장이 우주의 물리적 구조와 관련해서 몇 가지 잘못된 견해를 포함한다고 주장하는데, 그 주장이 옳을 때만 그것은 호소력을 지닌다. 그러나 그런 주장은 성립되는가?

사실, 차량-화물 접근법은 입장을 분명히 밝히지 않으려는 유혹에 빠질 수 있다. 어떤 경우에 그것은 우리에게 창세기 1장은 세계의 모습을 변화시키는 사건들에 대한 것이 아니라 인간의 유익을 위한 사물들의 기능과 신학에 대한 것일 뿐이라고 말할지도 모른다. 그것은 하나님이 유일한 창조주시라고 말한다. 하나님은 세상에서 자신의 권능을 드러내신다. 그분은 인간이 거주하는 데 적합하도록 세상을 만드셨고 우리에게 유익을 주는 것들도 만드셨다. 그러나 이런 견해에 의하면 창세기 1장은 마른 땅의 출현처럼(창 1:9) 시공간 안에서 발생한 특별한 사건들을 설명해주는 것이 결코 아니다. 차량-화물 접근법은 이것이 그러한 까닭은 창세기가 본질적으로 신학적이었던 주변의 다신론적 신화들의 거짓된 신학을 수정하고 있기 때문이라고 알려준다.

다른 경우에 차량-화물 접근법은 우리에게 창세기 1장은 고대의 잘못된 우주론을 포함하고 있으며 그것을 수정하지 않는다고 말할지도 모른다. 일반적인 예로는 지구 중심의 묘사와 그 위에 하늘의 바다가 있는 견고한 돔에 관한 이론이 있다. 그러나 창세기는 그런 우주론을 가르칠 의도를 갖고 있지 않으므로 그런 것을 포함하더라도 괜찮다고 하는 이들이 있다. 차량-화물 접근법은 우리에게 이것이 그러한 까닭은 창세기 1장이 (주장되는 바에 따르면) 우주의 물리적 구성 요소와 구조에 대한 거짓된 견해를 포함하고 있는 주변의 다신론적 신화들과 유사한 것들을 드러내 보이기 때문이라고 알려준다.

그러나 우리는 마음을 정할 필요가 있다. 주변 문화들에서 나타나는 우주론적 신화들은 인간을 위한 실천적 기능과 유익들을 포함하는 자연 현상에 대한 종교적 설명에만 관심이 있는가 아니면 현대의 과학적 관심사와 비슷한 방식으로 물리적 구성 요소, 구조 그리고 2차적인 물리적 인과 관계 같은 문제들에도 관심이 있는가? 만약 전자라면, 그것들은 물리적 구성 요소와 구조를 다루지 않는다. 예컨대 협소하게 종교적이고 시적인 해석에 따르면, 고대 근동의 신화들은 하늘이 문자적으로 견고한 돔이라고 말하지 않았다. 오히려 그것들은 시적인 혹은 상징적인 그림 언어를 사용해서 당시의 사람들이 신들에 관한 그리고 자기들과 가시적인 하늘(그것의 외양)과의 관계에 대한 종교적 진리라고 여겼던 것을 전하려고 했다. 따라서 창세기 1장은 신화들로부터 빌려온 거짓된 물리주의적 우주론을 사용하거나 포함하는 것일 수 없다. 왜냐하면 그런 우주론은 존재하지 않았기 때문이다.[32]

---

32   차량-화물 접근법에서 나올 수 있는 한 가지 답변은 물리적 구성 요소, 물리적 구조 그리고 물리적 인과 관계에 대한 정보가 그 신화들 속에 간접적으로 존재한다고 말하는 것일 수 있다. 분명히 그런 정보는—다소간—전제되지만 논의되지는 않는다. 그러나 고대 근동과 우리의 문화적 거리 그리고 우리 지식의 부분적 성격을 고려할 때, 이것은 미약한 추론이기는 하나 그런 것으로 인정받아야 한다. 미약한 추론은 그것이 현대의 과학적 형이상학이라는 신화에 의해 영향을 받을 때 더욱 문제가 된다. 그런 신화는 "물론" 고대인들이 그들의 신화가 그 위에 세워진 배경에 대한 물리주의적 이론을 갖고 있었다는 확신에 찬 예상을 낳는다.

또한 차량-화물 접근법이 신화들이 실제로 말하는 것과 주변 문화들이 믿었던 것 전체를 적절하게 구분하고 있는가 하는 문제도 제기된다. 창 1장과 마찬가지로 이스라엘의 문화에는 여러 세기에 걸쳐 다양한 잘못된 믿음과 가정들을 포함되었을 것이다. 그리고 그것들은 사람에 따라, 집단에 따라 그리고 시대에 따라 얼마간 달랐을 것이다. (특히, 지식인들과 고대의 전문가들은 평범한 농부들이 대체로 갖고 있었던 것과 다른 의견을 갖고 있다른 한편으로, 우주론적 신화들이 물리적 구조에 관심을 **정말로** 보인다고 가정해보라. 그것들이 여러 가지 중 하늘이 물리적으로 견고한 돔이라고 말한다고 가정해보라. 창세기 1장이 다른 것들과 유사하다고 여기는 차량-화물 접근법에 따르면, 창세기 1장은 동일한 관심사를 다룬다. 그 경우에 창세기 1장은 신학적 관심사에 협소하게 국한되어 있다는 차량-화물 접근법은 붕괴한다.

그렇다면 나는 차량-화물의 주장이 앞뒤가 맞지 않는다고 판단한다. 나는 이런 일관성이 결여된 것의 배후에는 현대의 과학적 지식을 결여하고 있을 뿐 아니라 실제로는 타당한 대체물 역할을 하는 물리적 구조와 2차적 인과 관계의 복잡한 연동 이론의 지구적 틀 같은 어떤 것을 갖고 있지 않은 문화들을 이해하는 어려움이 있다고 생각한다. 대신에 그런 문화들은 자연의 힘과 현상(외양)에서 신들을 보았던 신령주의적·반물리주의적 상상력을 갖고 있었다. 그런 비전은 과학과 쌍둥이가 아니라 단지 천사들, 마귀들, 그리고 자연에 대한 하나님의 다스림에 관한 성경의 가르침과 유사한 영적 위조품일 뿐이다.

이론적으로, 그런 반물리주의적 상상력은 물론 물리주의적 추론과 결합될 수 있다. 문화가 거짓 신들의 어둠과 혼돈 속으로 들어가면, 혼돈이 증대될 수 있다. 그러나 우리는 여전히 상대적 가능성에 대해 물을 수 있다. 우

었을 것이다.) 그 문화들 속에 있었던 것의 총합은 창세기가 말하는 것과 다르다. 공정하게 읽는다면, 창세기는 단지 개인들의 상세한 믿음 전체를 다루지 않는다. 우리는 "비가정적"(nonpostulational) 언어에 대한 Ramm의 논의(Ramm, *Christian View of Science*, 69)와 성경은 평범한 방식(외양)으로 평범한 사람들에게 말을 건다는 칼뱅의 지적으로 돌아간다. 또한 Poythress, *Redeeming Science*, 96n8; Poythress, *Inerrancy and Worldview*, chaps. 3-4, 8-13을 보라.

리는 성경의 유신론적 세계관 안에서 1차 원인이신 하나님과 세계 내의 2차적이고 물질적인 원인들(가령, 출 22:6; 느 4:3; 욥 1:19; 전 11:3; 마 7:27)을 구별할 수 있다. 왜냐하면 창조주 하나님은 그분의 피조물들과 구별되기 때문이다.[33] 다신론적 세계관 안에는 그런 구별이 존재하지 않는다. 구별의 결여는 신들이 자연의 힘들과 동일시되고, 따라서 오직 한 종류의 원인만 존재한다는 단층적 사고로 이어질 수 있다. 물리적 인과 관계의 2차적이고 종속적인 단계에 대한 관심은 신들의 활동에 대한 관심으로 오해될 수 있다. 이런 종류의 세계관 안에서 신들을 포함하는 인격주의적 설명들에 **더하여 혹은 그것들을 위한 배경으로서** 물리주의적 설명을 추구하는 것이 이치에 맞는지는 분명치가 않다.[34]

또한 이런 문화들 속에서 사는 이들은 어떤 개별적인 2차 원인들의 어떤 개별적인 수준에 대한 관심을 유지했으나 다신론적인 신화적 장르가 이 수준을 무시했던 것일 수도 있을 것이다. 이 경우에는 또한 신화들로부터 물리적 인과 관계에 관한 이론들을 추론하려고 하는 것이 잘못일 수 있다.

---

33 "1차 원인"과 "2차 원인"이라는 기술적 표현들은 성경 시대 이후에 사용되었다. 그러나 그것들의 용법은 성경에서 발견되는 구분들을 요약한다. 욥 1:19에서 집은 2차 원인인 "큰 바람" 때문에 무너진다. 욥 1:21에서 욥은 하나님을 1차 원인으로 인정한다. 비슷하게, 14:21은 "여호와께서 큰 동풍이 밤새도록 바닷물을 물러가게 하셨다"라고 전하면서 야웨를 1차 원인으로 그리고 강력한 동풍을 2차 원인으로 인정한다. 우리는 그런 예들을 얼마든지 더 들 수 있다.

34 "인과 관계는 물질 세계 자체의 내부에서 아니라 신성[신들]에서 나온다." Walton, *Genesis 1 as Ancient Cosmology*, 39. 또한 마술의 문제가 있는데, 그것은 메소포타미아의 기록에 따르면 신들에 의해서도 사람들에 의해서도 사용될 수 있었다. 마술은 통제에 대한 기만적인 종교적 욕망과 연관된 보다 큰 시스템에 속해 있다. 그러나 고대 세계에서 인간은 그것에 끌렸다. 마술에 대한 인간의 욕망은 마술의 속임수가 의존하는 비인격적이고 추상적인 질서를 전제하는가? John D. Currid, *Ancient Egypt and the Old Testament* (Grand Rapids, MI: Baker, 1997), 40. 『고대 이집트와 구약성경』(CLC 역간).

마지막으로, 구약성경의 하나님이 때때로 이스라엘 백성이 그들 주변의 세계에 관해 논할 때 사용했던 일반적인 이미지와 유비들을 사용하셨을 수도 있다. 우리 자신은 재고 이미지와 유비들을 물리주의적 **이론**으로 굳히지 않으면서도 그것들을 사용할 수 있다. 오늘날 우리는 특정한 인지 **이론**을 택하지 않고서도 마음에 대해 말할 수 있다. 우리는 자아에 대한 지그문트 프로이트(Signmund Freud)의 **이론**을 받아들이지 않으면서도 커다란 "자아"를 지닌 어떤 이에 대해 말한다. 마찬가지로, 관찰 가능한 세계에 대한 고대의 논의─혹은 현대의 논의─는 기둥, 창문, 문 또는 윗방을 가진 집의 이미지, 텐트의 이미지 또는 창공의 이미지를 창조적으로 사용할 수 있을까?[35] 그런 이미지가 상세한 물리주의적 **이론**을 가르치지 않으면서 나타날 수 있을까? 현대의 물리주의적 견해는 고대의 본문들에 들어 있는 유비와 은유를 인식하지 못할 위험이 있다(그림 5.7을 보라).

그림 5.7: 이미지 사용하기 vs 상세한 물리주의적 이론 가정하기

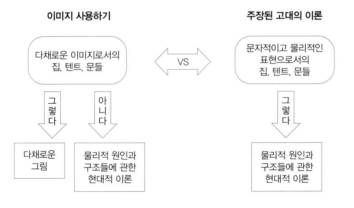

---

35 고대 근동에서 나온 예들의 목록은 아주 광대할 수 있다. 우리는 욥 38:4-11, 22; 사 40:22; 암 9:6과 함께 시작할 수 있다.

신화로부터 나온 예: 티아마트가 하늘이 되다

한 가지 작은 예를 들어보자. 나는 독자들이 이 예를 참고 들어주기를 바라는데, 그것은 이 예가 세계에 대한 고대의 다신론적 사고에 관한 **다중적** 해석의 가능성을 예시하기 때문이다. 고대의 본문에 물리적 이론을 적용해서 읽는 것은 유일한 가능성이 아니며 가장 매력적인 가능성조차도 아니다.

우리의 예는 바빌로니아의 창조 신화인 「에누마 엘리쉬」(*Enuma Elish*)로부터 나온다. 토판 IV는 마르두크(Marduk)가 티아마트(Tiamat)를 죽인 후에 한 일을 다음과 같이 묘사한다.

> 그[마르두크]는 그녀[티아마트]를, 마치 생선을 말릴 때 하듯, 둘로 갈랐다.
>
> 그는 그 반쪽으로 덮개, 즉 하늘을 만들었다.
>
> 그는 가죽을 펴고 감시원들을 배치했다.
>
> 그리고 그들에게 그녀의 물이 빠져나오지 못하게 하라고 명령했다.[36]

몇 가지 가능한 해석들에 대해 그리고 그것들이 어떻게 해석자의 가정에 의해 영향을 받는지에 대해 생각해보라. 나는 각각의 해석에 대해 몇 가지 비

---

[36] Benjamin R. Foster, trans., *Enuma Elish, in The Context of Scripture*, ed. William W. Hallo (New York: Brill, 1997), 1.398 [item 1.111], Tablet IV.137–40. 또한 Horowitz, *Mesopotamian Cosmic Geography*, 112을 보라. 내가 앞서 발표했던 논문 "Three Modern Myths"에서 나는 *Ancient Near Eastern Texts Relating to the Old Testament*, ed. James B. Pritchard (Princeton, NJ: Princeton University Press, 1969), 67, Tablet IV.137–40에 실려 있는 E. A. Speiser의 번역을 사용했다. 그러나 지금 나는 그 핵심적인 아카드어 설형문자가 (parku로부터) "빗장"(bolt)이나 "가로장"(bar)보다는 (mašku로부터) "피부"(skin)나 "가죽"(hide)으로 번역하는 것이 더 낫다고 확신한다.

판적인 관찰을 시도할 것이다.

물리주의적 해석

학생 A는 물리주의적 해석을 제공한다.

> 물리적 구조와 인과적 기원에 관한 과학적 설명에 대한 지식을 갖고 있지 않았던 고대인들은 대안적 설명으로서 신들에 관한 이야기를 만들어낸다. 그 시는 하늘의 기원을 마르두크에게 돌리는데, 그것은 마르두크가 바빌로니아의 수호신이었음을 고려한다면 자연스러운 일이다. 그가 하늘을 만들기 위한 물리적 재료로 사용하는 것은 학살된 티아마트의 몸이다. 티아마트는 물의 여신인데, 이것은 티아마트의 물질적 구성 요소가 물임을 의미한다. 마르두크는 티아마트의 시신을 둘로 나눈다. 하늘은 티아마트의 몸 반쪽으로 이루어져 있다. 그것은 물의 몸이다. 그것은 그녀의 가죽으로 만들어진 물리적 장벽에 의해 붙들려 있다. 이 그림은 고대 근동의 다른 본문들과 조화를 이루는데, 그 본문들은 본질적으로 견고한 하늘의 장벽에 의해 붙들려 있는, 하늘의 바다라는 동일한 그림을 갖고 있다.

비판. 이런 해석은 고대 신화의 목적 중 하나가 대중적인 현대 과학이 초점을 맞추는 것과 동일한 종류의 주제들, 즉 물리적 구성 요소와 인과적 기원에 대해 설명하는 것이라고 주장한다. 그런 가정을 고려한다면, 그 설명은 타당하다. 그러나 그런 주장에는 몇 가지 허점이 있다.

한 가지 허점은 「에누마 엘리쉬」의 보다 앞 부분의 구절들이 (다리, 입, 입술, 배, 심장 그리고 시체를 언급하면서) 티아마트를 육체의 형태로 묘사하고 있다는 것이다. 그런 묘사가 티아마트의 물리적 "구성 요소"를 가리키는 것으로 간주된다면, 그것은 (물의 여신이라는 그녀의 역할에 의해 그리고 빠져나가도록 허락되어서는 안 되는 "그녀의 물"을 가리키는 행[140]에 의해 암시되는 바) 그녀가 물이라는 견해와 상충한다.

그림 5.8: 묘사를 물리주의적 방식으로 해석하기

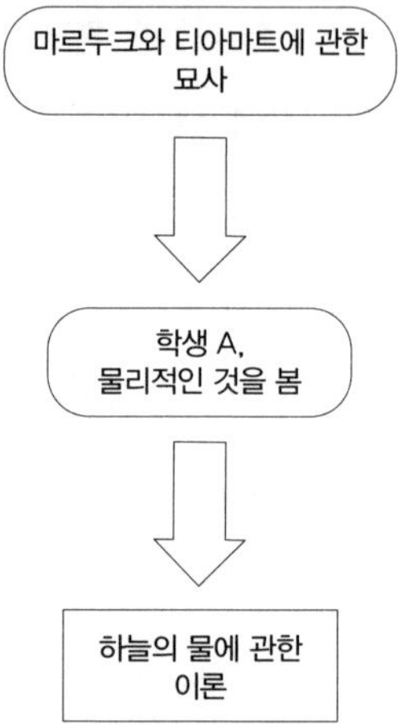

```
┌─────────────────────────┐
│  마르두크와 티아마트에 관한  │
│           묘사            │
└─────────────────────────┘
             │
             ▼
┌─────────────────────────┐
│        학생 A,           │
│    물리적인 것을 봄       │
└─────────────────────────┘
             │
             ▼
┌─────────────────────────┐
│    하늘의 물에 관한       │
│         이론            │
└─────────────────────────┘
```

「에누마 엘리쉬」의 핵심적 행인 139행은 실제로 티아마트가 두 가지 구성 요소를 제공한다고 제안하는 것일 수 있다. 그녀의 가죽은 견고한 장벽을 제공하는 반면, 그녀의 내부에 있는 물은 하늘의 바다를 이룬다. 그러나 티아마트가 물이라는 주제에 초점을 맞추는 **물**의 여신이라면, 두 가지 구성 요소로의 이런 구분은 물리적 추측이라기보다 생생한 묘사가 아닐까?

둘째, 견고한 장벽은 티아마트의 가죽으로 만들어진 것이다. 인간의 경험에서 가죽은 일반적으로 유연하다. 티아마트의 가죽으로 만들어진 장벽은, 예를 들면 돌이나 벽돌로 만들어진 견고한 반구형 돔과 대조된다. 그 가죽이 땅에 떨어지지 않도록 붙잡고 있는 것은 무엇인가? 티아마트의 가죽이 우리에게 물을 붙잡고 있는 것에 대한 물리주의적 이론을 제공한다면, 그것은 좋은 이론이 아니다. 가죽과 석조물의 서로 다른 성질들에 대한 고대의 경험을 고려할 때, 그것은 타당하지 않다.

셋째, 마르두크는 "감시원들"을 배치하고 지침을 내린다. 따라서 물과 관련된 보다 근본적인 특징은 감시원들의 개인적인 활동이다. 그들은 무엇을 감시하고 있는가? 아마도 슬그머니 다가와서 물을 방류하려는 다른 인격적 존재나 존재들일 것이다. 전체적인 그림은 실제로는 물리주의적인 것이 아니라 오히려 분명하게 인격주의적인 것으로 혹은 우리가 그렇게 말할 수 있다면, 정령주의적인 것으로 남아 있다. 만약 그렇다면, 우리는 이런 신화가 실제로 얼마나 현대 과학의 의미에서 물리적 인과 관계에 기초한 설명을 제공하려고 의도하고 있는지에 대한 질문을 제기할 수 있을 것이다.

때때로 티아마트가 물고기처럼(행 137) 두 부분으로 나뉜 것은 창세기 1:6-8에서 윗물과 아랫물이 나뉘는 것에 상응한다는 주장이 제기되곤 한다. 그러나 우리는 그 시의 나중 부분에서 마르두크가 6백여 신들로 이루어진 집단인 아눈나키(Anunnaki)를 두 개의 무리로 나눈 후 그중 한 무리에게는 하늘에서의 과업을 수행하게 하고, 다른 한 무리에게는 땅에서의 과업을 수행케 하는 것에 주목해야 한다.[37] 두 영역에 관한 그림 전체는 메커니즘이 아니라 영들에 의한 작업에 초점을 맞춘다.[38]

마지막으로, 「에누마 엘리쉬」에서의 묘사는 신들에 관한 커다란 서사시

---

37 Pritchard, ed., *Ancient Near Eastern Texts* 68, VI. 39-46.
38 또한 물리주의적 해석을 신선한 물과 소금물을 구별하는 것과 조화시키는 일의 어려움에 관한 Weeks의 관찰 주장을 보라. Weeks, "Cosmology in Historical Context," 286-90.

의 일부인 시의 행들에서 나타난다. 그 장르는 우리가 우주의 물리적 구성 요소나 구조에 초점을 맞추기보다는 상상력이 있고, 형이상학적이며, 상징적이고, 연상적인 언어를 기대하도록 고무한다. 더 나아가, 세부적인 측면에서 분명하게 비유적인 언어가 사용되기도 한다. 가령 말리기 위해 펼쳐놓은 물고기에 대한 비교와 같은 것이다(행 137).

정령주의적 해석

다음으로, 학생 B는 정령주의적 해석을 제공한다.

> 그 본문의 저자는 정령주의자, 즉 모든 곳에서 정령을 보았던 자였다. 현대적 의미에서의 "물질"은 존재하지 않는다. 물의 여신 티아마트는 결국 여신, 즉 정령적 존재다. 물은 단지 그녀의 존재와 행위에 대한 현상적 표현일 뿐이다. 마르두크가 그녀를 죽일 때, 그는 그녀의 혼란을 초래하는 싸움 행위를 죽인다. 하지만 그로 인해 나타난 시체는 비활동적인 정령이다. 그녀의 몸의 부분들에 관한 언어는 그녀가 가시적 결과를 낳는 능력을 갖고 있다는 사실을 나타내주는 생생한 표현이다. 감시원들은 정령들, 즉 마르두크의 명령을 받는 하위 신들이다. 물에서 벗어나는 것은 티아마트의 정신에서 벗어나는 것이며, 그것은 혼란을 초래하는 효과를 다시 도입하는 것을 의미한다. 가죽은 영적 구속(예컨대 그것은 주문을 통해 발생한다)을 나타내는 생생한 표현이다.

비판. 이런 해석은 신들의 존재와 전반적인 묘사의 인격주의적인 특성을 진지하게 다루는 이점을 갖고 있다. 이 해석에 따르면, 이런 이야기의 목적은 무지하게도 현대 과학을 대체하려는 목적으로 물리적 구성 요소와 물리적

인과 관계에 대한 설명을 제공하는 것이 아니다(학생 A). 오히려 목적은 청중들로 하여금 그들 주변의 정령의 세계와 현명하고 유익한 방식으로 상호작용할 수 있도록 해줄 그림을 그들에게 제공하는 것이다.

그림 5.9: 마르두크와 티아마트에 대한 경쟁하는 해석들

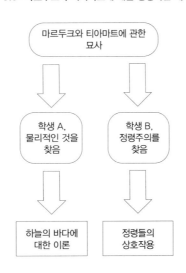

이원론적 해석

학생 C는 이원론적 해석을 제공한다.

그 본문의 저자는 몸과 영 그리고 그 둘의 상호작용을 믿었던 이원론자였다. 인간은 물론이고 신들도 몸과 영혼을 갖고 있으며, 후자가 전자를 살아 있게 한다. 티아마트의 몸은 물인 반면, 그녀의 영혼은 혼돈의 영혼이다. 혼돈에 대한 마르두크의 승리는 티아마트에 대한 살해를 통해 묘사된다. 그 후 물은 하늘이 된다. 그러나 그것은 여전히 다시 생명을 얻어 혼돈을 다시 끌어들일 수

있다. 그런 까닭에 마르두크는 하위 신들("감시원들")을 지명해 그런 일이 일어나지 않게 하라고 명령한다.

이 해석에 따르면, 그 내러티브는 일들이 어째서 그렇게 나타나는지에 대해 설명하는데, 그것은 바로 어떤 종류의 몸이 어느 특정한 장소에 고정되어 있기 때문이다. 그러나 과연 그 "몸"이 (현대의 용어를 사용해 말하자면) 고체인지, 액체인지 혹은 기체인지 또는 그것이 기하학적으로 어떤 모양을 갖고 있는지에 대한 걱정은 거의 나타나지 않는다. 중요한 목적은 정령주의적 해석의 경우에서처럼 사람들이 중요한 힘의 근원인 신들의 영혼과 어떻게 상호작용할 것인지에 대해 알려주는 것이다. 중요한 것은 인간이 자신의 편에 신이나 여신을 갖는 것 혹은 적어도 신들이 자신에게 적대적이지 않도록 조심하는 것이다. 신들에 관한 정보는 결국 인간이 그들과 어떻게 상호작용해야 하는지를 일러주기 위해 제공된다. 예컨대 사람들은 마르두크를 숭배함으로써 자신들의 삶 속으로 혼돈이 틈입하는 것을 막는다.

비판. 이원론적 해석의 중요한 약점은 그것이 고대 근동의―플라톤의 것이나 데카르트의 것과 같은―이원론을 시대착오적으로 투사할 수 있다는 것이다.

일원론적 해석

학생 D는 일원론적 해석을 제공한다.

저자는 몸과 영혼의 이원론적 분리보다 유동적인 전체라는 측면에서 사고했다. 물은 물이기도 하고 물의 여신 티아마트이기도 하다. 그리고 티아마트는 우리가 완전한 전체의 가시적 부분을 보여주는 신체의 일부분을 통한 그녀의 현현에 대해 말할 때 존재한다. 마르두크가 티아마트를 물고기를 가르는 것처럼 가를 때, 그는 물을 둘로 가르고 여신을 둘로 가르는 셈인데, 그것은 그것들이 결국 같은 것, 즉 동일한 것을 묘사하는 두 가지 다른 방법이기 때문이다. 마르두크가 티아마트로부터 하늘을 만들 때, 하늘은 하늘이면서 또한 여신 티아마트다. 마르두크의 명령을 받는 "감시원들"은 아마도 하위 신들이면서 또한 그 위에 남아 있는 물을 만드는 과정들일 것이다.

비판. 이 해석은 B 학생의 정령주의적 해석과 유사하다. 그러나 그것은 반물리주의의 풍미와 같은 것을 전혀 초래하지 않는다. 가시적인 것 혹은 "물질적인" 것은―그것이 물이든, 하늘이든, 땅이든 혹은 태양이든 간에―아리스토텔레스적인 형상-질료(form-matter)의 구분이라는 의미에서의 "질료"가 아니다. 그것은 "정령"인 동시에 "물질"이다. 왜냐하면 정령들은 물, 하늘 그리고 다른 것들 안에 식별이 될 정도로 존재하기 때문이다.

우리는 이런 해석들에 더하여 다소 낮게 평가되는 다른 것들을 생각할 수 있다.

사회학적·기능적 해석

학생 E는 사회학적·기능적 해석을 제공한다.

신화들은 어느 사회적 집단의 기원과 본성을 설명하고 그것에 공통적이고 기본적인 지침이 될 만한 믿음을 제공함으로써 그 집단을 통일시키는 역할을 한다. 신화는 사회적 안정과 일치라는 이런 목표를 이루기 위해 문자적으로 참

될 필요가 없다. 티아마트에 관한 신화 역시 그러하다. 마르두크의 승리와 티아마트의 철저한 패배는 그 사회에 마르두크를 숭배하는 일에서 종교적으로 하나가 되기 위한 기능적 기초를 제공하며, 다시 그것은 마르두크가 수호신으로 있는 바빌로니아 왕국을 섬기는 일에서 사회적 일치를 이루는 것으로 이어진다.

비판. 이런 종류의 해석은 사회인류학의 몇 가지 현대적 형태들 안에서 나타나는 환원주의적 가정들의 영향을 보여준다. 그것은 인류학적 관찰자들이 제공하는 현대적 관점과 고대 문화 안에서 살았던 이들의 관점을 분명히 구별하지 않기 때문에 부분적으로 약점이 있다. 고대인들은 그들이 실제로 그 신화가 사실이라고 믿었을 경우에만 성공적으로 사회적 일치를 이룰 수 있었을 것이다. 우리가 아는 모든 것에도 불구하고, 그리스 철학자들 사이에서 나타났던 신들에 대한 회의주의와 유사하게 여기저기에 회의주의자들이 있었을 수도 있다. 대다수 사람들이 그것들을 믿기를 그친다면 신화들은 사회적 충성을 낳는 일을 그쳤을 것이다.

알레고리적 해석

학생 F는 알레고리적 해석을 제공한다.

> 마르두크와 티아마트의 신화는 물의 힘과 하늘의 힘 같은 자연의 힘들 사이의 갈등과 조화를 설명하는 알레고리다.

비판. 알레고리적 해석은 여전히 신화가 얼마간의 사회적 유효성을 갖는 것을 허락한다. 사람들은 신화가 사회적 유효성 외의 무언가에 "관한" 것을 설명해주는 것으로 믿기 때문이다. 그것은 자연의 힘에 관한 것이며, 사회적 일치는 이런 자연의 힘들에 관한 일치된 견해로부터 그리고 사람들이 그것들에 상호작용하는 방식으로부터 나온다. 그러나 이런 알레고리적 해석은 고대 근동에 대한 일반적 설명으로서는 타당하지 않다. 왜냐하면 그 시대의 많은 이들이 신들이 실제로 존재한다는 것을 진지하게 받아들였다는 광범위한 증거가 존재하기 때문이다.

여전히 다른 해석들이 있을 수 있다. 그러나 이 목록이면 고대 문화에서 전해내려온 본문의 온전한 의미를 해석하는 어려움을 예시하는 데 충분할 것이다. 우리가 본문에 도입하는 배경적 가정들, 곧 그것들이 물리주의적인 가정이든, 사회학적인 가정이든, 이원론적인 것이든 간에 그것들은 앞으로 제시할 해석의 형태에 기여한다. 물리주의적 해석(학생 A의 해석)을 제외한 모든 해석이 과연 고대의 본문들이 "자연"의 그리고 특히 하늘의 구성요소, 물리적이고 공간적인 구조 그리고 2차적인 물리적 원인들에 관한 상세한 이론을 입증하는지에 관한 의문으로 이어진다. 우리는 이런 본문들을 어떻게 해석해야만 하는지 확실하게 알지 못한다(그림 5.10을 보라).

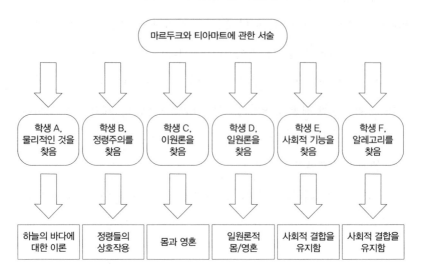

그림 5.10: 서로 경쟁하는 다양한 해석

나는 이 문제에 관심이 있는 독자들을 위해 이 책의 부록 D에 두 개의 추가적인 예들을 포함해놓았다. 이런 예들은 고대의 본문과 그것들이 나온 문화를 해석하는 것이 보기보다 더 어렵다는 것을 보여준다. 그것들은 현대의 세 번째 신화를 손쉽게 확신하는 것, 즉 우리가 잠시 안락의자에 앉아 몇 가지 사실들에 대해 배움으로써 어느 문화를 효과적으로 이해할 수 있다는 신화를 무너뜨린다.

현대적 사고에서 신성하게 간주되는 것

나는 그 세 가지 잘못된 현대적 개념들을 네 가지 이유에서 **신화들**이라고 부른다. 첫째, 그것들은 진실이 아니며 진실들에 대한 왜곡이다. 둘째, 그것

1부 기본적인 해석 원리들

들은 대중적인 차원에서 기능하며 그 차원에서는 거의 도전을 받지 않는다. 오히려 그것들은 사람들의 사고의 전체적인 방향을 제시하고 안내한다. 그것들은 일관된 사회적 기능을 하고 있으며, 바로 그것이 그것들이 지속되면서 한 사람에게서 다른 사람에게로 전파되는 한 가지 이유다. 셋째, 비록 모든 신화가 두드러진 내러티브 구조를 갖고 있는 것은 아니지만, 그것들은 모두 두 번째 신화, 즉 분명히 내러티브를 사용하는 진보의 신화와 연결되어 있고 또한 그것에 의존한다. 진보의 신화는 어둠에 대해 승리하는 계몽의 이야기다.

넷째, 그 신화들은 신성하다. 특히 첫 번째 신화(과학적 형이상학)와 어느 정도 두 번째 신화(진보라는 신화)까지도 그러하다. 사람들은 그런 신화들에 제기되는 비판적인 질문들에 대해 신중한 분석을 하기보다는 단순히 퇴짜를 놓거나 그런 신화들을 의심할 정도로 우둔한 이가 있을까 하는 놀라움을 드러내 보이는 것으로 대응하려는 유혹을 받는다. 그 신화들은 사람들의 사고를 이끄는 일에서 중요한 역할을 맡고 있기 때문에 그것들에 의문을 제기하는 것이나 그것들을 버리는 것은 사람들을 영적으로 그리고 지적으로 "무방비" 상태에 처하게 하고, 방향을 잃게 만들며, 익숙한 경계표들을 잃어 두려움에 빠지게 할 것이라고 위협한다. 그것들에 대한 사람들의 집착은 아주 심하다. 사람들은 그것들에게 충성한다. 그들은 그것들에 의지하며 살아간다. 실제로 신화들은 우리가 신성한 것을 다루는 것과 동일한 방식으로 다뤄진다.

창세기 1장 잘못 읽기?

따라서 내가 우려하는 것은 창세기 1장에 대한 차량-화물 접근법이 현대의 신화들을 무의식적으로 전파하는 것을 허용할 수도 있다는 점이다. 이런 신화들은 창세기 1장을 이해하는 것을 방해하고 그것을 해석하는 과정에 현대적 개념들을 투사할 수도 있다. 해석에는 태양이 뜨는 것이나 하늘의 바다라는 개념과 같은 원시적 잘못들을 찾아내는 부정적 투사 또는 고대 세계에서 현대 과학에 대한 직접적이지만 원시적인 유사점들을 보는 긍정적 투사가 포함될 수 있다.

차량-화물 접근법이 창세기 1장을 현대 과학의 관점이 아닌 그 자신의 관점에서 듣고자 하는 갈망에서 직접 발생한다는 것은 역설이다. 차량-화물 접근법은 실제적 필요에 대응한다. 사실 두 가지 필요가 존재한다. 한편으로 비판적인 비평가들은 창세기 1장이 과학과 모순된다고 여기므로 그것을 완전히 거부한다. 다른 한편으로 어떤 젊은 지구 창조론자들은 성경이 그런 조사를 견딜 수 있음을 보이기를 희망하면서 기술적 과학과의 상세한 조화를 찾으려고 노력한다. 차량-화물 접근법은 양쪽 모두에 속한 이들에게 그들이 본문을 잘못 읽고 있다고 말함으로써 그런 도전에 대처하려고 한다.

나는 양편 모두가 본문을 잘못 읽고 있다는 것에 동의한다.[39] 그러나 나는 과연 그것이 종류가 다름에도 불구하고 실제로 더 많은 잘못된 읽기를

---

[39] 내가 생각하는 좋은 읽기가 어떤 것인지 알고 싶은 독자들은 Poythress, *Redeeming Science*, 6장, 그리고 보다 넓게는 4-10장; Collins, *Genesis 1-4*; 그리고 이 책의 이후의 장들을 보라.

전파하고 있는지에 대해 의문을 제기함으로써 화물-차량 접근법과 입장을 달리한다.

화물-차량 접근법에는 또 다른 역설이 존재한다. 그것은 창세기 1장에 대한 순진한 현대적 읽기가 현대 과학에서 온 개념들을 창세기에 인위적으로 투사한다고 비판한다. 또한 그것은 코페르니쿠스에게 반대했던 철학자와 신학자들을 비판하는데, 그것은 그들이 궁극적 구조—형이상학—에 대한 아리스토텔레스와 프톨레마이오스의 이론들을 창세기 1장 본문에 투사했기 때문이다. 그러나 차량-화물 접근법이 그와 유사한 무언가를 하고 있지는 않는가? 그것 역시 그 자신의 "형이상학들"을, 즉 그것이 고대 근동의 신화들을 읽고서 발견한 형이상학들을 창세기 1장에 투사한다. 그 결과, 창세기 1장은 현대 과학이나 프톨레마이오스적 형이상학보다는 가설화된 고대 근동 형이상학—궁극적 물질 구조에 대한 견해—의 포로가 된다.

물론 차량-화물 접근법은 그런 투사가 적절하다고 답한다. 왜냐하면 그런 투사는 애초에 창세기가 쓰였던 환경에서 유래하기 때문이다. 그렇다. 환경은 우리가 본문을 이해하도록 도움을 준다. 그러나 환경은 본문이 아니다. 어떤 이가 너무 쉽게 환경에서 본문으로 옮겨간다면, 그는 하나님이 성경을 쓰실 때 그분의 글쓰기가 그 시대의 문화에 사로잡혀 있었다고 가정하는 잘못을 저지르는 셈이다. 우리가 성경이 말하는 것과 성경을 쓴 사람들이 갖고 있던 아주 복잡한 믿음을 신중하게 구별하지 못한다면 추가적인 종속적 실수가 나타날 수 있다. 차량-화물 접근법은 코페르니쿠스에게 호소하고 있음에도 불구하고 그것이 코페르니쿠스로부터 배웠었어야 할 교훈을 배우지 못했다. 문화적으로 이끌어낸 물리주의적 형이상학을 성경에 투사해서 읽지 말라는 교훈을 말이다. 램(Ramm)의 원칙, 곧 성경은 "**이론**

화"(theorizing)[40]를 결여하고 있다는 원칙에 주목할 필요가 있다.

잘못된 해석: 사소한 혹은 중요한 문제

내가 차량-화물 접근법에 동의하지 않는 것은 중요한 문제인가, 아니면 사소한 문제인가? 얼마간 그것은 사소한 문제로 보인다. 왜냐하면 어떤 형태의 차량-화물 접근법의 추종자들은 우리에게 자신들이 신적 권위와 성경의 무오성을 믿는다고 확신시켜주기 때문이다. 그들은 그 틀 안에서 작업한다. 하지만 그들은 창세기 1장은 단지 많은 현대의 독자들이 그것이 의미한다고 여기는 것을 의미하지는 않는다고 말하고 싶어 한다. 순진한 현대의 독자들은 창세기 1장이 과학에 대한 것이라고 혹은 적어도 그것은 과학이 이해관계를 맺고 있는 시공간 안에서 벌어진 특정한 사건들에 대한 것이라고 여긴다. 어떤 형태의 차량-화물 접근법은 창세기 1장은 단지 신학에 대한, 그리고 인간의 유익을 위해 만들어진 것들의 기능에 대한 것이지 사건들에 대한 것이 아니라고 주장한다. 그것은 하나님이 유일한 하나님이시며 창조주시라고 가르치며 창조세계의 다양한 측면이 어떻게 인간의 이익에 봉사하는지를 강조한다(예컨대 창 1:29-30에서 지적되듯이, 식물은 인간과 동물을 위해 식량을 제공한다).

나는 창세기 1장이 주로 신학에 대한 것이며 또한 인간의 유익에 대한 것이라는 주장에 동의한다. 하지만 또한 나는 그것이 세상에 대한 하나님의

---

40   Ramm, *Christian View of Science*, 69(강조는 원저자의 것임).

다스림을 드러냄으로써 그 신학을 예시하고 표현하는 특별한 사건들에 대해 설명한다고 여긴다. 사건들은 기술적이고 과학적인 방식으로가 아니라 평범한 언어로 묘사된다. 요약하자면, 차량-화물 접근법과 이 책에서 취하는 접근법은 세부적인 내용에 대해서는 입장이 다르지만, 우리는 (그리고 젊은 지구 창조론자들 역시) 핵심적인 신학적 가르침에 대해서는 일치한다.

그럼에도 해석학적 문제들은 더 큰 결과를 지닌 불일치를 초래한다. 차량-화물 접근법은 창세기 1장을 해석하는 과정에서 성경의 본질에 관한 원리들에 호소한다. 어느 독자는 이런 원리들을 따르면서 보다 조심스러운 해석자들이 인정하는 것보다 더 멀리 나아간다. 예컨대 어느 현대의 해석가가 창세기 1장은 신학에 대한 것이지 시공간 안에서 벌어진 특정한 사건들에 대한 것이 **아니**라고 말한다고 가정해보자. 이런 이분법은 문제가 된다. 신학은 정확하게 시공간 안에서 벌어진 사건들에서 나타나는 하나님의 행위를 통해 표현된다. 이 원리는 우리가 신학적 진리들을 말이나 문장으로 표현하여 신학이 무엇인지를 보여주기보다는 여러 가지 형태로 일어난 사건들을 통해 신학을 보여주는 내러티브들을 다룰 때 특별히 잘 유지된다. 우리가 창세기 1장에 거짓된 이분법을 적용한다면, 이와 동일한 이분법이 성경의 다른 장들에까지 영향을 줄 수 있다. 이런 종류의 원리는 하나님이 역사 속에서 행동하시고 역사에 관해 말씀하시는 현실에서 사람들이 구체적으로 하나님의 뜻을 분별하지 않고 이탈하게 만드는 발단이 된다. 하나님은 성경이 전하는 사건들을 통해 자신을 **보여주신다**. 그분은 자신에 관한 일반적인 진리를 단순하게 말이나 문장으로 가르치지 않으신다.[41]

---

41   Weeks, "Cosmology in Historical Context," 293.

두 번째 단계로, 사람들은 자신들이 구약성경의 사건들을 언급하는 신약성경의 가르침에서 벗어나고 있음을 발견할 수도 있다. 차량-화물 접근법과 연관된 한 가지 어려움은 신약성경이 때때로 구약성경은 사실상 우리에게 허구로 이루어진 비유가 아니라 실제로 일어났던 사실들을 제공한다고 전제하는 방식으로 구약성경의 사건들을 언급한다는 것이다. 따라서 차량-화물 접근법이 구약성경의 역사를 비유(혹은 약간의 역사적 사실을 지닌 민담 혹은 역사적 내러티브를 모방하기 위해 옷을 입은 신학)로 재구성한다면, 그다음 단계는 다음과 같이 말하면서 신약성경을 재구성하는 것이 될 것이다. 곧 신약성경의 저자들은 구약성경이 자신들에게 역사를 제공했고 이런 특징이 차량-화물 소통의 한 형태라고 잘못 믿었던 그 시대의 사람들이었다고 말이다. 이때 "차량"이라는 개념은 확대되어 역사뿐 아니라 신약성경의 가르침들마저 제거하는 데까지 확대된다. 물론 이런 접근법의 옹호자는 마치 주문을 외우듯 문제가 되는 부분은 가르침("화물")이 아니라 실제 가르침의 실제적 핵심을 위한 "차량"일 뿐이라고 말할지도 모른다. 그런 일련의 양보로 인해, 차량-화물식 사고는 성경의 실제적 가르침이 작고 작은 핵으로 쪼그라드는 상태에 이르게 될 수도 있다.

사정은 더욱 나빠진다. 육신에 즐거움을 주지 않는 그 어떤 가르침에도 복종하지 않는 인간의 악한 본성을 고려할 때, 차량에 대한 충분히 넓은 견해로 무장한 독자들은 자신들 마음대로 단지 그것에 차량이라는 명칭을 붙임으로써 자기들이 원하는 것은 무엇이든 간단하게 행할 수 있다. 우리는 그런 과정을 통해 예컨대 성경의 실제 가르침은 하나님의 아버지 되심, 인간의 아들 됨 그리고 사랑의 원리—낡은 자유주의—라는 결론에 도달할 수도 있다.

차량-화물 접근법의 보다 보수적인 형태의 옹호자들은 이런 결론들에 동의하지 않는다. 나는 그들이 그렇게 동의하지 않는 게 기쁘다. 하지만 나는 차량과 화물 간에 제기된 구분을 세밀하게 조사할 필요가 있음을 지적하고자 한다.

성경 해석의 다른 설명들

창세기 1장을 설명하는 여러 가지 다른 접근법들이 있다. 방금 우리는 사람들이 차량-화물 접근법이라는 출발점 너머로 잘 여행할 수 있는 방법들에 대해 고찰하는 방식으로 그중 몇 가지를 다뤘다. 우리가 이 장에서 이런 설명들을 충분히 살필 수는 없다. 그러나 그것들을 보다 보수적인 설명들과 비교하기 위해 그중 몇 가지에 대해 언급할 필요는 있다.

어떤 이들은 전면적으로 비판적인 입장을 취한다. 그들은 성경이 인간의 문서일 뿐 전혀 신성한 문서가 아니라고 말한다. 인간의 문서인 성경은 인간과 문화의 모든 결함에 종속되어 있다. 원칙적으로 이런 결함들에는 우주뿐 아니라 하나님 혹은 신들에 대한 잘못된 개념들이 포함되어 있다. 그렇게 비판적인 입장을 지닌 사람들은 유행을 따라 성경을 계속 존경할 수 있다. 그들은 성경에는 세상의 종교 문학 중 가장 훌륭한 것들 일부가 포함되어 있으며 우리는 그것들로부터 많은 것을 배울 수 있다고 말할지도 모른다. 그러나 또한 그들은 한 가지 분명한 결론을 내린다. 그것은 어떤 이가 성경이 우주에 대해 하는 말을 신뢰하는 것 이상으로 그것의 신학적 설명을 신뢰해야 할 특별한 이유가 없다는 것이다.

다른 설명은 신정통주의 신학에서 발견된다. 신정통주의는 다양하고 복잡한 형태를 띠는데, 여기서 우리가 그것들을 다 열거할 수는 없다. 단순화시키는 것이 허락된다면, 우리는 신정통주의가 명제적 내용이라는 수준에서 역사비평을 완전히 허용하고 싶어 하지만 또한 여전히 성경에 종교적인 만남과 관련해서 어떤 역할을 부여하고 싶어 한다고 말할 수도 있다. 그러나 그 "만남"은 안정적인 명제적 내용을 갖고 있지 않기 때문에 실제로 성경은 어느 영역에서도 종교적으로 권위 있는 본문의 역할을 하지 못한다. 결과적으로 신정통주의 신학은 그 어떤 권위 있는 기초도 갖고 있지 않다.[42]

다른 이들은 신학과 과학을 구별할 수도 있다. 이 견해에 따르면, 성경은 그것이 하나님과 종교적 개념들에 관해 가르치는 모든 것에서는 옳지만, 과학 및 우주론과 관련된 진술에서는 오류에 빠질 수 있다. 이 입장은 우리가 위에서 차량-화물 접근법이라고 묘사했던 것과 유사하다. 왜냐하면 그것은 우리가 성경에서 신뢰할 수 있는 것과 관련해서 유사한 결론을 내리기 때문이다. 하지만 이런 입장은 과학의 문제에서 오류를 허용한다는 점에서 차량-화물 접근법과 다르다. 그것은 그것들을 직접적으로 그리고 공개적으로 오류라고 부르는 것을 주저하지 않으며, 따라서 고대 근동에서 나타나는 장르들에 호소하는 정교한 설명을 제시하는 것이 필요하다고 여기지 않는다. 전통적으로 이런 입장은 "제한적 무오"(limited inerrancy)—즉, 신학의 영역에 국한된 무오—라고 불려왔다. 이 견해에 따르면, 우리에게 신학을 제

---

42 John M. Frame, "God and Biblical Language: Transcendence and Immanence," in *God's Inerrant Word: An International Symposium on the Trustworthiness of Scripture*, ed. John W. Montgomery (Minneapolis: Bethany Fellowship, 1974), 159-77. 〈http://www.frame-poythress.org/god-and-biblical-language-transcendence-and-immanence/〉.

공하지 않는 어느 구절이라도 문화적 오류로 간주되어 버려질 수 있다. 대조적으로, 차량-화물 접근법의 보다 조심스러운 형태는 성경은 그것이 무엇을 가르치든 오류가 없으나, 현대의 대다수 독자들은 창세기 1장의 실제적 가르침을 오해해왔다고 주장한다.

제한적 무오 이론은 적어도 주변의 신화들과 비교해서 창세기 1장의 메시지를 단순하고 일관성 있는 방식으로 이야기할 수 있다는 이점을 갖고 있다. 원칙적으로 그것은 창세기 1장과 신화들 사이의 정확한 관계가 어떤 것인지 확정하지 않는다. 신화들은 물리주의적 주장을 하는 것일 수도 있고 그렇지 않을 수도 있다. 그리고 창세기 1장 역시 그와 유사한 주장을 하는 것일 수도 있고 그렇지 않을 수도 있다. 실제 사정이 어떠하든 간에, 제한적 무오 이론은 창세기 1장에서 진리와 오류의 분리는 그런 상세한 질문들에 답하는 것에 의존하지 않는다고 주장한다. 오히려 진리와 오류의 분리는 분명한 기준, 즉 **내용**이라는 기준에 의해 발생한다. 신학적 내용은 사실이지만, 과학적 내용 혹은 과학의 문제와 연관된 내용이 사실일 필요는 없다.

차량-화물 접근법의 한 형태를 택하는 어떤 저작들은 창세기 1장 너머로 나아간다. 그것들은 다양한 장르의 문헌들로부터 취해진 구약성경의 예들뿐 아니라 신약성경의 예들도 사용한다. 그렇게 폭넓은 예들을 선택하면, 폭넓은 질문들이 제기된다. 이런 차량-화물 접근법을 택한 저작들은 단지 하나의 독특한 본문으로서 창세기 1장(혹은 창세기 1-11장)에 대해 어떤 주장을 하는 것일까? 아니면 과연 우리가 성경의 **어느 곳에서든** 특정 종류의 내용이 나타날 때마다 그것을 참된 것으로 받아들여야 하는지에 대한 보다 큰 문제를 다루는 것인가? 차량-화물 접근법의 어떤 형태들은 오직 창세기 1장 혹은 창세기 1-11장만 영향을 받는다고 답할지도 모른다. 그런 경우에 논쟁은 어느 단일한 본문의 의미에 국한되는 것처럼 보인다. 반면에, 어느 형태의 차량-화물 접근법이 다른 본문들의 전체 목록에 대해 어떤 주장을 한다면, 일반적인 원칙이 적용될 수 있다. 그 원칙이란 특정한 종류의 내용은 신성한 진리를 말하는 범위 밖에서 판단된다는 것이다. 무오류는 진리를 말하는 범위 안에 있는 내용들—주로 "신학적" 내용—에 국한된다. 이 입장은 제한적 무오의 한 형태다. 그런 형태의 차량-화물 접근법은 고대 근동과 장르의 문제에 대한 호소로 단장될 수 있으며, 그것의 주장을 확장함으로써 타당성을 얻을 수 있다. 그러나 본질적으로 그것은 제한적 무오 교리에 대한 변형일 뿐이다.

제한적 무오는 이론상으로는 건전해 보일 수 있다. 하지만 그것은 보이는 것처럼 간단하지는 않다. 그것은 부채를 갖고 있다.

1. 과학, 특히 과거를 탐구하는 과학은 역사로부터 엄격하게 고립될 수 없다. 역사 또한 성경에서 발견되는 신학적 가르침으로부터 엄격하게 고립될 수 없다. 하나님은 역사 속에서 일하신다. 그리스도의 사역은 역사 속에서 일어났다. 그리고 성경은 사정이 그렇다고 주장하는 것이 중요하다는 것을 알려준다(고전 15:1-28). 그 세 영역의 얽힘은 제한적 무오의 다른 형태들이 쉽게 발전될 수 있음을 의미하는데, 그 안에서는 거룩한 진리를 말하는 것의 범위가 더욱 좁아진다. 과학뿐 아니라 역사도 그리고 역사의 경우에는 또한 역사와 얽혀 있는 신학도 무오의 범위 밖으로 이동된다. 오직 핵심적인 신학만이 확실한 중심으로 남아 있을 수 있다. 그리고 그 핵심에 속하는 것은 궁극적으로 인간의 선택에 의해 결정된다.

2. 성경은 하나님의 말씀에 대한 가르침과 관련해서 언제 그것이 신뢰

받을 수 있는지를 구별하지 않으며, 또한 그것의 신뢰성이 어느 한 영역에 국한된다고 가르치지 않는다. 제한적 무오 이론은 성경의 권위에 관한 성경의 가르침과 일치하지 않는다.[43]

3. 그리스도를 따르는 것은 메시아이신 그분께 복종하는 일도 포함한다. 그것은 그분의 가르침에 복종하는 것과 구약성경의 신적 권위를 인정하는 것도 포함한다. 그렇다면 우리는 어떠한가? 우리는 그리스도의 제자인가 아닌가? 제한적 무오 이론은 기독교적 제자도를 재정의하는 실제적 효과를 지니고 있는가? 나는 그것이 참으로 성경적인 기독교적 제자도의 일부를 생략하여 줄이지는 않을까 두렵다. 왜냐하면 그것은 지금 현대인들이 탈출에 대한 갈망을 경험하고 있는 선택된 영역들에서 미래의 제자들을 구약성경에 대한 순종적 태도로부터 해방시키기 때문이다. 그것은 뱀의 태도를 모방한다. "하나님이 참으로 너희에게…하시더냐?"(창 3:1)

제한적 무오와 대조적으로, 보다 온건한 형태의 차량-화물 접근법은 기독교적 제자도를 인식 가능한 형태로 보존한다는 장점을 갖고 있다. 그것은 우리가 성경이 어떤 주제에 대해 가르치는 것은 무엇이든지 받아들여야 한다고, 그리고 성경을 해석할 때 신중할 필요가 있다고 주장한다. 아주 공정하다.

---

43 영감과 거룩한 진실성과 관련된 새로운 이론을 옹호하는 이들 중 어떤 이들이 그 "낡은" 이론의 주된 옹호자들—가령 John M. Frame, *The Doctrine of the Word of God* (Phillipsburg, NJ: P&R, 2010)—을 무시하기보다 그들과 직접 맞붙어 싸운다면 좋을 것이다.

신화를 추방하지 못해서 나타난 결과들

그러나 우리는 현대의 신화들에 대해서도 똑같이 신중할 필요가 있다. 그렇지 않을 경우 우리는 무의식적으로 영향을 받은 것(osmosis)을 통해 그 신화들을 삼킬 수 있다. 그 신화들을 삼키고 나면, 우리는 현대 신화들의 지시를 받는 패턴에 부합하는 해석 관행을 따르는 것 **외에는** 합리적 대안이 없음을 알게 된다. 실제로 우리는 그것이 어떤 장르로부터 온 것이든 그리고 어떤 문맥에 속한 것이든 간에 현대의 신화들을 통해 투사되어 확실한 진리로 간주되는 것들의 경계 안에 편안히 들어맞지 않는 성경의 모든 내용을 일축하는 것으로 끝나게 될 것이다. 즉 건전한 해석의 기초 위에서 그것을 적극적으로 받아들이기보다는 상세한 해석을 하기도 전에, 내용을 근거로 자료를 일축할 것이다.[44]

예컨대 그 신화들은 현대인은 태양이 뜨지 않는다는 사실을 안다고 일러준다. 따라서 성경에 나오는 모순되는 모든 진술은 이미 현대인들에게 확실한 신호다. 현대인은 자기들이 그 진술이 말하는 것을 실제로 의도하는 것이 아니라 단지 어떤 신학적 진리를 전달하기 위한 수단으로서 적용된 잘못된 표현을 사용할 뿐인 어떤 장르의 글을 읽고 있음을 "안다." 그 결과, 현대의 신화적 "진리들"은 도전받을 수 없는 것이 된다. 그 신화들은 사람들에게 성경이 실제로 전달해야만 하는 것의 한계를 미리 알려준다.

그 과정이 작동하는 방식에 대한 또 다른 예를 살펴보자. 대중화된 현

---

44 Noel Weeks, "Problems in Interpreting Genesis: Part 1," *Creation* 2, no. 3 (June 1979): 27-32, http://creation.com/problems-in-interpreting-genesis-part-1.

대 과학이 우리에게 인간이 유인원 조상들로부터 순전히 점진적인 방식으로 진화했다고 말한다고 해보자. 진화라는 신화를 받아들이는 이들은 비판적인 질문을 던지기보다 그저 그런 선언을 보다 우월한 지식의 결과로 받아들인다. 그런 후에, 창세기 2-3장, 로마서 5:12-21 그리고 고린도전서 15:21-22, 44-49에 대한 해석에 다시 뛰어들기 위해 손가락 하나 까딱하지도 않은 채 역사적 아담에 관한 모든 표면상의 주장은 성경이 역사적으로 잘못된 그림을 사용해서 신학적 진리를 가르치게 하는 수단의 일부임이 틀림없음을 즉각 "안다."

이런 접근법은 현대의 지식 주장을 다음 두 가지 모두를 함께 재검토하는 계기로 삼는 것과는 다르다. 우리는 (1) 과연 우리가 성경이 말씀하는 것을 적절하게 이해했는지, 그리고 (2) 과연 현대의 지식 주장은 일반적으로 그것들이 그렇다고 간주되는 것만큼 견고한 것인지 검토해야 한다. 우리는 과학계에서 나온 간단하고 대중화된 요약들뿐 아니라, 고대 근동의 세계관에 대한 요약들, 그리고 전해지는 바 창세기 1장이나 다른 핵심적 본문이 의미하는 것에 대한 비판적이고 전통적인 주장들의 요약들을 비판적으로 분석해야 한다.[45]

---

45 현대의 주장과 설명들에 대한 예를 접할 때 나는 고대 근동의 환경에 대한 논의에서 세부 사항을 해석할 때 나타나는 불확실성, 물리적인 것에 초점을 맞추는 것의 불확실성, 서로 다른 고대 근동 본문들 사이의 양립 불가능성 등은 우리가 해석의 추가적인 단계들, 즉 번역, 전문가들의 분석, 목회자들과 신학생들에 대한 조사 그리고 마지막으로 일반 대중을 상대로 하는 약간 대중적인 설명 같은 단계들로 나아갈 때 시야에서 사라진다는 것을 알게 된다. 그로 인한 결과는 학문적 불확실성이 대중적 단계에서 확신에 찬 주장으로 변모한다는 것이다.

창세기 1장에 대한 적극적인 이해

우리는 차량-화물식 대안들—보다 극단적인 것이든 가장 온건한 것이든 간에—을 비판해야 할 또 다른 이유를 갖고 있다. 그리스도인으로서 우리는 창세기 1장과 하나님이 그것을 통해 말씀하시는 내용을 사랑해야 한다. 하나님이 우리에게 은혜로우시다면 그리고 우리가 그것의 문화적 이질성을 포함해서 창세기 1장을 아주 진지하게 취급한다면, 우리는 특히 과학적 형이상학이라는 신화를 포함해서 현대의 문화적 신화들에 대한 속박으로부터 점진적으로 벗어날 수도 있다고 기대해야 한다. 이런 자유는 영적 건강을 위해 중요하다. 우리는 차량-화물 접근법에 대해 실망해야 한다. 왜냐하면 그것은 부지중에 창세기 1장의 의미를 숨기고 또한 우리가 그것을 이해하지 못하게 하는 신화들에 도전하기보다는 그것들을 강화하기 때문이다. 우리가 그것을 이해함에 따라, 우리는 더욱더 그것의 영적 양분의 완전한 혜택을 받게 될 것이다.

이어지는 장들에서는 창세기 1장의 적극적인 가르침에 대해 다룰 것이다.

6장

창세기의 장르

창세기 1-3장을 상세하게 다루기 전에 장르의 문제에 대해 논할 필요가 있다. 창세기 1-3장은 어떤 장르에 속하는가? 장르의 문제는 우리가 창세기 1-3장의 세부적인 내용을 살피는 방식에 영향을 주기 때문에 중요하다. 예컨대 어떤 이가 창세기 1-3장이 "고양시키는 허구"(edifying fiction, 지식이나 정신의 수준을 높이기 위해 꾸며낸 글이라는 뜻―역주)라는 장르에 속한다고 판단한다면―나는 그런 판단이 잘못이라고 믿는다―그는 그 모든 내용을 허구로 여기게 될 것이다.

창세기의 구조는 계보의 역사를 따라 펼쳐진다. 최초의 단락인 창세기 1:1-2:3[1] 이후에 이어지는 각각의 단락은 "이것이 ~의 내력(generations)이니" 혹은 그와 유사한 표현으로 시작된다. 창세기 2:4에서 시작되는 단락은 4:26에서 결론에 이른다. 왜냐하면 "이것은 아담의 계보(generations)를 적은

---

[1] 창 2:3과 2:4의 구분에 관해서는 C. John Collins, *Genesis 1-4: A Linguistic, Literary, and Theological Commentary*(Phillipsburg, NJ: P&R, 2006), 40-42을 보라.

책이니라"(창 5:1)라는 말로 다음 단락이 시작되기 때문이다. 따라서 창세기 1:1-2:3은 특별한 장르에 속하는 구별된 부분이다. 창세기 2:4-4:26도 마찬가지다. 이 두 단락 모두는 나름의 장르를 지닌 보다 큰 담화인 창세기에 속해 있다. 그 전체의 장르가 그것 안에 있는 부분들의 장르에 대한 우리의 판단에 영향을 끼치므로, 우리는 하나의 완결된 책으로서 창세기의 장르에 대해 묻는 것에서부터 시작해야 한다.[2]

대체로 학계는 창세기 전체의 장르에 대해 적절한 관심을 기울이는 것처럼 보이지 않는다.[3] 물론 몇 가지 예외는 있다. 이런 관심의 부족은 이상하다. 왜냐하면 대개 학자들은 장르의 중요성을 인정하기 때문이다. 그렇다면 우리가 그 문제에 관심을 기울이면 어떤 일이 일어날까?

---

2   이후의 내용은 상당 부분 Vern S. Poythress, "Dealing with the Genre of Genesis and Its Opening Chapters," *Westminster Theological Journal* 78, no 2 (2016): 217-30을 재간행한 것이다. 허락을 받고 사용했다.

3   창세기 내의 작은 단락들의 장르에 관한 논문들은 꽤 많이 있다. 그러나 창세기 전체의 장르에 관한 논의는 많지 않다. 이에 대한 견제로서 나는 역사비평적 전통에서 나온 다섯 개의 논평과 넓은 의미의 복음주의 계열 학자들이 쓴 다섯 개의 논평을 택하기로 했다. 역사비평적 논평들은 모두 창세기 전체의 장르에 대해 의미 있는 관심을 보이는 데 실패했다. 그것들은 자료들 및 보다 작은 담화 단위들에 대한 관심에 지배되어 있었다. 이런 경향에 대해서는 V. Philips Long, *The Art of Biblical History*(Grand Rapids, MI: Zondervan, 1994), rept. in *Foundations of Contemporary Interpretation, Six Volums* in One, ed. Moisés Silva(Grand Rapids, MI: Zondervan, 1996), 311을 보라(내가 이 작품에서 인용한 문장들은 모두 1996년 판에서 가져왔다). 복음주의권에서 나온 다섯 개의 논평 중 세 개의 논평은 주로 창 1장이 계보의 역사에 관한 단락들로 나누어지는 독특한 방식에 초점을 맞추면서 "구조"에 상당한 관심을 보인다. 그러나 구조는 장르와 동일하지 않다(이 장에 실려 있는 그것에 관한 논의를 보라). 오직 하나의 논평만이 실제로 여기서 주어진 의미에서의 장르에 대해 논한다. 그리고 그때조차 창세기를 동일한 혹은 유사한 장르에 속한 다른 고대의 작품들과 비교하는 것에는 관심을 두지 않는다.

장르란 무엇인가?

먼저 덤불을 조금 치워보자. 우리가 **장르**(genre)라는 말로 의미하는 것은 무엇인가?

장르는 담론의 부분들을 자연스럽게 그룹화하는 것이다. 성경에서 잠언들, 설교들, 편지들 그리고 시가들은 모두 장르다. 각각의 개별적인 잠언들은 자연스럽게 다른 모든 잠언과 함께 "잠언"이라는 장르에 속한다. 각각의 설교들은 자연스럽게 다른 모든 설교와 함께 "설교"라는 장르에 속한다.

그러나 **장르**라는 단어는 넓은 의미를 지니고 있으며, 그것은 적어도 문제의 일부가 된다. 『웹스터 사전』(*Merriam-Webster's Collegiate Dictionary*)은 장르의 첫 번째 의미를 다음과 같이 규정한다. "특정한 스타일(style), 형식(form) 혹은 내용(content)을 특징으로 하는 미술적·음악적·문학적 구성의 범주."[4] 이런 식의 정의는 합리적인 출발점이 될 수 있다. 그러나 모호한 것들이 있다. 우리는 스타일, 형식, 내용 중 어느 것에 초점을 맞춰야 하는가? 그것들 모두에 동등하게 초점을 맞춰야 하는가 아니면 그중에서 우리가 택한 어느 것 하나에 초점을 맞춰야 하는가? 얼마간 스타일과 형식은 의미상 서로 겹칠 수 있다. 하지만 내용은 어떠한가? 내용에 초점을 맞추는 것은 앞의 두 경우와 달라 보인다.

두 편의 담화가 유사한 내용을 갖고 있을 때마다 우리가 그것들이 동일한 장르에 속한다고 가정해보자. 그런 선택은 예상했던 결과들로 이어지

---

4   *Merriam-Webster's Collegiate Dictionary*, 11th ed. (Springfield, MA: Merriam-Webster, 2003), 522.

지 않는다. 예컨대 출애굽기 14:15-31과 15:1-18은 모두 홍해를 건너는 것 및 바로의 군사들이 바다에서 패하는 것과 연관되어 있다. 느슨하게 말하자면, 그것들은 모두 동일한 내용을 갖고 있다. 그러나 일반적으로 우리가 그런 사실에 기초해서 그것들이 동일한 장르에 속해 있다고 말하는가? 아니다. 첫 번째 것은 산문 내러티브(prose narrative)인 반면, 두 번째 것은 시가(poetic song)다. 사람들이 장르에 대해 언급할 때 일반적으로 염두에 두는 것은 "산문 내러티브" 혹은 "시가"와 같은 범주다. 그들은 "홍해를 건너는 에피소드를 다루는 모든 담화"라는 개념을 염두에 두지 않는다. 비슷하게, 사사기 4:12-22과 5:2-31은 모두 동일한 내용, 즉 시스라와 그의 군대가 바룩(그리고 야엘)이 이끄는 이스라엘 사람들에 의해 패하는 내용을 담고 있다. 그러나 첫 번째 것은 산문 내러티브이고 두 번째 것은 시가다. 마태복음과 사도행전 10:37-41은 모두 그리스도의 삶과 죽음 그리고 부활을 그 내용으로 갖고 있다. 그러나 전자는 복음서이고, 후자는 설교의 일부다.

우리가 창세기 1장의 장르에 대해 묻는다고 가정해보자. 성경에서 내용적 측면에서 그것과 가장 가까운 본문은 시편 104편이다. 그 두 본문은 공히 세상을 창조하시는 하나님의 행위를 다룬다. 전자는 산문 내러티브이고, 후자는 시가다. 시편 8편 역시 창조를 반영하므로 이와 관련이 있다. 창조에 대해 말하는 다른 본문들—가령 느헤미야 9:6, 시편 19:1-6, 74:12-17, 95:3-5, 136:1-9, 148, 그리고 잠언 8:22-31 등—은 얼마간 거리가 있다. 물론 우리는 이 모든 구절을 비교하면서 유익한 논의를 해나갈 수 있다. 그러나 진정 우리는 창세기 1장이 방금 언급한 다른 구절들과 동일한 장르에 속한다고 말하고 싶은 것인가? 혹은 둘 다 하나님이 세상을 창조하시는 것에 대한 것이므로 창세기 1장이 사도행전 17:24-26과 동일한 장르에 속한다고 말하고 싶은 것인가? 그것은 대부분의 사람이 장르라는 단어를 사용하는 방식이 아니다.

서로 겹치는 내용에 기초를 둔 구절들을 비교하는 것은 확실히 유효하다. 그러나 그런 비교는 우리가 스타일과 형식을 살필 때 하는 것과는 다른 **종류**의 일이다. 사실 스타일과 형식은 내용과 완전히 분리되지 않는다.[5] 실제적인 소통 행위라는 측면에서 그것들은 모두 함께 엮여 있다. 따라서 스타일 및 형식과 함께 내용을 추가적인 두 번째 결정적 요소(guiding factor)로서 덧붙이는 것은 유용할 수 있다. 그러나 장르의 분류를 결정하는 가장 중요한 원리로서 내용을 포함시키는 것은 다른 종류의 분류, 즉 장르에 따른 일반적인 분류와는 근본적으로 다른 분류를 도입하는 것이다. 그러므로 우리는 우리의 목적을 위해 **장르**라는 단어가 1차적 측면으로서 스타일과 형식에 그리고 단지 가능한 보조적인 혹은 부차적인 기여자로서 내용에 초점을 맞추도록 규정하자. 나는 많은 경우 성경 해석자들이 장르에 관해서 말할 때 염두에 두는 것이 다음과 같다고 여긴다[6](그림 6.1을 보라).

---

5   형식-의미 합성물에 관한 Kenneth L. Pike의 통찰력 있는 논의에 주목하라. Kenneth L. Pike, *Language in Relation to a Unified Theory of the Structure of Human Behavior*, 2nd ed. (The Hague/Paris: Mouton, 1967), 62-63; Kenneth L. Pike, *Linguistic Concepts: An Introduction to Tagmemics* (Lincoln, NE/London: University of Nebraska Press, 1982), 111-17.

6   문학 형식(그것은 내가 의미하는 것과 가깝다), 언어사용역(register) 그리고 스타일에 대한 그 이상의 구분을 위해서는 C. John Collins, *Reading Genesis Well: Navigating History, Poetry, Science, and Truth in Genesis 1-11*(Grand Rapids, MI: Zondervan, 2018), 48-50을 보라.

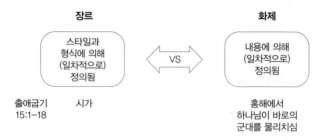

그림 6.1: 장르, 스타일 및 형식과의 연관성

장르

스타일과
형식에 의해
(일차적으로)
정의됨

VS

화제

내용에 의해
(일차적으로)
정의됨

출애굽기   시가
15:1-18

홍해에서
하나님이 바로의
군대를 물리치심

보다 작은 본문들의 장르

설명의 두 번째 단계로, 이 책에서 내가 **장르**라는 용어를 크고 작은 모든 크기의 담화들을 다루는 데 사용할 것임을 밝혀둔다. 어떤 성경 해석자들은 장르라는 용어를 성경 각권 전체에 대해서만 사용하는 것을 선호한다. 그들은 내러티브 성격의 사건들, 노래들 그리고 개별적인 잠언들 같은 보다 작은 단위의 본문들에 대해서는 **형식**이라는 용어를 사용한다. 이런 선택은 단지 어휘상의 차이일 뿐이다.

개별문화 내적인 것으로서의 장르

다음으로 장르는 모든 문화가 갖고 있는 모든 문학을 정확히 분류하기 위해서 가정되는 보편적인 "형태들"을 사용하는 외부자 혹은 이론가의 분석이라기보다 내부자의 인식과 관련된 개별문화 내부의(emic, 인류학에서 '원주민[내부자]의 관점'에 해당하는 용어로 '외부자의 관점'을 가리키는 에틱[etic]과 구분된다—역주) 범주다.[7] 한 가지 예를 들어보자. 다니엘 7장 같은 묵시문학은 구약성경에서 발견되는 한 종류의 장르다. 하지만 그것은 현대 영문학의 익숙한 장르와 엄격한 의미에서 대응하지 않는다. 따라서 무엇이 하나의 단일한 장르로 간주되느냐 하는 것은 언어, 문화 그리고 상황에 달려 있다(그림 6.2를 보라).

그림 6.2: 장르 vs 보편적인 간문화적 분류

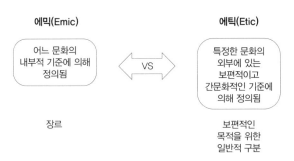

그럼에도 인간의 보편적인 본성으로 인한 몇 가지 일반적 경향이 존재한다. 인간 본성의 공통성이 우리가 다른 문화 안에서 이루어지는 소통을 점차적으로라도 이해할 수 있게 해준다. 로버트 롱에이커(Robert E. Longacre)는 자신이 여러 언어로 나눴던 담화의 경험에 기초해서 "연속"(succession)과 "투사"(projection)라는 두 개의 교차 축을 통해 높은 수준의 일반성을 지닌 담화들을 분류하는 잠정적인 보편적 유형론을 제시한다.[8] 첫 번째 축, 즉 "연속"

---

7   문화나 언어와 관련해 내부자와 외부자 사이의 대조에 관해서는 다음을 보라. Pike, *Language*, 37-72; Thomas Headland, Kenneth Pike, and Marvin Harris, eds., *Emics and Etics: The Insider/Outsider Debate* (Newbury Park, CA: Sage, 1990); Vern S. Poythress, *In the Beginning Was the Word: Language—A God-Centered Approach* (Wheaton, IL: Crossway, 2009), 150-54.

8   Robert E. Longacre, *An Anatomy of Speech Notions* (Lisse, Netherlands: Peter de Ridder, 1976), 199-201. Longacre의 경험의 범위를 이해하기 위해서는 예컨대 필리핀의 언어들에

이라는 축은 담화들이 시간적 연속에 초점을 맞추는지 아닌지에 따라 그것들을 분류한다. 담화가 시간의 경과에 초점을 맞추면서 구성되어 있는가? (예수의 비유들이나 엘리사가 행한 기적에 관한 이야기 같은) 내러티브들은 시간적 연속이라는 특징이 있는 반면, (엡 1장 같은) 설명적 담화들은 그렇지 않다. 두 번째 축, 즉 "투사"라는 축은 담화들이 이미 발생한 시간(실현된 시간)보다 "투사된" 시간에 초점을 맞추고 있느냐에 따라 그것들을 분류한다. 내러티브는 실현된 시간에 초점을 맞추는 반면, 절차적 담화는 무엇이 이루어져야 하는지를 명시함으로써 투사된 시간에 초점을 맞춘다. 예컨대 어떤 절차적 담화는 닭을 요리하는 일이 있을 때마다 그리고 그런 일이 있는 어느 곳에 서라도 그 방법을 설명할 수 있다. 레위기 5:1-6에 실려 있는 화목제에 대한 설명은 절차적 담화다. 그것은 앞으로 있을 수많은 화목제를 위해서 지침을 제공하려는 목적을 지니고 있다. 이 점에서 그것은 모세가 아론과 그의 아들들을 성별하는 일회적이고 반복될 수 없는 일련의 사건들을 설명하는 레위기 8-9장과 다르다. 레위기 5:1-6은 절차적인 반면(그것은 투사된 시간에 초점을 맞춘다), 레위기 8-9장은 내러티브적이다(그것은 실현된 시간에 초점을 맞춘다[그림 6.3을 보라]).

대한 그의 *Discourse, Paragraph, and Sentence Structure in Selected Philippine Languages: Volume I: Discourse and Paragraph Structure*(Santa Ana, CA: Summer Institute of Linguistics, 1968)를 보라. 출판 목록을 위해서는 "SIL Language & Culture Archives,"⟨http://www.sil.org/resources/search/contributor/longacre-robert-e⟩을 보라. 구약성경 연구라는 측면에서 보자면 Longacre가 구약성경 히브리어 담론을 분석했다는 것도 주목할 필요가 있다. Robert E. Longacre, *Joseph: A Story of Divine Providence: A Text Theoretical and Textlinguistic Analysis of Genesis 37 and 39-48* (Winona Lake, IN: Eisenbrauns, 1989).

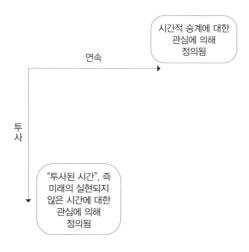

그 두 축의 교차로 인해 네 가지 형태의 담화가 나타난다.

1. **내러티브**(Narrative)는 초점을 연속에는 맞추지만 투사에는 맞추지 않
   는다(예컨대 누가복음과 사도행전).

2. **해설적 담화**(Expository discourse)는 초점을 연속에도 투사에도 두지
   않는다(즉 시간에 초점을 두지 않는다. 예컨대 로마서 1-3장).

3. **절차적 담화**(Procedural discourse)는 연속과 투사에 초점을 맞춘다. 그
   것은 대개 투사된 미래 혹은 일반적인 시간 안에서 수행되어야 하는
   단계들의 연속을 다룬다(예컨대 나병으로부터 깨끗함을 얻는 절차에 관한
   레위기 14:1-9).

4. **권고적 담화**(Hortatory discourse)는 투사에는 초점을 맞추지만 연속에
   는 맞추지 않는다. "너희는 (미래에) 이렇게 해야 한다"(예컨대 엡 5장
   [그림 6.4를 보라]).

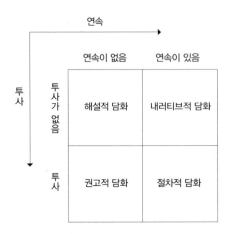

그림 6.4: 네 부류의 담화

롱에이커는 발생한 사건들의 위치에 따라 내러티브를 추가적으로 분류한다. "그것은 **현실 세계에서든 상상의 세계에서든** 어디에선가 일어난 것으로 추정되는 사건들에 대해 설명한다."[9] 예수의 비유들은 상상의 세계에서 발생하는 반면, 비유들을 통해 사람들을 가르치시는 예수를 묘사하는 복음서의 내러티브들은 현실 세계를 배경으로 한다(그림 6.5를 보라).

　　여러 언어들 안에서 이런 각각의 범주들은 산문과 시로 더 분류될 수 있을 것이다. 또한 특정한 언어와 문화의 독특한 개별문화의 내부적인 기대에 따라서 그 이상의 추가적인 구분들이 존재한다.[10]

　　이런 분류에 따르면 창세기 전체는 분명히 몇 개의 시적인 그리고 때때로 미래 지향적인(창 49장) 본문들이 끼어 있는 산문 내러티브다. 산문 내러

9　　Longacre, *Anatomy of Speech Notions*, 199(강조는 덧붙인 것임).

10　　Longacre, *Anatomy of Speech Notions*, 202, 205.

티브는 창세기가 속해 있는 넓은 장르다. 또한 우리는 창세기 1장의 장르에 대해 생각해볼 수 있다. 그것 역시 27절에 하나의 짧막한 시적 혹은 반시적 (semipoetic)인 본문이 끼어 있는 산문 내러티브다. 분명히 그것은 시편 8편과 104편에 실려 있는 시가들과는 다른 범주에 속해 있다.

또한 개별문화성(emicity)이라는 원리는 우리가 장르의 구분을 한 문화로부터 다른 문화로 혹은 한 언어에서 다른 언어로 순진하게 가져가지 않도록 조심해야 한다는 것을 의미한다. 우리는 다양한 문화와 언어들이라는 상황 속에서(가령 고대 근동과 같은) 서로 다른 문화와 언어적 배경을 지닌 이들이 상호작용하는 곳에서 자연스럽게 어느 정도는 다른 문화들로부터 영향을 받기도 하고 주기도 할 것을 예상할 수 있다. 그러나 우리는 그것을 당연한 것으로 간주해서는 안 된다. 각각의 언어는 그 나름의 특성이 있는데, 그 중 어떤 것들은 차용이 가능하지만 다른 것들은 그렇지 않다. 어느 정도 공통적인 **내용**이 있을 수는 있다. 왜냐하면 모든 문화는 인간을 포함하며 또한 농업 혹은 목축을 경제적 기반으로 삼고 있기 때문이다. 그러나 우리가 보았듯이, 내용은 대부분의 사람이 장르에 관해 말할 때 염두에 두는 주된 결정 요소가 아니다.

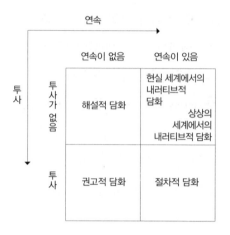

그림 6.5: 현실 세계와 상상의 세계

공시적인 것으로서의 장르

다음으로 장르는 통시적(diachronic) 범주라기보다는 공시적(synchronic) 범주다. 다시 말해, 장르는 어느 특정한 언어와 문화 안에서 어느 특정한 시간에 참된 것을 묘사한다. 대조적으로 **통시적** 분석은 시간을 통한 변화에, 그리고 역사적 발전의 앞선 단계와 나중 단계 사이의 대조에 초점을 맞춘다(그림 6.6을 보라).

물론 장르들은 시간과 더불어 진화한다. 우리는 현대 소설, 탐정 소설 혹은 블로그 포스트라는 장르의 발전에 관해 이야기할 수 있다. 그러나 사람들은 장르 발전의 역사에 대해 아무런 지식이 없어도 탐정 소설들을 즐겁게 읽고 이해한다. 일단 자리를 잡으면, 바로 그것이 장르가 된다. 장르 발전의 역사는 학자들에게 다양한 통찰을 제공한다. 그러나 결국 그것은 보통 사람들이 자기들이 알고 있는 장르를 습관적으로 해석하는 방식을 이해하는 데는 적합하지 않다. 그들은 그 장르의 배후에 있는 여러 세대에 걸친 역사에 대해 아무런 언급을 하지 않으면서도 그것을 알고 인식한다. 바로 그것이 우리가 장르는 공시적 범주라고 말할 때 의미하는 것이다. 독자들은 통시적인 이야기에 대해, 즉 여러 세대 전에 그 장르가 다른 무언가로부터 나왔는지 혹은 그것의 기원을 몇 가지 요소들의 일치에 두고 있는지에 대해 알 필요가 없다.

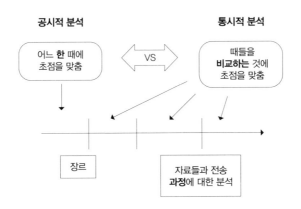

그림 6.6: 공시적 분석 vs 통시적 분석

장르에 대한 이런 이해가 역사비평적 전통과 어떻게 연결되는지 살펴보자. 한동안 역사비평 전통은 주로―문서로 된 것이든 구전으로 된 것이든―**자료들**(sources)을 발견하는 쪽으로 방향을 잡았었다. JEDP 문서가설이 고전적인 경우다. 이런 종류의 논의는 본질적으로 통시적이다. 이런 종류의 사고에 따르면 "J" 문서는 모세 오경의 배후에 있는 자료 중 하나다(3장에 나오는 논의를 보라). 그것은 모세 오경의 완성된 책들에 의해 대표되는 후기의 작품과 또한 기록에 의한 것이든 구전 형태로 된 것이든 보다 이른 시기의 자료들과 비교되어야 한다. 이 시나리오 안에서 각각의 문서화된 혹은 구두로 된 산문들은—그것이 창세기든, J와 같은 가정된 자료들이든 아니면 그 뒤에 있는 구전 자료들이든 간에—그것이 작성되던 시기에 자연스럽게 자신의 동시적 장르를 갖고 있다. 후대의 어느 편집자가 여러 가지 자료를 무질서한 방식으로 통합하거나 서로 다른 본문들을 함께 엮는다면, 그로 인한 작품은 균일하지 못함을 드러낼 것이다. 그럼에도 하나의 완성된 작품으로서 그것은 여전히 그 나름의 장르를 지닌다.

어느 작품이 의도적으로 과거를 모방하고 있거나 편집자가 현재와 그보다 앞선 시대에 속한 장르 사이의 긴장을 인식하지 못한다면, 그것은 얼마간 고풍스러운 특징을 지닐 수도 있다. 그러나 장르들은 천천히 변하는 경향이 있으므로, 이 문제는 특별히 문제가 되지는 않는다.

비록 자료의 각 층이 나름의 장르를 갖고 있을지라도, 역사비평적 전통은 일차적으로 통시적 연구에 초점을 맞춘다. 그것은 최종적인 작품이 나올 때까지 다양한 시간의 층들 속에서 나타나는 자료들을 비교하고 대조한다.

우리는 자료들에 대한 주로 통시적 접근법과 대조되는 공시적인 다른 접근법들을 발견한다. 20세기 말과 21세기 초에 소위 "문학적" 접근법들은 특징적으로 공시적인 초점을 갖고 있었다. 그것들은 각각의 담화들을 하나로 이루어진 전체로 여기며, 또한 그것이 최종적 형태에 이르렀을 때 그것이 대표했던 장르를 따라서 다루려고 한다.[11]

---

11   통시적 접근법과 공시적 접근법의 상호관계에 관해서는 Noel K. Weeks, *Sources and Authors: Assumptions in the Study of Hebrew Bible Narrative*(Piscataway, NJ: Gorgias, 2011), 2장을 보라.

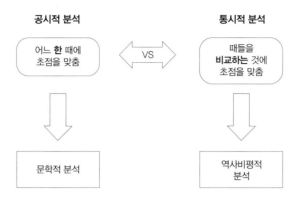

그림 6.7: 문학적 분석 vs 역사비평적 분석

공시적 분석

어느 **한** 때에
초점을 맞춤

VS

통시적 분석

때들을
비교하는 것에
초점을 맞춤

문학적 분석

역사비평적
분석

우리가 어떤 문화적 환경 안에서 이루어지는 구두 소통의 실제적 사용에 초점을 맞춘다면, 담화의 의미는 그것의 저자와 환경이라는 문맥을 고려할 때, 그것이 말하는 것에 주목함으로써 가장 잘 발견될 수 있다. 그런 의미에서 의미는 본질적으로 공시적이다. 저자와 환경들 배후에 놓여 있는 추정되는 자료들의 역사는 사실상 무의미하다. 어느 본문의 의미는 그것의 기원의 역사에서가 아니라 그것이 말하는 것에서 (즉 문맥 안에서) 발견된다. 우리가 창세기 1장 혹은 창세기 전체의 의미를 발견하는 것은 창세기의 자료들을 재구성함으로써가 아니라 창세기를 읽음으로써다.

우리가 성경에는 하나님의 뜻과 상관없는 인간적 의미만 있는 것이 아니라 하나님의 발언과 그분의 뜻이 있다고 믿는다면, 그 주장은 더욱 강하게 유지된다. 하나님은 창조적이시다. 그분은 새로운 것들을 말씀하실 수 있다. 따라서 비록 그분이 앞서 말씀하셨던 것들의 배경 혹은 사람들이 앞서 말했던 것들의 배경이 존재한다고 할지라도, 또한 비록 그분이 앞에서 사용하셨던 것과 동일한 단어 중 얼마를 다시 사용하신다고 할지라도, 그 발언은 새로우며 마땅히 주목을 받아야 한다. 의미는 **맥락** 안에서 본문의 표현에 의해 전달되므로 후대의 다른 맥락은 의미에 대한 다른 평가로 이어질 수 있다. 앞선 발언들에 대한 기억은 **공시적** 맥락의 일부로 간주된다. 왜냐하면 **과거**에 대한 기억은 여전히 **현재의** 기억이기 때문이다. 반면에, 우리는 어느 담화를 위한 공시적인 사회적 **맥락**을 창조적이신 하나님이 특정한 시간과 공간 안에서 실제로 표현하시는 담화와 혼동해서도 안 된다.

내 말의 요점은 자료비평은 우리가 가진 본문들을 실제로 해석하는 경우에 아주 제한된 가치만 갖는다는 것이다.[12] 다시 말해, 우리는 창세기 혹은 그 안의 어느 본문—가령 창세기 1장이나 1-3장 같은—에 대해 그 본문들을 하나님의 발언으로 여기며 그것들에 주목해야 한다. 어느 본문의 의미를 이해하려고 할 때 자료들—그것이 창세기 1장을 위해 가정된 P 문서이든, 창세기 2-3장을 위해 가정된 J 문서이든 간에—에 관해 추측하는 것은 올바른 초점에서 벗어나는 것이다.

공유된 특징들과 관련된 장르

다음으로, 장르는 공통의 특징들을 공유하는 다양한 담화에 의해 예시되는 어떤 통일된 부류(a unified class)다. 이런 의미에서 장르는 구조(structure)와 같지 않다. 구조에 관한 학문적 논의는 종종 어느 **단일한** 담화의 독특한 구

---

12 Vern S. Poythress, *Inerrancy and the Gospels: A God-Centered Approach to the Challenges of Harmonization* (Wheaton, IL: Crossway, 2012), 16장.

조에 초점을 맞추고 문제가 되는 담화에 독특한 구조적 윤곽을 만들어내는 일을 한다. 독특한 그것은 장르의 특징이 **아니다**. 장르는 많은 담화들 사이에서 공통적인 혹은 공유되는 것에 따른 분류다. "산문 내러티브" 혹은 "잠언"은 장르들이다. 어느 한 책에 독특한 구조적인 개요는 장르가 아니며 그것 자체로는 장르의 식별에 기여하지 않는다. 물론, 만약 우리가 여러 가지 구별된 담화들에 속한 어떤 **공통의** 구조를 식별한다면, 그것은 적절한 것이 된다.

문서 소통과 구두 소통에서의 장르들

다음으로 문서 소통(written communication)에는 구두 소통(oral communication)과는 다른 일련의 장르들이 존재한다. 세계 성경번역 선교회(WBT) 소속 선교사들은 일찍이 소통이 완전히 구두로 이루어졌던 문화 속으로 문서 소통을 처음으로 도입하는 과정과 관련해서 거의 확실하게 세상의 그 어떤 다른 조직보다도 훨씬 더 많은 경험을 했다. 그들은 새로운 언어를 분석하고, 그 언어를 위한 알파벳을 개발하며, 그 후에 문맹 퇴치 프로그램을 시작한다. 또한 그들은 새롭게 글자를 깨우친 원어민들에게 문서화된 형태의 이야기들과 소통을 위한 다른 본문들을 원어민들 자신의 언어로 기록하고 지어내는 일을 시작하도록 권장한다. 짧은 시간 안에 미묘한 방식으로 문서 형태가 구두 형태로부터 벗어나기 시작한다. 이런 경향에는 여러 가지 이유가 있을 수 있다. 그중 하나는 문서 형태가 시간과 공간 안에서 간격들을 넘어서는 소통에 적합한 반면, 구두 소통은 (전화기, 라디오 그리고 오디오 녹음 장치

같은 기술을 사용할 때를 제외하고) 반드시 사람을 대면해야 한다는 것에 있다. 대면 접촉이 없을 경우 작가들은 표정과 몸짓뿐 아니라 억양, 음색, 볼륨, 전달 속도 그리고 구두 소통의 다른 특징들의 부족함을 보완하는 문서 소통에 착수한다. 게다가 구두 소통에 대한 분석은 철저하게 기억에 의존해야만 하는 반면, 문서 소통에 대한 분석은 뒤로 물러서서 전체 담화 중 어느 일부의 표현을 점검하고 재점검하는 것을 통해 이루어질 수 있다. 그 차이는 또한 문서 장르와 구두 장르의 구분을 장려하는 데도 영향을 끼친다.

따라서 비록 문서 장르와 구두 장르는 여전히 유사성을 보이지만, 이미 글쓰기의 역사를 갖고 있는 어느 문화에서든 그 두 가지 장르는 서로 구별된다. 이 원리는 읽고 쓰는 능력이 존재하기는 하나 주로 서기관 계급에 국한되는 문화들에서 강화될 가능성이 높다. 서기관들은 나름의 특별한 관심과 목표를 지닌 하위문화를 갖고 있으므로 문서 장르에서 혁신을 이루기 위한 더 많은 단계를 쉽게 밟을 수 있다.

대부분의 소통이 구두로 이루어지는 문화에서 내러티브에 해당하는 문서 작품은 주로 구두 암송을 목적으로 기록될 수 있다. 노래들, 예언적 담화들, 잠언들 그리고 다른 장르들도 마찬가지일 수 있다. 물론 이런 구두 소통의 목적은 문서 장르들의 성격에 영향을 줄 것이다. 그러나 결국 문서화된 것은 여전히 구두 장르에 맞서는 것으로서, 문서에 속하는 것으로 보아야 한다.

이 모든 설명의 요지는 창세기와 그 안에 속한 담화들(가령 1장 같은)은 **문서** 장르들을 확대하는 것으로 간주해야 하며, 통계적으로 주로 구두 소통이 이루어지는 문화 안에서 훨씬 더 자주 사용되었을 구두 장르들과 혼동해서는 안 된다는 것이다. 어느 의미에서 이런 관찰은 거의 아무런 차이도 만들지 않는다. 왜냐하면 우리는 고대 근동에서 온 구두 소통에 관한 그 어떤 직접적인 예도 갖고 있지 않기 때문이다. 당시에는 녹음 기술이 없었다. 그러나 기록된 문서들에서 인용되는 구두 발언에 관한 예들이 있다. 구두 발언에 대한 인용문들은 그것들 주변의 수많은 문서 담화들과는 다른 장르적 특성을 보일 수 있다. 그러나 기술적 측면에서 그 둘 모두는 문서 장르의 예다. 정당하게도 학계는 수많은 구두 소통이 포함되어 있는 사회적 환경에 대해 논하고 싶어 한다. 그러나 그 과정에서 문서 장르가 차이를 드러낼 수도 있다는 원리를 간과하기 쉽다.

흐릿한 경계를 지닌 장르들

다음으로, 장르들은 흐릿한 경계를 지닐 수 있다. 그것들은 모든 담화가 완벽하게 들어맞는 완벽한 상자들이 아니다. 인간과 그들의 소통 행위에는 유연성이 존재한다.[13] 따라서 롱에이커의 네 가지 담론 유형과 그 안에 있는 개별문화의 내부적인 하위분류 중 어느 것이든 탐험의 여지를 허용하고 새로운 방향으로 뻗어나갈 수 있는 어설픈 분류로 남아 있다. 장르들이 깔끔한 경계와 각각의 상자들 내부에서 일어나는 일을 위한 엄격한 규칙들을 지닌 깔끔한 상자들이라면 학문의 어떤 목적들에 편리할 것이다. 그러나 현실은 그것보다 훨씬 더 복잡하다.

---

13 Poythress, *In the Beginning Was the Word*, 19, 23장.

장르들 안에 삽입되어 있는 장르들

마지막 원리는 어떤 장르는 나름의 장르를 가진 보다 큰 담화 안에 삽입되어 있을 수 있다는 것이다. 이런 삽입은 긴 담화들에서 나타나는 공통된 특징이다. 예컨대 복음서들은 기적 이야기, 축귀, 가르침 단락 그리고 예수와 그의 반대자들 사이의 갈등(때때로 그것은 기적이나 다른 사건들과 결합된다) 같은 것들을 포함한다. 창세기 1:1-2:3은 오프닝 섹션으로서 창세기 전체 안에 포함되어 있다. 또한 창세기 전체에는 계보에 관한 기록들(창 5장; 10장; 11:10-26)과 시적 예언들(창 9:25-27; 25:23; 49:2-27)이 포함되어 있다. 이런 경우에 해석자들은 문학 분석가들이 강조하듯이 모든 단계의 삽입의 특징을 이루는 장르들을 고려해야 한다. 예컨대 창세기 49:14-15은 잇사갈에 대한 시적 예언이다. 그것은 창세기 49:3-27에 실려 있는 야곱의 열두 아들에 대한 예언이라는 보다 큰 구조 안에 삽입되어 있다. 그리고 그 예언 전체는 창세기 49:1b-27에 실려 있는 야곱의 마지막 발언 안에 삽입되어 있다. 또한 그것은 창세기 49:1-33에 실려 있는, 야곱이 그런 발언을 하는 내러티브의 에피소드 안에 삽입되어 있다. 그것은 창세기 47:1-50:26에 실려 있는 야곱과 그의 가족이 이집트에 도착한 후의 시간에 관한 내러티브 안에 들어 있는데, 그 단락은 창세기 37:2-50:26에 나오는 "야곱의 계보"에 대한 이야기의 마지막 부분을 이룬다. 그리고 그 이야기는 창세기 전체 안에 들어 있는 여러 하위 이야기 중 하나로 삽입되어 있다(그림 6.8을 보라).

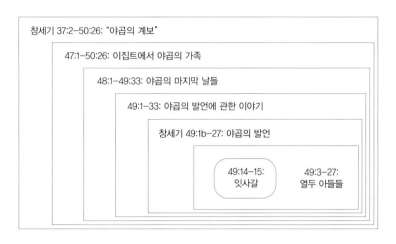

모세 오경에 속한 책들에서 드러나는 얼마간의 연속적인 역사에 비추어볼 때, 우리는 과연 창세기가 모세 오경이라는 보다 큰 단위에 삽입된 것으로, 즉 아마도 한 권의 책의 물리적 크기의 실제적 한계 때문에 하나의 구별된 "책"으로 나눠진 것으로 취급되어야만 하는지에 대해 물을 수 있다. 혹은 더 나아가 우리는 창세기가 모세 오경뿐 아니라 여호수아, 사사기, 사무엘상·하 그리고 열왕기상·하까지 이어지는 연속적인 이야기 안에 삽입된 것으로 보아야만 하는가? 또한 우리는 그 이야기를 신약성경 안으로 그리고 새 하늘과 새 땅에 대한 기대까지 확장할 수 있다. 왜냐하면 신적 저자(the divine Author)이신 하나님은 우리에게 거기까지 확대되는 역사를 제공하시기 때문이다.

창세기를 그것의 장르를 따라 다루기

많은 성경학자와 문학가들은 문서를 그것의 장르를 따라 다루라고 말한다. 따라서 우리는 이런 질문에 대해 논할 필요가 있다. "창세기의 장르는 무엇인가?" 그것은 고대 히브리어로 쓰인 산문 내러티브다. 사람들은 고대 역사기술 관행의 미세한 조정에 관해 토론할 수 있을 것이다. 그러나 그런 토론들은 역사기술이라는 주제에 관한 고대 이스라엘 사람들의 논의가 존재하지 않는다면 그저 추측에 불과한 것이 될 수 있다. 그러므로 기본적인 것에서부터 시작하는 것이 안전하다.

창세기의 경우에 기본적인 것은 무엇일까? 창세기라는 장르와 관련해서 가장 분명한 것은 그것이 산문 내러티브라는 것이다(앞서 보았듯이 거기에 몇 가지 다양한 종류의 시들이 삽입되어 있다). 창세기는 산문 내러티브일뿐 아니라 고대 근동의 다른 언어들로 된 다른 문서 중 어느 것과 비교하더라도,[14] 산문 내러티브에 대한 굉장한 규모의 예시다. 내용적 측면에서(기억할 것은 그것이 주된 초점이 아니라는 점이다), 그것은 후손들의 계보를 포괄한다. 거기에는 여러 가지 구별되는 개별적인 에피소드들이 포함되어 있는데, 그것들은 일차적으로 하나님의 약속들, 그 약속에 대한 방해물들 그리고 아담에서 시

---

14   Long, *Art of Biblical History*, in *Foundations of Contemporary Interpretation*, 312, citing J. B. Porter, "Old Testament Historiography," in *Tradition and Interpretation: Essays by Members of the Society for Old Testament Study*, ed. G. W. Anderson (Oxford: Clarendon Press, 1979), 130-31; Derek Kidner, *Genesis: An Introduction and Commentary* (Leicester, England: Inter-Varsity; Downers Grove, IL: InterVarsity Press, 1967), 13. 성경의 다른 책들을 제외하고 장르상 가장 가까운 것은 수메르 왕의 명부다; Thorkild Jacobsen, *The Sumerian King List* (Chicago: University of Chicago Press, 1939)를 보라. 하지만 그것은 왕들의 이름과 그들의 통치 기간에 대한 열거에 불과하다. 그것은 창세기의 양식상의 복잡성과는 거리가 멀다.

작해 아브라함, 이삭, 야곱으로 이어지는 그의 후손들의 계보적 연결이라는 공통된 주제에 의해 함께 묶여 있다.

장르라는 측면에서(유념할 것은 내용적 측면이 아니라 그것이 우리를 대상 1:1-2:4로 이끌어갈 것이라는 점이다), 창세기와 가장 가까운 것은 무엇일까? 가장 가까운 것은 고대 히브리어로 된 산문 내러티브들의 다른 예들, 특별히 여러 가지 개별적인 에피소드들을 통해 확장되고 연결된 이야기를 전하는 내러티브들이다. 그런 측면에서 가장 가까운 것들은 민수기, 사무엘상·하, 에스라-느헤미야 등일 것이다. 그러나 이 모든 책은 창세기가 다루는 기간보다 훨씬 짧은 기간의 일들을 다룬다. 내러티브를 다루는 아주 소수의 다른 책들이 있다. 하지만 그것들 역시 나름의 특징들을 보인다. 예컨대 출애굽기는 많은 부분을 성막에 대한 설명에 할애한다. 레위기는 많은 양의 절차적 혹은 권고적 자료를 갖고 있다. 신명기는 (내러티브라는 틀 안에서) 권고적이다. 여호수아서는 상당 부분을 땅을 지파별로 나누는 것에 대한 설명에 할애한다. 사사기는 2:16-19에 요약된 것과 같은 구출과 속박의 사이클을 반복한다. 룻기는 소수의 주요 인물들과 제한된 시간을 다루는 작은 책이다. 요나서 역시 비슷하며, 에스더서 역시 얼마간 그러하다. 역대상은 1-9장에 정교한 계보에 대한 기록을 갖고 있다. 열왕기상·하와 역대하는 개별적인 왕들의 통치를 다루는 방식에서 규칙적인 특징들을 보인다. 다니엘서의 후반부는 환상 경험과 소통에 의해 지배된다. 그러나 이 모든 것은 여전히 식별이 가능한 산문 내러티브들이다. 욥기는 내러티브라는 외적 틀을 갖고 있으나 우리가 그 틀 안에서 발견하는 것 대부분은 시적 발언들이다.

산문 내러티브로서 창세기는 이런 다른 내러티브들과 몇 가지 일반적인 유사성을 보인다. 하지만 또한 그것은 그것이 계보의 역사로 조직되는 방식으로 인해 형식이라는 측면에서 구별된다. 그것은 (약간의 변형은 있으나) "이것은 ~의 계보니라"로 시작되는 구별된 단락들을 갖고 있다. 내가 아는 한, 현존하는 성경 히브리어로 된 문헌들 가운데 혹은 우리가 고대 근동의 다른 곳에서 찾아낸 현존하는 문헌들 중에 이와 같은 것은 아무것도 없다. 그리고 바로 여기에 창세기의 장르에 관한 논의가 다른 경우들보다 적게 이루어지는 이유가 있다. 어느 의미에서 그 이유는 그것에 관해 논의할 것이 많지 않다는 데 있다. 창세기는 그 어떤 다른 문헌과도 닮지 않았다. 여기서 우리가 끌어낼 수 있는 교훈은 우리는 창세기를 어느 정도 그것 자체로 다뤄야 하며 공식적인 평행에 대한 호소에 끌려서는 안 된다는 것이다.

비록 창세기가 그 형식의 상세한 부분들에서는 독특하다고 할지라도, 그것은 여전히 고대 히브리어로 쓰인 산문 내러티브들로 구성된 넓은 장르에 속해 **있다**. 우리가 보았듯이, 가장 가까운 평행은 구약성경에서 내러티브를 담고 있는 다른 책들에서 발견될 것이다.

실제 사건들이라는 주장

지금까지 우리는 롱에이커가 내러티브를 논할 때 소개하는 한 가지 다른 중요한 구분, 즉 "현실 세계와 상상의 세계에서" 벌어지는 사건들을 이야기할 때 나타나는 구분[15]을 다루지 않았다. 이것은, 우리가 그렇게 부르고자 한다면, **논픽션**(nonfiction)과 **픽션**(fiction) 사이의 구분이다. 비록 **논픽션**과 **픽션**

---

15   Longacre, *Anatomy of Speech Notions*, 199.

이 현대의 영어 단어이기는 하나, 문화적으로 보자면, 현실은 훨씬 광범위하다. 원리적 단계에서 이런 구분은 문화적으로 보편적이다. 왜냐하면 인간의 모든 문화는 창의성을 갖고 있기 때문이다. 그리고 창의성의 한 측면은 이야기들을 만들어내는 능력이다.

우리는 이 지점에서 우리의 용어를 분명하게 정의할 필요가 있다. 성경학자들 사이에서 **픽션**이라는 단어는 때때로 문학적 예술성(literary artistry)을 묘사하기 위해 사용된다. 나로서는 이런 용법이 혼란을 일으킬 가능성이 있어 보여 유감스럽다. 우리의 목적을 위해, **픽션**을 비사실적 내러티브(nonfactual narrative) 혹은 롱에이커의 용어를 사용해 "상상의 세계에서" 일어난 사건들을 설명한다고 주장하는 내러티브에 대한 서술적 명칭으로 사용하도록 하자.[16]

거짓말과 속임수의 가능성을 고려한다면, 우리는 어느 저자의 주장과 그 문제의 실상도 구별할 필요가 있다. 인간 저자는 어떤 사건이 실제로는 일어나지 않았을 때 그것이 현실 세계에서 일어났다고 주장하고 싶어 할 수 있다. 장르의 명칭으로서 **픽션**과 **논픽션**은 어느 저자가 자신의 담화를 통해 제기하는 **주장들**을 설명하는 데 더 적합하다. 즉 비허구적 내러티브(nonfictional narrative)는 저자가 거짓말을 하고 있든 아니든 간에, 현실 세계에 관한 것이라고 **주장하는** 내러티브다(그림 6.9를 보라).

물론 다른 문맥에서 사람들은 동일한 용어들을 사용해 저자의 주장의 **진실성**을 평가할 수도 있다.

우리는 상황을 과도하게 단순화시켜서 픽션과 논픽션의 혼합은 있을

---

16 또한 Long, *Art of Biblical History*, in *Foundations of Contemporary Interpretation*, 319-22.

수 없다고 혹은 현재는 논픽션인 것처럼 보이지만 훗날 픽션으로 밝혀지는 담화가 있을 수 없다고 가정해서는 안 된다. 또한 픽션과 논픽션이라는 넓은 범주들은 사람들이 다른 **종류의** 비허구적 내러티브와 허구적 내러티브에서 내리는 상세한 선택의 문제를 해결하지도 못한다.[17]

우리는 성경에서 허구적 내러티브의 예들을 볼 수 있다. 가령 요담의 비유(삿 9:8-15)와 예수의 비유들 같은 것들이다. 또한 우리는 비유의 효과가 부분적으로 그것이 허구적이라는 사실을 일시적으로 숨기는 것에 달려 있는 경우를 볼 수 있다. 우리는 사무엘하 12:1b-4에서는 나단이 다윗에게 들려준 비유를, 그리고 사무엘하 14:5b-7에서는 드고아의 여인이 전한 비유를 읽는다. 열왕기상 20:39b-40a에서 우리는 "선지자의 무리 중 한 사람"(왕상 20:35)이 꾸며낸 이야기에 대해 읽는다. 이스라엘 왕 아합은 그 사람이 비허구적 이야기를 전하고 있다는 가정에 기초해서 판단을 내린다. 그 후 그 사람은 그것이 사실은 아합 자신에 대한 비유임을 밝힌다(왕상 20:41-42).

---

17 Long, *Art of Biblical History*, in *Foundations of Contemporary Interpretation; poythress, Inerrancy and the Gospels*, 4, 5, 10장을 보라.

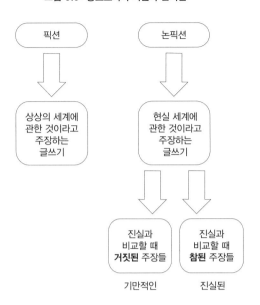

그림 6.9: 장르로서의 픽션과 논픽션

우리는 철저한 속임수의 경우를 접하기도 한다. 그때 어느 이야기는 논픽션으로 제시되지만 그 이야기에서 묘사되는 사건 중 어떤 사건들은 실제로는 일어나지 않았다. 가령 열왕기상 13:18에서 벧엘의 늙은 예언자는 자기가 "천사"에게서 들은 것에 관한 짧은 지어낸 이야기를 사용해 유다에서 온 하나님의 사람을 속였다.

이런 예들은 고대 이스라엘에서 사람들이 현실과 지어낸 것의 차이를 알고 있었음을 확인해준다. 또 그런 예들은 때때로 현실이나 지어낸 것에 대한 인식이 인간의 반응에서 커다란 차이를 만들어낸다는 것을 확인해준다. 열왕기상 13:19에서 유다에서 온 하나님의 사람은 그 늙은 예언자가 진실을 말하고 있다고 믿지 않았다면, 그는 분명히 그 예언자에게서 음식을 얻어 먹기 위해 그의 집에 머물지 않았을 것이다. 또한 그 내러티브 자체는 아주 무뚝뚝한 평가를 내린다. "이는 그 사람을 속임이라"(왕상 13:18). 나단, 드고아의 여인, 예언자의 무리 중 한 사람에 관한 예들에서 처음부터 계획은 중요한 시점에 그 이야기의 허구적 특성이 드러나게 하는 것이었다. 그 세 가지 경우 모두에서 이야기 전체는 그것의 효과를 위해 픽션과 논픽션 사이의 중요한 구별에 의존한다. 이런 구별은 나단, 드고아의 여인, 예언자의 무리 중 한 사람에게뿐 아니라 그들이 상대해서 말하는 사람들에게도 인식되었고 익숙했다. 다시 말해 그 구별은 그 시대의 이스라엘 문화에 대해 개별문화의 내부적인 것이었다.

우리는 허구적 산문(fictional prose)이 하나 이상의 스타일을 사용할 수 있음을 알 수 있다. 요담의 비유는 그 이야기를 나무들이 말을 하는 상상의 세계 속에 위치시킬 뿐 아니라 또한 신랄하게 아비멜렉의 반역의 문제를 다룬다. 하나로 수렴되는 여러 가지 특징들로 인해 요담의 청중은 그의 이야기가 픽션임을 알아차린다. 다른 한편으로, 그들의 계획에 따르면, 나단, 드고아의 여인 그리고 예언자의 무리 중 한 사람이 말한 비유들은 그 비유를 듣는 이들의 시간과 문화 속에서 논픽션처럼 들리게 하기 위해 현실적인 설정을 의도적으로 한다. 또한 이런 예들은 고대인들이 내러티브의 설정이 현실적일 때 나타나는 속임수의 가능성을 이해했음을 보여준다. 어느 이야기꾼이 거짓말을 했다면, 그는 포물선 전략으로 일시적으로 그렇게 하는 것이든 아니면 영원히 그렇게 하는 것이든 간에 속임수를 쓰는 것일 수 있다(물론 그 이야기꾼이 자신이 진실을 말하고 있다고 잘못 생각했을 가능성도 있다).

예컨대 사무엘하 1:6-10을 살펴보라. 거기서 아말렉 사람은 다윗에게 자기가 사울을 죽였다는 이야기를 전한다. 장르라는 측면에서 그 이야기는 논픽션에 해당한다. 거기에는 두 명의 비허구적 등장인물인 아말렉 사람과 사울 왕의 대화가 포함되어 있다. 그것은 현실적인 상황과 그 상황 안에서 전개되는 현실적인 사건들을 포함하고 있다. 그것은 현실 세계에서 일어난 사실에 관한 다윗의 질문에 대한 답으로 일어났다. 그것은 다윗이 나중에 다른 출처를 통해 확인할 수 있었던 일, 즉 사울이 전쟁 중에 죽었다는 사실과 일치했다. 하지만 그것은 사무엘상 31:4-5의 내용과 쉽게 일치하지 않는다. 사무엘하 1:7-9에서 아말렉 사람은 두 명의 비허구적 인물인 자신과 사울 왕 사이의 대화를 고안해내고 있는 것처럼 보인다. 그는 다윗에게 환심을 살 요량으로 거짓말을 한다. 우리의 용어를 사용해 말하자면, 아말렉 사람이 말하는 내러티브는 비허구적 내러티브라는 장르에 속한다. 그것은 속임수를 완성하기 위해 그 장르에 속할 필요가 있다. 그것은 그것이 "현실 세계"에서 일어난 사건들을 가리킨다고 **주장한다**. 하지만 그 내러티브의 어느 부분에서 그것은 그렇지 않다. 그것은 속이고 있다.

이 사건은 보다 넓은 원리를 예시한다. 어느 이야기꾼이 사람들을 속이고자 한다면, 그는 자신의 이야기를 그럴듯하게 보이도록 만드는 데 신경을 써야 한다. 그것은 논픽션처럼 보여야 한다. **장르**라는 측면에서 그것은 비허구적 내러티브가 되어야 한다. 따라서 그것은 그 자체 내에서 일관성이 있어야 하고 상황과도 일치해야 한다. 다른 한편으로, 어느 이야기꾼이 선의를 갖고 말한다면, 그는 자기가 픽션을 제시할 때나 픽션과 논픽션의 조합(당시 실제 문화적인 상황에서 전개되는 허구적인 이야기나 분명하게 비허구적인 인물들 간에 벌어지는 지어낸 대화와 같은)을 제시하는 경우에 사람들에게 어떤 신호를 주어야 한다.

이제 픽션과 논픽션 사이의 이런 개별문화의 내부적인 구분을 산문 내러티브에 속한 책들에 적용해보자. 우리는 어떤 결론을 내리게 될 것인가?

열왕기상·하와 역대상·하는 모두 보다 앞선 기록들, 즉 통일왕국 시대에 일어난 사건들에 관한 "책들"에 대해 언급한다. 보다 앞서 쓰인 기록들에 대한 언급은 표면적으로 열왕기상·하와 역대상·하가 독자들에게 그 내러티브들을 픽션이 아니라 과거에 벌어진 실제 사건들로 간주하기를 요구하고 있음을 강조한다. 그 사건들은 당시의 관찰자들과 기록자들에 의해 기록될 수 있는 것들이다. 열왕기상·하와 역대상·하의 기록은 선택된 것들이고 또한 신학적이며 문학적인 관심사를 갖고 있다. 그러나 그것은 그것들이 현실 세계에서 벌어진 사건들을 가리킨다고 주장한다는, 또한 그것들이 청중이 그것들을 상상의 세계가 아니라 현실 세계에서 벌어지는 사건들로 간주해 주기를 기대한다는 사실을 파괴하지 않는다.

창세기는 열왕기상·하와 역대상·하와 마찬가지로 광범위한 산문 내러티브라는 장르에 속한다. 우리에게 그것이 픽션이라고 말해주는 그 어떤 문학적 신호도 존재하지 않으므로, 또한 사실상 그것이 창조에서 유배로 이어지는 하나의 지속적인 시간적 발전 과정에 속해 있으므로, 우리는 그것이 논픽션이라고 결론짓는다.[18]

---

18 역사비평 전통에 속한 어떤 학자들은 "전설"(legend) 같은 범주들에 호소함으로써 이런 추론에 답하고자 했다. "전설" 같은 장르는 아마도 창세기의 배후에 있는 보다 이른 시기의 몇 가지 자료의 특징을 이룰 것이다. 초기에 어느 학자는 전설을 전한 이들이 그것들이 픽션인지, 논픽션인지 아니면 그 둘의 혼합인지에 관해 특별히 신경을 쓰지 않았을 것이라고 추측할 수 있을 것이다. 이런 접근법은 자료들에 대한 추측에 의해 재구성한 것에 의존하며, 그렇게 하는 과정에서 그것은 창세기의 공시적 장르의 문제를 무시한다. 더 나아가, 이런 학자들 대부분은 하나의 완결된 전체로서의 창세기가 후대에 속한다고 말한다. 그러나 만약 그렇다면, 그것은 오직 그것이 사무엘상·하나 열왕기상·하 같은 논픽션 산문 내러티브라는 동일한 장르에 속한다는 주장을 강화할 뿐이다. 현대의 학자들은 세상에서 벌어진 사건들에 관한 창세기의 주장들이 거짓이라고 판단할지도 모른다. 하지만 그것은 창세기가 그 자체를 그 자신의 용어로 비허구적 장르가 아닌 다른 무언가로 개별문화 내부적으로 드러낸다고 주장하는 것과는 다르다. 사실 그것은 그렇게 하지 않는다. 그것은 논픽션이다.

또한 그것은 유대교와 기독교 청중 모두에게 계몽주의 시대 때까지 거의 똑같이 그렇게 간주되었다. 계몽주의와 계몽주의 이후 시대가 상황을 변화시켰다. 그러나 그것은 학자들이 장르에 대한 새로운 것을 발견해서가 아니었다. 오히려 그들은 교회사의 다양한 인물이 만든 종교적 권위에 대한 주장들에 회의적이었다. 그리고 그런 회의주의는 성경 자체에까지 확대되었다. 그런 회의주의와 함께 세계관의 변화가 찾아왔고, 그것은 지식인들 사이에서 성경의 주장을 사회학적 타당성이 덜한 것으로 만들었다. 성경 문헌의 장르는 예전과 같은 것으로 남아 있다. 차이는 어떤 현대의 비평가들이 그 장르를 통해 과거에 일어난 사건들에 대해 이루어진 주장들을 받아들이지 않는 것에 있다.

물론 고대 히브리어로 쓰인 비허구적 산문 내러티브들이 무엇을 주장하는지에 대한 우리의 인식을 가다듬는 것과 현대 문화에서 파생된 인위적인 기대들을 그것들에 부과하지 않는 인식 능력을 키우는 것은 가능하다. 이런 것은 모두 좋은 일이다. 하지만 그런 조정은 창세기와 구약성경의 다른 내러티브들 사이의 공통점을 다루는 일을 피하려는 광범한 시도와 아주 많이 다르고, 그리고 이런 내러티브 중 일부가 스스로를 논픽션으로 제시한다는 사실과도 아주 많이 다르다.

역사적·신학적·문학적 측면들의 공동 기능

이 시점에서 역사적·신학적·문학적 관심사들이 서로 관련을 맺는 것에 대해 약간 언급해두는 것이 좋을 것 같다.[19] 본문에 대한 현대의 비평적 분석에서 나타나는 한 가지 유혹은 이 세 종류의 관심사를 서로 구분하고자 하는 것이다. 본문이 어떤 신학을 장려한다면, 그 신학을 장려하는 요소들은 역사적이어서는 안 된다. 혹은 어느 본문이 문학적 예술성을 드러낸다면, 그것은 그것이 예술적이며 따라서 그 예술적인 정도로 역사적이지 않음을 드러낸다. 이런 식의 추론은 "꾸밈없는"(bare) 역사라는 개념, 즉 신학이나 문학적 예술성과 별개로 이어지는 사건들이라는 개념 때문에 발생한다. 그런 식의 접근법이 계몽주의의 이데올로기적 맥락 안에서 출현한 것은 이해할 만하다. 하지만 그것은 이런 구분을 하지 않았던 고대 장르들의 개별문화 내부의 구조를 왜곡한다. 예컨대 당신이 제2성전기의 유대인들처럼 하나님이 그분의 포괄적 계획을 따라 역사를 주관하신다고 믿는다면, 사건들을 통해 드러나는 하나님의 목적에 대한 신학은 본질적으로 역사 속에 내장되어 있는 셈이다. 또한 하나님의 수완의 예술성 역시 그 안에 내장되어 있다고 할 수 있는데, 그것은 그분이야말로 아름다움, 장식 그리고 대칭의 최종적 근원이시기 때문이다.

요컨대 성경에 실려 있는 수많은 고대 본문의 목적은 우리에게 그 세 가지 측면 모두를 제공하는 것이다.[20] 우리는 우리가 세계관과 그 안에 전제된 하나님에 대한 견해에 의문을 품을 때만 그런 주장에 대해 의문을 품을 것이다.

---

19   또한 Long, *Art of Biblical History*, in *Foundations of Contemporary Interpretation*, 309, 315, 318, 327, 320을 보라.
20   Poythress, *Inerrancy and the Gospels*, 4장.

창세기 1장의 장르

창세기 전체의 장르에 대해 다뤘으니, 이제 우리는 창세기 1장의 장르에 관해 간략하게 물을 수 있을 것이다. 엄밀하게 보자면, 적절한 본문 단위는 창세기 1:1-2:3이다. 왜냐하면 창세기 2:4에서 계보의 역사와 관련해서 구별되는 새로운 단락이 시작되기 때문이다.[21]

창세기 1:1-2:3은 어떤 장르에 속하는가? 그것은 창세기 전체처럼 산문 내러티브다. 당면한 문학적 맥락 안에서 그것을 꿈이나 단순한 추측으로 간주하는 것은 아무것도 없다. 창세기 1:1-2:3은 창세기 안에 정상적인 방식으로 삽입되어 있기 때문에, 그것은 우리에게 창세기 전체와 마찬가지로 비허구적 설명, 즉 그것이 실제 사건이라고 주장하는 것에 대한 설명을 제공한다.

창세기 1:1-2:3은 창세기의 나머지 부분과 비교해 몇 가지 특징을 보인다. 우리는 간략하게나마 그것들에 대해 주목할 필요가 있다. 첫째, 1:1-2:3은 "이것은 ~의 계보니라"라는 표현으로 시작되는 계보의 역사 중 일부가 아니다. 둘째, 그것은 잭 콜린스(Jack Collins)가 말했듯이 "고양된 산문"(exalted prose)이다.[22] 그것은 문학적 예술성을 지니고 있는데, 이는 창세기 1:27에서 나타나는 그 본분의 절정 안에 시적 평행이 포함된 것을 통해 드러난다. 그것은 "저녁이 되고 아침이 되니"와 "하나님이 말씀하셨다" 같은 반복어들을 갖고 있다. 하지만 우리는 그런 반복어들이 어느 구절을 "특

---

21 적절한 분할 지점이 2:4의 중반이 아니라 2:3의 끝부분이라는 주장에 대해서는 Collins, *Genesis 1-4*, 40-42을 보라.

22 Collins, *Genesis 1-4*, 36, 44; Collins, *Reading Genesis Well*, 157, 157n77.

별한" 것으로 만드는 방식이라고 잘못 해석할 수 있다. 반복어들을 지닌 몇 가지 다른 구절들을 살펴보라. 창세기 5장은 그것의 계보를 조직하는 방식에서 반복어들과 기교가 뛰어난 구조를 사용한다. 그러나 그 구절이 우리에게 제공하는 것은 여전히 계보다. 유사하게, 민수기 7장은 많은 반복어들과 정교한 구조를 지니고 있으나, 그것의 나머지 구조는 그것을 논픽션 산문 내러티브라는 범주로부터 벗어나게 하지 않는다.

그렇다면 창세기 1장은 어떠한가? 무엇이 그것을 "고양된" 것으로 만드는가? 물론 거기에는 문학적 예술성이 있다. 그러나 일단 우리가 형식적 특징들을 내용과 구분한다면, 우리는 창세기 1장에서 가장 고양된 것은 문학적 예술성이 아니라 그것의 내용임을 알 수 있다. 하나님은 세상과 그 안에 있는 모든 것을 창조하시기 위해 위엄 있게 말씀하시고 행동하신다. 하나님의 높으심과 그분의 행위가 그 구절에 고상함을 부여한다. 하지만 그것은 내용의 문제이지 장르가 아니다.

유사하게, 창세기 2-3장에서 가장 특별한 것은 히브리어 산문이 지닌 특별한 형식적 특징이 아니라 그것의 내용이다. 이 장들은 인간의 시작과 인간의 죄 그리고 죽음의 시작에 대해 묘사한다. 이 장들은 보편적 의미를 갖는다. 그 장들이 말하는 태초는 그 범위에 있어서 본질적으로 보편적이며, 하나님의 결정에 따라서 이어지는 모든 역사에 대해 영향을 끼치기 때문이다.

어떤 학자들은 창세기 1-11장을 창세기의 나머지와 구별한다. 이런 구별은 얼마간 의미가 있다. 창세기 12-50장은 주로 한 가족, 즉 아브라함의 가족에게 그리고 그의 후손 중 몇 세대—아브라함, 이삭, 야곱 그리고 그의 후손들—에게 초점을 맞춘다. 대조적으로 창세기 1-11장은 여러 세대를 다루며 온 인류를 포괄한다. 게다가 창세기 1-11장은 오래전의 사건들을 다룬다. 현대의 역사적 성찰이라는 측면에서 볼 때, 그렇게 먼 과거에 대한 정확한 정보가 어떻게 해서 인간들에 의해 수집될 수 있었는지는 분명치 않다. 신의 섭리가 필요했을 것이다. 그리고 그것은 우리를 창세기 본문을 쓰는 일에 하나님이 개입하셨는가 하는 중요한 문제로 되돌아가게 한다. 창세기 1-11장의 이런 특징들은 실제로 **어떤 측면들에서** 그것을 창세기 12-50장과 구별시킨다. 그러나 이런 측면들은 일차적으로 그 장들의 장르가 아니라 그 장들에서 발견되는 내용의 유형과 관련되어 있다. 장르라는 측면에서, 창세기 1-11장은 분명히 전체적인 내러티브 발전의 한 부분으로서 창세기 12-50장과 연결된다. 창세기 12-50장과 함께 그것은 "이것은 ~의 계보니라"라는 후렴구에 의해 구조를 얻는 논픽션 산문 내러티브다.

여기서 장르에 대해, 그리고 하나의 담화가 보다 넓은 문맥 안에 삽입되는 것에 대해 또 다른 원리를 살펴보는 것이 유용할 것이다. 일반적으로 의미에 대한 "통제"는 아래서 위로보다는 위에서 아래로 향한다. 삽입된 조각의 의미는 그것이 삽입된 보다 큰 문맥에 따라 아주 크게 달라질 수 있다.[23] 예컨대 창세기의 내러티브들 속에 들어 있는 개별적인 발언들은 오직 그런 말을 하는 사람으로 인해 그리고 그가 그런 말을 하는 상황 때문에 의미를 갖는다. 시편 14:1에 실려 있는 "하나님은 없다"라는 확언은 그것이 그 문맥에 들어 있기 때문에 구별된 의미를 갖는다. "어리석은 자는 그의 마음에 이르기를 '하나님이 없다' 하는도다." 위래서 아래로의 통제라는 이 원

---

23 Long, *Art of Biblical History*, in *Foundations of Contemporary Interpretation*, 312, Robert Bergen, "Text as a Guide to Authorial Intention: An Introduction to Discourse Criticism" *Journal of the Evangelical Theological Society* 30, no. 3 (1987): 330을 인용하면서.

리는 창세기 1:1-2:3과 그보다 더 큰 단위인 창세기 1-11장이 창세기 전체에 편안하게 들어맞는다는 것을 확증해준다. 이런 구절들은 우리에게 시간과 공간 안에서 발생한 사건들에 대해 말해준다. 물론 그렇게 할 때 그것들은 어떤 신학적 목적을 염두에 두고 또한 문학적 예술성을 강화하는 요소들과 함께 그렇게 한다.

우리가 창세기 1:1-2:3을 다룰 때 조심해야 하는 것은 장르에 대한 관심으로부터 내용에 대한 사색적 추론으로 달려가는 것이다. 우리가 고대 근동의 본문들에 대한 비교 연구에서 그것의 내용을 마치 그것이 고대 근동이라는 일반적 환경 안에서 얼마간 자유로이 움직이는 것처럼 다루기는 쉽다. 어떤 내용을 포함하고 있는 본문의 장르를 고려하지 않을 경우, 그 내용은 해석자의 상상력에 따라 다양한 의미를 지닐 수 있다. 그리고 다양한 의미의 생성은 창세기 1장을 해석할 때 주로 내용상의 평행에 주목하는 사람들에게서 발생한다. 그것은 우리가 기대할 수 있는 유일한 것이다. 왜냐하면 그런 경우에 저자가 고안했던 창세기의 포괄적 문맥이 옆으로 밀려나기 때문이다. 더 나아가, 학자들은 종종 창세기 1장을 문맥상 그것과 가장 가까운 것들(시 8편과 104편 같은)이 아니라 고대 근동에서 나타난 우주 구조의 발전에 관한 다양한 설명들("우주론들")과 비교하는 일에 관심을 보인다. 내용이라는 측면에서도 이것들은 거리가 멀다. 왜냐하면 그것들은 다신론적이기 때문이다. 즉 그것들은 다양한 신들 간의 상호작용을 포함하고 있다. 그러나 장르라는 측면에서 그것들은 훨씬 더 거리가 멀다. 그것들은 시이지 산문이 아니다.

내가 말하려는 것은 고대 근동의 문서들이 고대 이스라엘의 문화적 상황에 대해 아무런 실마리를 주지 않는다는 것이 아니다. 물론 그것들은 설명에 도움을 준다. 그것들은 창세기 1장과의 그리고 홍수 이야기 같은 창세기 다른 부분들과의 매력적인 상세한 대조들과 유사성들을 제시한다. 우리는 그것들 사이에서 어느 정도의 평행을 기대할 수 있다. 왜냐하면 고대 근동의 거짓된 다신론적 종교들은 참된 종교의 **위조품들**을 제시하기 때문이다. 그리고 그런 위조품들은 기원에 대한 설명으로까지 확대된다. 그러나 창세기 1장의 장르와 내용 모두가 그것을 구약 정경의 다른 부분들과 보다 직접적으로 연결시킨다.

보여주기 vs 말하기

또한 구약성경의 히브리어 내러티브들이 관습적으로 특성상 듬성듬성하고 선택적이라는 것에 주목하는 것도 도움이 된다. 대개 그것들은 핵심적 사건들에 초점을 맞춘다. 대개 그것들은 사건들의 의미를 설명하거나 그 사건들을 윤리적 측면에서 평가하는 화자의 포괄적인 언급들을 포함하기보다는 핵심적 인물들이 행하고 말하는 것에 대해 이야기한다. 그것들은 그 인물들이 어떤 종류의 사람들인가에 대해 직접 우리에게 **말하기**보다 그들의 행위를 **보여줌**으로써 그들을 제시한다.[24] 예컨대 창세기는 우리에게 아브라함의

---

24 V. Philips Long, *The Reign and Rejection of King Saul: A Case for Literary and Theological Coherence* (Atlanta: Scholars Press, 1989), 31-34; Collins, *Genesis 1-4*, 11-12, Long, *The Reign and Rejection of King Saul* 그리고 내러티브적 시들에 관한 다른 작품들을 인용; C. John Collins, *Did Adam and Eve Really Exist? Who They Were and Why You Should Care* (Wheaton, IL: Crossway, 2011), 60-64, 164-65; C. John Collins, "The Evolution of Adam," The Gospel Coalition, April 26, 2012, Peter Enns, *The Evolution of Adam: What the Bible Does and Doesn't Say about Human Origins* (Grand Rapids, MI: Brazos, 2012)에 대한 서평, ⟨https://

인격이나 그가 어떤 종류의 남편과 아버지였는지에 대해 순전히 일반적인 측면에서 말하는 것에 많은 시간을 할애하지 않는다. 그것은 우리에게 아브라함이 친절하고 사랑스러운 아버지였다고, 그러나 여전히 자기 아들 이삭에 대한 사랑보다 하나님께 대한 충성에 우선순위를 두고 있었다고 직접 말하면서 길게 설명하지 않는다. 오히려 그것은 우리에게 아브라함이 무슨 말을 하고 어떻게 행동했는지에 관한 이야기를 들려준다. 그것은 우리에게 아브라함에 관해 **말하기**보다 그가 하는 행위를 **보여준다.**

동일한 원리가 창세기 1장에서도 유지된다. 그곳에서 하나님은 주된 등장인물 혹은 주인공이시다. 창세기 1장은 우리에게 그분의 속성들에 대한 분명한 목록을 제시하기보다 그분의 행위에 대해 말함으로써 하나님이 어떤 분이신지를 보여준다. 우리는 이런 접근법을 출애굽기 34:6-7과 대조할 수 있다. 그 구절은 확실히 보다 긴 내러티브의 한가운데서 나타나며 어떤 내러티브("악에 대한 보복")를 암시하는 조각을 포함한다. 하지만 그 안에서 하나님의 발언은 그분이 누구이고 어떤 분이신지를 설명해준다.

"보이기"라는 내러티브 기술은 짐을 운반하는 **사건**들에 대한 서술에 의존한다. 그리고 사건들은 오직 그것들이 실제로 등장인물과 같은 세계에 속할 때만 이 짐을 옮길 수 있다. 이 원리는 허구적 내러티브와 비허구적 내러티브 모두와 관련해서 유지된다. 허구적 내러티브에서 사건들은 그것들이 참으로 등장인물들을 묘사하는 데 기여하기 위해서 그 등장인물들과 동일한 상상의 세계에 속해야 한다. 마찬가지로, 비허구적인 내러티브에서 사

---

www.thegospelcoalition.org/reviews/the_volution_of_adam〉. "보여주기"(showing)의 우세는 화자가 마침내 그 자신의 목소리로 말할 때 그것을 훨씬 더 주목할 만한 것으로 만들어준다 (가령 왕하 24:3-4; 대상 10:13-14 같은).

건들은 등장인물들과 동일한 세계, 즉 현실 세계에 속해야 한다. 등장인물이 묘사된 사건들에 실제로 참여하지 않았기 때문에 실제로 아무것도 보여주지 않는 사건들을 통해 등장인물을 보여주는 것은 비허구적인 내러티브에 전혀 어울리지 않는다. 어떤 내러티브가 보여줄 수 있는 실제적인 아무것도 갖고 있지 않다면, 보여주기는 별 효과를 거두지 못한다. 이런 관찰은 창세기 1장이 하나님이 시간과 공간 안에서 행하신 일들에 대해 이야기한다고 주장하는 것을 확증해준다. 그것은 비허구적 내러티브다.

"문자적"이라는 것은 무엇인가?

때때로 "문자적"(literal)이라는 중요한 단어가 등장한다. 창세기 1장은 문자적 묘사인가? 한 가지 어려움은 **문자적**이라는 단어가 한 가지 이상의 방식으로 사용될 수 있다는 것이다.[25] 그것은 **비허구적**이라는 단어와 동등하게 사용될 수 있다. 그렇다. 창세기는 비허구적이다. 그러나 **문자적**이라는 단어를 이런 식으로 사용하는 것은 오해를 일으킨다. 왜냐하면 "비허구적"은 그 단어의 가장 일반적인 의미가 아니기 때문이다. **문자적**이라는 단어는 어느 본문이 상징적인 언어로부터 완전히 자유롭다는 것을, 그리고 그 어떤 문학적 깊이나 예술성 없이 혹은 아무런 신학적 의미도 없이 "명백하다"는 것을 의미할 수 있다. 또한 그것은 창세기 1장이 하나님의 행위와 인간 행위 사

---

25   Vern S. Poythress, *Understanding Dispensationalists*, 2nd ed. (Phillipsburg, NJ: P&R. 1994), 8장.

이의 유사성들을 이용하면서 하는 것을 배제하는 데 사용될 수도 있다. 창세기 1:3에서 하나님은 "빛이 있으라"라고 말씀하신다. 그분의 발언은 인간의 발언과 유사하지만 분명히 차원이 다르다. 왜냐하면 그분은 하나님이시기 때문이다.

창세기의 모든 내용은 하나님의 발언이므로 우리는 그것을 가장 진지하게 그리고 존경심을 지니고 다뤄야 한다. 하나님의 말씀에 대한 존중에는 문학적 예술성, 유비 그리고 (창 49장에서처럼) 시에 대한 그분의 탁월한 감각을 존중하는 것이 포함된다. 우리는 창세기를 그것이 지닌 깊은 차원을 무시하는 평범한 방식으로 읽지 않도록 조심해야 한다. 오히려 우리는 그것을 모든 풍요함을 지닌 언어의 주인이신, 그리고 우리가 등장하기도 전에 이스라엘 사람들을 현명하게 다루셨던 하나님의 말씀으로 읽어야 한다. 나중에 우리는 **문자적**이라는 단어를 다시 살필 것이다(15장).

7장

해석학적 원리들에 대한 요약

이쯤에서 우리가 다뤘던 해석학적 원리들을 요약해보는 것이 유용할 것이다. 또한 나는 이 책에서 상세하게 논하지 않을 몇 가지 원리를 덧붙일 것이다.[1]

주권적 저자이신 하나님

1. 자기가 기뻐하시는 대로 행하시는 유일하게 참된 하나님이 계신다. 그분

---

[1]   이런 원리들 대부분은 약간의 개정이 이루어지기는 했으나, Vern S. Poythress, "Correlations with Providence in Genesis 1," *Westminster Theological Journal* 77, no. 1 (2015): 71-99 [72-74]에서 가져왔다. 해석학적 원리들에 대한 추가적인 논의는 다음을 보라. Poythress, *God-Centered Biblical Interpretation* (Phillipsburg, NJ: P&R, 1999); 그리고 Poythress, *Reading the Word of God in the Presence of God: A Handbook for Biblical Interpretation* (Wheaton, IL: Crossway, 2016)에서 찾아볼 수 있다. 또한 Poythress, "Dispensing with Merely Human Meaning: Gains and Losses from Focusing on the Human Author, Illustrated by Zephaniah 1:2-3," *Journal of the Evangelical Theological Society* 57, no. 3 (2014): 481-99.

은 기적을 행하실 수 있으며, 그분의 신실하심은 과학적 연구를 위한 토대다.

2. 창세기의 신적 저자는 하나님이시고 그분이 인간 저자를 이끄셨다. 그 결과 창세기는 하나님의 기록된 말씀, 즉 문서 형태로 된 하나님 자신의 발언이다.

3. 창세기는 전체적으로나 세부적으로 완전히 참되다. 왜냐하면 하나님이 참되시고 신뢰할 만한 분이시기 때문이다.

4. 하나님은 창세기가 정경을 구성하는 책 중 하나가 되게 하셨다. 정경은 하나님과 그분의 백성의 관계에서 공식적인 언약 문서의 역할을 한다. 따라서 창세기에서 하나님은 또한 그분의 백성들의 이후의 세대들―거기에는 오늘의 우리까지 포함된다―을 다루신다. 우리에 대한 그분의 소통에는 나중에 나온 정경의 책들이 포함되며 그것들은 창세기를 이해하는 데 더 많은 도움을 준다. 하나님이 창세기를 통해 **우리**에게 말씀하시는 것은 그분이 고대 이스라엘 백성에게 말씀하셨던 것을 바탕으로 한다.

인간 저자와 역사적 배경

5. 인간 저자는 하나님의 말씀을 전하고 싶어 했다. 그래서 그는 하나님이 의도하셨던 것을 말하고자 했다. 따라서 우리는 하나님의 의도에 집중할 수 있다. 우리는 인간 저자의 개인적 신상에 관해 많은 것을 알 필요가 없다. 물론 우리는 그가 우리와 같은 인간이었음을 안다. 하지만 그는 신적 계시의 수령자였다. 따라서 우리는 그가 자신의 문화에 공통적이었던 것 이상의 무언가를 아는 것이 불가능했다고 추정해서는 안 된다.

6. 창세기는 상당 부분이 모세 시대로부터 왔으며, 후대에 신적 영감 아래에서 몇 가지 가능한 편집상의 메모와 설명들이 덧붙여졌다.[2] 하나님은 고대의 이스라엘 백성들을 향해 말씀하셨다(그러나 실제로는 창세기가 쓰였던 정확한 시기가 그것의 해석에 많은 영향을 주지 않는다는 사실이 밝혀졌는데, 부분적으로 그것은 창세기가 정경의 일부이며 또한 단지 그것이 쓰인 세대만이 아니라 그 이후의 세대를 향해 말하려는 의도를 지니고 있었다는 사실 때문이다).

장르와 구조의 의미

7. 창세기와 정경의 다른 책들은 부분적으로는 역사 속에서 이루어진 하나님의 행위를 설명함으로써 그분에 대해 가르친다. 그 결과 역사적 이야기들은 하나님의 계획을 따라서 역사인 동시에 신학이다. 노아, 아브라함, 이삭, 야곱 그리고 요셉은 오래전에 이 땅에서 살았던 이들이었으며 하나님이 시간과 공간 안에서 그들에게 은혜를 보여주셨던 실제 인물들이었다. 그와 동시에 하나님은 그들에게 일어난 일을 우리를 가르치시는 방식으로 쓰셨다(롬 15:4; 고전 10:6, 11).

8. 창세기 전체는 "계보의 역사"라는 구조로 되어 있는데 그것의 각 부분들은 특징적으로 "이것은 ~의 계보니라"라는 표현으로 소개된다. 이 구조는 창세기의 처음 장들이 나중의 장들과 마찬가지로 시간과 공간 안에서

---

2   Edward J. Young, *An Introduction to the Old Testament*, rev. ed. (Grand Rapids, MI: Eerdmans, 1960), 45. 『구약총론』(개혁주의신행협회 역간).

발생한 사건들을 묘사한다는 것을 보여준다.

9. 계보의 역사의 각 부분에 대한 면밀한 조사는 각 시점에서 이루어진 연대기적인 "역추적"을 보여준다. 모든 것이 연대기적 순서로 쓰이지는 않았다. 이런 관찰은 과연 창세기 1:1-2:3 혹은 2:4-25이 연대기적 측면에서 얼마간 후퇴와 전진을 하고 있는지를 살펴볼 가능성을 열어준다.

10. 창세기의 언어는 듬성듬성하다.[3] 그것은 아주 정밀한 사진이라기보다 스케치에 가깝다. 그것이 말하는 모든 내용은 사실이다. 하지만 그것은 학자들의 언어처럼 정확하지는 않다. 우리는 그것이 명백하게 답하지 않는 과거에 대해 여러 가지 의문을 품을 수 있다. 특히 거기에 하나님이 사용하셨을 수도 있는 수단들(2차 원인들)에 대한 **언급**이 없다는 사실은 그런 수단들이 없었음을 의미하지 않는다. 수단들을 사용하시기를 기뻐하셨든 하지 않으셨든, 하나님은 일을 하고 계셨다. 우리는 창세기 밖에 있는 예들을 제시할 수 있다. 출애굽기 15장은 하나님이 홍해를 가르셨을 때 그 어떤 2차 원인들에 대해서도 언급하지 않는다. 그러나 출애굽기 14장에 실려 있는 평행구는 "큰 동풍"에 대해 언급한다(출 14:21). 시편 105:40은 하나님이 "메추라기를 가져오셨다"고 말할 뿐이다. 그러나 민수기 11:31은 그 사건에 대한 상세한 정보를 제공한다. "바람이 여호와에게서 나와 바다에서부터 메추라기를 몰아 진영 곁 이쪽저쪽 곧 진영 사방으로 각기 하룻길 되는 지면 위 두 규빗쯤에 내리게 한지라." 창세기 1장에 묘사된 하나님의 역사에서, 그분은 그 듬성듬성한 이야기에서 언급되지 않는 수단들을 사용하셨을

---

3   Vern S. Poythress, *Inerrancy and the Gospels: A God-Centered Approach to the Challenges of Harmonization*(Wheaton, IL: Crossway, 2012), 7-10장을 보라.

수도 있고 그렇지 않으셨을 수도 있다.

11. 자연계를 묘사하는 창세기의 언어는 특징적으로 "현상적 언어", 즉 일이 평범한 사람들에게 어떻게 보이는지를 묘사하는 언어다.

12. 창세기의 언어는 **"자연의 일들에 대해 아무것도 가정하지 않는다."**[4] 즉 그것은 그 어떤 특정한 과학적 우주론도 가정하지 않는다. 그것은 "**이론화 작업**"을 하지 않는다.[5] 예컨대 성경은 태양이 무엇으로 만들어졌는지 혹은 그것이 얼마나 멀리 있는지에 대해 "이론을 세우지" 않는다. 그것은 태양을, 빛을 비추고 "낮과 밤"(창 1:14)을 구분하는 역할을 하는 "더 큰 광명체"라고 묘사한다(창 1:16). 하지만 이런 묘사는 그 어떤 문화에 속한 인간이라도 관찰할 수 있는 것을 넘어서지 않는다.

13. 창세기 1장은 하나님이 유일한 주권적 주님이시며 만물의 창조자시라고 선언한다. 그렇게 함으로써 그것은 신들을 자연과 동일시하거나 뒤섞는 모든 형태의 다신론 및 범신론적 혼동에 맞서 논쟁한다. 하지만 그 논쟁은 **간접적이다.** 성경의 다른 구절들은 다신론과 우상숭배를 직접적으로 비난한다(예컨대 신 4:15-39; 사 44:9-20). 창세기 1장은 하나님에 관한 적극적인 가르침을 펼치지만, 거짓 종교를 직접 비난하지는 않는다. 하지만 그럼에도 그것은 그런 비난을 암시한다. 고대 근동의 다른 신화들은 우주의 기원에 관한 다신론적 설명들의 예를 제공하는 반면, 창세기 1장은 우리에게 일신론적 토대를 제공한다.

14. 앞 항의 결과로서, 창세기 1장과 고대 근동의 다신론적 신화들을

---

4   Bernard Ramm, *The Christian View of Science and Scripture* (Grand Rapids, MI: Eerdmans, 1954), 69(강조는 원저자의 것임).

5   Ramm, Christian View of Science, 69(강조는 원저자의 것임).

서로 비교하는 것은 가치가 있으나 제한적이다. 때때로 창세기 1장은 그런 신화 중 일부와 동일한 주제들에 대해 논한다. 그러나 창세기에 나타나는 하나님의 유일한 주권과 성경 밖의 문헌들이 보여주는 조잡한 다신론 사이의 대조는 강력하다. 그 대조가 창세기 1장의 독특성을 강조한다. 반면에, 창세기 1장에 직접적인 논쟁이 나오지 않는 것은 우리로 하여금 그런 대조가 아니라 창세기 1장이 적극적으로 말하는 것에 초점을 맞추게 한다.

15. 창세기 1장은 하나님의 창조 행위가 어떻게 인간과 관련되는지를 보여준다. 하나님은 인류에게 적합한 집을 지으신다. 그리고 그분의 행위는 마땅히 우리의 찬양을 불러일으켜야 한다(같은 것이 2장에도 해당된다).

천지창조에서 에덴까지

2부

해석학적 관계들

8장

창세기 1장에 나타난 섭리와의 상관관계

지금껏 몇 가지 중요한 해석학적 문제들을 다뤄온 덕분에 이제 우리는 창세기 1장에 대한 상세한 해석에 좀 더 집중할 준비가 되었다. 하지만 우리는 해석학에 대한 일차적인 관심을 유지할 것이다. 나는 모든 해석학적 질문과 모든 구절을 동일하게 세밀히 살피지는 않을 것이다. 오히려 나는 창세기 1장을 해석하기 위한 전체적인 전략을 제시할 것이다. 나의 전략은 (1) 자연에 대한 하나님의 현재적 통치와, (2) 창세기 1장에서 제시되는 하나님의 창조 행위에 대한 묘사 사이의 상관관계에 집중하는 것이다. 어째서 그것에 초점을 맞추는가? 그것은 하나님의 현재의 통치가 해석을 위한 핵심적인 틀을 제공하기 때문이다. 하나님은 독자들이 자연에 대한 그분의 섭리적 통치에 익숙한 것이 그분이 창세기 1장에서 행하신 일을 이해하기 위한 자연스러운 출발점을 제공한다는 것을 알고 계신다.

하나님의 창조 사역에서 나타나는 유비의 기본적인 특징들

중요한 결과를 미리 요약해두는 게 도움을 줄 것 같다. 창세기 1장의 묘사는 규칙적으로 현재의 세상에서 나타나는 자연 과정과 연관된 유비들을 사용함으로써 하나님이 하신 일에 대해 간단하고 쉽게 이해되며 전문적이지 않은 서술을 제공한다. 창세기 1장은 우리에게 참된 서술을 제공한다. 하지만 그것은 현대 과학이 가장 흥미를 갖는 기술적인 세부 사항을 중심으로 이루어지지 않는다.

구약성경에 들어 있는 시적인 구절들은 하나님의 창조 행위를 인간이 집을 짓거나 천막을 세우는 작업과 비교한다.

> 그곳에서 주님은 주님의 성소를 높은 하늘처럼 **세우셨다.**
> 영원히 흔들리지 않는 터전 위에 **세우셨다**(시 78:69, 새번역).

> 그의 **궁전을** 하늘에 **세우시며**
> 그 **궁창**의 기초를 땅에 **두시며**(암 9:6a)

> 그가 하늘을 차일 같이 **펴셨으며**
> 거주할 **천막** 같이 **치셨고**(사 40:22b)

> 과연 내 손이 땅의 **기초를 정하였고**
> 내 오른손이 하늘을 **폈나니**(사 48:13a)

하늘을 **펴고**

땅의 **기초를 정하고**(사 51:13a)

(그림 8:1을 보라.)

그림 8.1: 집 짓는 사람과 유사한, 세상을 짓는 하나님

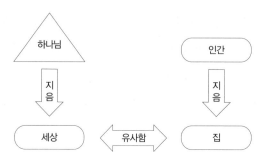

흥미롭게도, 자신의 몸으로 살아가는 경험마저 집에 거주하는 것과 비교될 수 있다.

> 하물며 흙 집에 살며
> 티끌로 터를 삼고(욥 14:19)

고대의 환경에서 사람들은 사물을 어떻게 경험했을까? 보다 일반적이고 눈에 띄는 인간의 공예 활동 중 하나는 집을 짓는 것이었다. 집을 짓는 일에는 인간의 계획, 지혜, 목적, 노력 그리고 세상의 사물—돌, 나무 그리고 흙—을 다루는 것 등이 포함되었다. 유목민들의 경우에는 천막용 천들이나 장대들을 위한 재료들을 만드는 것과 천막을 세우는 것이 포함되었다. 또한 사람들은 성벽과 도시들을 세우고 가구들을 만들었다. 집이나 천막을 세우는 일

은 일반적이고 접근 가능한 기준점이었을 것이다. 인간의 집짓기는 하나님의 의도된 행위와 유사하므로 우리는 하나님을 온 세상을 "지으시는" 분으로 생각할 수 있다. 사실 이런 유비 자체는 인간이 하나님의 형상대로 지음받았다는 현실로 인해 가능하다. 이 유비가 시의 형태를 취한다는 것에 놀라서는 안 된다. 우리는 이런 유비가 필연적으로 하나님의 우주적인 집이 세워진 후 그것이 유지되는 방식에 관한 상세한 물리주의적 이론을 암시한다는 생각에 대해 의심을 품어야 한다. 그 비교에서 중요한 것은 물리주의적 이론이 아니라 하나님의 인격적인 계획, 행위 그리고 지혜다.

실제로 우리는 창세기 1장에서 일종의 건축 과정의 특징들을 볼 수 있다. 하나님은 훗날 모세가 성막을 세울 때 하게 될 것과 유사한 방식으로 세상을 만드신다. 세상은 하늘, 바다 그리고 마른 땅 같은 특별한 공간들을 갖고 있는데, 그것들은 성막의 방들과 비슷하다(성막에는 두 개의 방과 바깥마당이라는 공간이 있다). 하나님은 공간들을 정하시고 그것들을 해, 달, 별, 새 같은 피조물들―그것들은 하늘의 피조물들이다―과 식물, 땅의 동물들 그리고 사람 같은 피조물들―그것들은 마른 땅의 피조물들이다―로 채우신다. 그런 피조물들은 집의 방들에 놓인 가구들과 같다.

창세기 1장을 훗날 이스라엘 백성과 우리가 세상을 경험하는 것과 비교하기 위해서는 몇 가지 용어가 필요하다. **섭리**(providence)는 하나님이 자연과 역사의 모든 사건을 감독하는 것을 가리키는 데 사용되는 일반적인 신학 용어다. 하나님은 자신의 목적을 위해 크고 작은 사건들을 통제하신다. "여호와께서 그의 보좌를 하늘에 세우시고 그의 왕권으로 **만유**를 다스리시도다"(시 103:19; 참조. 엡 1:11).[1] 보다 특별하게, 우리는 창조의 여섯째 날 끝에 이루어진 그분의 창조 행위의 완성(창 1:31) 이후 **현재**의 세계 안에서 이루어지는 하나님의 통치를 묘사하기 위해 섭리라는 단어를 사용할 것이다. 따라서 하나님의 **현재적** 활동으로서의 섭리는 그분이 창세기 1장에서 완수하신 다양한 일—그분은 그것들을 **과거에**(창조의 여섯째 날의 끝에) 완수하셨다—과 구별된다.

우리는 창세기 1장의 6일 동안 있었던 하나님의 행위를 가리키기 위해 섭리와 대조되는 **창조**(creation)라는 단어를 사용할 것이다. 일반 영어에서 "창조"라는 단어는 때때로, 가령 우리가 우리 주변의 "창조"가 아름다우며 그것의 창조주에 대해 증언한다고 말할 때처럼, 오늘날의 피조된 세계의 질서를 가리키는 데 사용된다. 그러나 지금 우리는 창조라는 단어를 보다 좁게, 즉 하나님이 처음 6일 동안 하신 일을 가리키는 데 사용할 것이고, 그 이후에 일어나는 하나님의 행위는 배제할 것이다. 처음 6일 이후에 하나님은 섭리를 통해 자신이 보다 앞서 만드신 세상을 **유지하신다**(sustains). 단어들의 이런 의미들로 인해 창조와 섭리는 구별된다. 그것들은 두 개의 서로 구별되는 시간에 일어난다. 창조의 행위는 세상 자체, 새로운 종류의 피조물들 그리고 새롭게 정돈된 구조를 가져온다. 섭리의 행위는 창조의 여섯째 날이

---

1   이와 관련된 성경의 가르침에 대한 추가적인 논의와 보다 포괄적인 조사를 위해서는 다음을 보라. Vern S. Poythress, *Chance and the Sovereignty of God: A God-Centered Approach to Probability and Random Events* (Wheaton, IL: Crossway, 2014), 1-7장; John M. Frame, *The Doctrine of God* (Phillipsburg, NJ: P&R, 2002), 14장. 웨스트민스터 신앙고백(The Westminster Confession of Faith, 1647)은 다음과 같이 요약한다. "만물의 위대하신 창조주이신 하나님은…자신의 지극하신 지혜와 거룩하신 섭리로 가장 큰 것에서부터 가장 작은 것에 이르기까지 모든 피조물과 그들의 행위, 생각, 기타 모든 것을 보호하시고 지도하시며, 처리하시고 다스리신다"(5.1).

끝날 즈음 세상이 "이루어지고"(창 2:1) 난 이후에 시작된다. 그러나 섭리와 창조는 개념적으로 서로 밀접하게 연결되어 있다.[2] 창조와 섭리의 상관관계는 우리가 창세기 1장의 세부적인 내용들의 의미를 이해하도록 돕는다.

섭리에 대한 주목

우리는 섭리와 창조의 관계가 가진 중요성을 다음 두 가지 원리로 요약할 수 있다.

1. 창세기 1장은 창조의 사건들뿐 아니라 그 이후의 결과에도 관심을 보인다(그림 8.2를 보라).

그림 8.2: 창조와 섭리의 상관관계

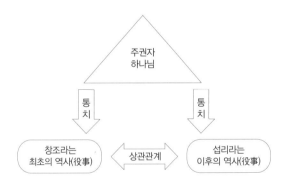

---

2   이 장의 이후의 부분은 Vern S. Poythrss, "Correlations with Providence in Genesis 1," *Westminster Theological Journal* 77, no. 1 (2015): 71-99의 일부를 개정한 것이다. 그 논문에는 앞 장에서 개정된 형태로 제시된 바 있는 해석학적 원리들에 대한 요약도 포함되어 있다. 허락을 받아서 사용했다.

예컨대 창세기 1:11-12은 식물의 기원에 대해 묘사하지만, 또한 씨앗이 어떤 역할을 하는 일반적인 성장 패턴에 대해 말하기도 한다. 사과나무는 사과 씨앗을 가진 사과들을 낳으며, 사과 씨앗은 다음 세대에 더 많은 사과나무들을 낳을 수 있다. 11-12절은 하나님이 이런 일반적인 패턴을 정하셨음을 보여준다. "각기 종류대로 씨 가진 열매 맺는 나무를 내니"(창 1:12).

창세기 1:14은 하늘의 광명체들이 "징조와 계절과 날과 해를 이루면서" 각자의 영원한 역할을 이행하리라는 것을 보여준다. 이런 역할은 창조의 때로부터 오늘날까지 계속되고 있다. 창세기 1:28은 생육, 번성, 다스림 같은 인간의 과업을 제시하는데, 그것들은 오늘날까지 계속되고 있다(창 9:1-3, 7을 보라[표 8.1을 보라]).

표 8.1: 창조와 섭리의 예들

창조	섭리
하나님이 바다와 마른 땅을 분리하시다(창 1:9)	바다와 마른 땅이 계속해서 분리되다
하나님이 식물을 종류대로 창조하시고, 식물들이 씨앗을 내는 패턴을 정하시다(창 1:11-12)	식물들이 계속해서 씨앗을 내고, 그것들이 다음 세대에 동일한 식물을 만들어내다
하나님이 하늘의 광명체들을 만드시고, 시간을 표기하기 위해 그것들의 움직임의 패턴을 정하시다(창 1:14-18)	하늘의 광명체들이 하나님이 정하신 패턴을 따라 계속해서 움직이다
하나님이 바다 생물들과 새들을 창조하시고, 그것들에게 번식하라고 말씀하시다(창 1:20-22)	바다 생물들과 새들이 계속해서 번식하다
하나님이 인간을 창조하시고, 그들에게 번식하라고 명하시고, 그들에게 지배권을 주시다(창 1:26-30)	인간이 계속해서 존재하고, 번식하며, 지배권을 행사하다

창조와 그 이후의 결과들 사이의 이런 연관성은 하나님이 어떻게 인간을 돌

보시는지를 알려주는 데 기여한다(앞장에서 살펴본 원리 15를 보라). 하늘의 광명체들은 인간들이 날, 달, 계절 그리고 해의 순환을 즐길 수 있게 해준다. 씨앗과 열매들의 생산성은 인간을 위한 음식으로 이어지며(창 1:29) 에덴동산 창조의 배후에 있는 요인이다(창 2:9). 시편 104편은 그 유익을 더 정교하게 논한다(표 8:2를 보라).

표 8.2: 창조, 섭리, 그리고 인간의 유익

창조의 날	새로운 질서	섭리를 통한 지속	인간의 유익
첫째 날	빛과 어둠	빛과 어둠의 순환	아름다움, 눈으로 봄 그리고 일을 위한 빛; 잠을 위한 어둠
둘째 날	궁창, 하늘의 물	하늘, 구름, 비, 물	하늘의 아름다움; 비
셋째 날	마른 땅; 식물들	마른 땅; 식물들의 재생산	인간이 살아가는 마른 땅; 아름다움과 음식을 위한 식물들
넷째 날	하늘의 광명체들	하늘의 광명체들이 시간을 지키며 움직임	일과 휴식이라는 인간을 위한 순환, 파종과 추수
다섯째 날	바다 생물들; 새들	바다 생물들과 새들의 재생산	아름다움과 음식을 위한 짐승들
여섯째 날	육지 생물들	육지 생물들의 재생산	아름다움, 음식, 그리고 일(가축)과 다른 유익들(우유, 털, 가죽)을 위한 짐승들

창세기 2:1-3에 나오는 마무리와 휴식에 대한 말은 창조의 6일이 끝났다는 것과 섭리를 통해 세상을 다스리시는 하나님의 후속 활동이 구별된다는 것을 가리킨다. 그런 섭리를 통한 다스림은 여러 구절에서 묘사된다. 가령 히브리서 1:3("그의 능력의 말씀으로 만물을 붙드시며")과 시편 103:19("그의 왕권으로 만유를 다스리시도다") 같은 구절들을 통해서 묘사된다.

섭리는 창조의 역사와 구별된다. 하지만 그 둘은 서로 밀접하게 연관되어 있다. 후자가 전자로 이어진다. 하나님의 창조 사역은 그분이 섭리를 통해 유지하시는 패턴을 만들어낸다. 우리는 이것이 시편 104편에서 얼마간 상세하게 예시되는 것을 볼 수 있다. 이 시편은 창조를 반영하지만, 창조의 여섯 날의 완료 이후에 나타난 하나님의 섭리를 통한 다스림을 다루는 상당히 많은 양의 자료들을 포함하고 있다. 한 구절(시 104:30)은 하나님이 다음 세대의 동물들에게 생명을 주신다는 사실을 가리키면서 "창조하셨다"라는 단어까지 사용한다. "주의 영을 보내어 그들[동물들]을 창조하사 지면을 새롭게 하시나이다."

창세기 1장의 정점은 인간의 창조다. 그리고 창세기 2:4-25 역시 남자와 여자의 창조에 초점을 맞춘다. 창세기 1-2장을 통해 분명하게 드러나는 것은 하나님의 창조 사역이 인간에게 적합한 집을 만들어냈다는 것과 하나님이 처음부터 그것을 염두에 두고 계셨다는 것이다(앞장에서 살펴본 원리 15를 보라).[3] 그렇게 해서 만들어진 창조 질서는 (비록 타락으로 인해 그 적합성이 더럽혀지기는 했으나, 3:17-19) 그 이후 세대의 인간들에게 빛, 마른 땅, 열매들, 계절 그리고 유용한 짐승들을 제공하면서 인간에게 적합한 집의 역할을 **계속해나간다.**

2. 창세기 1장에 실려 있는 하나님의 창조 사역에 대한 묘사는 섭리와의 유비를 통해 이스라엘 백성들을 가르친다.[4]

---

3   C. John Collins, *Genesis 1-4: A Linguistic, Literary, and Theological Commentary* (Phillipsburg, NJ: P&R, 2006), 78-80.

4   Rchard Averbeck은 "성경과 바알 신화 모두가 관찰 가능한 세계와 그 둘 모두가 그 안에서 쓰였던 문화적 세계 모두에 공통적으로 동일한 기초적인 우주론적 패턴을 반영하고 있다"고 말할 때 이런 견해에 접근한다(강조는 덧붙인 것임). Richard Averbeck, "A Literary

창조 행위와 섭리를 통한 역사(役事)의 유사성은 창세기 1장에서 소통되는 의미를 찾는 일에서 핵심적인 역할을 한다. 우리는 시편 104:30을 고찰함으로써 유비의 사용에 대해 설명할 수 있다. 하나님은 섭리를 통해 새로운 동물들이 태어나게 하신다. 그리고 시편 기자는 그분이 행하신 이 일을 설명하기 위해 동물들이 "창조되었다"(창 1:1에서와 동일한 히브리어 *bara'* [ברא])라고 말한다. 동물들은 창세기 1장이 전하는 새로운 사물들의 최초의 창조와 유사하게 창조된다. 그러나 그 구절들 사이의 관계는 동일성(identity)이 아니라 유비(analogy)와 관련이 있다. 왜냐하면 창세기 1장은 서로 다른 종류의 동물들의 **기원**에 대해 논하는 반면, 시편 104:30은 이미 존재하는 다양한 동물들의 **지속성**에 관해 논하기 때문이다.

창조와 섭리 사이의 유비를 사용하는 것은 의미가 있다. 이스라엘 백성과 다른 백성들의 평범한 경험에는 그들 주변의 세상에서 나타나는 하나님의 섭리적 행위와의 상호작용이 포함되어 있기 때문이다. 따라서 섭리에 대한 그들의 경험은 거의 모든 평범한 인간들이 창조를 이해하는 데 필요한 자연스러운 출발점을 제공한다.

또한 성경은 하나님이 창조와 섭리 사이의 여러 유비들을 설정하셨을 수도 있다고 예상할 수 있는 신학적 이유들을 제공한다. (1) 창조 사역과 섭리 사역은 동일한 하나님의 손에서 나온다. 그분은 두 경우 모두에 동일한 지혜를 사용하신다(시 104:24; 잠 8:27-31). (2) 하나님은 창조가 훗날의 섭리

Day, Inter-Textual, and Contextual Reading of Genesis 1-2," in *Reading Genesis 1-2: An Evangelical Conversation*, ed. J. Daryl (Peabody, MA: Hendrickson, 2013), 15. 관심이 있는 독자들은 여기서의 나의 접근법과 *Reading Genesis 1-2*에서 제공된 다섯 가지 해석들을 비교함으로써 유익을 얻을 수 있을 것이다.

적 발전을 위한 토대를 형성하도록 계획하신다. (3) 역사 전체를 위한 하나님의 계획은 내적 통일성을 지니고 있다. 그리고 이 통일성에는 창조와 섭리 모두와 관련된 목적의 근본적인 통일성이 포함되어 있다. (4) 하나님은 창조세계 안에서 이루어지는 일들을 통해 그분의 성품을 반영하신다. 그리고 이런 반영에는 하나님께서 그분이 만드신 것들을 통해 그분의 특정한 성품들을 드러내시는 패턴이 포함되어 있다.[5] 하나님의 성품을 반영하는 이런 패턴은 창조와 섭리 모두에로 확대된다.

창세기 1:1-2:3에 대한 해석

이런 원칙들이 정해졌다면, 이제 우리는 창세기 1장을 읽기 시작할 준비가 된 셈이다. 간결함을 위해, 우리는 이 책에서 여느 주석들에서 통상적으로 다루는 해석의 모든 측면을 검토하지는 않을 것이고,[6] 빛과 어둠 혹은 번식과 열매 맺음 같은 주요한 주제들에 대한 성경적이며 신학적인 성찰을 추구하지도 않을 것이다.[7] 그런 일은 우리의 논의를 아주 크게 확장시킬 것이기

---

5   특히 다음을 보라. 롬 1:19-20; Meredith G. Kline, *Images of the Spirit* (Grand Rapids, MI: Baker, 1980); Vern S. Poythress, *Redeeming Science: A God-Centered Approach* (Wheaton, IL: Crossway, 2006), 18, 20장; Vern S. Poythress, *Theophany: A Biblical Theology of God's Appearing* (Wheaton, IL: Crossway, 2018), 11장.

6   Collins, *Genesis 1-4*이 주요한 자료의 역할을 할 수 있다. Collins는 이 책을 다른 책으로 보완했다. C. John Collins, *Reading Genesis Well: Navigating History, Poetry, Science, and Truth in Genesis 1-11* (Grand Rapids, MI: Zondervan, 2018), 7장.

7   예컨대 G. K. Beale, *The Temple and the Church's Mission: A Biblical Theology of the Dwelling Place of God* (Downers Grove, IL: InterVarsity Press, 2004), 31-45, 60-66을 보라. 『성전신학』(새물결플러스 역간). 성경의 보다 큰 맥락 안에서 창조와 재창조는, 많은 이들이 주장

때문이다. 대신에 우리는 그 단락의 구절들이 창조와 섭리 사이의 유비에 어떻게 의존하는지에 좁게 집중할 것이다.

창세기 1:1-2 (서론)

태초에 하나님이 천지를 창조하시니라(창 1:1).

"태초에"는 하나님이 새로운 피조물들에게 생명을 주시고 섭리를 통해 새로운 사건들을 일으키실 때 발생하는 작은 시작들에서 유추해낸 시간상의 절대적인 시작점을 의미한다.[8] **하나님**이라는 단어는 섭리를 통해 다스리시는 바로 그 하나님을 의미한다(시 103:19). 창세기 1:1에서 **창조하다**라는 단어는 하나님이 시편 104:30에서처럼 새로운 세대의 동물들을 창조하실 때 일어나는 상대적 새로움에서 유추해낸 절대적인 새로움을 의미한다(그림 8.3을 보라).

했듯이, 서로에게 속해 있다. 따라서 창 1-2장에 실려 있는 창조에 대한 설명을 구속적 재창조와 연결시키는 수많은 성경적 주제들이 있다. 또한 우리는 혼돈과 질서라는 신학적 주제와 창 1:3이 전하는 빛의 창조와 요한복음에 나오는 빛이라는 주제 사이의 관계를 지적할 수도 있을 것이다. 그런 여러 가지 관계들이 존재한다. 그러나 우리는 창조와 섭리의 관계에 초점을 맞추기 위해 그런 것들을 제쳐둘 것이다.

8 창 1:1의 정확한 의미는 논란거리다. 어떤 해석자들은 그것이 "무로부터의 창조"를 의미한다고 생각하지 않는다. 그러나 Collins, *Genesis 1-4*, 50-55; Collins, *Reading Genesis Well*, 8장; 이 책에 실려 있는 부록 A를 보라. 골 1:16과 성경의 다른 구절들은 하나님이 완전하게 주도하시는 창조에 관한 전체적인 그림에 기여한다. 그분과 함께 영원한 물질이나 다른 재료는 존재하지 않는다.

표 8.3: 새로운 시작

창조	섭리
1:1 — 새로운 세상	새로운 세대의 동물들

"하늘과 땅"은 하나님이 창조하신 것 전체를 의미하는 복합적인 표현이다.[9] 그것들은 사람들이 그들 아래와 주변에 존재하는 것(땅)과 그들 위에 존재하는 것(하늘)을 경험하는 현재의 섭리적 경험에서 유추하여 기능한다. 그것들이 함께 전체를 구성한다. 창세기 1장에서 사용되는 듬성듬성한 언어는 비가시적인 측면들을 배경에 남긴다. 하지만 그런 측면들은 암시에 의해 포함된다.

"하늘과 땅"이라는 표현은 유비로서 작용하므로 창세기 2:1에서 언급되는 그리고 지금은 섭리를 통해 경험되는 완성된 하늘과 땅보다 이른 시기의 최초의 상황을 가리키는 것일 수 있다(부록 A를 보라).

나는 1절이 단순히 창세기 1장의 나머지 부분을 위한 제목에 불과한 것이 아니라 최초의 창조의 행위를 묘사한다고 여기는 해석자들에게 동의한다.[10] 그 최초의 행위의 결과는 "하늘"(그것의 상황은 더 이상 묘사되지 않는다)과 "땅"(그것의 상황은 2절에서 묘사된다)이 생겨난 것이다. 반면에, 설령 1절이 제목이라고 할지라도,[11] 그것은 창세기 1장의 나머지 부분을 해석하는 데

---

9 Gordon J. Wenham, *Genesis 1-15*, Word Biblical Commentary 1 (Waco, TX: Word, 1987), 15; Collins, *Genesis 1-4*, 55; 이 책에 실려 있는 부록 A.

10 Wenham, *Genesis 1-15*, 11-16, 특히 13장; Collins, *Genesis 1-4*, 50-55; 이 책에 있는 부록 A.

11 Bruce K. Waltke, with Cathi J. Fredricks, *Genesis: A Commentary* (Grand Rapids, MI: Zondervan, 2001), 58; Bruce K. Waltke, "The Creation Account in Genesis 1:1-3: Part III: The Initial Chaos Theory and the Precreation Chaos Theory," *Bibliotheca Sacra* 132 (1975): 216-28. 그러나 하나님이 최초의 형태가 없는 땅을 창조하지 않으셨다는 개념은 거부될 필

210   2부 해석학적 관계들

210   2부 해석학적 관계들

별 차이를 만들지 않는다.

> 땅이 혼돈하고 공허하며 흑암이 깊음 위에 있고 하나님의 영은 수면 위에 운행
> 하시니라(창 1:2).

사람이 거주하지 않는 광야 지역에서 유추해서(참조. 사 34:10; 렘 4:23-26),
"땅"은 구조화되어 있지 않고 비어 있었다. 이런 상황은 그 장의 나머지 부
분에서 소개되는 구조와 대조된다. 우리가 창세기 2:1에 이를 즈음에, 땅은
형태를 갖추고("이루어졌다") 채워져 있었다("만물"). 형태가 없는 땅으로부터
창세기 2:1이 묘사하는 완성된 창조로의 변화는 인간이 황폐한 지역으로
들어가서 곡식을 재배하고, 가축을 기르며, 천막이나 영구적인 집을 세우는
섭리적 상황과 유사하다(그림 8.4를 보라).

표 8.4: 형체가 없는 상황으로부터 완성된 구조로

창조	섭리
1:2 — 형태 없는 세상	텅 비고 황폐한 지역들
1:3-31 — 세계의 구조를 세움	인간이 그 지역을 채우고 구조를 세움

공허로부터 채움으로의 변화는 인간을 위한 실제적인 유익들을 암시한다
(원리 15). 인간은 전적으로 형태가 없는 곳에서는 살지 못한다. 우리는 지금
우리가 살아가고 있는 구조가 갖춰지고 만물로 가득 채워진 세계에서 우리

요가 있다(이 책에 있는 부록 A를 보라).

에게 베푸시는 하나님의 섭리를 찬양해야 한다.

창세기 1:2이 언급하는 흑암은 어두운 밤, 어두운 동굴 혹은 어두운 집과 유사하다. 하나님의 섭리적 질서 안에서 어둠은 구조들 혹은 가구들을 보는 것을 불가능하게 만드는데, 그로 인해 흑암 속에서 인간이 하는 시각적 경험은 땅 위의 처음 상황의 공허와 유사한 공허에 대한 경험이다.

1:2에서 "깊음"은 우리가 섭리적으로 경험하는 바다와 유사한, 거대한 덩어리다. 2절의 마지막에서 "물"이 언급되는데, 그것은 그 깊음이 수면을 갖고 있음을 가리킨다. 듬성듬성한 그리고 무언가를 가정하지 않는 창세기의 설명은 이 물질이 현대의 화학적 분석에서 물(H_2O)로 분류되는 물질인지 여부에 대해 말하지 않는다.[12] 그것은 바다와 유사하다. 하지만 그 설명은 모든 유사점을 상세하게 다루지는 않는다. 창조와 섭리적 경험의 유비에서 분명하게 두드러지는 것은 일반적으로 물과 그리고 특별히 호수와 바다는 얼마간 "형태가 없다"는 것이다.

"하나님의 영"은 그분이 시편 104:30에서 동물을 그리고 욥기 33:4에서 인간의 생명을 창조하실 때 현존하시는 것을 유추하면서, 현존하며 활동한다("운행하시니라").[13]

---

12   엄격하게 말하자면, 태평양 역시 전체가 H_2O인 것은 아니다. 거기에는 몇 가지 언급하자면 용해된 소금—나트륨 이온, 염화 이온, 칼륨, 요드 등—과 조류, 플랑크톤 그리고 버려진 플라스틱 병들이 포함되어 있다. 그런 복잡한 분석은 다시 듬성듬성한 표현("물")과 상세하고 정확한 표현 간의 차이를 예시해준다.

13   "영"(혹은 "바람")에 관한 이해를 위해서는 Poythress, *Theophany*, 11장; 이 책의 부록 B를 보라.

첫째 날

하나님이 이르시되 "빛이 있으라" 하시니 빛이 있었고(창 1:3).

하나님은 명령하신다. 하나님의 형상대로 지음을 받은 인간은 섭리를 통해 하나님을 모방해서 그들 자신의 명령을 내린다. 인간은 자신의 명령을 유추하면서 하나님이 명령하신다는 것이 무엇을 의미하는지 이해한다(표 8.5를 보라).

표 8.5: 하나님의 명령과 인간의 명령

창조	섭리
1:3—하나님이 명령하시다	인간이 명령하다; 하나님이 계속해서 명령하시다

이 문맥에서 그리고 창세기 1장의 다른 곳에서, 우리는 두 개의 보완적인 원리들을 고려해야 한다. 첫째, 하나님은 자신과 인간 사이의 유비들을 고안하셨다. 그 유비들은 실제적이며, 또한 그것들은 하나님과 관련된 창조 질서가 지닌 본질의 한 측면이다. 둘째, 그 둘 사이에는 비대칭적 관계가 존재한다. 하나님은 창조자이자 원형인 반면, 인간은 모방자다. 인간의 행위는 파생된 것이다. 인간은 그의 행위에서뿐 아니라 구성의 측면에서도 그분을 모방한다. 신학자들은 성경이 하나님을 "의인화해서"(anthropomorphically), 즉 인간의 본질과 인간의 행위를 유추해서 묘사한다고 말한다. 그것은 사실이다. 하지만 그 유비는 하나님이 인간을 자신의 형상을 따라 "신의 모습으

로"(theomorphically) 만드셨기에 작동한다.[14]

하나님과 인간 사이의 유비들은 차후의 사상이 아니며, 눈에 두드러지는 결핍을 언어로 "미봉하듯" 인간에 의해 고안된 것이 아니다. 하나님은 처음부터 유비들을 고안하셨고 그것들이 우리가 그분을 알고 그분의 성품에 대해 생각하는 수단이 되게 하셨다. 한편, 하나님―인간이 아니라―은 지식을 위한 표준이시다. 하나님에 대한 우리의 지식은 파생적이며 그분 자신에 대한 그분의 지식과 비교하면 불완전하다. 유비들은 우리에게 하나님에 관한 참된 지식을 제공하지만 그렇다고 배타적인 지식을 제공하지는 않는다.

이런 원리들은 우리가 창세기 1:3에 실려 있는 하나님의 명령에 대해 생각할 때 유지된다. 하나님의 명령은 원래의 명령인 반면, 인간의 명령은 하나님의 권위와 그분의 발언 능력을 모방한 것이다.

창조 때 빛이 나타난 것은 오늘 우리가 밤이 지난 새벽녘에 빛이 나타나는 것을 보는 섭리적 경험과 유사하다. 따라서 우리는 "빛"(light)을 "일광"(daylight)이라고 번역할 수 있을 것이다. 창세기 1:3은 빛을 기계적이고 과학적인 방식으로―예컨대 전자기파(electromagnetic radiation)와 관련해―논하지 않는다. 그 구절은 창조의 첫째 날에 빛이 나타난 것은 우리가 매일 새로운 날에 하나님의 섭리적 질서 안에서 경험하는 일광의 나타남과 같다고 말한다.

성경 전체라는 보다 큰 문맥 안에서 창세기 1:3은 하나님이 우리가 경험하는 빛의 모든 측면을 초래하신 창조주이심을 나타낸다. 예컨대 넷째 날에 하나님은 "두 큰 **광명체**(lights)"와 "별들"을 만드셨는데(창 1:16), 그 별

---

14   나는 이것을 J. I. Packer에게서 들었던 기억이 있다.

2부 해석학적 관계들

들 역시 "빛"(lights)으로 분류된다(창 1:14). 성막에서 일곱 등잔을 지닌 등잔대는 "**빛**이 앞쪽으로 비치게"(출 25:37, 현대인의 성경) 하기 위해 만들어졌다. 따라서 우리는 등잔으로부터 나오는 인공적인 불은 하나님이 만드신 최초의 빛의 창조를 모방하는 것이라고 말할 수 있다. 인공적인 빛이 가능한 것은 오직 하나님이 인간들이 등잔을 만들고, 올리브를 추수하며, 올리브 기름을 만들어 등잔에서 태울 수 있는 복잡한 질서를 정하셨기 때문이다(레 24:1-4). 하나님은 불과 불타는 과정에 관여하는 과정도 지배하신다. 그래서 이스라엘 사람들은 올리브 기름이 타면서 빛을 만들어내는 과정에 의존할 수 있다.

그러므로 과학적 관심사를 지닌 현대의 사회적 맥락 안에서 발견하는 추가적인 의미로서, 우리는 하나님이 빛의 모든 기술적이며 과학적인 측면을 정하신다고 말할 수 있다. 그러나 창세기 1:3은 그런 측면들에 대해 직접 말하지 않는다. 그것은 고대 이스라엘과 모든 문화에 속한 이들을 향해 말하기 위해 평범한 방식으로 말한다. 하나님이 만드신 최초의 빛의 창조는 이제 인간을 위한 복으로서 그리고 그분을 찬양하기 위한 자극으로서의 역할을 한다. 왜냐하면 빛은 계속해서 존재하며 섭리 안에 있는 하나님의 계획을 위해 봉사하기 때문이다(표 8.6을 보라).

표 8.6: 하나님이 빛을 제공하심

창조	섭리
1:3—하나님이 일광을 창조하시다	하나님이 계속해서 일광을 제공하시다

빛이 하나님이 보시기에 좋았더라. 하나님이 빛과 어둠을 나누사(창 1:4).

본문은 그 빛이 하나님이 보시기에 좋았다고 말한다. 그분은 그것을 평가하셨다. 주권자이신 하나님은 모든 것을 평가할 신적 권위를 갖고 계신다. 하나님의 형상대로 지음 받은 인간은 파생적 평가를 한다. 아침이 밝기 시작할 때, 인간은 하나님의 선하심을 경험하고서 빛이 좋다고 생각하거나 혹은 말함으로써 그 선하심에 반응할 수 있다. 하나님의 섭리적 통제라는 맥락 안에서 그들의 경험은 하나님이 빛을 가리켜 좋다고 평가하시는 것이 의미하는 것과 유사하다.

하나님은 "빛을 나누셨다." 창조의 첫날에 있었던 이 최초의 분리 행위는 분리라는 섭리적 과정과 유사하다. 아침이 올 때, 섭리를 통해 빛은 점차 어둠으로부터 분리된다. 이른 아침에 동이 트기 시작할 때, 인간의 환경에는 빛과 어둠이 포함되며, 그 둘은 분명하게 "분리되지" 않는다. 하늘 한쪽에는 상대적인 어둠이 있고, 다른 편에는 작은 빛이 있으며, 그 사이에는 단계적인 밝음의 차이가 존재한다. 처음에 지평선에 희미하게 존재했던 빛이 점차적으로 하늘 전체를 채운다. 그렇게 되고 나면, 그 빛은 이제는 동굴이나 다른 어두운 구멍들 속에만 남아 있는 어둠으로부터 "분리된다."

비유하자면, 하나님은 주권적으로 빛과 어둠을 나누시고 또한 그 둘이 역사 내내 수행하게 될 구별된 역할들을 정하심으로써 최초의 그리고 원형적인 구분을 행하셨다. 함축적으로 말하자면, 하나님은 빛과 어둠의 개념적 구분을 반대로 하신다. 본문은 이런 보다 추상적인 개념을 분리라는 물리적 과정을 통해 예시한다. 또한 하나님은 우리가 낮과 밤의 순환을 통해 보는 빛과 어둠의 시간적 연속을 정하신다. 낮은 일시적으로 밤과 분리된다. 이런 분리는 인간의 삶을 위한 축복이다(표 8.7을 보라).

표 8.7: 낮과 밤의 분리

창조	섭리
1:4—하나님이 낮과 밤을 나누시다	남과 밤이 계속해서 분리되다

하나님이 빛을 낮이라 부르시고 어둠을 밤이라 부르시니라. 저녁이 되고 아침이 되니 이는 첫째 날이니라(창 1:5).

하나님은 그 두 개의 구별되는 것들에게 이름을 주신다. 인간은 유비를 통해 하나님이 주신 언어로써 낮과 밤에게 이미 주어진 이름들을 사용한다. 그리고 때때로 그들은 하나님을 모방해서 새로운 이름들을 고안해낸다(창 2:19-20). 하나님은 이름 짓는 일을 통해 자신의 권위와 통제 능력을 드러내신다. 그리고 인간 역시 유비를 통해 자신들의 섭리적 행위로 이름을 짓고 개념화하는 일에 개입함으로써 일종의 파생된 통제 능력을 과시한다.

"저녁과 아침"은 분명히 인간의 날의 저녁과 아침과 유사하다. 우리는 나중에, 창세기 1장 전체를 훑어본 후, 날들의 구조에 관해 논할 것이다.

둘째 날

하나님이 이르시되 "물 가운데에 궁창이 있어 물과 물로 나뉘라" 하시고(창 1:6)

하나님의 명령은 다시 한번 인간의 명령과의 유사성을 보여준다.

하나님이 궁창을 만드사 궁창 아래의 물과 궁창 위의 물로 나뉘게 하시니 그대로 되니라(창 1:7).

창세기 1:2에 나오는 물에 대한 설명을 고려할 때, 이 지점까지의 묘사 전체는 인간이 바다나 아주 많은 양의 물을 관찰하는 하나님의 섭리적 질서 내의 상황과 유사했다. 바다를 바라볼 때 인간은 때때로 구름들이 육지를 향해 몰려오는 것을 볼 수도 있다. 현상적 측면(외관)에서 구름은 바다와 분명하게 구분되지 않은 채 먼 길을 출발한다. 구름이 다가올 때 그것은 일어나는 것처럼 보인다(왕상 18:44; 눅 12:54). 그리고 점차적으로 위의 구름과 아래의 바다가 분리되기 시작한다. 구름과 바다 사이에는 수평선이 있는데, 그것은 점점 넓어지면서 공간이 된다.

이런 시각적 경험은 하나님이 궁창을 만드셨을 때 행하신 최초의 분리 행위와 유사하다. 우리는 다시 한번 섭리적 경험과 창조의 여섯 날 동안에 있었던 최초의 창조 행위 사이의 상관관계를 인식한다(표 8.8을 보라).

표 8.8: 물을 나눔

창조	섭리
1:6-7—하나님이 윗물과 아랫물을 나누시다	윗물과 아랫물이 계속해서 나누어지다 (구름이 떠오를 때처럼)

창세기 1:7이 언급하는 "궁창 아래의 물"은 오늘 우리가 하나님의 섭리적 질서 안에서 관찰하는 바다에 해당한다. "궁창 위의 물"은, 그것이 어디에 자리 잡고 있든 그리고 구체적으로 어떤 모습을 갖고 있든, 우리 위의 하늘

에 있는 물에 해당한다. 구름 속의 물은 자연스럽게 거기에 포함된다. "궁창"에 해당하는 용어는 뜻이 불분명하다. 그것은 아랫물과 윗물을 구분하는 무언가를 의미한다. 구분이라는 이런 일반적인 원리는 바다에서 구름이 떠오를 때와 같은 특별한 경우에 분명하게 예시된다.[15]

궁창은 "하늘"(창 1:8, שָׁמַיִם)이라고 불린다. 이 용어는 유동적이다. 그것은 하늘의 광명체들이 존재하는 창공을 가리킬 수 있다. 그 용어는 구름의 밑바닥을 포함하는 데 사용될 수도 있다. "조금 후에 구름과 바람이 일어나서 **하늘**이 **캄캄**해지며 큰비가 내리는지라"(왕상 18:45). 사실, 그 용어는 일반적으로 땅 위의 모든 영역을 의미할 수 있다. 비는 "하늘"에서 온다(신 11:11; 대하 7:13; 시 68:8; 사 55:10; 약 5:18 등등).

우리는 안개에 대한 섭리적 경험도 고려해야 한다. 한편으로, 하나님은 안개가 일어나게 하신다(렘 10:13; 51:16). 다른 한편으로, 빗물이 내려온다.

그가 물방울을 가늘게 하시며

빗방울이 증발하여 안개가 되게 하시도다.

그것이 구름에서 **내려**

많은 사람에게 쏟아지느니라(욥 36:27-28).

15　나의 논문 "Correlations with Providence in Genesis 1"(2015)가 출간된 이후에 나는 내가 지나치게 배타적으로 바다에서 떠오르는 구름에 의해 제공되는 예시에 초점을 맞췄다는 것을 알게 되었다. 창 1:6-8은 뜻이 불분명하며 궁창 위의 물이 오직 하나의 형태―구름 속의 물―만을 갖고 있다고 말하지 않는다. 그 구절은 물의 형태도 그리고 그것의 정확한 위치도 특정하지 않는다(그것은 단지 물이 "궁창" 위에 있다고 말할 뿐이다). 원칙적으로 눈에 보이지 않는 물(오늘 우리가 수증기라고 부르는 것) 역시 포함될 것이다. 물과 관련해서는 신비가 존재한다(욥 36:26-29).

안개가 피어오르는 것은 최초의 물과 물의 분리에 대한 섭리적 유비를 드러낸다. 하늘에서 비가 쏟아지는 것은 먼저 하늘 위에 물이 있었음을 전제한다. 비가 되어 내리는 물은 "궁창 위에 있는 물"에서 나온다.

> 하나님이 궁창을 하늘이라 부르시니라. 저녁이 되고 아침이 되니 이는 둘째 날이니라(창 1:8).

구름이 없을 때, "하늘"(heaven)을 가장 분명하고 가시적으로 드러내는 표시는 해와 달뿐 아니라 낮에는 푸른 영역과 밤에는 어두운 영역이 존재하는 가시적인 창공(visible sky)이다. 창세기 1장의 주된 관심사는 겉모습(appearance)이므로 우리는 땅을 구름, 태양 그리고 달로부터 분리시키는 공간에 대한 관심은 줄어들 것이라고 예상해야 한다. 새들은 "땅 위 하늘의 궁창에서 날아다닌다"(fly above the earth *across* the expanse of the heaven, 1:20). 그리고 "across"라는 영어 단어에 해당하는 히브리어(עַל־פְּנֵי)는 "~의 얼굴 위로"라고 투박하게 번역될 수 있다. 이 문맥에서 "궁창"은 배경 모습(background appearance, 일반적으로 창공 혹은 구름)이며, 새들은 이 배경을 등지고 날아다닌다. 그뿐만 아니라 새들은 "하늘의 새들"이라고 불린다(28절; 30절과 비교해보라). 느슨하게 사용될 때, "하늘"이라는 용어의 의미는 유연하며, 하늘의 영역, 우리 위에 있는 모든 것, 혹은 보다 좁게는 가시적인 배경을 가리킬 수 있다.

(다음 장에서 우리는 "하늘의 바다"에 관한 현대적 이론에 대해 논할 것이다.)

셋째 날

하나님이 이르시되 "천하의 물이 한곳으로 모이고 뭍이 드러나라 하시니" 그
대로 되니라(창 1:9).

섭리적으로, 인간의 경험에는 큰 비(왕상 18:45)와 홍수가 포함되어 있다. 비
혹은 홍수 후에는 땅에서 물이 빠져나온다. 즉 그것은 "한곳으로 모인다"—
바다, 호수 혹은 강으로. 마른 땅은 물이 땅에서 빠져나갈 때 나타난다. 하나
님이 제공하시는 이런 섭리적 경험은 그분이 마른 땅이 나타나게 하셨던 최
초의 행위와 유사한 것을 제공한다(표 8.9를 보라).

표 8.9: 마른 땅에서 분리된 바다

창조	섭리
1:9—하나님이 마른 땅이 나타나게 하시다	바다와 마른 땅이 계속되다

하나님이 물을 제공하시는 것은 인간을 위한 것이다. 마른 땅은 인간의 거
주를 위한 토대로서의 역할을 한다. 윗물은 곡식을 위해 비를 제공한다. 충
분한 물이 있어야 하지만, 너무 많은 물은 안 되며, 한 번에 모든 곳에 있어
서도 안 된다(창 1:2).

하나님이 뭍을 땅이라 부르시고 모인 물을 바다라 부르시니 하나님이 보시기
에 좋았더라(창 1:10).

하나님의 명명과 평가는 창세기 1:5에서의 그것과 비슷하다. 앞서 우리는 인간이 이런 측면에서 어떻게 하나님의 행위를 모방하는지에 대해 언급한 바 있다.

> 하나님이 이르시되 "땅은 풀과 씨 맺는 채소와 각기 종류대로 씨 가진 열매 맺는 나무를 내라" 하시니 그대로 되어(창 1:11)

앞서 보았듯이 창세기 1:11과 12절은 하나님이 땅 위에 채소를 처음 창조하신 것에 대해 서술한다. 하지만 또한 그것은 그분이 "각기 종류대로" 재생산하는 일반적인 패턴을 세우신다는 것을 지적한다. 평범한 관찰자들은 오늘날 식물의 재생산이 섭리를 통해 지속되는 것을 볼 수 있다. 식물들은 분명히 인간을 위한 축복이다. 이것은 우리가 하나님의 섭리를 통한 공급과 식물들을 존재케 하셨던 최초의 창조적 행위 모두로 인해 그분께 영광을 돌려야 함을 의미한다(표 8.10을 보라).

표 8.10: 하나님이 식물을 생산하시다

창조	섭리
1:11—하나님이 식물을 생산하시다	하나님이 식물의 성장과 재생산이 계속되게 하시다

> 땅이 풀과 각기 종류대로 씨 맺는 채소와 각기 종류대로 씨 가진 열매 맺는 나무를 내니 하나님이 보시기에 좋았더라(창 1:12).

지면에서 새싹들이 나오는 것을 시작으로 새로운 풀과 덤불과 나무들이 솟아오를 때 땅은 섭리를 통해 식물들을 제공한다. 이런 섭리를 통한 성장은 12절에서 묘사되는 원래의 성장과 유사하다. 식물들은 "각기 종류대로" 솟아오른다. 보리 씨는 보리를 키워 올린다. 석류 씨는 석류나무를 키워 올린다. 그런 식이다. 농부들은 각기 종류대로 이루어지는 식물의 재생산에 의존한다. 하나님은 식물들을 창조하실 때 이런 일반적인 패턴을 정하셨다.

> 저녁이 되고 아침이 되니 이는 셋째 날이니라(창 1:13).

나는 날들의 구조에 대해서는 나중에 언급할 생각이다.

넷째 날

> 하나님이 이르시되 "하늘의 궁창에 광명체들이 있어 낮과 밤을 나뉘게 하고 그것들로 징조와 계절과 날과 해를 이루게 하라"(창 1:14).

하나님은 광명체들이 있어야 할 위치를 명시하신다. "궁창에." 그것들은 섭리를 통해 오늘도 여전히 하늘에 있다. 또한 그분은 그것들의 몇 가지 기능도 명시하신다. 그것들은 "낮과 밤을 나뉘게 한다." 이 분리는 창세기 1:4에 대한 나의 해석과 일치하여 시간적인 측면을 갖고 있다. 시간과 관련해서 말하자면, 낮은 밤과 분리되어 있다. 낮은 태양이 하늘에 있을 때 존재하며, 밤은 태양이 수평선 아래로 가라앉을 때 찾아온다. 태양의 위치는 낮과 밤이라는 두 현상을 구분하는 역할을 한다.

또한 하나님은 빛이 "징조와 계절과 날과 해를" 이룰 것이라고 명시하신다. 이런 명시는 태양과 달과 별들의 상대적 위치가 (태양과 관련된 달의 위치와 연관이 있는) 달(month)과 (태양이 뜨고 지는 수평선 위에서의 위치와 밤 동안에 별들의 위치와 연관이 있는) 해(year)를 이룬다는 사실에 대한 엉성한 언급이다. 게다가 년은 그 안에 계절의 순환도 갖고 있다. 창세기 1:14에 실려 있는 하나님의 명시는 하나님의 섭리적 통치에 따라 오늘 이곳에 존재하는 일정한 패턴을 세운다.

또 광명체들이 하늘의 궁창에 있어 땅을 비추라 하시니 그대로 되니라(창 1:15).

광명체들은 섭리를 통해 오늘도 여전히 "땅을 비춘다"(표 8.11을 보라).

표 8.11: 하나님이 하늘의 광명체들을 제공하시다

창조	섭리
1:14-15—하나님이 광명체들을 만드시다 (최초의 출현)	하늘의 광명체들이 여전히 존재하다

하나님이 두 큰 광명체를 만드사 큰 광명체로 낮을 주관하게 하시고 작은 광명체로 밤을 주관하게 하시며 또 별들을 만드시고(창 1:16)

"[더] 큰 광명체"는 하늘에 있는 밝은 원반이다. 하나님이 하늘에 그 원반을 만드시는 행위는 그 원반이 하나님의 유지하시는 능력에 의해 계속해서 하늘에 존재하는 것과 유사하다. 그 더 큰 광명체는 그것이 모습으로 존재하는 낮 동안에 만들어내는 빛의 근원이라는 의미에서 낮을 "주관한다."

"작은 광명체"는 한 달에 몇 차례 밤에 나타나는 창백한 흰색 원반이다. 그것은 늘 완벽한 원반의 모습을 하지는 않으며 때때로 그달의 때에 따라 초승달 모습이 되기도 하고 만월에 가까운 모습이 되기도 한다. 그것은 사람들이 지구의 야경을 볼 수 있게 해주는 희미한 빛을 발산한다.

별들은 밤하늘에서 빛나는 작은 조각들이다.

이 세 종류의 하늘의 광명체들은 모두 그것들이 사람의 눈에 보이는 대로 현상적인 묘사를 따라 표현된다. 그 묘사는 성경의 언어가 "비가정적"(nonpostulational)이라는 원리를 확인시켜준다. 이런 빛들이 단지 빛들인지, 그 빛이 물질적 물체로부터 유래하는지 혹은 그런 물질적 물체들이 "실제로" 얼마나 멀리 있고 얼마나 큰지에 대한 "이론화"는 존재하지 않는다.

> 하나님이 그것들을 하늘의 궁창에 두어 땅을 비추게 하시며(창 1:17)

하나님은 그분이 섭리를 통해 매일 아침 하늘에 태양을 두시고 밤마다 하늘에 달과 별들을 두신다는 사실(시 104:20; 참조. 19:4-6)에서 유추하여 하늘에 광명체들을 두신다.

> 낮과 밤을 주관하게 하시고 빛과 어둠을 나뉘게 하시니 하나님이 보시기에 좋았더라(창 1:8).

이 말은 1:14-16에서 제시되는 것처럼 하나님이 그 광명체들이 갖도록 의도하셨던 기능들을 반복한다. 시간과 공간 안에서 벌어지는 사건들은 하나님이 그분의 명령의 말씀을 통해 명시하시는 목적을 성취한다.

> 저녁이 되고 아침이 되니 이는 넷째 날이니라(창 1:9).

우리는 나중에 이 후렴구에 대해 고찰할 것이다.

다섯째 날

> 하나님이 이르시되 "물들은 생물을 번성하게 하라 땅 위 하늘의 궁창에는 새
> 가 날으라" 하시고(창 1:20)

하나님은 자기 형상의 담지자인 인간이 명령을 내리는 것에 유추하여 명령
을 내리신다.

> 하나님이 큰 바다 짐승들과 물에서 번성하여 움직이는 모든 생물을 그 종류대
> 로, 날개 있는 모든 새를 그 종류대로 창조하시니, 하나님이 보시기에 좋았더라
> (창 1:21).

바다 생물들과 새들을 창조하시는 하나님의 최초의 행위는 그분이 섭리적
인 다스림을 통해 바다 생물들과 새들의 다음 세대들을 창조하시는 것과 유
사하다(시 104:12, 25[표 8.12를 보라]).

표 8.12 하나님이 바다의 생물들과 새들을 섭리적으로 다스리시다

창조	섭리
1:20–21—하나님이 첫 번째 바다 생물들과 새들을 만드시다	바다 생물들과 새들이 계속 나타나다

> 하나님이 그들에게 복을 주시며 이르시되 "생육하고 번성하여 여러 바닷물에 충만하라. 새들도 땅에 번성하라" 하시니라(창 1:22).

하나님의 복주심은 계속되면서 섭리적 결과를 낳는다. 그분의 섭리적 통치를 통해 바다 생물들은 번성하고 바다를 가득 채우며, 새들은 땅 위에서 번성하며 다음 세대를 낳는다.

> 저녁이 되고 아침이 되니 이는 다섯째 날이니라(창 1:23).

우리는 이 후렴구에 대해서는 나중에 살펴볼 것이다.

여섯째 날

> 하나님이 이르시되 "땅은 생물을 그 종류대로 내되 가축과 기는 것과 땅의 짐승을 종류대로 내라" 하시니 그대로 되니라(창 1:24).

하나님은 인간의 명령과 유사한 방식으로 명령을 내리신다. 땅은 생물을 "낸다." "땅"이라는 표현은 땅의 표면과 그 표면 위에 있는 모든 것을 포괄적으로 언급하는 듬성듬성한 표현일 수 있다. 따라서 그 본문은 생물들이 이 지역 안에서 나타난다는 사실을 묘사한다. 아니면, 보다 좁게, 그 본문은 짐승들이 구멍과 동굴들에서 나올 때 땅에서 나오는 것처럼 보이는 섭리적 관찰에 대한 유비를 암시하는 것일 수도 있다.

> 하나님이 이르시되 "우리의 형상을 따라 우리의 모양대로 우리가 사람을 만들고 그들로 바다의 물고기와 하늘의 새와 가축과 온 땅과 땅에 기는 모든 것을 다스리게 하자" 하시고(창 1:25)

처음에 하나님은 짐승들을 종류대로 창조하셨다. 유추해보면, 그분은―시편 104:30에 따르면―섭리를 통해 계속해서 새로운 세대의 짐승들을 만들고 계신다(표 8.13을 보라).

표 8.13: 하나님이 땅의 짐승들을 부양하시다

창조	섭리
1:24-25―하나님이 최초의 땅의 짐승들을 만드시다	땅의 짐승들이 계속해서 나타나다

> 하나님이 이르시되 "우리의 형상을 따라, 우리의 모양대로 우리가 사람을 만들고 그들로 바다의 물고기와 하늘의 새와 가축과 온 땅과 땅에 기는 모든 것을 다스리게 하자" 하시고(창 1:26).

하나님은 인간의 계획에 대한 인간의 논의와 유사한 방식으로 그분의 계획에 대해 말씀하신다. 이 경우에 복수 대명사 "우리"는 특별하다. 그것의 정확한 의미는 논쟁거리다. 그 논의 전체를 살피지 않고서도 우리는 그것이 일종의 "자기 협의"(self-consultation)를 나타낸다고 제안할 수 있을 것이다. 이 "협의"는 부분적인 병행구들을 갖고 있다. (1) 잠언 8:30에서 하나님이 지혜를 사용하시는 것, (2) 하나님께서는 그분의 성령 외에 다른 조언이 필요하지 않으시다는 것에 대한 성찰(사 40:13-14), 그리고 (3) 열왕기상 22:5-22에서 어느 왕이 자신의 고문들과 상의하는 모습(그러나 하나님은 그분 외의 다른 고문들이 필요 없으시다). 이런 자기 협의는 신약성경의 삼위일체 교리를 예시한다.[16]

> 하나님이 자기 형상 곧
> 하나님의 형상대로 사람을 창조하시되
> 남자와 여자를 창조하시고(창 1:27)

창세기 1:27에서 나타나는 시적 평행법은 이 구절을 그 내러티브의 절정으로 만든다. 인간은 참으로 하나님의 창조 계획 안에서, 그리고 그 뒤를 잇는 섭리적 질서 안에서 핵심을 이룬다. 하나님이 인간을 최초로 창조하신 것은 그분이 자신의 형상대로 지음 받은 각 사람을 창조하시는 것과 유사하다(욥 33:4; 시 139:13-16; 고전 11:7; 약 3:9[표 8.14를 보라]).

---

16   Collins, *Genesis 1-4*, 59-61.

창조	섭리
1:26-27—하나님이 최초의 인간을 만드시다	하나님이 계속해서 새로운 인간을 만드시다 (시 139:13-16)

하나님이 그들에게 복을 주시며 하나님이 그들에게 이르시되 "생육하고 번성하여 땅에 충만하라, 땅을 정복하라, 바다의 물고기와 하늘의 새와 땅에 움직이는 모든 생물을 다스리라" 하시니라(창 1:28).

창조의 최초의 상황에서 하나님이 내리신 지침들은 그 의미가 오늘날 모든 인류에게까지 확대된다. 인류는 인간의 재생산에서 나타나는 하나님의 섭리적 통치를 통해 계속해서 번식하고 번성한다. 인류는 계속해서 다스림을 행사한다(창 9:1-13)

유감스럽게도 죄의 틈입은 다스림이 잔인함과 착취로 왜곡될 수 있음을 의미한다. 따라서 최초의 다스림은 하나님의 통치 아래에서 위임된 권위라고 말하는 것이 필요하다. 인간은 절대적 소유자라기보다 하나님의 재산에 대한 청지기이며, 이런 점에서 창조의 위임은 어느 관리자나 수석 하인이 그를 고용하고 있는 주인과 그의 재산의 유익을 위해 그의 지시를 받으며 일하는 상황과 유사하다. 하나님의 의도를 따르는 인간의 지배는 착취적이고 이기적인 것이 아니라 사려 깊은 것과 돌보는 것이 되어야 한다.

하나님이 이르시되 "내가 온 지면의 씨 맺는 모든 채소와 씨 가진 열매 맺는 모든 나무를 너희에게 주노니 너희의 먹을 거리가 되리라"(창 1:29).

오늘날 인간은 하나님의 최초의 선물이 섭리적으로 연속됨으로써 음식을
먹는다.

> 또 "땅의 모든 짐승과 하늘의 모든 새와 생명이 있어 땅에 기는 모든 것에게는
> 내가 모든 푸른 풀을 먹을 거리로 주노라" 하시니 그대로 되니라(창 1:30).

창조 시에 하나님이 최초로 명시하신 것에 따라 그 패턴이 섭리를 통해 계속
된다. 짐승들은 하나님의 섭리적 질서에 따라 식물을 음식으로 먹는다[17](표
8.15를 보라).

표 8.15: 하나님이 음식을 제공하시다

창조	섭리
1:29–30—하나님이 음식을 제공하시다	하나님이 계속해서 음식을 제공하시다

> 하나님이 지으신 그 모든 것을 보시니 보시기에 심히 좋았더라. 저녁이 되고
> 아침이 되니 이는 여섯째 날이니라(창 1:31).

---

17 이 본문에는 설명의 전반적인 모호함에 일치해서 다른 짐승을 먹는 짐승들에 관해서는 아
무런 언급이 없다. 어떤 이들은 타락 이전에는 모든 짐승이 채식을 했다고 주장해왔으나, 본
문은 그렇게 말하지 않는다. 본문의 침묵이 확고한 결론을 내리는 데 이용되어서는 안 된
다. 다음을 보라. 시 104:21; Poythress, *Redeeming Science*, 120-22; Robert R. Gonzales,
Jr., "Predation & Creation: Animal Death before the Fall?" ETS paper, March 23, 2013;
Kenneth D. Keathley and Mark F. Rooker, *40 Questions about Creation and Evolution* (Grand
Rapids, MI: Kregel, 2014), 26장, 255-62. 여기서 나는 짐승의 죽음과 인간의 죽음을 구별
한다. 후자는 타락의 결과였다(롬 5:12).

"보시기에 심히 좋았더라"라는 표현은 분명히 하나님이 "보시기에 좋았더라"라고 말씀하셨던 앞선 평가들의 절정과 극치를 이룬다. 우리는 나중에 창세기 2:1-3을 살핀 후에 이런 후렴구들에 대해 논하게 될 것이다.

일곱째 날

> 천지와 만물이 다 이루어지니라(창 2:1).

창세기 2:1은 창조 사역에 대한 내러티브의 종결을 알린다. 하나님은 다양한 지역과 그 지역들을 채우는 다양한 피조물을 만드시는 일을 마치셨다. 이제 그분은 자신이 만드신 창조세계에 대한 섭리적인 통치 사역을 계속해 나가시면서 자신의 계획을 따라 그 세계를 각각의 운명에 이르게 하신다. 최초의 사역과 그것의 지속 사이에서 나타나는 차이는, 비록 그 둘의 관계가 때때로 매우 밀접해 보이지만, 그것들은 여러 면에서 동일하다기보다 유사하다는 것을 의미한다.

> 하나님이 그가 하시던 일을 일곱째 날에 마치시니 그가 하시던 모든 일을 그치고 일곱째 날에 안식하시니라(창 2:2).

창세기의 일부인 이 구절은 이스라엘 사람들에게 그리고 그들의 뒤를 이은 세대들에게 주어진다. 안식일 제도는 출애굽기 20:8-11에서 설명된다. 하나님은 이스라엘 백성에게 안식일에 일하지 말 것을 명령하신다. 그들의 모든 일은 엿새 동안에 이루어져야 한다. 일과 휴식이라는 그들의 패턴은 분명히 하나님의 패턴을 모방한다.

엿새 동안은 힘써 네 모든 일을 행할 것이나 일곱째 날은 네 하나님 여호와의

안식일인즉 너나 네 아들이나 네 딸이나 네 남종이나 네 여종이나 네 가축이나

네 문안에 머무는 객이라도 아무 일도 하지 말라. 이는 엿새 동안에 나 여호와

가 하늘과 땅과 바다와 그 가운데 모든 것을 만들고 일곱째 날에 쉬었음이라.

그러므로 나 여호와가 안식일을 복되게 하여 그날을 거룩하게 하였느니라(출

20:9-11).

일과 휴식이라는 하나님의 패턴은 이스라엘의 패턴과 분명하게 유사하다

(그림 8.3을 보라).

그림 8.3: 하나님의 일과 휴식, 인간의 그것과 비교하여

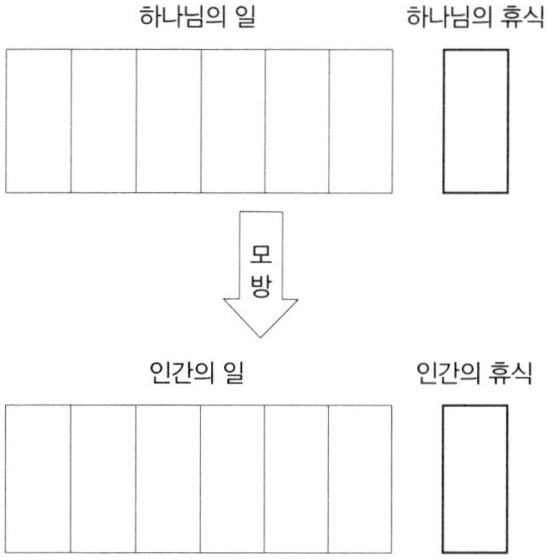

그러나 하나님의 패턴이 이스라엘의 그것과 유사하기는 하나 그 둘은 동일

하지 않다. 왜냐하면 하나님은 인간처럼 육체적으로 지치지 않으시기 때문이다. 창세기 2:2은 그분이 쉬셨다고 말하는데, 그것은 그분이 일을 그치셨음을 의미한다. 보다 구체적으로 창세기 2:3은 그분이 "그 **창조하시며** 만드시던 모든 일을 마치셨다"고 말한다. 섭리에 대한 성찰은 하나님이 그분의 섭리 사역을 계속해서 수행하시는 반면, 섭리와 유사하기는 하나 그것과 동일하지는 않은 창조 사역에서는 물러나 계속해서 쉬고 계심을 보여준다.

> 하나님이 그 일곱째 날을 복되게 하사 거룩하게 하셨으니 이는 하나님이 그 창조하시며 만드시던 모든 일을 마치시고 그날에 안식하셨음이니라(창 2:3).

일곱째 날을 거룩하게 하는 것은 하나님의 휴식과 그분이 사역을 완성하신 것을 경축한다. 우리는 이에 대한 응답으로 하나님이 완성하신 일과 그분이 그 일을 하시며 보이신 위대하심과 은혜를 기리고 찬양해야 한다. 본문은 그 축복이 인간이 경축하는 안식일에 있는지, 하나님이 쉬셨던 최초의 날에 있는지에 대해 특정해서 말하지 않는다. 하지만 그것은 하나님의 휴식과 더불어 시작되는데, 이것은 인간이 본받아야 할 패턴을 제시한다. 따라서 본문은 아마도 그 둘 모두를 의미할 것이다. 즉 축복은 하나님의 휴식 시간과 더불어 시작되며, 이어서 암묵적으로 인간이 일하지 말라는 명령을 받고 있는 이 땅에서의 안식일에까지 확대된다.

인간은 한 주의 일곱 번째 날에 일시적으로 쉰다. 그러나 그 후에는 다시 일한다. 대조적으로 하나님의 창조 사역은 영원히 끝났다. 그분은 다시 일하지 않으시고 더 많은 창조의 일을 하지도 않으신다. 왜냐하면 창조 사역은 "끝났기" 때문이다(창 2:1). 다른 보다 후대의 성경을 보조 자료로 삼아 우리는 생육과 정복이라는 인간의 일이 결국 끝날 것이고, 인간은 완성 안으로 들어갈 것이며, 그 안에서 생육과 정복이라는 앞선 일로부터 물러나 쉴 것이라는 창세기 1:28의 암시를 확인할 수 있다. 매주 돌아오는 안식일 은 그 최종적 안식에 대한 상징이자 전조다(히 4:1-11).

그러므로 창세기 1:1-2:3은 우리가 하나님의 사역과 휴식에서 나타나 는 6:1의 패턴(그것은 최초의 패턴이다)과 인간의 일과 휴식에서 나타나는 6:1 의 패턴(그것은 모방적이며, 인간의 완성된 휴식에서 최종적으로 나타난다) 사이의 유사성을 보도록 이끈다.

우리는 창조의 날들에 관한 문제들에 대해서는 11-14장에서 더 다룰 것이다.

전체 조망하기

대체로 창세기 1:1-2:3의 내러티브는 우리가 그것을 창조와 섭리 사이의 유비에 주목하면서 읽을 때 잘 이해된다. 모든 것은 평범한 사람들이 이해 할 수 있을 만큼 단순하다. 하나님이 이렇게 단순하게 설명하신 까닭은 원 래의 역사적 상황 밖에 있는 모든 문화와 모든 시대의 사람들이 하나님의 창조 행위의 기본적인 의미를 이해할 수 있게끔 하시기 위함이었다. 우리는 성경의 다른 구절들을 통해 하나님이 보이는 것들뿐 아니라 보이지 않는 것 들도 창조하셨음을 알고 있다(요 1:3; 골 1:16). 그러나 창세기 1장은 단순함 을 위해 보이는 세계에 초점을 맞춘다.

현대 과학과 유사한 방식으로 이루어지는 추론이나 "이론화"의 징후 는 존재하지 않는다. 창세기 1장은 원칙적으로 과학의 관습에 대해 적대적 이지 않으나 또한 그 어떤 형태의 기술 과학을 제시하지도 않는다. 특히 그것은 이른바 고대의 물리주의적 우주론의 그 어떤 결함 있는 조각도 포함하지 않는다.[18] 그것은 이스라엘 사람들과 하나님이 세상을 창조하실 때 행하신 일에 관심을 갖는 모든 문화의 사람들에게 말을 걸기 위해서 단순한 수준에 머물러 있다.

"기능적" 방향성

서로 경쟁하는 해석들에 익숙한 독자들은 하나님이 만드신 것의 실제적 "기능들"과 하나님의 창조 행위에 대한 묘사의 "기능적" 특성을 강조하는 나의 해석의 관계에 대해 궁금해할 것이다.[19] 그 관계는 "기능적"(functional)이라는 단어가 무엇을 의미하느냐에 달려 있다. 넓은 의미에서, 어떤 목적을 지닌 모든 대상과 모든 행위는 그 목적을 위해 봉사함으로써 기능한다. (우리가 7장에서 살펴본) 원리 15는 "기능성"(functionality)이라는 개념을 표현한다. 하나님은 창조 시에 목적을 갖고 계셨다. 하나님이 만드신 모든 것은 그분이 어떤 목적을 갖고서 만드신 것이다. 사실 그분은 여러 가지 목적을 갖고 계셨다. 하나님은 어떤 단일한 계획을 갖고 계셨으나, 이 단일함 안에서

---

18 이스라엘 독자들은 자신들의 마음속에 우주의 구성과 구조에 관한 얼마간 잘못된 생각을 갖고 있을 수도 있고 그렇지 않았을 수도 있다. 창 1장은 단순하게 누구라도 관찰할 수 있는 것을 언급함으로써 그런 생각들을 지지하지 않는다. 이 책의 5장, 각주 18에 실려 있는 심상 이론에 대한 주의를 보라.

19 예컨대 John H. Walton, *Genesis 1 as Ancient Cosmology* (Winona Lake, IN: Eisenbrauns, 2011), 24; Walton, "Reading Genesis 1 as Ancient Cosmology," in Reading Genesis 1-2: An Evangelical Conversation, ed. J. Daryl Charles (Peabody, MA: Hendrickson, 2013), 141-69. Walton에 대한 상세한 대응에 관해서는 Collins, *Reading Genesis Well*, 168을 보라.

그분이 창조하신 모든 것은 다양한 목적을 갖고 있었다. 예컨대 식물들은 짐승들과 인간들을 위한 음식의 역할을 한다. 그것에 더하여, 그중 일부는 아름다운데, 그것들은 하나님의 돌보심을 예증한다(마 6:28-30). 또한 하나님은 아무도 그것들을 보지 않을 때조차 그것들을 돌보신다(욥 38:26-27).

창세기 1장에서 하나님은 인간을 다루시기 때문에, 그분은 인간에게 관심사와 유익이 되는 창조의 몇 가지 측면들을 두드러지게 보여주신다. 이런 측면들을 묘사하심으로써 하나님은 인간들이 자신을 찬양하도록 이끄시고, 그로 인해 그분의 이름이 높임을 받으신다. 이런 결과들은 하나님의 목적을 따라 나온다. 그러므로 그것들은 창조의 기능들에 속해 있다. 그 단어의 넓은 의미에서 창세기 1장의 전체적인 설명은 "기능적으로" 방향이 정해져 있다. 즉 그것은 인간의 유익과 즐거움 그리고 하나님의 영광을 위한 창조 질서의 기능들을 보여주도록 방향이 정해져 있다.

이런 원리들은 창세기 1장 안에 환경의 가시적 변화에 대한 관찰 가능한 서술들이 포함된 것과 완전하게 일치한다. 1:3에서 빛은 전에 그것이 없었던 곳에서 나타났다. 1:7에서 하나님은 전에 그것이 없던 곳에 궁창을 만드셨다. 9절에서 마른 땅은 전에 그것이 나타나지 않았던 곳에서 나타났다. 그런 식이다. 창세기 1장에 나타나는 기능성을 향한 지향에는 최종적 기능들이 자리를 잡는 데까지 이어지는 변화들에 대한 관심이 포함되어 있다. 창세기 1장은 우리가 인간에게 적합한 환경에서 사는 것뿐 아니라 하나님이 그런 세계를 만드실 계획을 갖고 계셨던 것으로 인해 그분을 찬양하도록 이끈다. 하나님은 세상을 사람이 거주하지 않는 상태(창 1:2)로부터 사람이 거주할 수 있는 상태(창 1:31)로 만들기 위한 그분의 계획을 점진적으로 이행하심으로써 지금 우리가 그로 인한 복을 누릴 수 있게 하셨다. 또한 하나님의 목적에는 훨씬 먼 미래를 위한 계획까지 포함되어 있었는데, 그때 창조세계는 새로워질 것이다(계 21:1에 실려 있는 새 하늘과 새 땅에 대한 묘사를 보라). 완성이라는 목표는 원래의 창조의 목적들 가운데 들어 있다.

성막을 만드는 것과의 유사성

보통 우리는 어떤 것을 섭리 가운데 있는 인간 경험과의 유비를 사용해 설명할 수 있다. 성막을 만드는 것에 대해 생각해보라. 이스라엘에게 주신 하나님의 지시는 전체적인 방향성을 지니고 시작된다.

> 내가 그들 중에 거할 성소를 그들이 나를 위하여 **짓되** 무릇 내가 네게 보이는
> 모양대로 장막을 짓고 기구들도 그 모양을 따라 **지을지니라**(출 25:8-9).

일단 성막이 만들어지고 나면, 출애굽기 25:8이 말하는 것과 40:34-35에서 확인되는 것처럼, 그것은 하나님의 거처로서의 역할을 한다. 기술적으로 말하자면, "기능적"이라는 단어의 좁은 의미에서, 성막 전체는 하나님이 그곳에 임재하시고 그 위에 영광의 구름이 내려앉기 전까지는 기능적이지 않다. 하나님의 임재는 절정에 이르게 하는 행위, 즉 그 완성된 구조물을 단순히 물리적 천막이 아니라 하나님이 거주하시는 성소로 만들어주는 행위다. 그러나 하나님의 임재라는 최종적 행위가 "만들기"(making)의 유일한 행위는 아니다.

브살렐은 "하나님의 영"으로 충만하고, 그의 조수들은 능력을 얻는다

(출 31:3, 6). 그들은 "내[하나님]가 네게 명령한 것을 다 만들어야[עשה]" 했다. 출애굽기 36-39장에서 그 내러티브는 계속 이어지면서 성막의 휘장, 고리, 걸쇠, 틀 등을 만드는 것에 대해 묘사한다. 그런 물건들은 만들어지고 합쳐지는데, 거기에는 물리적 구조조정이 수반된다. 넓은 의미에서, 브살렐과 일꾼들이 행하는 모든 일은 기능적이다. 그것들 모두는 어떤 목적을 갖고 있으며, 또한 그것들 모두는 하나의 완성된 전체로서 성막의 최종적 조립으로 이어지는 기능을 한다. 그리고 그 후에는 영광의 구름이 내려온다. "만들다"(עשה)라는 단어는 보다 앞선 단계들을 묘사하는 데 사용된다. 그것은 40:34-35이 전하는 최종적 봉헌을 묘사하는 데 사용되지 **않는다**(아마도 그렇게 하는 것이 가능했을지라도 말이다).

성막이 완성되어 봉헌된 후에도 하나님은 여전히 다른 계획들을 품고 계신다. 그분의 상징적 거처인 성막은 요한계시록 21:3에 묘사된 하나님의 최종적 거처를 가리킨다.

이제 출애굽기 36-39장에서 "만들기"의 섭리적 행위가 어떻게 창세기 1장의 하나님의 최초의 만들기 행위와 서로 연관되는지에 대해 살펴보자. 창세기 1:1-2:3에서 만들기 행위의 최종적 결과물은 1:31-2:1에 묘사되는 완성된 하늘과 땅이다. 간접적 의미로, 하나님은 안식일을 경축하고 그것을 "거룩하다"고 선언하심으로써(2:3)—비록 "거룩하다"고 선언되는 것이 세상이 아니라 제7일, 즉 안식일이기는 하지만—완성된 모든 일을 "성별하신다."

어느 면에서 전체 세상은 하나님의 임재로 가득 찬 우주 성전과 같다.[20]

---

20   Beale, *The Temple and the Church's Mission*, 60-66; C. John Collins, "Reading Genesis 1-2

창세기 1장은 종결점(the end point)으로 이어지는 만들기와 재구성 행위를 묘사한다. 창세기는 그 종결점을 선포하지만, **또한** 그것은 우리에게 그 종결점으로 이어지는 하나님의 행위에 대해 가르친다. 이런 식으로 그것은 출애굽기 36-40장과 유사하다. 그 장들은 그 과정 내내 종결점(완성된 성막)을 그보다 앞선 인간의 행위들—그리고 그런 인간들에게 능력을 주시는 하나님의 행위들—과 연결시킨다. 창세기 1장과 출애굽기 36-40장 모두에서 하나님의 목적에는 만들기라는 특별한 행위들과 완성된 전체 모두가 포함된다. 또한 그분의 목적은 최초의 성취들 너머로 확대된다, 즉, 그것은 창세기 2:1에서 완성된 하늘과 땅 너머로 그리고 출애굽기 40:33에서 완성된 성막 너머로 확대된다.

성막은 마당, 성소 그리고 지성소 같은 구별된 공간들을 갖고 있다. 모세는 이 구별된 공간들에 놋 제단, 물두멍, 진설병을 위한 탁자, 등잔대 그리고 언약궤를 놓았다(출 40:16-33). 비슷한 방식으로, 하나님이 하늘과 땅을 지으실 때 그분은 하늘, 바다, 마른 땅과 같은 구별된 공간들을 창조하시고 그것들 각각을 위한 가구들(특정한 피조물들)을 만드신다.

창조와 성막 사이의 병행은 성막이 하늘에 있는 하나님의 거처에 대한 일종의 형상이라는 사실에 의해 강화된다. 하나님은 만물을 채우시지만(렘 23:24; 사 66:1을 보라), 특히 그분은 집중적으로 하늘에 계신다(왕상 8:27, 30, 34, 36, 39). 따라서 성막과 훗날의 솔로몬 성전이 하늘의 형상과 하나님의 거처로서의 세상 전체에 대한 이미지를 지니는 것은 이치에 맞는 일이다.[21]

---

with the Grain: Analogical Days," in *Reading Genesis 1-2*, 91; cf. 180-81.

21   Beale, *The Temple and the Church's Mission*, 60-66; Kline, *Images of the Spirit*, 35-42.

창조에서 그리고 성막에서 발견되는 상관관계와 기능들 모두가 하나님의 계획에 따라 발생한다(표 8.16을 보라).

표 8.16: 하나님이 기능들을 정하시다

창조	섭리
1:1-31—하나님이 그분의 목적들(기능들)을 위해 사물을 만드시다	하나님이 브살렐에게 성막 안에서 그분의 목적들 (기능들)을 위한 물건들을 만들도록 지시하시다

대조적으로, 물질주의의 영향을 받은 현대의 독자들은 목적이라는 측면에서 사고하는 데 익숙하지 않다. 물질주의는 과학의 법칙들을 비인격적인 것으로 이해한다. 그런 틀 안에서 창세기 1장은 이치에 맞지 않거나 아니면 과학의 법칙이라는 무목적적 구조의 **꼭대기에** 하나의 추가적인 목적의 층을 더하는 것으로 해석되어야 한다. 그러나 그런 그림은 하나님의 목적의 성격과 과학적 법칙의 성격 둘 모두를 잘못 해석하는 것이다. 실재하는 법칙은 하나님의 인격적인 말씀이다. 그것은 인격적이며 또한 그러하기에 목적들로 가득 차 있다.[22]

고대 근동의 신화들과의 상관관계

오늘날 고대 근동을 연구하는 이들은 창세기 1장에 대해 여러 가지 의문들

---

22   Poythres, *Redeeming Science*, 1장.

을 제기해왔는데, 그것은 그 내용 중 일부가 고대 근동의 신화적 자료들의 내용과 놀라울 정도로 유사하기 때문이었다. 고대 근동의 일부 자료들은 그 기원이 창세기보다 앞선다. 그렇다면 우리는 창세기가 그런 자료들로부터 아이디어를 얻었다고 추론해야 하는가? 그렇다면 창세기는 잘못된 우주론의 몇 가지 요소들을 받아들였던 것인가?(우리는 5장에서 이 문제의 몇 가지 측면들을 살펴보았다)

내용상의 유사성을 발견한 이들은 (만약 그들이 신성모독을 소화할 수 있다면)「에누마 엘리쉬」(*Enuma Elish*), 아트라하시스 서사시(Atrahasis Epic) 그리고 "엔키와 닌마"(Enki and Ninmah) 같은 고대 근동의 몇 가지 중요한 신화적 이야기들을 읽을 수도 있을 것이다. 그런 문헌들에서 나타나는 다신론적 야생성은 이따금씩 나타나는, 유사성을 암시하는 세부적인 내용들을 완전히 압도한다.

우리는 이에 기초해서 과연 창세기와 그런 신화들 사이의 병행이 순전히 우발적인 것인지, 즉 되는 대로 맺어진 관계의 산물인 것인지 궁금해할 수 있을 것이다. 우리는 대부분의 경우에 실수를 저지른다. 그러나 충분히 많은 자료를 숙독하는 과정에서는 점차로 어설픈 "점수들"을 얻을 수 있다. 그러나 그렇게 되는 대로 이루어진 축적이 유사성들을 설명할 수 있을까?

나는 이것이 가장 그럴듯한 설명이라고 보지 않는다. 오히려 그 유사성들은 다음 세 가지의 중요한 이유들로 인한 것이다.

첫째, 창세기 1장은 이스라엘 백성에게 그들의 환경 안에 존재하는 신화들에 대한 대안을 제공하고 있다. 그러므로 그것이 적어도 그 신화들과 동일한 주제 중 몇 가지를 다루는 것은 자연스러운 일이다.

둘째, 고대 근동의 사고는 현재의 패턴들을 기원들과 연관시키는 경향을 보인다.[23] 즉 그것은 섭리를 창조와 연관시켰다(우리는 오늘날에도 그렇게 하고 있다). 사람들이 현재의 패턴들에 대해 궁금해할 때, 때때로 그들은 그런 패턴들이 원래의 사건들을 통해 어떻게 해서 나타나게 되었는지에 대해 추측한다. 그러나 다신론은 섭리와 창조 모두에 대한 이해를 왜곡하고 혼란스럽게 만들었다. 특히 그것은 하나님이 섭리와 창조 사이에 세워놓으신 지혜로운 관계에 대한 진리를 왜곡시켰다. 요컨대 그것은 창조 내러티브의 위조품에 해당하는 것을 제공했다.

셋째, 고대 근동에서의 교차 문화적 소통으로 인해 서로 구별되는 문화들과 하위문화들은 얼마간의 축적된 이미지들, 유비들 그리고 주제들을 공유하고 있었을 수도 있다. 가령 우주와 집 사이의 혹은 우주와 천막 사이의 유비들 또는 혼돈과 질서 사이의 혹은 어둠과 빛 사이의 주제적 대조 같은 것들을.

그렇다면 우리는 고대 근동 신화들의 유래 및 그것들과 창세기 1장의 관계를 어떻게 개념화할 것인가? 유래의 실제적 질서는 다음과 같았을 것

---

23 예컨대 Vincent Arieh Tobin은 이집트 신화에서 원시 물의 신 눈(Nun)에 대한 상징은 "이른 시기에 (아마도 선사 시대에) 나일강의 범람에서 유래되었다. 원시의 둔덕은 물이 가라앉을 때 나타났던 고립된 언덕들의 출현을 반영한다"라고 가정한다. Vincent Arieh Tobin, "Myths: An Overview," in *The Oxford Encyclopedia of Ancient Egypt*, ed. Donald B. Redford (New York: Oxford University Press, 2001), 2.464. 또한 J. Gwyn Griffiths, "Myths: Solar Cycle," in *The Oxford Encyclopedia of Ancient Egypt*, 2.476–80에 실려 있는 연례 및 매일 주기에 대한 논의를 보라. 일반적으로 신화들은 그 근원을 "인간이 그것과 관계하기 위해 자연의 힘들을 인격화함으로써 인식하고 해석했던 자연계"와 "이상화된 역사적 개인과 사건들"에 두고 있다. Tobin, "Myths: An Overview," 2.464; 또한 2.467을 보라. "각각의 자연의 원리는 창조 안에 매일의 삶의 원리와 유사한 특정한 기능을 갖고 있다." James P. Allen, *Genesis in Egypt: The Philosophy of Ancient Egyptian Creation Accounts* (New Haven, CT: Yale Egyptological Seminar, Department of Near Eastern Language and Civilizations, The Graduate School, Yale University, 1988), 12. 또한 Averbeck, "A Literary Day," 15.

이다. (1) 영원 전부터 하나님은 창조와 섭리에 대한 계획을 갖고 계셨다. 거기에는 그 둘 사이의 통일과 유비가 포함되어 있다. (2) 하나님은 창조와 섭리의 실제적 사건들을 통해 그분의 계획을 실행에 옮기셨다. (3) 고대 근동의 다신론자들은 섭리를 관찰했고 기원에 대한 그들의 신화적 설명들 속에서 유비들을 추론해냈다. (4) 창세기 1장에서 하나님은 이스라엘 백성에게 창조에 대해 가르치기 위해 말씀하셨다. 창세기 1장은 창조와 섭리 사이의 유비적 상관관계에 의존하고 있다. 그것은 다신론적 설명들과 대조되는 참된 설명을 제공한다. 신화적 설명들과 창세기 1장 모두가 섭리적 패턴들과 관련이 있다. 우리는 창세기 1장과 온 세상의 창조 신화들 사이에 유사성이 있을 것이라고 예상해야 한다. 왜냐하면 그 둘 모두 섭리와 유비적 관계가 있기 때문이다.

사실, 우리는 우리가 창세기 1장과 고대 근동의 신화적 설명들 사이에서 **더 많은** 유사성들을 발견하지 못하는 것에 놀랄 수도 있을 것이다. 유사성이 그토록 적은 것을 설명할 수 있는 유일한 길은 다신론의 어둠이 섭리에서 분명히 드러나는 패턴들에 대한 이해를 억눌렀다는 것이다. 이런 패턴들은 명백하게 창조주에 대해 증언하며(롬 1:18-23) 또한 하나님의 창조 사역을 이해하기 위한 여러 가지 유비들을 제공한다.

요약하자면 그 두 종류의 문헌들(창 1장과 고대 근동의 신화들) 사이에서 나타나는 유사성은 여러 가지 이유에서 나온다. (1) 창세기 1장에서 하나님은 고대 근동의 다신론적 가짜 이야기들에 맞서서, 그리고 보다 넓게는 세상의 모든 문화들 속에 있는 신화들에 맞서서 참된 대안을 제공하신다. (2)

모든 사람은 섭리적 패턴들에 공통적으로 접근할 수 있다.[24] (3) 하나님은 창조와 섭리의 상관관계를 영원히 확립하셨다. (4) 그분은 사람들을 어둠에서 빛으로 불러내실 때 이런 상관관계를 강조하신다(그림 8.4를 보라).

그림 8.4: 창세기 1장의 기원과 신화들

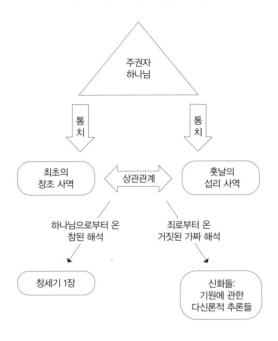

---

24   어떤 보수적인 학자들은 창조 신화들은 노아 시대까지 거슬러 올라가는 창조에 대한 진정한 전승들을 왜곡하는 것을 통해 나왔다고 주장해왔다. 그것은 가능한 주장이다. 하지만 섭리에서 하나님의 일반 계시를 통해 나타나는 연관성을 고려할 때, 특별 계시에 대한 그런 식의 접근이 유사성들을 설명하기 위해 꼭 필요하지는 않다.

상관관계에 대한 요약

대체로, 창세기 1장은 창조와 섭리 사이에 존재하는 여러 가지 상관관계들을 사용한다. 실제로 거기에는 우리가 언급했던 것보다 많은 상관관계가 존재한다(표 8.17을 보라).

표 8.17: 창조와 섭리 사이의 몇 가지 상관관계들

창조	섭리
1:1—절대적 시작	새로운 사건들; 새로운 짐승들
1:2—형태 없는 세상	공허하고 황폐한 지역들
1:3-31—세상의 구조를 만듦	인간이 어느 지역을 채우고 구조를 만듦
1:3—하나님이 명령하시다	인간이 명령하다. 하나님이 계속해서 명령하시다
1:3—하나님이 일광을 창조하시다	하나님이 계속해서 일광을 제공하시다
1:4—하나님이 낮과 밤을 나누시다	낮과 밤이 계속해서 나뉘다
1:6-7—하나님이 윗물과 아랫물을 나누시다	윗물과 아랫물이 (상승하는 구름에서처럼) 계속해서 나뉘다
1:9—하나님이 마른 땅이 나타나게 하시다	바다와 마른 땅이 계속되다
1:11—하나님이 식물들을 생산하시다	하나님이 계속해서 식물들이 성장하고 재생산하도록 하시다
1:14-15—하나님이 광명체들을 만드시다(처음으로 출현하게 하시다)	하늘의 광명체들이 여전히 거기에 있다
1:20-21—하나님이 최초의 바다 생물들과 새들을 만드시다	바다 생물들과 새들이 계속해서 나타나다
1:24-25—하나님이 최초의 육지 동물들을 만드시다	육지 동물들이 계속해서 나타나다

1:26-27—하나님이 최초의 인간들을 만드시다	하나님이 계속해서 새로운 인간들을 만드시다 (시 139:13-16)
1:29-30—하나님이 음식을 제공하시다	하나님이 계속해서 음식을 제공하시다
2:1-3—하나님이 엿새 후에 휴식하시다	사람들이 엿새 후에 휴식하다; 하나님이 창조로부터 물러나 계속해서 휴식하시다
1:1-31—하나님이 그분의 목적들(기능들)을 위해 사물들을 만드시다	하나님이 브살렐에게 성막에서 그분의 목적들(기능들)에 필요한 것들을 만들도록 지시하시다

9장

윗물(창 1:6-8)

이제 창세기 1:6-8과 관련된 특별한 논쟁에 대해 살펴보자.[1]

그동안 어떤 학자들은 고대 근동 사람들은 하늘이 강하고 견고한 돔으로서 그 위에 하늘의 물을 담고 있다고 믿었다고 말해왔다[2](현대의 일부 학자

---

1   이 장은 Vern S. Poythress, "Rain Water versus a Heavenly Sea in Genesis 1:6-8," *Westminster Theological Journal* 77, no. 2 (2015): 181-91을 개작한 것이다. 허락을 받아 사용함.

2   가령, Paul Seely, "The Firmament and the Water Above: Part I: The Meaning of *raqia'* in Gen 1:6-8," *Westminster Theological Journal* 53, no. 2 (1991): 227-40; Seely, "The Firmament and the Water Above: Part II: The Meaning of 'The Water above the Firmament' in Gen 1:6-8," *Westminster Theological Journal* 54, no. 1 (1992): 31-46. 그 이론은 아주 잘 정립되어서 표준 어휘로 발전했다. 그래서 Francis Brown, S. R. Driver, and Charles A. Briggs, *A Hebrew and English Lexicon of the Old Testament* (Oxford: Oxford University Press, 1953), 956는 רָקִיעַ에 관한 항의 두 번째 의미(sense 2)에서 그것을 "히브리인들이 그 위에 '물'을 담고 있는 견고한 하늘의 둥근 천장[vault] 혹은 창공[firmament]이라고 여겼던 것"이라고 설명한다. 그러나 동일한 항은 또한 "확장된 표면"(extended surface)과 "광활한 공간"(expanse)이라는 난외주를 제공한다(sense 1). 그런 의미 중 어느 것도 그 안에 고체성(solidity)이라는 개념을 갖고 있지 않다. Cf. Walther Eichrodt, *Theology of the Old Testament* (Philadelphia: Westminster, 1967), 2.93-94. John H. Walton은 변형된 개념을 제시하는데, 그에 따르면, רָקִיעַ는 대기(the air)를 가리키고 שָׁמַיִם는 견고한 하늘(the solid sky)을 가리킨다. John H. Walton, *Genesis 1 as Ancient Cosmology* (Winona Lake, IN: Eisenbrauns, 2011), 155-61. 불가피하게, 또한 우리는 하늘의 바다와 그것을 지탱하는 견고한 창공 모두를 보여

주는 "세계에 대한 구약성경적 개념"에 관한 시각적 상상력에 호소하는 그림을 볼 수 있다. 가령, T. H. Gaster, "Cosmogony," in *Interpreter's Dictionary of the Bible*, ed. George Arthur Buttrick (New York: Abingdon, 1962), 1:703.

또한 이런 개념에 대한 비판적인 대응에 주목하라. R. Laird Harris, Gleason L. Archer, Jr., and Bruce K. Waltke, eds., *Theological Wordbook of the Old Testament* (Chicago: Moody Press, 1981), 2.862 (with appended bibliography); James Orr, ed., *International Standard Bible Encyclopedia* (Grand Rapids, MI: Eerdmans, 1955), 1.314-15; R. K. Harrison, "Firmament," *International Standard Bible Encyclopedia*, ed. Geoffrey W. Bromiley, et al., rev. ed. (Grand Rapids, MI: Eerdmans, 1979), 2.306-7; Vern S. Poythress, *Redeeming Science: A God-Centered Approach* (Wheaton, IL: Crossway, 2006), 96n8; C. John Collins, *Genesis 1-4: A Linguistic, Literary, and Theological Commentary* (Phillipsburg, NJ: P&R, 2006), 260-65; Robert C. Newman, "The Biblical Teaching on the Firmament," ThM thesis, Biblical Theological Seminary, 1972; Noel Weeks, "Cosmology in Historical Context," *Westminster Theological Journal* 68, no. 2 (2006): 283-93.

James P. Allen은 이집트의 자료를 분석하면서 다음과 같은 몇 가지 언급을 한다. 한편으로, 그는 창 1:6-7은 "둥근 천장은 물을 세상으로부터 지켜 주는 것"이라고 말하는 이집트의 본문들과 "동일한 이미지"를 갖고 있다고 말한다. 다른 한편으로, 그는 "이집트의 개념에서 하늘은 견고한 '천장'이라기보다는 수면과 마른 대기 사이에 존재하는 일종의 접촉면이다. 태양은 마치 사람들이 배를 타고 나일강 위에서 항해하듯이 이런 물 위에서 항해한다. '태양의 껍질[bark, 나무껍질이라는 뜻인데 태양을 수면을 가르며 움직이는 나무로 된 배에 비유하는 것에서 나온 표현으로 보인다—역주]은 물을 통과해나간다'"라고 말한다. James P. Allen, *Genesis in Egypt: The Philosophy of Ancient Egyptian Creation Accounts* (New Haven, CT: Yale Egyptological Seminar, Department of Near Eastern Language and Civilizations, The Graduate School, Yale University, 1988), 4, 5. 태양이 하늘—Allen이 물과 대기 사이에 존재하는 "접촉면"(interface)이라고 말하는—에 있다면, 항해에 관한 유비는 태양이 사이로 끼어드는 견고한 장벽 같은 둥근 천장 없이 물 위에 앉아 있어야 함을 의미한다. 따라서 견고한 돔이라는 개념은 사라진다. 더 나아가, Allen이 모든 것을 "이미지"라고 묘사한다는 사실은 그가 물리주의적으로 들리는 언어를 사용하고 있음에도 불구하고, 그가 고대 본문들의 형상적이고 상징적인 특징을 인식하고 있을 수도 있음을 의미한다. "태양의 껍질"에 관한 말은 물리적 또는 가시적 나무껍질이 보이지 않으므로 형상적 언어의 한 예가 된다. 만약 이런 읽기가 옳다면, Allen은 이런 이집트의 묘사들에 대한 물리주의적 해석을 옹호하고 있는 것이 아니라 그런 표현들이 본질상 상징적이라는 말을 하고 있는 것이다. 다른 한편으로, 설령 그가 그런 물리주의적 해석을 옹호하고 있을지라도, 본문 자체는 여전히 논쟁의 여지가 있다.

핵심적 구절인 욥 37:18에 대해서는 Collins, *Genesis 1-4*, 264n25; Newman, "The Biblical Teaching on the Firmament," 18-2을 보라. Newman은 흔히 "거울"로 번역되는 רְאִי이라는 히브리어가 구약성경에서 단 한 차례 욥 37:18에서 발생한다고 지적한다. 그 단어의 실제 의미는 불확실하다. 그 단어에 약간의 변화를 가하면(רֳאִי), 그것은 "모습"(appearance)을 의미한다(Brown, Driver, and Briggs, *A Hebrew and English Lexicon*, 909, sense 2). 이것은 LXX

들이 고대인들이 믿었다고 여기는 것의 개요를 위해 그림 9.1을 보라).

그림 9.1: 고대의 믿음에 관한 현대의 이론

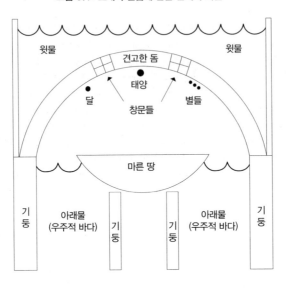

"하늘의 바다"(a heavenly sea)에 관한 이론을 지지하는 학자들은 고대 근동
의 신화들[3]에서뿐 아니라 성경 자체로부터도 본문들을 인용한다. 창세기

가 그것을 "모습"(ὅρασις)으로 번역하는 것에서 추가적인 지지를 얻는다. Newman은 다음
과 같은 번역을 제안한다.

그대는, 그를 도와,
강력한 구름을 넓게 펴서
쏟아지고 있는 듯한 모습으로 만들 수 있는가?
(Newman, "The Bible eaching on the Firmament," 21)

Newman의 제안은 옳지 않을 수도 있다. 하지만 그것은 단 하나의 시구에 의존하는 것의 어
려움을 보여준다.

3 5장에 실려 있는 티아마트(Tiamat)의 분해에 대한 논의를 보라.

2부 해석학적 관계들

1:6-8이 그런 본문 중 하나다.

우리는 이런 견해를 어떻게 평가해야 하는가? 그것은 사실이 아니다. 하늘의 바다 대신 우리는 구름 속에 있는 물[4]과 보이지 않는 물의 가능성에 대해 생각해야 한다.

현상적 언어로서의 창세기 1:6-8에 대한 적극적인 이해

우리가 그 논의와 관련된 모든 본문을 완전하게 분석할 수는 없으나 분석이 진행될 수 있는 방향을 개략할 수는 있을 것이다. 이 책의 8장에서 내가 창세기 1:6-8에서 "궁창"(expanse, רָקִיעַ)으로 번역되는 단어가 "하늘"(Heaven, שָׁמַיִם)과 동일하다고 주장했던 것을 떠올려보라.[5] 두 단어 모두 우리보다 위에 있는 것을 유연하게 가리킨다("하늘"이라는 단어 역시 하나님이 그분의 천사들과 함께 계시는 눈에 보이지 않는 거처를 가리킬 수 있다). 우리는 상황, 날씨 그리고 낮인가 혹은 밤인가에 따라서 구름, 푸른 하늘의 태양, 검은 밤하늘의 별들과 달, 잔뜩 구름이 긴 밤의 검은 하늘을 볼 수 있다. 성경의 여러 맥락에서 "헤븐"(heaven)이라는 단어는 현대 영어의 "스카이"(sky)와 거의 같다(우리 말에서는 heaven과 sky를 구별하기 어렵다—역주). 우리는 구름 긴 하늘, 푸른 하늘,

---

4 John Calvin, *Commentaries on the First Book of Moses Called Genesis* (Grand Rapids, MI: Baker, 1979), 1.80; H. C. Leupold, *Exposition of Genesis* (Grand Rapids, MI: Baker, 1965), 1.60; 그리고 다른 것들.

5 "궁창/창공"(expanse/firmament)이 "하늘"(heavens)과 구분이 될 수 있는지에 대해서는 Seely, "The Firmament and the Water Above: Part I," 237; Weeks, "Cosmology in Historical Context," 292을 보라.

불타는 듯한 하늘(석양 때) 그리고 밤하늘에 대해 편안하게 말할 수 있다. 마찬가지로 "하늘"에 해당하는 히브리어(מיﬦ) 역시 동일한 스펙트럼을 갖고 있다(왕상 18:45; 창 1:14-15). "궁창 위의 물"이라는 표현은 일차적으로 구름 낀 하늘 위의 물, 즉 구름—그것의 아래쪽은 하늘이다—안에 있는 물을 가리킨다(그러나 과연 보이지 않는 물이 있는가 하는 질문은 열려 있다).

이 모든 것은 창세기 1:6-8이 제공하는 서술의 관점과 **종류**에 대한 적절한 이해를 지닌 현대 독자에게 그러하듯이, 고대 이스라엘인에게도 이치에 맞았을 것이다. 창세기 1:6-8은 우리에게 평범한 서술, 현상적 서술, 겉모습에 대한 서술을 제공하는 것이지 궁창("하늘")이나 그 위에 있는 물에 관한 어떤 상세한 "이론"을 제공하는 것이 아니다.[6] 우리가 창세기 1:6-8을 이해하게 되는 것은, 우리가 그것이 창조와 더불어 비를 내리시는 하나님의 섭리에 대한 우리의 현재적 경험 사이의 유비들과 함께 작용한다는 것을 알게 될 때다.

그러나 이런 해석은 강하게 논박된다. 어째서인가?

---

6 "내 생각에, 이것은 하나의 원리다. 여기[창 1장]서 다뤄지는 것은 세계의 가시적 형태 외에는 아무것도 없다. 천문학이나 다른 심원한 과목에 대해 배우려는 자들이 있다면, 다른 곳으로 찾아가게 해야 한다." Calvin, *First Book of Moses*, 1.79. Seely의 결정적인 해석적 실수는 מיﬦ라는 단어에서 어떤 물리주의적 이론을 캐내려는 것에 있다. Seely, "The Firmament and the Water Above," Parts I and II). 그런 시도는 단어와 개념의 구별에 대해 충분한 주의를 기울이지 않는다. James Barr, *The Semantics of Biblical Language* (London: Oxford University Press, 1961).

물리주의적 해석

주목해야 할 한 가지 요소는 우리가 5장에서 논했던 것처럼 고대 근동의 본문들에 대한 물리주의적 해석과 비물리주의적 해석 사이의 차이다. 어떤 이가 고대 근동의 신화적 본문들이나 성경에서 물리주의적 정보를 **기대한다면**, 그는 그가 기대하는 것을 "찾을 수" 있다.[7] 노아 홍수 이야기를 살펴보자. 노아 홍수가 시작될 때,

> 하늘의 창문들이 열려 사십 주야를 비가 땅에 쏟아졌다(창 7:11b-12).

그 후에

---

7 Seely는 교회사 속에서 나타난 "하늘의 바다"를 옹호하는 여러 가지 인상적인 주장들을 축적한다. Seely, "The Firmament and the Water Above: Part II," 37-40. 오직 현대에서만 (Calvin 이후로) 사람들이 다른 해석 쪽으로 나아가기 시작한다. Seely가 역사로부터 감지하는 패턴은 그에게 오늘날 성경을 믿는 해석자들은 현대 과학에 의해 편파적으로 영향을 받았고 그로 인해 창세기 본문을 온전히 공정하게 해석하는 데 실패하고 있음을 시사한다. 역설적으로, 이런 사정은 고대 교회에서도 마찬가지였다. 그리스의 천문학은 기원후 4세기 이후로 천체 이론을 발전시켰다. 시간이 흐르면서 알렉산드로스의 제국과 훗날의 로마 제국에서 식자층에 속한 이들은 점차적으로 이 이론에 의해 영향을 받았다. 더 나아가, רָקִיעַ("궁창")라는 히브리어를 στερέωμα("견고한 물체," in Henry George Liddell, Robert Scott, and Henry Stuart Jones, *A Greek-English Lexicon*, 9th ed., with supplement [Oxford: Oxford University Press, 1968])라는 그리스어와 *firmamentum*라는 라틴어로 번역한 것은 "창공"을 그리스의 천문학적 구체 중 하나에 해당하는 견고한 구체로 식별하는 개념을 부추길 수도 있다. 초기 교회의 해석자들은 만약 그들이 창 1장이 그리스의 천문학에 의해 대표되는 보다 기술적인 지식에 "부합하기를" 바랐다면 그런 쪽으로 편향될 수 있었을 것이고, 또한 그로 인해 원래의 히브리어가 요구했던 것보다 훨씬 더 기술적이고 물리주의적인 경향을 갖고서 창 1장을 해석하려는 유혹이 제기되었을 것이다. 나는 초기 교회가 이미 "과학주의적 형이상학이라는 신화"(이 책의 5장을 보라)와 유사한 것 및 창 1장을 "알려진" 그리스의 과학이라는 측면에서 해석하려는 경향과 더불어 씨름하고 있었을지도 모른다고 제안하고 싶다.

하늘의 창문이 닫히고 하늘에서 비가 그쳤다(창 8:2b).

물은 위에 있는 창문들로부터 온다. 물리주의적인 그리고 투박하게 문자주의적인 해석에서 이것은 물이 장벽, 즉 "하늘" 위에 있는 하늘의 바다로부터 온다는 것을 의미한다. 창문들이 열림으로써 물이 아래로 쏟아진다. 그것에 더하여 "창문들"이라는 말은 그것들이 어떤 견고한 장벽에 부착되어 있음을 의미하는 것으로 해석될 수도 있다. 수문과 같은 물리적 창문들의 문자적 개방이 40일간의 비가 아니라 하늘로부터 나오는 강을 만들어낸다는 점에서 어려움이 있다. 그러나 현대의 해석자들은 그것은 고대의 무지와 원시적 의식으로부터 발생하는 모순 때문이라고 말함으로써 그런 어려움을 떨쳐낼 수 있다.

그러나 만약 우리가 물리적 메커니즘이라는 측면에서의 해석을 기대하지 않는다면, 우리는 동일한 구절들에 다른 방식으로, 즉 형상적이고 다채로운 그림이라는 방식으로 접근할 수 있다. 그것들은 보다 큰 패턴의 일부인데, 구약성경은 그 패턴을 따라 우주와 집이나 천막 사이의 유비들을 사용한다.

윗물에 대한 이해를 이끄는 원리들

어느 해석이 옳은가? 우리는 일련의 원칙들을 통해 그 질문에 접근할 것이다.

1. 우리는 이스라엘 사람들이 비에 대해 얼마간의 지식을 갖고 있었다

고 예상할 수 있다. 고대 이스라엘 사람 중 많은 이들은 야외 생활에 익숙한 농부들이거나 목자들이었다. 그리고 그들은 팔레스타인 땅에서 농작물과 목축을 위해 비에 의존했다. 그들이 비에 대해 얼마간의 경험과 기초적인 지식을 발전시켰던 것은 자연스러운 일이었다.[8]

2. **구약성경의 구절들은 이스라엘 사람들이 비가 구름으로부터 온다는 것을 알았음을 보여준다.** 여러 구절들이 그렇게 증언한다.

하늘이 물을 내리고
구름도 물을 내렸나이다(삿 5:4b).

그[하나님]가 흑암 곧 모인 물과 공중의 **빽빽한 구름**으로 둘린 장막을 삼으심이여(삼하 22:12)

그[하나님]가 **물을 빽빽한 구름에** 싸시나(욥 26:8a)

또한 그[하나님]는 **구름에 습기를** 실으시고 그의 번개로 구름을 흩어지게 하시느니라(욥 37:11).

8 　이스라엘 사람들은 이집트에 체류하는 동안 많은 비를 보지 못했을 것이다. 오늘날 (그리고 추정컨대 3, 4천여 년 전에도) 이집트는 사막 기후를 갖고 있었으나 북쪽 지역에 약간의 비가 내렸다(보도되는 바에 따르면 알렉산드리아 해변 지역에 매년 약 20cm 정도의 비가 내렸다. 하지만 카이로 지역에는 1cm 정도 그리고 카이로 남부에는 그보다 적은 비가 내렸다). 출 9:18-19은 이집트 사람들이, 비록 일곱 번째 재앙 때 내렸던 특별한 형태의 우박 폭풍이 기적적인 것이었기는 하나, 우박의 의미에 대해 알았음을 암시한다.

…빗방울 머금은 먹구름과 짙은 구름으로(시 18:11, 새번역)

구름이 물을 쏟고 궁창이 소리를 내며(시 77:17a)

그[왕]의 은택이 늦은 비를 내리는 구름과 같으니라(잠 16:15b).

구름에 비가 가득하면 땅에 쏟아지며(전 11:3a)

내가 또 구름에게 명하여 그 위에 비를 내리지 못하게 하리라(사 5:6b).[9]

게다가 열왕기상 18:44-45은 바다로부터 구름이 일어나는 것과 뒤이어 비가 내리는 것에 대한 보다 확대된 서술을 포함하고 있다.

조금 후에 구름과 바람이 일어나서 하늘이 캄캄해지며 큰 비가 내리는지라(왕상 18:45a).

사실 전체적으로 보자면 그 정보는 약간 복잡하다. 구름은 비를 가져올 수 있으나(잠 16:15b), 그것들은 또한 사라지거나(욥 7:9; 사 44:22; 호 6:4) 비를 뿌리지 않은 채 통과할 수도 있다(잠 25:14). 그 시대의 사람들은 일어날 수 있는 일에 대해 익숙했다.

3. 고대 근동의 다른 자료들은 그 시대의 사람들이 구름에서 비가 내린

---

9   또한 시 147:8; 렘 10:13; 51:16; 슥 10:1을 보라.

다는 개념에 익숙했음을 확인해준다. 우가리트의 시들에서 폭풍과 비의 신 바알은 반복해서 "구름을 탄 자"(Rider on the Clouds)로 묘사된다.[10] 그는 비를 품은 구름을 가져온다고 일컬어진다.

이제 바알이 자신의 비 오는 **계절**을 **관찰할** 것이다.
눈과 함께 ~의 **계절**을 관찰할 것이다.
그리고 그가 구름 속에서 천둥을 칠 것이다.
땅 위로 번개를 내리칠 것이다.[11]

그러나 그대여, 그대의 구름, 그대의 바람을 취하라.
그대의…그대의 비를[12]

고대 근동 본문들에서 나온 다른 구절들은 비와 구름의 연관성을 확증해준다.[13]

---

10   James B. Pritchard, ed., *Ancient Near Eastern Texts Relating to the Old Testament* (Princeton, NJ: Princeton University Press, 1969), 130, III.ABA.8; 131, III.ABA.29; 132, II.AB.(iii).11, 18; etc.

11   Pritchard, ed., *Ancient Near Eastern Texts*, 133, II.AB.(v).68-71(이 자료에서 강조체 부분은 번역이 확실치 않음을 나타낸다). 구름에 대한 추가적인 언급들은 135, II.AB. (vii).19, 28, 57에서 나타난다.

12   Pritchard, ed., *Ancient Near Eastern Texts*, 139, I.AB.(v).6-7.

13   Pritchard, ed., *Ancient Near Eastern Texts*, 153, AZHT C.(i).39-48에서,

즉시 라파-인간 다니엘이
…**계절**의 열기 속에서 구름,
…무화과나무 위로 비를 뿌리는 구름이 된다.
포도 위에 이슬이 맺힌다.
일곱 해 동안 바알이 실패할 것이다.

4. 성경은 때때로 비를 "하늘"로부터 내리는 것으로 묘사한다.

너희가 건너가서 차지할 땅은 산과 골짜기가 있어서 하늘에서 내리는 비를 흡수하는 땅이요(신 11:11).

그가 물방울을 가늘게 하시며

여덟째 해에 구름을 탄 자가 올 것이다.
이슬도 없고,
비도 없고,
깊음의 솟구침도 없고,
바알의 달콤한 목소리도 없을 것이다.

길가메시 서사시는 남쪽에서 불어오는 폭풍과 관련해서 검은 구름에 대해 짧게 언급한다.

새벽의 첫 번째 번쩍임과 함께
지평선에서 검은 구름이 솟아올랐다.
그 안에서 아다드가 천둥을 친다(Pritchard, ed., *Ancient Near Eastern Texts*, 94, XI.96-98; William W. Hallo, ed., *The Context of Scripture* [New York: Brill, 1997-2002] 1.459).

그 후에 남쪽의 폭풍은 홍수를 가져온다. Pritchard, ed., *Ancient Near Eastern Texts*, 94, XI.108, 113, 129; cf. Hallo, ed., *The Context of Scripture*, 1.459.

어느 학자가 나에게 고대 근동 사람들은 하늘의 바다를 구름의 역할과 **결합시켰을 수도 있다**고 제안한 적이 있다. 그 개념은 비를 생산하는 네 개의 구별되는 단계가 있었다는 것이다. (1) 하늘의 바다가 영구적인 저수지의 역할을 했다; (2) 때때로 물이 그 바다로부터 내려와 구름을 채웠다; (3) 구름은 그 안에 물을 갖고 있었다; (4) 구름이 비의 형태로 물을 비워 땅 위로 뿌렸다. 그러나 몇 가지 어려움이 있다. (1) 고대 근동의 본문들은 실제로는 네 단계를 보여주지 않는다. 오히려 구름에서 비가 내리는 것에 대한 논의는 하늘로부터 비가 내리는 것에 대한 논의와 **병행**해서 발생한다(삿 5:4; 욥 36:27-29). (2) 네 단계에 대한 이론은 어째서 물이 한번에 하늘의 바다로부터 땅으로 내려오지 않고 때때로 구름 속에 남아 있는지를 설명하는 데 도움을 주지 않는다. 이 이론에서 구름은 중요하지 않아 보이는데, 이것은 우리가 살펴본 본문들과 긴장을 이룬다. (3) 물이 하늘의 바다로부터 구름으로 **내려오는** 것은 우리가 왕상 18:44에 실려 있는 명쾌한 서술에서 보는 것과 반대된다. 현상의 단계에서 인간은 물이 해수면으로부터 나타나는 구름 속에서 물이 **솟아오르는** 것을 본다(또한 욥 36:27; 길가메시 서사시 XI.96-98을 보라).

빗방울이 증발하여 안개가 되게 하시도다.

그것이 구름에서

내려 많은 사람에게 **쏟아지느니라.**

겹겹이 쌓인 구름과 그의 장막의 우렛소리를

누가 능히 깨달으랴?(욥 36:27-29)

하늘도 **폭우**를 쏟아 내렸습니다(시 68:8b, 새번역).

이는 **비**와 눈이 **하늘로부터** 내려서(사 55:10a)

여러분에게 **하늘로부터 비**를 내리시며(행 14:17b)

하늘이 비를 주고(약 5:18b)

완고하리 만큼 물리주의적이고 문자주의적인 설명은 하늘로부터 내리는 비에 관한 이런 말들이 구름으로부터 내리는 비에 대한 말들과 일치하지 않는다고 주장할 수도 있다. 그러나 그런 주장은 어리석다. 사사기 5:4b은 "하늘"을 "구름"과 평행하게 배치한다.

하늘이 물을 내리고

구름도 물을 내렸나이다.

게다가 욥기 36:27-29은 하늘로부터 내리는 비와 밀접한 연관이 있는 구름에 대해 언급한다. 구름은 하늘에 있다. 그러므로 비에 대한 두 개의 서로 경쟁하는 근원들이 있는 것이 아니라 비라는 동일한 현상을 묘사하는 두 가지 방법이 있는 것이다. 하늘에 대한 언급은 사람들에게 비가 하나님의 섭리로부터 온다는 것을 간접적으로 상기시킨다. 그것은 비가 구름으로부터 온다고 말하는 것과 완전히 일치한다.

5. 성경은 비가 오지 않는 것을 묘사하기 위해서 하늘이 "닫히는 것"에 대한 말을 사용한다.

> 하늘을 닫아 비를 내리지 아니하여(신 11:17b)

> 하늘이 닫히고 비가 없어서(왕상 8:35a; 대하 6:26a)

> 혹 내[하나님]가 하늘을 닫고 비를 내리지 아니하거나(대하 7:13a)

> 그들[두 증인]이 권능을 가지고 하늘을 닫아 그 예언을 하는 날 동안 비가 오지 못하게 하고(계 11:6a)[14]

이스라엘 사람들이 비가 구름에서 온다는 것을 알았다고 가정할 경우(원리 2), 하늘이 "닫히는 것"에 대한 말은 비가 어떻게 해서 떨어지지 않는지에 대한 물리주의적인 "고대의 과학적" 이론의 표현으로서가 아니라 하나의 생생

---

14   또한 레 26:19b를 보라. "내가 너희의 세력으로 말미암은 교만을 꺾고 너희의 하늘을 철과 같게 하며 너희 땅을 놋과 같게 하리니"(또한 신 28:23을 보라).

한 이미지로 해석되어야 한다. 그러나 우리는 물리주의적인 해석이 어떻게 이런 언어에 접근할 수 있는지 상상할 수 있다. 그런 해석은 고대인들이 비에 대해 순진했다고 말할 것이다. 그들은 비가 하늘의 바다로부터 온다고 여겼다. 하나님은 비를 통제하기 위해 그 바다를 붙들고 있는 견고한 장벽을 닫으시거나 여셨다. 그러나 이런 식의 해석은 구름에 대한 고대의 지식도, 다채로운 이미지들을 사용하는 고대인들의 능력도 존중하지 않는 것이다.

혹은 우리는 고대인들이 구름은 하늘 바다의 아랫면이며 견고한 장벽은 구름의 아래쪽 가장자리를 형성한다고 여겼다고 결론을 내려야 하는가? 욥기 26:8은 다음과 같이 말한다.

그가[하나님] 물을 빽빽한 구름에 싸시나
그 밑의 구름이 찢어지지 아니하느니라.

이 형상적이고 시적인 언어가 문자적으로 취해진다면 그것은 견고한 장벽을 암시하는 것일 수 있다. 하지만 구름은 "사라져 없어지며"(욥 7:9) 안개와 비교할 수 있다(사 44:22). 고대인들은 구름이 사라지는 것을 지켜봄으로써 구름 아랫면의 경계를 정하는 딱딱한 재료가 존재하지 않는다는 것을 배울 수 있었다.

신의 현현과 관련해서 성경에는 구름 안으로 들어가는 것에 대한 이야기들이 들어 있다(출 24:18; 겔 1:4; 눅 9:34; 아마도 또한 출 19:16, 20). 물론 신의 현현 때 나타나는 구름은 평범한 구름이 아니다. 그러나 그것은 평범한 구름과 유사하다. 따라서 이런 설명들은 여전히 평범한 구름에 대한 이스라엘 사람들의 경험을 암시한다. 시내산에서의 현현은 하나님이 "강림하셨던" 때로 묘사된다(출 19:11, 18). 구름은 하늘에 계신 하나님을 상징하며 따라서 구름과 하늘의 연관성을 확인해준다(이것은 또한 욥 22:14; 단 7:13; 마 26:64; 막 14:62에 의해 확증된다).

더 나아가 고대에든 현대에든 평범한 관찰자들은 낮게 깔린 구름 안으로 들어가거나 안개 또는 연무와 마주치는 단 한 번의 경험만으로도 구름이 습기를 포함할 수 있다는 것과 구름의 아랫면이 비가 내리기 위해 열릴 때까지 닫혀 있는 문자적으로 견고한 장벽이 아니라는 것을 알 수 있다. 물론 물리주의적인 해석자들은 여전히 한편으로는 구름으로부터 내리는 비와 다른 한편으로는 "닫혀 있거나" 열려 있는 하늘이라는 개념 사이에는 개념적인 양립 불가능성이 있으며 이런 긴장은 원시적 의식 안에 남아 있는 불일치들을 보여줄 뿐이라고 주장함으로써 빠져나갈 수 있다. 어느 해석자가 그쪽으로 가기로 선택한다면, 물론 그는 설득되지 않는다. 왜냐하면 그가 스스로 증거에 대해 귀를 막았기 때문이다.

6. 하늘이 "닫히는 것"과 유사한 방식으로, 구약성경은 때때로 비를 하늘이 "열릴 때" 내리는 것으로 묘사한다.

하늘의 창문들이 열려
사십 주야를 비가 땅에 쏟아졌더라(창 7:11b-12).

그 후에,

…하늘의 창문이 닫히고 하늘에서 비가 그치매(창 8:2)

앞선 원리들과 일치하게, 창문들에 대한 이런 말들은 형상적이다. 즉 그것은 하늘로부터 굉장한 비를 가져오시는 하나님에 대한 다채로운 이미지를 제공한다.

유사한 형상적 언어가 하나님이 다른 것들을 공급하실 때 하늘이 열리는 것을 묘사하는 데 사용된다.

여호와께서 **하늘에 창을 내신들** 어찌 이런 일이 있으리요?(왕하 7:2b; 참조. 19절)

그러나 그가 위의 궁창을 명령하시며
하늘 문을 여시고
그들에게 만나를 비 같이 내려 먹이시며
하늘 양식을 그들에게 주셨나니(시 78:23-24).

너희의 온전한 십일조를 창고에 들여 나의 집에 양식이 있게 하고 그것으로 나를 시험하여 내가 **하늘 문을 열고** 너희에게 복을 쌓을 곳이 없도록 붓지 아니하나 보라(말 3:10b).

이런 구절들에 대한 물리주의적 설명은 아마도 그것들이 인간에게 복이 되는 하늘의 곡창과 저장고에 대한 고대의 믿음을 가리킨다고 말할 수 있을 것이다. 이어서 그런 해석은 아마도 하늘의 곡물창고가 곡물이 젖어서 썩지 않도록 하늘의 바다와 다른 별개의 공간에 있을 것이라고 가정한다. 그리고 곡물이나 물을 땅의 어느 곳에든 적절하게 분배할 수 있게 하는 통로들의 시스템이 존재할 필요가 있다. 더 나아가, 이런 해석은 과연 이 "창문들" 혹은 "문들"이 그 공간들의 내용물을 방출하는가 하는 문제와 관련된 명백한 불일치를 다룰 필요가 있다. 어떤 이가 그것을 염두에 두고 구약성경에 접근할 경우 물리주의적 해석을 내놓을 수 있다는 것에는 의문의 여지가 없다. 이런 해석 방식은 가정들을 끌어다 쓰는 것의 위험성을 예시한다.

7. **이스라엘 사람들은 이슬을 비와 비슷한 "하늘로부터 오는" 습기를 공급하는 또 다른 형태로 여겼다.** 많은 구절이 이런 개념을 표현하고 있다(가령, 신 32:2; 삼하 1:21; 왕상 17:1; 욥 38:28; 미 5:7).[15] 어떤 구절들은 이슬의 근원에 대해 아무런 언급도 하지 않는다. 다른 구절들은 그것이 "하늘로부터" 온다고 지적한다(창 27:28, 39; 신 33:28; 단 4:15, 23, 25, 33; 5:21; 학 1:10; 슥 8:12). 이런 구절들은 우리에게 무엇을 말해주는가?

우리는 오늘날 섭리에 대한 관찰을 통해 이슬이 구름이 끼었을 때뿐 아니라 맑은 날 밤에도 나타날 수 있음을 알고 있다. 따라서 기술적 세부 사항이라는 측면에서 보자면, 구름은 이슬을 위한 단 하나의 물리적 근원이 될 수 없다. 우리가 기술적 세부 사항을 기대하면서 성경 구절들을 읽는다면, 우리는 이슬이 내려오는 "하늘"이 구름과는 분명하게 구별되는 근원을 뜻하고 있음이 분명하다고 추론할 수 있다. 그러나 그 구절들의 초점은 기술적 세부 사항을 제공하는 데 있지 않다(그 구절 중 일부는 시적이다). 오히려 그것은 인간과 일반적인 섭리적 질서의 관계를 가리키는 데 있다. 이슬의 근원인 하늘은 하나님이 근원이시라는 보다 궁극적인 진리를 상징한다. 더 나아가 어떤 구절들은 이슬을 구름과 연결시킨다.

---

15   나는 (미발표된 원고를 통해) 이슬의 중요성을 지적해준 Oliver Hersey에게 감사드린다.

구름에서 이슬이 내리게 하신다(잠 3:20b, 새번역).

너희의 인애가 아침 **구름**이나

쉬 없어지는 **이슬** 같도다(호 6:4b).

호세아 6:4은 중요하지 않을 수도 있다. 왜냐하면 비교의 포인트는 단지 이슬이 구름처럼 사라질 수 있다는 것이기 때문이다. 그것보다는 잠언 3:20이 더 중요할 수 있다. 문자적으로 보자면 그것은 구름이 이슬의 주된 근원이라고 알려주기 때문이다. 늘 그렇듯이 이 구절은 기술적 논의를 제공하지 않는다. 하지만 구름은 비와 이슬 모두의 근원이 될 수 있는 것처럼 보인다.

우리가 이스라엘 사람들에게 이슬이 어떻게 해서 구름 없는 밤이 지난 후에 나타날 수 있느냐고 묻는다면, 그들의 대답이 어떠할지는 분명치 않다. 우리뿐만이 아니라 이스라엘 사람들에게도 신비가 남아 있다. 어쩌면 이슬의 출현은 때때로 하늘의 물이 내려오기 전에 보이지 않았던 것을 생각나게 했을 수도 있다. 그러나 성경에서 우리는 이런 가능성에 대한 그 어떤 분명한 논의도 발견하지 못한다. 우리로서는 그 문제를 그 단계에 남겨두고 성경 본문이 우리에게 어떤 일반적인 패턴, 즉 이스라엘 사람들의 농작물과 가축을 위한 물에 대한 실제적 필요와 연관된 패턴을 제시한다고 이해하는 것이 최상이다. 이슬은 하나의 근원이다. 하지만 그것은 아주 사소하다. 그것은 본 그림에 들어맞는데, 거기에는 구름―말하자면, 하나님의 거처인 하늘로부터 오는 하나님의 섭리적 공급을 상징하는 하늘의 구름―으로부터 오는 비가 포함되어 있다. "구름"과 "하늘"이라는 용어들은 위로부터 내려오는 물을 묘사하는 두 가지 대안적 방법을 제공한다.

8. 일반적으로 구약성경은 이스라엘 사람들에게 그들의 삶에 영향을 주는 것들에 관해 가르친다. 다양한 본문에 대한 개별적인 관찰 내용들은 보다 큰 그림에 들어맞는다. 이스라엘 사람들은 비에 의존해야 했다(신 11:11-17). 그들은 "하늘에서 내리는 비를 흡수하는 땅"에서 살았다(신 11:11). 그들이 비와 구름에 얼마간 익숙했을 뿐 아니라 그것들에 실제적인 관심이 있었다고 여기는 것이 합리적이다. 그들은 비가 너무 많거나 적지 않을 때만 잘 살 수 있었다. 노아 홍수는 지나치게 많은 비에 대한 예였다. 반면에 하늘이 "닫히는 경우", 그들은 너무 적은 비를 경험했다. 이스라엘 사람들은 이런 상황이 비에 의해서 혹은 구름으로부터 오는 비의 결핍에 의해서 나타날 수 있음을 알고 있었다.

대조적으로, 견고한 장벽에 의해 가둬진 이른바 하늘의 바다는 견고한 장벽 아래를 떠도는 구름과는 아무런 관련이 없었다. 그런 바다는 이스라엘 사람들에게 실제적인 관심사가 될 수 없었다. 왜냐하면—하늘의 바다가 아니라—구름이 그들이 생각하는 비의 근원이었기 때문이다. 그러나 하늘의 바다는 물리주의적인 설명의 형태로 "고대 과학"을 찾고자 하는 현대의 학자들에게는 아주 중요하다.

물리주의적 해석자들은 여전히 노아 홍수가 하늘 바다의 적절성을 보여주는 예외였다고 주장할 수 있다. 그러나 노아 홍수에 관한 말들에 대한 우리의 조사에 따르면, 비록 물의 양이 정상적인 경우보다 훨씬 많기는 했으나, 그 물이 "하늘에서" 내리는 비를 포함하는 정상적인 방식 외의 다른 방식으로 왔다는 그 어떤 징후도 없었다.

사실 우리가 창세기 7-8장에 나오는 홍수 이야기를 해석할 때도 이스라엘 사람들과의 관련성에 관한 동일한 원리가 적용된다. 자기들 앞에서 암송되는 창세기 7-8장의 이야기를 들었던 이스라엘 사람들은 노아 홍수를 직접 경험하지 않았다. 그들은 창세기 본문의 서술의 도움을 받아 그 광경을 그려내야 했다. 창세기 7-8장은 그들이 적은 비와 작은 홍수들을 경험하고 있던 그들 자신의 섭리적 상황과의 유비를 통해 홍수를 이해하도록 초대했다. 따라서 창세기 7-8장을 해석할 때 그들은 그 사건을 자기들이 섭리를 통해 관찰한 것들—구름에서 내리는 비와 흘러넘치는 강들로 인한 홍수—과 관련이 있는 것으로 이해했다.

노아 홍수와 구름의 관계는 홍수 후에 확증된다. 창세기 7-8에 실려 있는 내러티브는 구름에 대해 언급하지 않으나, 창세기 9:8-17에 실려 있는 노아 언약은 그것에 대해 언급한다.

> 하나님이 이르시되 "내가 나와 너희와 및 너희와 함께 하는 모든 생물 사이에 대대로 영원히 세우는 언약의 증거는 이것이니라. 내가 내 무지개를 **구름** 속에 두었나니 이것이 나와 세상 사이의 언약의 증거니라. 내가 **구름**으로 땅을 덮을 때에 무지개가 **구름** 속에 나타나면 내가 나와 너희와 및 육체를 가진 모든 생물 사이의 내 언약을 기억하리니 다시는 물이 모든 육체를 멸하는 홍수가 되지 아니할지라. 무지개가 **구름** 사이에 있으리니 내가 보고 나 하나님과 모든 육체를 가진 땅의 모든 생물 사이의 영원한 언약을 기억하리라"(창 9:12-16).

특히 "내가 **구름**으로 땅을 덮을 때"라는 9:14의 표현은 구름이 비를 가져올 수도 있다는 전망을 암시한다. 구름이 너무 많은 비를 가져온다면, 또 다른 홍수가 있게 될 것이다. 하나님은 특별히 "**구름** 사이에" 무지개를 세우신다. 그것의 위치는 이스라엘 백성에게 홍수의 위협을 의미할 수도 있는 구름이 다시 그렇게 강력한 홍수를 가져오지는 않으리라는 보증을 강화시킨다.

마지막으로, 논의를 위해서 노아 홍수가 구름과 아무런 상관이 없는 하늘의 바다를 여는 것과 관련되어 있다고 가정해보자. 노아에게 주신 하나님의 약속(창 9:8-17)은 이스라엘 사람들이 홍수의 재발에 대해 걱정할 필요가 없으리라는 것을 보증한다. 그러므로 이른바 하늘의 바다는 실제로는 무의미하다.

9. 창세기 1장은 이스라엘 사람들과 관련된 것들에 관해 말한다. 창세기 1장 전체에서, 특히 창세기 1:6-8에서 하나님은 우리의 찬양을 불러일으킬 뿐 아니라 인간에게 실제적인 관심을 두는 창조 행위에 대해 말씀하신다. 따라서 창세기 1:6-8은 윗물, 즉 이스라엘 사람들이 구름으로부터 받았던 것과 같은 물에 대해 말한다. 이른바 하늘의 바다는 관련이 없다. 따라서 그것은 창세기 1:6-8을 해석하는 것과 관련이 없는 것으로서, 거부되어야 한다.

사실 하늘의 바다를 소개하는 것은 해석상의 문제들을 해결하기보다는 오히려 만들어낸다. 일단 우리가 이스라엘 사람들이 비가 구름으로부터 온다는 것을 알았음을 인정한다면, 하늘의 바다에 대한 현대의 이론은 두 개의 물이 아니라 세 개의 물, 즉 땅 위의 물, 구름 안에 있는 물, 그리고 하늘의 바다를 가정해야 한다. 결국 그 이론은 창세기 1:6-8이 세 번째 것은 관련이 없음에도 불구하고 첫 번째와 세 번째 물에 대해 언급하는 반면, 농작물과 목축에 지속적으로 상관이 있는 두 번째 물에 대해서는 언급하지 않는다고 말할 수밖에 없다. 이런 해석이 타당한지 물을 수 있을까?

마지막으로, 우리는 창세기 1:6-8이 하늘의 바다를 가리킨다고 해석하는 것이 창세기 1장이 섭리적 경험으로부터 추론된 것들을 사용해서 창조에 대해 가르친다는 핵심적 원리를 해친다는 것을 관찰할 수 있다. 하늘의 바다에 대한 섭리적 경험은 존재하지 않는 반면, 구름으로부터 내리는 비에 대한 섭리적 경험은 존재한다. 하늘의 바다라는 해석이 타당하지 않다는 사실은 그것이 평범한 경험과 접점을 찾지 못하기 때문에 중대된다. 실제로 하늘의 바다라는 해석은 그 본문에 하늘의 바다에 대한 고대의 유사과학적이고 물리주의적인 이론을 부과하는데, 그것은 본문에 현대의 과학기술적인 정확성에 대한 기대를 부과하는 것만큼이나 나쁘다.

몇 가지 반대 의견들

우리의 해석에 맞서 제기될 수 있는 몇 가지 가능한 반대 의견들에 대해 생각해보자.

첫 번째 반대는 어느 랍비 문서의 본문과 관련이 있다. 폴 실리(Paul Seely)는 탈무드 타아니트(Ta'anith) 편 9b를 인용하면서 구름이 하늘로부터 물을 얻는다는 개념을 옹호한다. 그 개념에 따르면, 구름은 하늘로 올라가서 자기 안에 물을 채운다.[16] 사실 타아니트 편 9b은 두 가지 견해에 대해 논한다. (1) 랍비 엘리에제르(Rabbi Eliezer)는 물은 모두 바다에서 온다고 말하며 또한 "위로 올라갔던" 안개에 대해 말한다. (2) 랍비 요슈아(Rabbi Joshua)는 물은 그가 하늘과 연관시키는 "상부의 물"에서 온다고, 또한 구름은 그 근원으로부터 "빗물을 잡아챈다"고 주장한다. 물론 그 두 랍비의 추론은 모두 성

---

16   Seely, "The Firmament and the Water Above: Part II," 37.

경 본문보다 훨씬 나중에 나온 것이다. 두 사람 모두 성경이 보다 기술적인 세부 사항에 대해 말하고 있다는 가정 아래에서 성경을 과도하게 읽어내는 경향을 드러낸다. 주된 긍정적인 요점은 이것이다. 그런 두 가지 해석의 존재는 당시에 압도적인 합의가 존재하지 않았음을 보여준다. 하늘의 바다가 비의 근원이라는 것은 당연한 것으로 간주되지 **않았다**.

두 번째 반대는 시편 148편의 증거에 호소한다. 그 본문은 주제라는 측면에서 둘로, 즉 하늘의 일들(시 148:1-6)에 대한 찬양과 땅의 일들(시 148:7-12, 아마도 그 이후의 구절들로까지 확장될 것이다)에 대한 찬양으로 분명하게 나뉜다. "하늘 위에 있는 물들"은 하늘의 일들에 속해 있고(시 148:4), "우박과 눈과 안개"는 땅의 일들에 속해 있다(시 148:8). 이런 구분은 구름이 땅의 일에 속해 있으며 따라서 "하늘 위에 있는 물들"과 구별되어야 함을 의미하는가? 아니다. 우박과 눈과 비는 구름으로부터 땅으로 내려온다. 인간은 우박과 눈과 비가 땅의 영역에 도달할 때 그것들을 경험한다. 하지만 물의 보다 높은 **근원**인 구름은 넓게 말해서 하늘의 영역에 속해 있다. 그것들은 "하늘의 구름"이라고 불린다(단 7:13; 마 24:30; 참조. 신 4:11; 계 11:12). 사사기 5:4b이 그 점을 잘 말해준다.

> **하늘**이 물을 내리고
> **구름**도 물을 내렸나이다.

결론

우리가 과거로 돌아가서 고대 이스라엘 사람들과 인터뷰를 할 수는 없다. 그런 까닭에 현대의 해석자들은 늘 이스라엘 사람들이 하늘의 바다에 대해 이상한 믿음을 갖고 있었다고 가정할 수 있다. 그런 가정들은 오랫동안 지속될 가능성이 크다. 그런 가정들은 구약성경 연구의 전통 안에 항상 있었다. 그것들은 얼핏 보면 고대 근동의 다양한 본문들에 의해 지지를 받는 것처럼 보인다. 적어도 만약 그 본문들이 물리주의적으로 읽힌다면 그렇다. 그런 가정들은 우리가 고대인들보다 우월하다고 여기면서 그들의 원시적 순진성을 깔보는 것에서 만족감을 느끼도록 만드는 현대의 신화들에 의해 더욱 지지된다. 그러나 우리가 예민하다면, 우리는 의문을 품을 수 있다. 이스라엘 사람들이 이상한 믿음을 갖고 있었든 아니든, 하나님은 그런 믿음을 직접 다루지 않으시며, 그런 믿음들을 전제하지도 않으신다. 그분은 궁창에 의해 아랫물과 분리된 윗물이 존재한다고 가르치신다. 그 말은 듬성듬성하다. 고대의 어떤 이스라엘 사람들이나 현대의 어떤 해석자들이 비가 실제로는 윗물로부터 온다는 것을 깨닫지 못한다면, 그것은 그들의 문제다.

10장

창세기 2-3장에서 섭리와의 상관관계

우리는 8장에서 우리가 창조와 섭리의 상관관계를 사용함으로써 창세기 1장을 논리적으로 이해할 수 있음을 보았다. 이제 동일한 원리로 창세기 2장을 살펴보고 창세기 3장의 함의를 묘사해보자.[1]

창세기 2:4-25에서 상관관계 해석하기

1. 창세기 2:4

이것이 천지가 창조될 때에 하늘과 땅의 내력이니 여호와 하나님이 땅과 하늘을 만드시던 날에

---

[1] 이 장은 Vern S. Poythress, "Correlations with Providence in Genesis 2," *Westminster Theological Journal* 78, no. 1 (2016):29-48을 개작한 것이다. 허락을 받아 사용함.

"이것이…내력[generations]이니"라는 표현은 창세기에 실려 있는 여러 계보의 역사(genealogical history)에 대한 단락 중 첫 번째 단락을 소개한다.[2] 그것에 이어서 유사한 표제들이 등장한다. 가령 "이것은 아담의 계보[generations]를 적은 책이니라"(창 5:1)와 "이것이 노아의 족보[generations]니라"(창 6:9) 같은 것들이다(우리말 성경은 generations을 "내력", "족보" 그리고 "계보" 등으로 다양하게 번역하고 있는데 이 책에서는 "계보"로 통일한다—역주). 창세기 2:4에서 그것은 분명히 유비를 사용하는 표현이다. 왜냐하면 하늘과 땅은 인간이 하는 것과 동일한 방식으로 자식들의 아버지가 되지(father, "낳지"[beget], "생산하지"[generate]) 않기 때문이다.

계보들의 첫 번째 단락은 창세기 2:4로부터 4:26까지 확대되는데, 거기에는 아담(창 2:7)과 하와(창 2:22)의 창조[3]와 같은 최초의 창조 행위에 속

---

2   창 2:4의 통일성과 기능에 대해서는 논쟁이 벌어지고 있다. C. John Collins, *Genesis 1-4: A Linguistic, Literary, and Theological Commentary* (Phillipsburg, NJ: P&R, 2006), 40-42; Derek Kidner, *Genesis: An Introduction and Commentary* (Leicester, England: Inter-Varsity; Downers Grove, IL: InterVarsity Press, 1967), 23-25; Victor P. Hamilton, *The Book of Genesis, Chapters 1-17* (Grand Rapids, MI: Eerdmans, 1990), 150-53; Gordon J. Wenham, *Genesis 1-15*, Word Biblical Commentary 1 (Waco, TX: Word, 1987), 49을 보라. 계보의 역사의 구조에 관해서는 Wenham, *Genesis 1-15*, xxi-xxii; Hamilton, *Genesis, Chapters 1-17*, 2-11을 보라.

3   어떤 해석자들은 창 2:5-25에 실려 있는 사건들이 1:24-31에 실려 있는 여섯째 날 이후의 어느 때에 발생했다고 주장해왔다; 예컨대 John H. Walton, "A Historical Adam: Archetypal Creation View," in *Four Views on the Historical Adam*, ed. Matthew Barrett and Ardel B. Caneday (Grand Rapids, MI: Zondervan, 2013), 109을 보라. 그러나 이런 주장은 모든 증거를 살피는 데 실패한다. (1) 창 2:1은 하나님의 창조 행위가 여섯째 날 끝 무렵에 완료되었음을 보여준다. 2:5-25과 함께 고려할 경우, 그것은 새로운 피조물의 창조인 아담과 하와의 창조가 여섯째 날에 속한다는 것을 암시한다. (2) 2:5-25을 후속되는 시간으로 이동시키면 1:31의 "심히 좋았더라"(very good)와 2:18의 "좋지 않다"(not good) 사이에 긴장이 나타난다. 문학적 기교라는 관점에서 보자면, 2:18의 "좋지 않다"는 분명히 창 1장에서 반복되는 후렴구인 "하나님이 보시기에 좋았더라"(창 2:10, 12, 18, 21, 25)라는 말을 암시하고 그것과 대조를 이루도록 의도된 것이다. 따라서 사람이 혼자 있는 것은 2:31 끝에 나오는 "심

한 요소들과 그것에 이어지는 섭리적 역사(3:1-4:26)에 속하는 요소들이 포함되어 있다. 사실상 우리는 "계보들"에는 오직 1:31이 말하는 하늘과 땅이 완성된 이후의 사건들만 포함될 것이라고 예상할지도 모른다. 그러나 5:2은 계보 단락 안에 그보다 앞선 사건들의 발생반복(recapitulation)이 포함될 수 있음을 보여준다. 창세기 2:4는 "계보"라는 단어를 사용하면서 하늘과 땅은 이스라엘 사람들이 그들의 시대에 관찰할 수 있었던 계보의 전개와 유사한 방식으로 펼쳐지는 역사로 이어지는 사건들을 낳는다고 주장한다.

2. 창세기 2:5-6

> 여호와 하나님이 땅에 비를 내리지 아니하셨고 땅을 갈 사람도 없었으므로 들에는 초목이 아직 없었고 밭에는 채소가 나지 아니하였으며 안개만 땅에서 올라와 온 지면을 적셨더라.

영어표준역(ESV)은 이 구절에서 창세기 1:1과 2:4에서 온 세상을 가리키는 데 사용되었던 것과 동일한 אֶרֶץ라는 히브리어를 번역하기 위해 "땅"(land)이라는 단어를 두 차례에 걸쳐 사용한다. 2:5이 창조 행위에 대한 내러티브를 다시 시작하기 위해서 우리를 1:2의 형태가 없었던 상황으로 되돌리고 있을 가능성이 있다.[4] 그러나 이런 해석은 그럴듯하지 않다. 왜냐하면 2:4이

히 좋았더라" 이전 상황을 대표한다. (3) 2:18에서 남자가 혼자 있는 것은 아직 여자가 없었음을 암시한다. 그러므로 문제가 되는 시간은 1:27의 창조의 완료 시점보다 앞선다. 그 시점에는 분명히 여자 인간이 있었다.

4   Derek Kidner, "Gen 2:5-6, Wet or Dry?" *Tyndale Bulletin* 17 (1966):109-14.

우리에게 새로운 단락을 약속하고 2:5에서 식물에 사용되는 용어가 1:11-12에서 사용되는 용어에 직접 상응하지 않기 때문이다. 2:5에서 나무들은 언급되지 않는다. 2:5은 우기가 시작되기 전의 마른 땅을 묘사하는 것일 수 있다. 그러므로 여기서 "땅"은 모든 "세상"이 아니라 작은 지역, 훗날 에덴 동산이 세워질 작은 지역이다. 만약 그렇다면, 2:5-6에서 하나님의 사역은 훗날 그분의 섭리적 행위와 유사하다. 그때 그분은 건기 후에 땅을 푸르게 만드신다(표 10.1을 보라).

표 10.1: 황무지와 비

창조	섭리
2:5—우기가 시작되기 전 에덴의 황량한 땅	우기 전의 마른 땅

6절에서 "안개"(mist, ESV)로 번역된 אֵד라는 히브리어는 드물게 쓰이는 단어다. 그것은 구약성경의 다른 곳에서는 오직 욥기 36:27에서만 나타난다. ESV는 난외주에서 "샘"(spring)이라는 다른 독법을 제시한다. 그것은 모종의 물의 근원이다.[5] 그 구절은 우기의 시작을 묘사하는 것일 수도 있다.

---

5   Collins, *Genesis 1-4*, 104n6를 보라. 욥 36:27-28은 위로부터 내려오는 물을 가리키는 문맥에서 אֵד라는 단어를 사용하는 것처럼 보인다("비 속의 안개[אֵד], 하늘은 그것을 쏟아부어 사람들에게 풍성하게 내린다"). 욥 36:27과 어원의 불확실함에 비추어볼 때, 창 2:6에서는 "안개"나 "비구름"이 "시내" 혹은 "샘"보다 더 나은 번역으로 보인다. Mark Futato, "Because It Had Rained: A Study of Gen 2:5-7 with Implications for Gen 2:4-25 and Gen 1:1-2:3," *Westminster Theological Journal* 60, no. 1 (1998): 1-21 (5-9); 그러나 Edward J. Young, *Studies in Genesis One* (Philadelphia: Presbyterian and Reformed, 1964), 62n50을 보라.

3. 창세기 2:7

여호와 하나님이 땅의 흙으로 사람을 지으시고 생기를 그 코에 불어넣으시니 사람이 생령이 되니라.

하나님은 아담을 창조하시면서 독특한 방식으로 "생기"(breath of life)를 불어넣으신다. 그러나 또한 유비를 통해 하나님은 섭리적으로 각 사람에게 생명의 "숨결"(breath)을 제공하신다.

> 하나님의 영이 나를 지으셨고
> 전능자의 기운(breath)이 나를 살리시느니라(욥 33:4).

표 10.2: 하나님이 최초로 아담을 지으심 그리고 나중에 인간을 지으심

창조	섭리
2:7—하나님이 아담을 지으시다	하나님이 우리들 각자를 태에서 지으시다

창세기 2:7에 나오는 "지음"과 "흙"에 대한 말들 역시 하나님의 섭리라는 상황 속에서 일어난다. 그것은 하나님이 각각의 새로운 개인들을 지으신다는 사실을 묘사한다.

> 주의 손으로 나를 **빚으셨으며** 만드셨는데,
> 이제 나를 멸하시나이다.

기억하옵소서! 주께서 내 몸 지으시기를 **흙**을 뭉치듯 하셨거늘,

다시 나를 **티끌**로 돌려보내려 하시나이까?(욥 10:8-9)

이는 그가 우리의 **체질**(how we are formed)을 아시며

우리가 단지 **먼지**뿐임을 기억하심이로다(시 103:14 ESV 난외주).

주께서 내 내장을 **지으시며**

나의 모태에서 나를 만드셨나이다(시 139:13).

하나님의 창조 행위는 인간의 형성 행위와 유사하다. 최초의 물질인 "흙"에 대한 언급은 진흙을 빚는 토기장이와의 유사성을 암시한다(렘 18:1-6; 롬 9:21).

더 많은 구절이 인간과 동물은 모두 흙으로부터 나오며 흙으로 돌아간다는 것을 가리킨다.

너는 **흙**이니,

흙으로 돌아갈 것이니라(창 3:19b).

주께서 그들의 호흡을 거두신즉,

그들[동물들]은 죽어 **먼지**로 돌아가나이다(시 104:29).

다[인간과 동물] 흙으로 말미암았으므로 다 **흙**으로 돌아가나니 다 한곳으로 가거니와(전 3:20).

[인간의 몸의] **흙**은 여전히 땅으로 돌아가고 영은 그것을 주신 하나님께로 돌아가기 전에 기억하라(전 12:7).

하나님의 섭리적 질서 안에서 이스라엘 백성은 죽은 동물들과 인간들의 몸이 점차 분해되는 것을 관찰할 수 있었다. 썩은 고기를 먹는 짐승들에 의해 찢기지 않는다면, 몸들은 점차 그것들의 특징을 이루는 모양과 구조를 잃고 그것들이 눕거나 묻혀 있는 땅과 점점 더 구별되지 않게 되었다. 그렇게 해서 몸은 죽은 후에 결국 흙이 되었다.

언제나처럼 이런 설명은 전문적이지 않다. 창세기 2:7은 인간의 몸의 화학적 구성 요소 혹은 몸 안이나 흙 안에 있는 분자 구조들에 대한 이론적으로 정밀한 진술이 아니라 몸이 죽은 다음 그것에 일어나는 일에 대한 평범한 관찰을 배경으로 이해할 수 있는 진술일 뿐이다.

인간 생명의 시작은 어떠한가? 섭리의 질서 안에서 하나님은 태에서 새로운 인간들을 만드신다. 그러나 그분이 그렇게 하시는 방법은 신비롭다(시 139:13-15; 전 11:5). 유산의 경우와 동물들의 임신 및 출산에 대한 관찰은 이스라엘 사람들에게 몇 가지 더 많은 정보를 제공해주었을 것이다.

하나님이 최초의 사람을 만드시는 것에 대한 묘사는 이스라엘 사람들에게 최초의 창조와 훗날의 섭리 사이의 유사성을 보도록 초청한다. 아담이 흙으로부터 만들어졌고 흙으로 돌아가리라는 사실은 분명하게 유사하다. 그러나 아담은 지음을 받은 최초의 사람이다. 아담에게 주어진 이 중요한 역할은 우리에게 기원에 대해 알려주고자 하는 창세기 1-2장의 문맥에 의해서뿐 아니라 훗날의 신학적 성찰에 의해서도 암시된다(롬 5:12-21; 고전

15:45-49; 또한 행 17:26을 보라).[6] 그것은 창세기 2:18에 의해 확인된다. "사람이 혼자 사는 것이 좋지 아니하니…." 이 진술은 하나님이 그 결핍을 치유하기 위해 무언가를 하시기 전까지 사람이 혼자 살았음을 의미한다.[7] 우리는 하와가 창조되기 전까지 다른 인간은 없었다고 추론할 수 있다. 아담이 첫 번째 사람이라면, 그는 그를 낳아준 인간 어머니를 가질 수 없다. 따라서 이 지점에서 본문은 이스라엘 사람들에게 훗날 인간의 임신 및 출생과의 적극적인 유사성보다는 **불연속성**을 보도록 초대한다(우리는 이 장 후반부에서 이런 불연속성과 다른 것들에 대해 보다 철저하게 논할 것이다).

"지음"과 "흙"에 대해 말하는 창세기 밖의 성경 본문들은 창세기 2:7을 반영한다. 그러나 그중 어느 것도 하나님이 흙으로 개별적인 인간을 지으신다고 말하기 위해서 "짓다"와 "흙"에 해당하는 용어들을 결합하지 않는다(시 103:14은 그 두 용어 모두를 사용하기는 하나 그것들을 중요하게 결합하지는 않는다). 어떤 본문들은 지음 혹은 형성에 대한 언어를 사용하는데, 그것은 태 안에서 아기가 성장하는 것과 관련된 2차 원인들과 함께 1차 원인으로서의 하나님의 개입을 적절하게 가리킨다. 어떤 본문들은 인간이 흙**이라고** 혹은 "흙으로부터 왔다"고 말한다. 그런 말은 창세기 3:19을 반영하며, 시체에 일어나는 일에 의해 확증된다. 그러나 후대의 성경 본문들은 하나님이

---

6   J. P. Versteeg, *Adam in the New Testament: Mere Teaching Model or First Historical Man?*, trans. and with foreword by Richard B. Gaffin Jr. (Phillipsburg, NJ: P&R, 2012); Hans Madueme and Michael Reeves, eds., *Adam, the Fall, and Original Sin: Theological, Biblical, and Scientific Perspectives* (Grand Rapids, MI: Baker, 2014); Philip G. Ryken, "Pastoral Reflection 2: We Cannot Understand the World or Our Faith without a Real, Historical Adam," in *Four Views on the Historical Adam*, 267-79.

7   William D. Barrick, "A Historical Adam: Young-Earth Creation View," in *Four Views on the Historical Adam*, 210.

인간을 흙으로 **만드신다**거나 **지으신다**고 말하지 않는다. 그것은 어떤 의미에서 사실이지만, 그것을 그런 식으로 말하는 것은 별난 일이 될 것이다. 왜냐하면 그렇게 하는 것은 어머니의 핵심적 역할과 흙이 관여되는 아주 간접적인 방식을 간과하기 때문이다.

요약하자면 창세기 2:7은 뚜렷한 메시지를 갖고 있다. 그것은 그 주변의 구절들과 분명하게 구별된다. 그것이 섭리 안에서 전적으로 유사한 것을 갖고 있지 않기 때문이다. 이런 유사성의 결여는 최초의 인간 창조가 갖고 있는 독특한 성격을 강조하는 데 기여한다.

그럼에도 여기서 우리는 주의할 필요가 있다. 우리는 유사성을 다룰 때 조심해야 한다. 창세기 2:7은 하나님이 인간들이 존재하도록 하시는 훗날의 예들과 유비 관계를 맺고 있다. 유비의 모든 경우에서 우리는 유사성과 비유사성이 모두 존재한다는 사실에 주목해야 한다. 유사성은 어디에서 끝나는가? 나의 견해는 창세기 2:7의 문맥은 인간의 유일회적 **기원**에 대한 그것의 관심과 아담이 온 인류의 조상이라는 창세기 전체의 주장과 함께, 우리에게 창세기 2:7의 창조 행위를 독특한 것으로, 그리고 살아 있는 유인원 조상들을 사용하는 것을 포함하지 않는 것으로 여기도록 고무한다. 그러나 이 문제는 오늘날 아주 큰 논란거리가 되고 있다. 그리고 우리는 그 문제에 대한 논의를 위해서 독자들에게 다른 책들을 추천할 수밖에 없다.[8]

---

8 Versteeg, *Adam in the New Testament*; Madueme and Reeves, eds., *Adam*. 다양한 견해를 위해서는, *Four Views on the Historical Adam*을 보라. 과학적 문제들에 관해서는 Ann Gauger, Douglas Axe, and Casey Luskin, *Science and Human Origins* (Seattle: Discovery Institute, 2012); Vern S. Poythress, "Adam versus Claims from Genetics," *Westminster Theological Journal* 75, no. 1 (2013): 65-82, 〈http://www.frame-poythress.org/adam-versus-claims-from-genetics/〉; John Sanford, Wesley Brewer, Franzine Smith, and John Baumgardner, "The Waiting Time Problem in a Model Hominin Population," *Theoretical Biology and Medical*

그 문제에 대한 보다 완전한 논의가 바람직하다는 것을 인정하면서도, 우리는 아담의 창조에 대한 우리의 이해에 영향을 주는 몇 가지 다른 문제에 대해 언급할 수 있다.

한 가지 대안에 대해서 간략하게 생각해보자. 인간의 기원 문제와 관련해 생물학적 점진론(biological gradualism)을 원하는 이들은 최초의 인간 아담 대신에 먼 과거에 존재했던 한 부족, 보다 큰 집단 혹은 인류를 상상한다.[9] 그들이 무신론적 혹은 이신론적 성향을 지닌 이론가들이라면, 그들은 인류에 대해 무작위적인 혹은 무목적적인 진화를 상상할 수도 있다. 그들이 강고한 유신론자들이라면, 그들은 하나님이 어느 부족 안에서 그리고 그들에 대해 역사하심으로써 점진적으로 혹은 갑자기 그들 안에서 인류의 종교적 특성을 규정하기 시작하셨다고 상상할 수도 있다. 다시 말해 모든 부족 혹은 인류가 어떻게든 인간 이전 상태로부터 인간의 상태로 여행을 했다는 것이다.

그러나 그런 일이 정말로 일어난 방식이 존재했다면, 어느 본문이 그

Modelling 12, no. 18 (2015), 〈https://tbiomed.biomedcentral.com/articles/10.1186/s12976-015-0016-z〉을 보라.
　　이 출판물 중 마지막 것이 특별히 흥미롭다. 그것이 점진론과 함께 유전학의 문제를 드러내기 때문이다. 우리는 유전학은 모든 인간의 배타적인 생물학적 조상들이었던 한 쌍의 부부가 존재한 적이 결코 없었음을 결론적으로 보여준다는 주장에 대해 듣는다. 그러나 문제가 되는 그 논문은 점진론에 대해 한 가지 문제를 제기하는데, 그것은 이겨내기 어려워보인다. 인구 유전학에서 임의 과정으로 알려진 것을 통해 점진적으로 인류의 독특한 DNA 풀을 확립할 충분한 시간이 존재하지 않기 때문이다.
　　오늘날 유전학에 관한 연구는 꽃을 피우고 있다. 따라서 우리는 계속해서 새로운 논의를 보게 될 것이다.
9　　"부족"이라는 관점을 우월한 것으로 인정하는 것은 아니지만, C. John Collins는 Did Adam and Eve Really Exist? Who They Were and Why You Should Care (Wheaton, IL: Crossway, 2011)에서 그것에 대해 논한다.

렇게 말하는 것은 가능하다(나는 앞 단락에서 그 방식을 보인 바 있다). 신적 영감의 특별한 성격은 별도로 하더라도, 우리는 지금 우리가 그에게서 한 여자가 나왔던 한 남자가 아닌 한 집단, 한 부족 혹은 동물 조상에 대한 이야기를 하는 것만큼이나 고대인들도 그럴 수 있었다는 것에 주목할 필요가 있다. 예컨대 아트라하시스 서사시(Artrahasis Epic)에서는 인류가 한 쌍이 아니라 일곱 쌍의 부부에게서 유래한다.[10] 게다가 아트라하시스에 따르면, 인간의 창조는 다양한 단계와 다양한 신이 관여된 하나의 확대된 과정이었다. 그 서사시는, 만약 저자가 그렇게 하기를 원했다면, 아주 쉽게 동물의 단계를 포함할 수도 있었을 것이다. 엔키(Enki)와 닌마(Ninmaḫ)의 이야기에는 몇 사람의 인간 창조가 포함되어 있는데, 그들 중 몇몇은 장애를 갖고 있다.[11] 『엔구라에게 바치는 노래』(*Hymn to E'engura*)에서 인간은 마치 식물이 솟아오르듯 땅을 뚫고 나온다.[12]

우리는 세계의 다른 지역에서 다양한 이야기를 발견할 수 있다. 한국의 단군 신화에는 곰이 여자가 되는 이야기가 포함되어 있다. 그 여자는 신인 환웅과 결합해서 아들 단군을 낳는데, 그는 "한국 최초의 왕국을 세웠다."[13] 티벳의 신화는 티벳 사람들이 영/여자 도깨비와 원숭이의 결합을 통해 나왔다고 전한다.[14] 창조의 신 탕갈로아(Tangaloa)에 대한 사모아의 신화는 그가

10   W. G. Lambert and A. R. Millard, *Atra-ḫasīs: The Babylonian Story of the Flood* (Winona Lake, IN: Eisenbrauns, 1999), 60-63; Tablet I.255-60; S iii 5-14.

11   Jacob Klein, "Enki and Ninmaḫ," in *The Context of Scripture*, ed. William Hallo (Leiden/New York/Koln: Brill, 1997), 1.517-18.

12   Richard J. Clifford, *Creation Accounts in the Ancient Near East and in the Bible* (Washington, DC: Catholic Biblical Association of America, 1994), 30, from line 3 of the *Hymn to E'engura*.

13   "The Myth of Gojoseon's Founding-King Dan-gun," ⟨http://www.san-shin.org/Dan-gun_Myth.html⟩.

14   "The Descent of the Tibetan People from a Monkey and a Rock-Ogress," Tibet, ⟨http://

"구더기들을 가져다가 그것들로 인간을 만들었다. 그가 그것들에게 마음과 영혼을 주었을 때, 그것들이 생명을 얻었다"고 전한다.[15] 중국의 신화는 여신 누와(Nu Wa)가 황색토를 빚어서 **여러** 인간들을 만들었다고 전한다.[16] 우리는 이런 예를 얼마든지 더할 수 있다.

창세기 2:4-25에 실려 있는 인간의 기원에 관한 이야기는 단순히 하나님이 인간을 창조하셨다는 일반적 선언이 아니다. 그것은 세부적으로 유일한 인간인 아담에게 초점을 맞추는 것을 통해 집단을 포함하는 다른 가능한 이야기들과 날카롭게 **대조된다**. 그것은 동물 조상보다는 흙으로 시작함으로써 아담이 동물이 변화된 것이 아니라 새로운 창조였음을 의미하는 것처럼 보인다.

4. 창세기 2:8

> 여호와 하나님이 동방의 에덴에 동산을 창설하시고 그 지으신 사람을 거기 두시니라.

하나님은 훗날 인간의 작업과 유사한 방식으로 동산을 만드셨다. 인간은 그런 작업을 통해 동산을 만들고 곡물을 키운다(시 104:14[표 10.3을 보라]).

---

www.presscluboftibet.org/china-tibet-23/the-descent-of-the-tibetan-people-from-a-monkey-and-a-rock-ogress.htm〉.

15   "Polynesian Mythology," Myths and Legends, 〈http://www.mythencyclopedia.com/Pa-Pr/Polynesian-Mythology.html〉.

16   "Tag Archives: Nu Wa: On the Origin of Species," Heathen Chinese, 〈http://heathenchinese.word press .com /tag /nu -wa/〉.

표 10.3: 에덴동산과 훗날의 동산들

창조	섭리
2:8—하나님이 에덴동산을 창설하시다	인간이 동산을 만들고 경작하다

이 구절에서 우리는 창세기 2장에서 나타나는 일련의 사건 중 첫 번째 것을 관찰하는데 그것들은 연대기적 순서를 완전히 따르지는 않는다. 오히려 그 사건들은 **목적론적** 순서를 따르고 있다. 그것들은 다양한 것들을 창조하시는 하나님의 역사가 어떻게 인간의 필요에 들어맞는지를 보여준다. 에덴동산은 인간이 살기에 적절한 환경을 제공하기 위해서 창설되었다. 유사하게 인간은 동산을 세우고 자신과 그들의 가족과 이웃의 필요에 적합한 다른 형태의 일을 한다.

5. 창세기 2:9

> 여호와 하나님이 그 땅에서 보기에 아름답고 먹기에 좋은 [모든] 나무가 나게 하시니 동산 가운데에는 생명나무와 선악을 알게 하는 나무도 있더라.

이 구절은 나무들이 자라났다고 전한다. 하나님은 자신의 섭리를 통해 계속해서 나무들이 자라도록 하신다(시 104:16). 나무들은 여전히 보기에 즐겁고, 그중 많은 것들은 식용으로도 훌륭하다. 따라서 창세기 2:9에서의 창조행위는 훗날의 섭리 행위와 유사하다(표 10.4를 보라).

표 10.4: 하나님이 나무들이 자라게 하신다

창조	섭리
2:9—하나님이 에덴동산에서 나무들이 자라게 하시다	동산들에서 나무들이 자라다

생명나무와 선악을 알게 하는 나무는 둘 다 섭리 안에서는 더 이상 만날 수 없는 특별한 나무들이다. 그 내러티브의 요점 중 일부는 이 두 나무가 나머지 모든 나무와 같지 **않다**는 것이다. 그것들은 하나님과 인간의 관계와 관련해서 특별한 역할을 하며, 또한 축복과 저주의 강력한 근원이 될 수도 있다.

아담과 하와가 에덴동산에서 쫓겨날 때, 그룹들이 생명나무에 이르는 길을 막는다(창 3:23-24). 그렇게 함으로써 하나님은 이 나무가 더 이상 인간에게 허락되지 않음을 분명하게 지적하신다. 성막의 지성소 안에 있는 등잔대는 아마도, 움이 돋은 아론의 지팡이가 그런 것처럼(민 17:8), 생명나무를 상징할 것이다. 둘 다 평범한 이스라엘 사람들이 접근할 수 없는 것들이다(민 17:10).

성경은 몇 군데에서 생명나무를 상징적으로 언급한다. 지혜는 "그 얻은 자에게 생명나무라"(잠 3:18a). "의인의 열매는 생명나무라"(잠 11:30a; cf. 13:12; 15:4). 그렇다면 에덴동산의 생명나무는 단지 지혜, 의 혹은 어떤 다른 복에 대한 상징적 표현에 불과한 것인가? "**모든 나무**"(잠 2:9)와 그것의 밀접한 관계 그리고 에덴동산을 묘사하는 데 사용되는 지리적 표시들에 비추어볼 때, 창세기 2장은 에덴을 실제 동산으로 그리고 그 나무들을 물리적인 나무들로 보여준다. 나중의 상징적인 언급들은 9절에서 최초로 사용된 것 위에 상징적 용법을 더한다.

6. 창세기 2:10

강이 에덴에서 흘러나와 동산을 적시고 거기서부터 갈라져 네 근원이 되었으니

강의 존재는 하나님의 현재적인 섭리적 질서와 유사한데, 그 질서에는 강들이 포함되어 있다. 주석들은 하나의 강이 넷으로 갈라지는 것이 하나의 물 근원이 네 개의 하천으로 갈라지는 것을 의미하는지, 아니면 네 개의 강이 모여서 하나의 강을 이루는 것을 의미하는지를 두고 논쟁한다. 섭리 안에서는 후자가 훨씬 더 전형적이므로, 아마도 여기서 주장되는 것은 오늘날의 섭리에 비추어볼 때 후자일 것이다.

7. 창세기 2:11-14

첫째의 이름은 비손이라. 금이 있는 하윌라 온 땅을 둘렀으며, 그 땅의 금은 순금이요, 그곳에는 베델리엄과 호마노도 있으며, 둘째 강의 이름은 기혼이라. 구스 온 땅을 둘렀고, 셋째 강의 이름은 힛데겔[티그리스]이라. 앗수르 동쪽으로 흘렀으며, 넷째 강은 유브라데더라.

티그리스와 유프라테스 강은 앗수르라는 지명과 함께 확인이 가능하다. 이런 이름들은 현재의 섭리적 질서와의 연속성을 보여준다. 주석들은 나머지 것들의 정체에 대해 논쟁 중에 있다[17](표 10.5를 보라).

---

17   예컨대 Kidner, *Genesis*, 63-64; Collins, *Genesis 1-4*, 119-20을 보라. 티그리스와 유프라테

창조	섭리
2:10-14—하나님이 에덴에서 강들을 제공하시다 2:14—그때의 티그리스와 유프라테스	지금 하나님이 강들을 제공하시다 지금의 티그리스와 유프라테스

8. 창세기 2:15

여호와 하나님이 그 사람을 이끌어 에덴동산에 두어 그것을 경작하며 지키게
하시고

동산을 일구고 지키는 일은 하나님의 섭리적 질서 안에서 계속되고 있는 원
예 및 농업과 유사하다(표 10.6을 보라).

표 10.6: 하나님이 사람을 임명해 동산을 가꾸게 하시다

창조	섭리
2:15—하나님이 아담을 임명해 동산을 가꾸게 하시다	하나님이 사람들을 임명해 원예를 포함해 다양한 형태의 일들을 하게 하시다

스에 관한 정보를 감안할 때, 그 두 개의 다른 강들이 한때 티그리스와 유프라테스가 합류하
는 페르시아만 인근 지역 안으로 흘러 들어갔을 가능성이 있어 보인다. 어느 하천 지역에서
네 개의 강들이 합류하는 것은 창 2:10이 하나의 하천에서 합류하는 네 개의 지천을 묘사한
다는 우리의 해석을 확증해준다.

9. 창세기 2:16-17

여호와 하나님이 그 사람에게 명하여 이르시되 "동산 각종 나무의 열매는 네가 임의로 먹되 선악을 알게 하는 나무의 열매는 먹지 말라. 네가 먹는 날에는 반드시 죽으리라" 하시니라.

이 두 구절 중 첫 번째 것에는 허락이 포함되어 있다. "동산 각종 나무의 열매는 네가 임의로 먹되." 하나님의 섭리적 질서 안에서 인간은 계속해서 열매를 먹는 특권을 누린다(행 14:17). 타락의 결과는 이제 그것들을 얻는 것이 훨씬 더 어려워졌음을 의미한다(창 3:17-19[표 10.7을 보라]).

표 10.7: 하나님이 인간에게 나무와 그것의 열매들을 주시다

창조	섭리
2:16—하나님이 아담에게 열매를 주시다	하나님이 우리에게 열매를 주시다

7절에는 금지 명령이 등장한다. "먹지 말라." 우리가 살펴보았듯이, 지식의 나무는 독특하며, 하나님의 현재적인 섭리적 질서 안에 있는 그 어떤 나무에도 직접 상응하지 않는다. 그 나무의 중요성은 그것이 순종이나 불순종을 시험하는 데 사용된다는 사실에 있다. 그 시험은 훗날 족장들과 이스라엘 민족이 직면했던 시험, 즉 하나님을 섬길 것이냐 아니면 거짓 신들과 그들 자신이 고안해낸 것들에게로 돌아설 것이냐 하는 시험과 유사하다. 따라서 우리는 그 시험에서 그리고 이 나무가 다른 나무들과 모종의 방식으로 유사하다는 사실 모두에서 유사성을 발견한다(표 10.8을 보라).

표 10.8: 하나님이 순종과 관련해 인간을 시험하시다

창조	섭리
2:17—하나님이 아담과 하와를 시험하시다	하나님이 우리의 순종을 시험하시다

10. 창세기 2:18

여호와 하나님이 이르시되 "사람이 혼자 사는 것이 좋지 아니하니 내가 그를 위하여 돕는 배필을 지으리라" 하시니라.

이 지점에서 본문은 하나님의 목적이라는 주제와 하나님의 일이 인간에게 적합한 집을 세우신다는 주제를 분명하게 보여준다. 유비에 의해, 이후의 섭리적 질서 안에서, 야웨께서는 계속해서 그분의 자비를 통해 인간에게 복을 주신다. 그런 복 중 하나가 결혼과 자녀다(표 10.9를 보라).

표 10.9: 하나님이 결혼과 자녀를 주시다

창조	섭리
2:18—하나님이 하와를 주시다	하나님이 결혼과 가족을 주시다

11. 창세기 2:19

여호와 하나님이 흙으로 각종 들짐승과 공중의 각종 새를 지으시고 아담이 무엇이라고 부르나 보시려고 그것들을 그에게로 이끌어가시니 아담이 각 생물을 부르는 것이 곧 그 이름이 되었더라.

인간은 하나님이 그보다 앞서 사물들의 이름을 지으셨던 것을 모방해서(창 1:5, 8, 10) 짐승들의 이름을 짓는다. 하나님의 섭리적 질서 안에서 인간은 계속해서 이름들을 사용하고 짓는다. 그리고 언어를 이렇게 사용하는 것은 인간의 지배에 대한 하나의 표현이다(표 10.10을 보라).

표 10.10: 하나님이 인간에게 이름을 짓고 지배하는 능력을 부여하시다

창조	섭리
2:19—하나님이 인간에게 이름을 짓고 지배하는 능력을 부여하시다	우리가 이름을 짓고 지배권을 행사하다

12. 창세기 2:20

아담이 모든 가축과 공중의 새와 들의 모든 짐승에게 이름을 주니라. 아담이 돕는 배필이 없으므로

돕는 배필의 결여는 섭리 가운데서 살아가는 인간의 경험과 유사하다. 인간은 계속해서 남자가 여자와 결합할 때만 자녀를 얻을 수 있다는 사실을 경험한다. 보다 넓은 의미에서, 인간에게 다른 인간은 동물들이 할 수 없는 방식으로 동료, 함께 일하는 사람, 대화의 파트너, 동료 예배자의 역할을 한다. 결혼에서 드러나는 친밀성은 이런 동료 의식과 협력에 대한 특별히 강력한 표현이다. 좋은 아내는 독특한 방식으로 남편을 보완한다.

13. 창세기 2:21

> 여호와 하나님이 아담을 깊이 잠들게 하시니 잠들매 그가 그 갈빗대 하나를 취하고 살로 대신 채우시고

여기서 묘사된 "깊은 잠"은 분명히 어떤 독특한 일을 위한 상황을 제공하기 위해서 하나님에 의해 독특하게 고안된 것이다. 반면에 그것은 인간이 섭리 가운데서 매일 경험하는 잠과 유사하다(표 10.11을 보라).

표10.11: 하나님이 깊은 잠을 주시다

창조	섭리
2:21—하나님이 아담에게 깊은 잠을 주시다	하나님이 잠을 주시다

어떤 이가 잠들 때, 그는 자기 주변에서 무슨 일이 일어나고 있는지 알아채지 못한다. 그가 깊이 잠들었다면, 그는 누군가 그를 만지거나, 부드럽게 말을 하거나, 살짝 흔들더라도 깨어나지 않을 수도 있다. 이스라엘 사람들은 그런 평범한 경험들을 기반으로 추론함으로써 하나님이 그의 갈비뼈를 제거하실 수 있을 정도로 사람이 깊이 잠든다는 것이 무엇을 의미하는지 이해할 수 있었다. 그들이 아담에게 미쳤을 고통에 대해 걱정했을까? 현대의 마취학은 고대 이스라엘에는 알려지지 않았다. 그러나 사람들은 신경학적 기능의 상실이 신체의 어느 부분에서 고통의 경험을 둔화시키거나 제거했던 경우들을 관찰할 수 있었다. 아담의 경우에 하나님의 능력은 그에게 고통을 제거할 능력을 주신다.

"갈비뼈"는 어떠한가? 다른 곳에서 나는 그 본문이 실제로 갈비뼈를 가리키는 것이지, 아담과 관련해서 하와의 사회적·영적 지위에 대한 모호하고 은유적인 그림을 제공하는 것이 아니라고 주장한 바 있다.[18] 이 구절과 그다음 구절은 구약성경에서 צֵלָע라는 히브리어가 갈비뼈를 가리키는 데 사용된 유일한 경우들이다. 그러나 랍비 히브리어에서는 동물들의 갈비뼈와 관련해서 동일한 의미가 입증되고 있다.[19] 이스라엘 사람들은 도살된 짐승의 고기를 자르는 경험을 통해, 인간의 뼈들에 대한 경험을 통해(참조. 가령 왕하 13:21; 23:16), 그리고 피부 아래에 있는 자신의 갈비뼈를 느끼는 경험을 통해 갈비뼈에 익숙했을 것이다. 이 모든 경험은 아담의 갈비뼈를 이해하기 위한 섭리적 유사성들을 제공해주었다.

14. 창세기 2:22

> 여호와 하나님이 아담에게서 취하신 그 갈빗대로 여자를 만드시고 그를 아담에게로 이끌어오시니

섭리는 갈비뼈에서 몸 전체를 기적적으로 만들어내는 것에 대한 완전한 유사성을 제공하지 않는다. 하나님이 하와를 만드시는 방법은 독특하며, 그것은 첫 번째 여자의 창조에 적합했다. 그럼에도 본문은 하나님의 일과 인

---

18 Vern S. Poythress, *Redeeming Science: A God-Centered Approach* (Wheaton, IL: Crossway, 2006), 249-51.

19 Marcus Jastrow, *A Dictionary of the Targumim, the Talmud Babli and Yerushalmi, and the Midrashic Literature* (New York: Pardes, 1950), 2.1285.

간의 일 사이의 유사성을 제기한다. 본문은 이렇게 말한다. "그가 [갈비뼈로] 여자를 **만드셨다.**" "만들었다"(made)라는 핵심적 단어(ᄀᄀᄀ로부터 왔다)는 "만들기"(making, ᄀᄡᄝ)에 해당하는 가장 일반적인 단어가 아니라, 종종 "짓다"(build)로 번역되는 단어다. 하나님은 사람이 집을 짓는 것과 유사한 방식으로 여자를 만드셨다(표 10.12를 보라).

표 10.12: 하나님이 하와를 지으시다

창조	섭리
2:22—하나님이 하와를 지으시다	우리가 집을 짓다

15. 창세기 2:23

아담이 이르되 "이는 내 뼈 중의 뼈요 살 중의 살이라 이것을 남자에게서 취하였은즉 여자라 부르리라" 하니라.

하나님이 하와를 만드시는 독특한 방식은 특별히 결혼의 친밀성을 통해 드러나는 남자와 여자 사이의 영적·사회적·가족적 유대라는 섭리적 경험과 유사하다. 하와의 독특하고 유일회적인 창조는 영원한 섭리적 질서를 위한 토대를 형성한다.

16. 창세기 2:24

이러므로 남자가 부모를 떠나 그의 아내와 합하여 둘이 한 몸을 이룰지로다.

하나님의 섭리적 질서 안에 있는 제도로서의 결혼은 그 토대를 하나님이 하와를 창조하셨을 때 하셨던 최초의 행위 안에 두고 있다. 아담과 하와의 최초의 결혼은 이후의 모든 결혼이 모방하는 패러다임을 제공한다.

17. 창세기 2:25

아담과 그의 아내 두 사람이 벌거벗었으나 부끄러워하지 아니하니라.

이 구절에서 벌거벗음은 섭리 안에서 성관계를 맺을 때 경험하는 벌거벗음과 관련이 있다. 부끄러움이 없었다는 것은 아담과 하와의 순진성을 보여준다. 그것은 우리가 부끄러움을 느끼는 현재의 타락 이후의 상황과 **같지 않다**(창 3:8-11). 그러나 부끄러움은 결혼 관계 안에서의 친밀함이란 표현을 통해 부분적으로 극복된다. 따라서 사람들은 타락 이후의 상황에서 타락 이전 상황을 이해하기 위한 작업에 활용할 수 있는 어떤 유사성을 갖고 있는 셈이다.

상관관계의 의미

이제 창세기 2:4-25과 훗날의 섭리적 사건들 사이의 상관관계의 패턴이 드러난다. 창세기 2장의 거의 모든 내용은 오늘날의 섭리적 질서 안에 분명하게 적절한 유사성을 분명히 갖고 있다. 차이가 두드러지는 것들조차 섭리적 질서와 **어느 정도**의 유사성을 갖고 있다. 창세기 1장에서와 같이, 창조와 훗날의 섭리적 사건들 사이의 공명은 하나님의 고안에 의해 그리고 그분의 통일된 계획을 따라서 발생한다(표 10.13을 보라).

표 10.13: 창세기 2장이 전하는 창조와 섭리 사이의 몇 가지 유비들

창조	섭리
2:5—우기가 시작되기 전 에덴의 황량한 땅	우기 전의 마른 땅
2:7—하나님이 아담을 지으시다	우기 전의 마른 땅
2:8—하나님이 에덴동산을 창설하다	인간이 동산을 만들고 경작하다
2:9—하나님이 에덴동산에서 나무들이 자라게 하시다	동산들에서 나무들이 자라다
2:10-14—하나님이 에덴에서 강들을 제공하시다	지금 하나님이 강들을 제공하시다
2:14—그때의 티그리스와 유프라테스	지금의 티그리스와 유프라테스
2:15—하나님이 아담을 임명해 동산을 가꾸게 하시다	하나님이 사람들을 임명해서 원예를 포함해 다양한 형태의 일들을 하게 하시다
2:16—하나님이 아담에게 열매를 주시다	하나님이 우리에게 열매를 주시다
2:17—하나님이 아담과 하와를 시험하시다	하나님이 우리의 순종을 시험하시다
2:18—하나님이 하와를 주시다	하나님이 결혼과 가족을 주시다
2:19—하나님이 인간에게 이름을 짓고 지배하는 능력을 부여하시다	우리가 이름을 짓고 지배권을 행사하다
2:21—하나님이 아담에게 깊은 잠을 주시다	하나님이 잠을 주시다
2:22—하나님이 하와를 지으시다	우리가 집을 짓다

2:23—아담이 하와와 결합하다	우리가 사회적 연대, 특히 결혼을 통한 친밀함을 형성하다
2:24—아담이 하와와 결혼하다	우리가 결혼하다
2:25—원래 부끄러움 없이 벌거벗음	결혼을 통한 연합을 제외하고, 벌거벗음이 부끄러움과 연결되다

본문의 전체적인 묘사는 단순성이라는 단계에 머물러 있다. 그것은 평범한 언어를 사용한다. 당시의 이스라엘 사람들과 여러 다른 문화권 사람들에게 익숙했던 평범한 삶으로부터 나오는 유비들을 사용한다. 사건들에 대해서 비교적 듬성듬성한 묘사를 할 뿐이다. 에덴동산의 형성, 아담의 형성, 아담이 짐승들의 이름을 짓는 것, 그리고 하와의 형성 등은 여러 가지 세부 사항들을 포함하고 있었으나, 그 내러티브는 그런 것들에 대해서 침묵한다. 대신에 중요한 것들에 매달린다.

창조와 섭리의 상호관계는 실제적이다. 그러나 이런 상호관계에는 그 관계에 관련된 두 개의 기둥들 사이의 구별이 포함된다. 창조는 섭리와 **유사하면서도** 그것과 **구별된다**. 창세기 2:4-25에 담겨 있는 사건들은 섭리에 대한 단순한 은유가 아니라 시간과 공간 안에서 벌어진 실제 사건들이다(그림 10.1을 보라).

그림 10.1: 두 개의 극으로서의 창조와 섭리의 상관관계

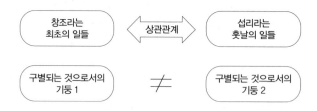

그러므로 상호관계는 사실상 창세기 2:4-25이 실제로는 창조에 관한 것이 아니라 **오직** 그리고 **전적으로** 인간에 대한 하나님의 섭리적 돌봄을 표현하는 것과 관련되어 있다는 현대적 견해를 옹호하기보다는 오히려 **반대한다.** 이런 현대적 견해는 기본적으로 창조 교리를 폐기하고 환원주의적으로 그것을 무너뜨려 섭리로 만들어버린다. 이 견해는 **상관관계**의 의미를 환기시키므로 표면적인 타당성을 지닌다. 하지만 모든 상관관계는 서로 연관되는 두 개의 구별되는 기둥을 전제하므로, 그런 견해는 실제로는 작동하지 않는다.

예컨대 하와의 창조는 하나의 기둥이다. 그것은 두 번째 기둥, 즉 하나님의 섭리적 통치 안에서 발생하는 훗날의 유사한 사건들 및 문화적 환경들의 의미와 서로 연관된다. 이런 섭리적 의미들 중에는 각각의 여자들의 창조의 의미, 여성성의 의미, 남자와 여자의 섭리적 관계의 의미, 그리고 하나님의 섭리적 질서 안에 있는 제도로서의 결혼의 의미 등이 있다. 창조(창 2:4-25)와 섭리(모든 훗날의 역사)의 이런 상관관계는 훗날의 섭리와 구별되는 창조와 함께 두 기둥의 실재를 전제한다.

같은 것이 창세기 1장에도 해당된다. 현대의 어떤 해석가들은 창세기 1장이 단지 하나님의 지혜와 세상에 대한 돌봄에 관한 신학을 분명하게 표명하는 것에 지나지 않는다고 말할지도 모른다. 그럴 경우 창조는 현재의 의미, 즉 세상에 대한 하나님의 섭리적 지배의 차원으로 내려앉는다. 이런 해석은 창세기 2장에 대한 섭리주의적인 해석만큼이나 표면적 타당성을 지닌다. 그것은 상관관계에 타당하게 호소한다. 하지만 실제로 상관관계는 두 개의 기둥(창조와 섭리)이 있을 때만 의미가 있지, 단지 하나의 기둥(섭리)만 있어서는 의미가 없다. 창조는 개념상 섭리의 차원으로 내려앉아서는 안 된다.

어떤 해석자들은 두 개의 기둥을 하나로 붕괴시키려는 자신들의 시도를 고대 근동에서 나온 유비들에 호소함으로써 뒷받침하려고 한다. 5장에서 논했듯이, 고대 근동에는 그 자체의 우주발생론적 신화들이 존재했다. 학자들은 이런 신화들을 자신들이 전제하는 현대적 가정들에 의지해서 아주 다양한 방식으로 해석할 수 있다. 특히 사회인류학의 환원주의적인 형태를 사용하는 접근법은 신화들의 "의미"를 사회의 질서를 유지하는 일에서 그것들이 수행하는 기능들로 환원시킬 수 있다.

이런 인류학적 견해에 따르면, 신화들의 역할은 공통의 사회적 준거점을 제공하는 것이다. 그것들은 문화를 위한 신적 의미를 만들어내는 이야기들을 제공하고 또한 다양한 사회적 관습과 구조들을 위한 설명을 제공한다. 신화들이 그런 식으로 해석될 때, 그것들의 의미는 모두 현재의 섭리적 질서에 속한다. 과거에 대한 어떤 신화적 이야기는 "사실상" 현재에 관한 것으로 해석된다[20](그림 10.2를 보라).

---

20 물론 어떤 신화들은 어떤 토대를 이루는 사건이 아니라 반복적인 패턴들(가령, 태양신의 재탄생으로서의 새벽)에만 초점을 맞춘다. 일반적인 원칙은 각각의 신화는 상관관계의 한쪽 축을 폐지함으로써가 아니라 그것이 환기시키는 상관관계를 존중함으로써 해석되어야 한다.

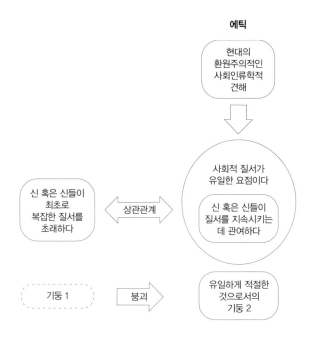

그림 10.2: 신들의 이야기에 관한 현대적 견해들

에틱

현대의
환원주의적인
사회인류학적
견해

사회적 질서가
유일한 요점이다

신 혹은 신들이
최초로
복잡한 질서를
초래하다

상관관계

신 혹은 신들이
질서를 지속시키는
데 관여하다

기둥 1

붕괴

유일하게 적절한
것으로서의
기둥 2

의심할 바 없이 신화들은 현대를 위한 **함의들**을 갖고 있다. 그러나 과거를 현재로 붕괴시키는 것은 환원주의의 한 가지 형태다. 그것은 고대의 의식이라기보다 현대적 가정의 산물인 것처럼 보인다. 고대의 의식은 두 개의 다른 기둥들을 붕괴시키기보다는 오히려 그것들 사이의 상관관계를 이해했다 (그림 10.3을 보라).

고대 신화들은 실제로 사회적 안정에 기여했다. 그리고 사람들에게 이해되었던 바 그것들의 사회적 중요성이야말로 아마도 그것들이 암송되고 공유되었던 한 가지 이유였을 것이다. 또한 그것들은 영들의 세계를 포함해서 세계에 대해 보다 높고 보다 깊은 지식을 약속하는 것처럼 보였기 때문에 매력적이었다. 공유된 지식에 대한 이런 느낌은 또한 종교적·사회적 결합에 기여했다. 그러나 신화들은 사회적 안정을 효과적으로 강화했고, 어떤 수준에서 사람들이 그것들을 믿기만 한다면 지식에 대한 약속을 이행했다.[21] 신화들은 한쪽 기둥에 있는 태초와 다른 쪽 기둥에 있는 현재의 질서 사이의 상관관계에 의존했다. 신화들이 효과적인 사회적 **토대**와 (사회적 삶에 대한 단순한 언급과 대조되는) 보다 깊은 지식을 제공하고자 했다면, 그 두 개의 기둥 모두가 필요했다. 현재의 사회적 삶에 대한 언급은 그 자체로는 그런 삶을 위한 **토대**를 제공하지 않는다.

그림 10.3: 신들의 이야기에 관한 고대의 견해

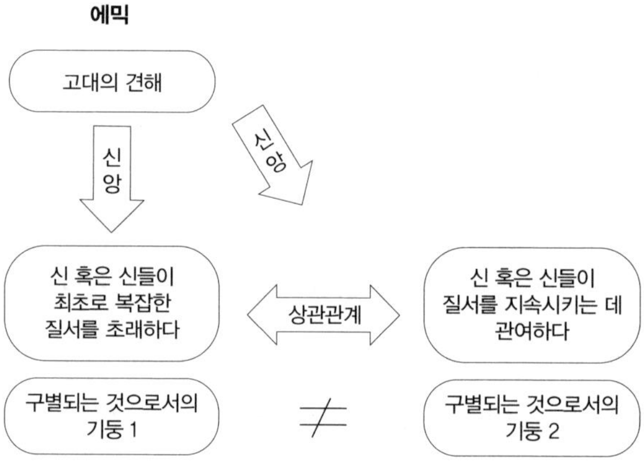

이에 대해 사회인류학을 공부하는 환원주의적으로 경도된 학생은 고대인들이 대개 그들의 신화를 믿었다고 여길지도 모른다. "그러나" 그는 다음과 같이 말한다. "보다 우월한 지식을 갖고 있는 우리는 이런 고대 신화들이 상정

---

21 그러므로 소크라테스는 하나가 아니라 두 가지 죄목으로 재판을 받고 사형 선고를 받았다. 주장된 바에 의하면, 그는 그리스의 신들을 적절하게 존중하지 않았고, 또한 회의주의를 통해 아테네의 젊은이들을 타락시키고 있었다. 신앙 혹은 신앙의 결여는 사회적 결과를 낳는다.

하고 있는 영들과 신들은 실재가 아니라는 것을 안다. 따라서 신화들의 실제 기능은 오직 사회적 결합을 촉진하는 그것들의 사회적 기능에서만 발견될 수 있다."

그런 대답은 두 가지 방식으로 요점을 놓치고 있다.

첫째, 그것은 영의 세계는 존재하지 않는다는 현대의 형이상학적 신념에 의존하고 있다. 천사들과 마귀들에 대한 성경의 증언에 따르면, 이런 현대적 견해는 잘못이다. 그런 견해는 고대의 신화들에 대한 공감적 이해를 해친다.

둘째, 비록 현대적 견해가 가정하는 것이 옳다고 할지라도, 그것은 신화들을 그것들의 **의미**에 따라 그리고 그것들 자신의 **상황** 속에서 분석해야지, 과연 신화들이 실제로 사실인지에 대한 그 자신의 의견을 주입해서는 안 된다. 분석은 현대인들이 자기들이 추출할 수 있다고 여기는 사회적 진리를 발견하기 위해서만 이루어지지 않는다. 신화들 자신의 문화적 상황 속에서 그것들의 의미는 사회적 결속과 그들의 과거의 행위가 현재의 형태를 가져온 신들에 대한 믿음 모두를 지지한다. 하나의 기둥을 제거하는 것은 왜곡이다. 그것은 인류학의 환원주의적 형태로써 현대의 도그마를 부과하는 것이다.

유사하게, 창세기 1-2장에 들어 있는 상관관계의 한쪽 기둥을 제거하는 것 역시 왜곡—환원주의의 한 형태—이다. 창세기 1-2장의 소통 능력은 두 가지 기둥의 기능을 유지하는 것에 달려 있다. 창세기 1-2장은 그것의 일관된 유일신론과 묘사에서의 단순성으로 인해 고대 근동의 우주발생론적 신화들과 같지 않다. 그리고 그것은 시가 아니라 산문이다(6장을 보라). 그러나 우리가 논의를 위해서 그것이 신화들과 동일한 장르에 속해 있다고 인정한다면, 동일한 논증이 신화들과 창세기 1-2장 모두에 해당될 것이다. 그것들 모두가 상관관계에 있는 두 개의 기둥을 사용하기 때문이다.

요약하자면, 창세기 1-2장과 기원에 대한 고대 근동의 신화들은 모두 과거의 **토대적** 사건들과 현재의 **섭리적** 지속성 사이의 구별에 의존한다. 차이는 창세기 1-2장이, 여러 신들의 상호작용을 묘사하는 부패하고 위조된 이야기들과 대조되는, 참된 하나님의 역사에 관한 참된 이야기를 전한다는 것이다.

창세기 3장과 타락

우리는 창세기 1장과 2장에서 사용했던 것과 유사한 추론을 창세기 3장에도 적용할 수 있다. 우리는 창세기 3장의 각 절을 분석하면서 거기에 기록된 사건들과 훗날의 섭리적 사건들 사이의 상세한 상관관계들에 대해 고찰할 수 있다. 그러나 이때쯤이면 패턴이 분명해졌을 것이다. 따라서 우리는 계속해서 창세기 3장의 결과들을 요약하는 데로 넘어갈 수 있다.

창세기 3장 전체의 내러티브는 오늘날 인간이 매일 경험하는 바와 같은, 그 이후의 모든 반역과 죄에 대한 유혹을 분명하게 반향한다. 그것은 마태복음 4:1-11과 누가복음 4:1-13에 실려 있는 예수의 광야 시험도 반향한다. 예수는 마귀의 유혹에 성공적으로 맞섰던 반면, 아담은 그렇지 못했다. 따라서 현대의 이론가들은 창세기 3장은 창세기 2장과 더불어 실제로는 역사적 개인으로서의 아담보다는 "모든 사람"의 유혹에 대한 이야기라고 주장할 수도 있다. 비록 이런 주장이 표면적으로는 타당해 보일지라도,

그것은 상관관계의 두 기둥의 존재를 무시하는 것이다. 그 두 기둥은 다음과 같다. (1) 아담과 하와는 실제 역사적 개인들이며, (2) 그들이 받은 유혹은 창세기 5:1-5, 누가복음 3:38, 로마서 5:12-21, 고린도전서 15:45-49이 지적하듯이, 그 이후의 유혹과 죄에 대한 예들과 유사한 패턴을 따른다.

완전한 유사성이 없는 것들

창세기 1-3장에서 어느 것들이 현재의 섭리적 질서와의 **덜** 강력한 유사성을 지니고 있는지에 주목하는 것도 가치가 있다. 우리가 논의한 모든 유비들은 유사성과 비유사성을 함께 갖고 있다. 그러므로 유비는 정도의 문제다. 어느 경우에 비유사성이 더 두드러질까? 우리는 7가지 예를 지적할 수 있다.

1. 창세기 1:1에서 태초. 창세기 1:1에서 하나님의 최초의 창조 행위는 절대적 태초(absolute beginning)다. 그것은 하나님이 그 어떤 선재하는 영원한 물질도 사용하지 않으셨음을 넌지시 암시한다.[22] 이 절대적 태초는 훗날의 그 어떤 "상대적으로 새로운" 시작과도 같지 않다. 물론 그것은 필연적으로 그러해야만 하며, 이런 독특성은 정상적인 상황에서 현재의 섭리적 경험과

---

22 Collins, *Genesis 1-4*, 50-55; C. John Collins, *Reading Genesis Well: Navigating History, Poetry, Science, and Truth in Genesis 1-11* (Grand Rapids, MI: Zondervan, 2018), 8B장을 보라. Collins와 나는 창 1:1이 1:2-31에서 구체적으로 발생하는 일들을 포괄하는 제목이라기보다 최초의 창조 행위를 묘사한다고 주장한다(이 책에 있는 부록 A를 보라). 그러나 설령 그것이 제목이라고 할지라도, "태초에"라는 구절은 독특한 기능을 갖고 있다. 비록 그것이 절대적인 태초를 직접 의미하지는 않을지라도, 그것을 함의한다. 그렇지 않다면, 우리는 영원한 물질을 갖고 있고, 영원한 물질은 참된 하나님에 더하여 신적 역할을 한다. 종교적으로, 영원한 물질에 대한 그런 견해는 성경 전체뿐 아니라 창 1:2-31의 주제를 훼손시킨다. 그리고 그것은 고전 8:6과 골 1:16의 주장들과 직접 부딪힌다.

의 유사성을 찾고 있는 평범한 독자들에 의해 이해될 수 있다.

2. 창세기 2:7에서 인간의 창조. 필연적으로, 최초의 인간 창조는 인간 어머니에 의한 임신과 출생이라는 현재의 섭리적 과정을 포함할 수 없다. 따라서 창세기 2:7에 실려 있는 아담의 창조에 대한 서술은 시편 139:13-18처럼 이후에 새로운 인간을 창조하시는 하나님의 섭리적 사역에 대한 성경의 다른 구절들과는 제한적 유사성들만 갖고 있을 뿐이다. "지음", "불어넣음" 그리고 "흙"에 관한 말들은 나중에 나타난다. 하지만 나중의 구절들은 그 모든 것을 하나의 단일한 사건으로 통합시키지 않는다. "여호와 하나님이 땅의 흙으로 사람을 지으셨다." 섭리 안에서 하나님은 태에서 각 사람을 지으신다(시 139:13). 하나님은 토기장이가 흙을 "빗는 것"(forming)과 유사한 방식으로 인간을 "지으신다"(forms). 그러나 그 어떤 인간 토기장이도 실제로 살아 있는 것을 창조하지는 못한다.

3. 창세기 2:9에서 두 개의 특별한 나무들. 생명나무와 선악을 알게 하는 나무(창 2:9) 모두는 하나님이 주시는 복과 저주에 대한 특별한 상징 역할을 한다. 그 나무들은 창세기 3장에서 아담과 하와가 마주하는 독특한 최초의 시험이라는 상황 안에서 서로 구별되는 역할을 한다. 따라서 오늘날 그것들과 유사한 것은 아무것도 없다.

4. 창세기 2:21-22에서 여자의 창조. 아담의 창조에 병행하는 방식으로, 첫 번째 여자의 창조는 인간 어머니의 임신과 출산이라는 현재의 과정을 포함하고 있지 않다. 하나님이 아담의 갈비뼈를 사용해서 하와를 창조하시는 것은 참으로 특별하고 기적적인 과정이다.

5. 창세기 3:1에서 말하는 뱀의 출현. 3:1에 나타나는 뱀은 특별하다. 회의적인 해석자 중 많은 이들이 지적했듯이, 뱀은 말을 하지 않는다. 물론

우리는 뱀을 만나는 섭리적 경험을 한다. 그러나 3:1에 나타난 묘사는 정상적인 섭리 안에서 그 어떤 병행하는 요소도 갖고 있지 않다. (우리가 접할 수 있는 가장 가까운 것은 민 22:28-30에서 나타나는 발람의 나귀다. 민수기에서 그 본문은 다음과 같은 설명을 통해 그 사건의 특별하고 기적적인 성경을 분명하게 인정한다. "여호와께서 나귀 입을 여시니…." 이것은 나귀는 보통 말하지 않는다는 것을 인정하는 것이다.)[23]

회의주의자들은 창세기 3장에 나타나는 말하는 뱀의 존재를 그것의 우화적 혹은 알레고리적 특성에 대한 징표로 간주해왔다. 그러나 그 뱀의 행위의 특별한 성격은 실제로 상황에 들어맞는다. 하나님과의 교제 및 화평이라는 최초의 상황 안에서 하나님의 신실하심을 대담하게 공격하기 위해서는 초자연적이고 악마적인 근원이 필요하다. 후대의 성경적 성찰이 분명하게 인식하듯이(계 12:9), 그 뱀은 단순히 뱀이 아니다.

말하는 뱀의 특별한 성격은 독자들에게 깊은 숙고를 하도록 충격을 주기 위해 의도된 것이다. 독자들은 그런 숙고를 통해 그 뱀이 단순히 "아주 좋았던"(창 1:31) 최초의 창조 질서 안에 존재하던 여러 짐승 중 하나를 가리키는 것이 아님을 이해한다. 오히려 이 짐승은 어떤 깊고 초자연적인 마귀의 대변인이었다. 수사학적인 충격 기능은 그 본문이 우리에게 어떤 알레고리나 우화가 아니라 실제로 말하는 뱀을 제시하고 있을 때만 완전한 효과를 낸다.

6. 창세기 3:8-19에서 야웨 하나님에 의한 심판. 3:8-19에서 하나님은 아담, 하와, 뱀과 맞서시고 그들 모두에게 심판을 선언하신다. 또한 남자와

---

23   Collins, *Did Adam and Eve Really Exist?* 63; Collins, *Genesis 1-4,* 171-72.

여자에게 구속에 대한 약속을 제공하신다(창 3:15). 하나님의 발언은 초자연적 행위와 연관된다. 하나님이 말씀하시는 어느 때에라도 그것은 특별한 사건이 된다. 여러 가지 방식으로 창세기 3장에 하나님의 발언은 창세기 1장에서 나타난 그분의 발언과 같다. 창세기 1-3장에는 하나님이 말씀하시는 경우가 너무 많아서 우리는 그중 어느 특정한 발언이 얼마나 두드러지는지에 대해 논할 수 있을 정도다. 그러나 3:8에서는 어떤 형태로든지 시각적인 모습이 그분의 발언에 수반되었을 수도 있다. 또한 유비가 존재한다. 동산에서 "거니시는" 하나님은 걸어 다니는 인간과 같다.

7. 창세기 3:24에서 생명나무에 이르는 길을 지키는 그룹. 그룹은 인간이 생명나무에 이르는 것을 가로막는 초자연적인 피조물(천사)들로 보인다. 그들은 왕의 궁전과 감옥을 지키는 인간 경비병들과 유사한 방식으로 기능한다.

천지창조에서 에덴까지

INTER PRETING

3부

보다 더 큰 전체로서 창세기 1-3장 해석하기

EDEN'

11장

창세기 1장에서의 시간

창세기 1-3장을 우리의 현재적인 섭리적 질서와 연결시키는 여러 가지 유비들을 살펴보았으므로, 이제 뒤로 물러서서 몇 가지 보다 큰 쟁점들을 살펴볼 것을 제안한다.

첫 번째 쟁점은 시간과 관련이 있다.[1] 우리는 창세기 1장에서의 시간을 주류 과학이 주장하는 시간과 어떻게 연결시키는가? 창세기 1장은 창조의 6일에 대해 말하는 반면, 주류 과학은 수십억 년의 세월에 대해 말한다. 우리는 그런 차이에 대해서 어떻게 생각해야 하는가? 그 문제는 몇 가지 차원을 갖고 있으며 계속해서 방대한 토론을 이끌어내고 있다.[2] 몇 가지 서로 다

---

1   이후로 이 장의 내용은 Vern S. Poythress, "Time in Genesis 1," *Westminster Theological Journal* 79, 2 (2017): 213-41을 개정한 것이다. 허락을 받아 사용함.

2   Vern S. Poythress, *Redeeming Science: A God-Centered Approach* (Wheaton, IL: Crossway, 2006), 특히 7-10, 16장을 보라. 거기서는 서로 구별되는 열 가지 접근법이 논의된다. J. Daryl Charles, ed., *Reading Genesis 1-2: An Evangelical Conversation* (Peabody, MA: Hendrickson, 2013); David G. Hagopian, ed., *The Genesis Debate: Three Views on the Days of Creation* (Mission Viejo, CA: Crux, 2001). 이런 작품들은 창조의 날들에 대한 보다 앞선 방대한 논의들을 토대로 한 것이다.

른 접근법들이 자기들이야말로 창세기 1장과 과학적 증거를 공정하게 다룬 다고 주장하고 있다.[3] 이 장에서 나는 오직 하나의 차원, 즉 시간의 **측정**이라 는 차원만을 살펴볼 것이다.[4] 그 문제가 중요한 것은 그것이 우리가 시간이 경과하는 것의 **의미**라고 여기는 것에 영향을 주기 때문이다. 이어서 그것은 우리가 창세기 1장과 현대 과학 모두를 해석하는 방식에 영향을 준다.

우리는 우리의 논의가 갖고 있는 이런 측면을 인내해야 한다. 그 문제 는 얼핏 보이는 것처럼 단순하지 않다. 왜냐하면 창세기 1장에서 하나님이 세상을 창조하시던 기간은 그 이후의 섭리의 기간, 즉 오늘날 과학자들이 시간 안에서 정기적인 리듬을 관찰할 수 있는 기간과 다르기 때문이다. 이 런 리듬은 창세기 1장에서 묘사되는 창조의 기간에까지 확대되었을까? 그 것은 좋은 질문이다.

다음 장에서 우리는 창세기 1장과 현대 과학의 주장 사이의 관계를 다 루는 몇 가지 이론들을 위한 함의에 대해 살펴볼 것이다.

시간의 측정

하나님의 섭리적 지배라는 현재의 질서 안에서 시간을 측정하는 것에 대해 생각하는 것으로 논의를 시작해보자. 시간의 측정은 우리가 일상적인 삶에 서는 거의 관심을 두지 않는 복잡성을 갖고 있다. 우리가 시간 내의 한 분

---

3   설문조사를 위해서는 Poythress, *Redeeming Science*, 5장을 보라.
4   Poythress, *Redeeming Science*, 10장과 16장은 그 문제를 보다 요약된 형태로 다룬다.

절(a segment)의 **길이**에 대해 의미 있게 말할 수 있는 것은 오직 우리가 그 분절이 그것과 더불어 비교될 수 있는 어떤 기준을 언급할 수 있을 때뿐이다. 예컨대 만약 우리가 저녁을 먹는 데 50분을 사용했다고 말한다면, 그 **분**(minute)이 우리의 기준 역할을 한다. 원칙적으로, 우리는 초, 분, 시간, 날, 달, 해 혹은 세기 같은 몇 가지 가능한 기준들 사이에서 선택한다. 대부분의 경우에 우리는 기준 자체에 대해서는 걱정하지 않는다. 왜냐하면 우리는 신실하신 하나님의 섭리에 의해 유지되는 연대기적 규칙성을 지닌 세상에서 살고 있기 때문이다. 그럼에도 우리가 살펴보겠지만, 기준의 문제는 창세기 1장과 먼 과거에 대한 현대의 과학적 주장들을 해석하는 데 영향을 줄 수 있다.

그러므로 간략하게나마 시간을 측정하는 방식에 관해 생각해보자. 시간을 위한 기준이 유용한 것이 되기 위해서는 그것이 세상에서 반복적으로 발생하는 사건들과 관련이 있어야 한다. 우리는 우리가 규칙적이라고 생각하는 **다른** 현상의 주기적인 재발생을 계산함으로써 어떤 사건의 시간의 길이를 측정한다. 예컨대 태양은 하루에 한 번씩 하늘의 경로를 공전한다. 이런 기초 위에서 우리는 **날**을 우리의 기준으로 선택할 수 있다. 어떤 사건의 길이가 네 차례의 태양의 순환을 포함한다면, 그것은 나흘간 계속된다고 말해진다. 더 정확하게, 하루를 위한 기준은 **태양일**(solar day)일 것이다. 왜냐하면 **날**(day)이라는 영어 단어(와 그것의 기초를 이루는 םוֹי [yôm]이라는 히브리어)는 태양일 **내의** 일광(daylight)의 기간을 지정할 수 있기 때문이다(가령 창 7:12). 일단 우리가 **날**이 무엇을 의미하는지 이해한다면, 우리는 아브라함이 이삭에게 할례를 행했을 때 그것이 이삭이 태어난 지 몇 날이 되었을지에 대해 의미 있는 말을 할 수 있다(8일, 창 21:4). 아니면 우리는 보다 긴 기간을 위해서 우리의 측정 기준으로 **연**(year)을 사용할 수 있다. 예컨대 우리는 "아브람이 하란을 떠날 때에 칠십오 **세**(years)였더라"(12:4)라고 말할 수 있다. 이 진술이 분명한 의미를 갖는 것은 여기서 연(세)이 이미 어떤 의미를 갖고 있기 때문이다. 이 의미는 계절의 리듬 및 태양과 별들의 연간 사이클과 묶여 있다.

세부적으로 보자면, 우리가 이런 기준 중 하나 이상에 맞추려고 할 때 몇 가지 복잡성이 나타날 수 있다. 우리의 역월들(calendar months)은 날들의 길이가 모두 동일하지 않다. 우리의 역년(calendar year)은 365일인데, 윤년에는 366일이다. 항성년(sidereal year)과 열대년(tropical year)은 서로 그리고 역년과 조금 다른 측정의 기준들이다.[5]

우리가 다양한 기준들을 가짐으로써 발생하는 한 가지 결과는 우리에게 하나의 기준을 다른 기준으로 전환시키는 방법이 필요하다는 것이다. 예컨대 우리는 1년이 365일이고 하루는 24시간이라고 말한다. 후자의 진술은 우리가 어떻게 시간을 기준으로 사용하는 측정과 날을 기준으로 사용하는 측정 사이를 왔다 갔다 하는지를 명시한다.

그러나 우리가 **시간**으로서 의미하는 것은 무엇인가? 여러 세기 동안 한 시간은 하루의 1/24로 정의되었다. 하루가 24시간이고 한 시간이 하루의 1/24이라면, 그 둘 중 어느 것이 우리의 출발점인가?(그림 11.1을 보라)

---

5   *The New Encyclopaedia Britannica: Micropaedia*, 15th ed. (Chicago/London/Geneva/Sydney/Tokyo/Manila/Seoul/Johannesburg: Helen Hemingway Benton, 1974), 10:808.

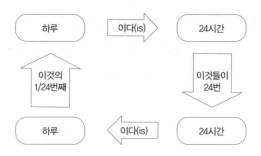

그림 11.1: 날과 시간의 상관관계

우리가 어느 쪽이든지 출발점이 될 수 있다고 말한다면, 우리가 실제로 무엇을 주장하는지가 불분명하게 될 수 있다.

여기서 우리는 이미 창세기 1장의 해석과 관련된 첫 번째 사소한 어려움을 만난다. 어떤 성경 해석자들은 창세기 1장에서 언급된 여섯 날 각각이 24시간으로 이루어진 하루라고 주장한다. 이런 이론은 때때로 "24시간-하루 이론"(the twenty-four-hour-day theory)이라고 불린다. 그러나 우리가 한 "시간"이 실제로 하루의 1/24로 **정의된다**고 가정한다면, 하루는 **정의상** 24시간으로 이루어진다. 그것 자체는 우리에게 우리가 **시간**이라는 단어가 의미하기를 원하는 것을 말해줄 뿐이다.[6] 그것 자체는 우리에게 창세기 1장에 대한 하나의 해석을 다른 해석과 구분해주는 정보를 제공하지 않는다. 날-세대 이론(day-age theory)과 "유비적-날 이론"(analogical-day theory) 같은 다른 이론들 역시, 만약 우리가 **시간**이라는 단어에 대한 이런 정의를 사용한다면, "24시간-하루 이론들"이다. 예컨대 날-세대 이론을 따라서, 창조의

---

6   한 가지 추가적인 어려움이 발생하는데, 그것은 시간을 위한 고대의 시스템들이 때때로, 현대의 시계로 측정해보면 겨울보다는 여름에, 낮이 밤보다 깊에도 불구하고, 낮 시간과 밤 시간을 모두 열두 개의 단위로 세분했기 때문이다.

여섯 번째 날이 태양의 시간으로 2억 년이라면, 한 시간은 이것의 1/24 혹은 830만 년이다.

이런 어려움은 그저 사소한 문제로 보일 수도 있다. 밥(Bob)이라 불리는 한 사람을 상상해보자. 그는 상식적인 관점을 분명하게 밝힌다. 밥이 답한다. "확실히 그 의미는 분명하다. 명칭을 뭐라고 하든지 24시간-하루 이론은 얼마간 오늘 우리의 날들과 동일한 길이를 지닌 날들에 대해 말하는 반면, 날-세대 이론과 유비적-날 이론은 얼마간 형이상학적 의미에서 '날들'에 대해 말한다. 왜냐하면 이런 소위 '날들'은 실제로는 아주 긴 기간들이기 때문이다."

이런 대답은 상식적이다. 그것은 우리가 시간에 대한 우리의 개념들과 관련해서 확고한 입장을 갖고 있는 한 자연스러운 대답이다. 그러나 이 "확고한 입장"이란 무엇인가? 사실 여기에는 불가사의한 것이 있다. 밥의 대답은 상식적인 호소임에도 불구하고 한 가지 어려운 문제를 회피하고 있다. 우리가 밥이 대안적인 이론들을 설명하면서 "아주 긴 기간들"이라는 표현을 사용하는 것에 주목한다면, 우리는 그의 대답이 지니고 있는 관점의 한계를 볼 수 있다. "아주 긴"이라는 표현은 측정을 위한 어떤 기준을 의미한다. 우리가 1천억 년을 우리의 기본적인 시간의 단위로 택했다고 가정해보자. 주류 우주발생론자들에 따르면, 우주는 **이 기준 단위와 비교할 때** 아주 오랫동안 존재해온 것이 아니다.

그러나 밥은 여전히 답변할 내용이 있다. 즉 1천억 년이라는 단위는 완전히 인위적이라는 것이다. 인간의 경우에, 유념해야 할 것들은 날, 달 그리고 년 같은 단위들이라는 것이다.

그렇다. 옳은 말이다. 그러므로 이런 보다 인간적인 규모의 단위들에 대해 살펴보자. 밥은 창세기 1장의 6일을 우리의 현재의 경험 안에서의 날들과 비교하기 위해 "동일한 길이"라는 표현을 사용한다. "동일한 길이"는 우리가 그 길이를 측정하기 위한 얼마간의 안정된 기준을 갖고 있음을 의미한다. 실제로 적절한 기준이 가까이 있다. 날이다. 이 기준을 사용하면, 창조의 첫 여섯 날 중 각 날은 하루 길이이고, 우리의 현재의 경험 안에서 각 날 역시 하루 길이다. 그러나 이것은 동어반복이다. 만약 "날"이 우리의 측정 단위라면, 그리고 우리가 날을 측정한다면, 분명히 우리는 그것이 한 날이라는 것을 발견하게 될 것이다. 길이에 대한 이런 정의에 따르면, 날-세대 이론과 유비적-날 이론 역시 6일을 포함하고 있으며, 그 각각의 날들은 하루 길이다.

관점들을 분리하려면 측정되는 것과 동일하지 않은 시간을 측정하기 위한 어떤 기준이 있어야 한다. 실제로 앞에서 우리는 태양일(solar day)에 대해 말하면서 이런 기준을 제시한 바 있다. 태양일은 태양이 하늘의 경로를 한 번 공전하는 시간의 길이를 가리킨다.[7] 보다 상세하게 말하자면, 태양의 운동에서 나타나는 주기적인 재발생은 시간을 위한 기준을 제공한다. 기준이 되는 단위는 태양의 한 차례의 순환이다. 이어서 우리는 계속해서 우리가 관심을 두고 있는 분절 기간에 태양이 몇 차례의 순환 혹은 순환의 일부를 완료하는지 살펴봄으로써 **다른** 시간의 분절을 측정한다(그림 11.2를 보라).

---

7   오늘날 과학자들은 "평균 태양일"(mean solar day), 즉 태양일의 평균적 길이에 대해 말하고 있다. 왜냐하면 원자 시계 같은 정확한 도구로 측정해보면 사소한 변화들이 나타나기 때문이다. *The New Encyclopaedia Britannica: Macropaedia*, 18:414.

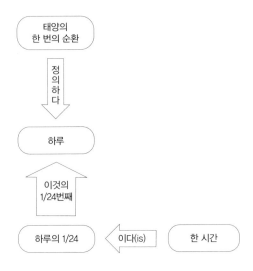

그러나 이 정의에 따르면, 창세기 1장에서 첫 번째 3일은 태양일이 될 수 없다. 태양은 이런 보다 이른 시간의 분절 기간에 그 어떤 순환도 그리고 심지어 순환의 일부조차 완료하지 않았다. 바로 그것이 E. J. 영(Young) 같은 해석자가 태양이 존재하지 않았음을 거론하면서, "날들의 길이는 진술되지 않는다"라고 말한 이유다.[8]

그러나 다시 상식적인 대답이 제기된다. 밥이 말한다. "아니다, 내 말은 그런 뜻이 아니다. 나는 태양이 처음 3일 동안 문자적으로 존재했다고 말한 것이 아니다. 나는 단지 초기의 날 중 한 날의 길이가 후대의 태양일의 길이

---

8   Edward J. Young, *Studies in Genesis One* (Philadelphia: Presbyterian and Reformed, 1964), 104. 아우구스티누스 역시 첫 번째 3일이 제기하는 도전을 알아차린다. Robert Letham, "'In the Space of Six Days': The Days of Creation from Origen to the Westminster Assembly," *Westminster Theological Journal* 61 (1999): 149-74 (154-57).

와 같았다는 것을 말하고 싶었을 뿐이다." 이런 진술에 대한 답은 다시 밥이 "길이"라는 그의 표현의 의미를 이해하는 방법으로 제시하는 것에 대해서 묻는 것일 수 있다. 그 표현은 우리가 시간의 어떤 기준 단위를 사용하고 있다고 말하는 것처럼 **보인다.** 그런 단위는 창조된 세계 안에 존재하는 정기적인 리듬에 기초할 것이다. 그리고—여기에 중요한 점이 있다—문제가 되는 그 리듬은 실제로 사용할 수 있는 것이 되기 위해서 단지 그 이후에가 아니라 처음 사흘 **동안** 이미 그곳에 있어야 한다는 점이다.

측정을 위한 다른 기준들

여러 가지 리듬이 **있다.** 그러나 만약 우리가 분명한 의미를 얻고자 한다면, 우리는 그것 중 하나 혹은 그 이상이 기준 역할을 할 수 있도록 이런 리듬들이 무엇인지를 명기해야 한다. 밥이 하는 말을 다시 한번 들어보자. 그는 이렇게 말한다. "내가 의미하는 것은 그것이 스톱워치로 측정한 것과 동일한 길이라는 것이다"(그림 11.3을 보라).

아주 좋다. 그러나 이제 그는 측정을 위한 다른 기준을 소개했다. 바로 스톱워치다. 스톱워치는 그것의 내적 메커니즘 안에 그 자신의 리듬을 갖고 있다. 게다가 그것은 인간 사용자들이 시간을 따라 변하는 초침이나 디지털 정보를 바라볼 때 관찰할 수 있는 리듬도 갖고 있다. 요점은 기준에 대한 호소를 피할 수 없다는 것이다.

스톱워치는 창조의 여섯 날 동안에는 존재하지 않았다. 그러나 원칙은 여전히 유효하다. 스톱워치 안에 캡슐화되어 있는 것과 같은 종류의 물리적 리듬(혹은 그런 리듬의 일부)이 그 여섯 날 동안 존재했다. 그때 존재했던 그 어떤 리듬이라도 그 시간 동안 다른 사건들의 길이를 측정하기 위한 기준으로서 **잠재적으로** 사용될 수 있었다. 우리는 좌우로 흔들리는 진자(振子)의, 감겼다 풀렸다 하는 스프링의, 진동하는 수정의 혹은 회로 안에서 진동하는 전류의 리듬에 대해 말할 수 있다. 우리는 이렇게 물을 수 있다. "이 리듬이 그 여섯 날 중 하나와 어떻게 연관되는가? 특히 첫째 날, 둘째 날 그리고 그 다음 날들에 진자의 진동은 몇 번이나 발생하는가?"

그림 11.3: 스톱워치를 사용하는 정의

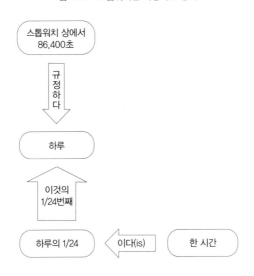

밥은 스톱워치에 호소하지 않을 수도 있다. 그는 그렇게 하는 것이 불편할 수도 있다. 왜냐하면 스톱워치는 비교적 현대의 발명품이기 때문이다. 진자들은 오래되었으나 여전히 아주 오래되지는 않았다. 그래서 밥은 오래되고 충실한 자원인 태양으로 돌아갈 수도 있다. 그는 이렇게 말한다. "내가

의미하는 것은 태양이 거기에 있었더라면, 그것이 한 차례의 순환을 완료했으리라는 것이다." 이것이 밥의 대답이라면, 지금 우리는 반사실적 주장(counterfactual claim)을 다루고 있다.

우리가 반사실적인 것을 어떻게 점검할 수 있는지가 늘 분명하지는 않지만, 그 가능성에 대해 생각해보자. 하나님이 창조의 첫째 날이나 둘째 날에 창조세계 안으로 태양을 가져오기로 하셨다고 가정해보자. 그분은 자기가 기뻐하는 일을 하실 수 있다. 그분은 자기가 택하신 속도로 순환에 맞추어 태양을 움직이도록 하실 수 있다. 많은 이들에게는 그분이 처음 3일 동안 태양이 나중의 날들과 **동일한** 속도로 움직이게 하시는 것이 합리적으로 보인다. 그러나 우리가 "동일한 속도"라는 말로 의미하는 것은 무엇인가? 우리가 그렇게 하기 위해 어떤 측정 도구를 사용한다면, 우리는 동일한 속도가 무엇인지 알 수 있다. 우리는 스톱워치를 사용해서 하늘을 가로지르는 태양의 운동 속도를 계산할 수 있다. 그러나 만약 우리가 그렇게 한다면, 우리의 스톱워치는 시간을 측정하는 기준이 된 셈이다. 그로써 우리는 우리의 이전 상황으로 돌아간 것이다.

혹은 밥은 하나님께 호소함으로써 창조된 세계 **안에서** 다른 시간 측정 장치에 호소하는 것을 피하려고 할 수도 있다. "하나님은 태양이 동일한 속도로 움직이는 것이 어떤 것인지 아신다." 그러나 이런 신적 지식은, 만약 **우리**가 "동일한 속도로"가 무엇을 의미하는지에 대해 무언가를 알지 못한다면, **우리** 인간에게는 실제적인 도움이 되지 않는다. 그리고 우리는 그것을 알기 위해서 시간을 측정하기 위한 어떤 기준을 가질 필요가 있다. 인간이 잠재적으로 접근할 수 있는 어떤 기준이 없다면, 어느 곳에 있는 누구라도 어느 특정한 속도가 "동일한 속도"라고 주장할 수 있다.

인간의 직관은 강력하며, 어떤 토론 참가자들은 우리가 인간적 직관과 함께 논의를 그칠 수 있기를 바랄 수도 있다. 한 예로 밥은 이렇게 말할 수 있다. "그러나 우리는 언제 속도가 같은지 안다." 문제는 서로 다른 사람들의 직관이 늘 일치하지 않는다는 것이다. 단지 직관적 차원에서 "아는 것"이 토론에서 마지막이라면, 우리는 인간의 직관을 도전할 수 없는 고정점으로 만드는 위험을 감수하는 것이다. "아는 것"은 마치 그것이 결국 신적 확실성과 동일한 것처럼 취급된다. 그리고 서로 다른 직관적 견해들 사이의 싸움을 해결할 길은 없다. 더 나아가 우리가 "안다"는 강력한 직관은 여전히 그 밑에, 깊은 곳에 묻혀 있는, 기준에 대한 어떤 무의식적 감각을 갖고 있을 수도 있다. 그리고 우리가 보았듯이, 기준에 대한 하나 이상의 선택이 가능하다. 따라서 직관에 대한 호소는 난점을 숨기고, 난점이 있음을 부정하는―난점은 오직 분석되지 않은 무의식의 단계에만 존재하기에―효과를 낳을 수 있다.

우리는 밥이 실제로 하나님께 시간의 두 기간이 동일한 길이를 갖고 있는지 혹은 동시에 발생하지 않는 두 개의 리듬이 동일한 속도로 가고 있는지 물어보는 가설적 상황을 상상함으로써 더 설명할 수 있다. 하나님은 모든 것을 아시기 때문에, 밥은 하나님이 "그렇다"이든 "아니다"이든 어떤 명쾌한 답을 주실 것이라고 기대한다. 그러나 하나님은 답하시지 않는 쪽을 선택하실 수도 있다. 혹은 만약 그분이 그쪽을 선택하신다면, 그분은 이렇게 답하실 수도 있다. "너의 질문에 대한 답은 네가 기준으로 사용하려는 리듬이 무엇인지에 달려 있다." 모든 것을 아시는 하나님은 시간 측정을 위한 인간의 기준들에 대해서도 모든 것을 아신다. 그뿐만 아니라 복잡성의 모든 측면과 서로 다른 가능한 기준들 사이의 관계를 정하신 분이 바로 그분이셨다. 밥의 질문은 하나님이 인간을 위해 제공하신 시간 측정을 위한 시스템들 너머로 나아가고자 하는 시도를 대표한다. 그렇게 함으로써 밥은 하나님의 마음속에 그 어떤 창조된 리듬에도 기초를 두지 않은 절대적 측정이라는 그 자신의 개념을 투사한다. 그것은 하나님이 실제로 우리에게 제공하신 것과 상충하므로, 과연 밥의 질문이 올바른 것인지는 의심스러워 보인다. 그것은 하나님의 마음을 대변하지 않을 수도 있다.

여기서 나의 목적은 문제들을 즉시 해결하거나 밥이 갖고 있는 관심들을 일축하는 것이 아니라, 그의 견해를 다룰 수 있는 어려움이 있음을 지적하는 것이다. 보통 우리는 우리가 어떤 분절된 시간의 길이에 대해 말할 때, 우리가 의미하는 것이 무엇인지 안다. 우리가 그것을 아는 것은 우리가 태양의 순환에 의해 대표되는 리듬을 포함해서 이런저런 안정된 리듬들에 대한 예비 지식을 갖고 있기 때문이다. 그러나 태양의 리듬이나 스톱워치의 리듬은 단지 우리가 사용할 수 있는 여러 가지 리듬 중 **하나**에 불과하다.

리듬들 비교하기

우리는 다른 리듬을 사용해서 한 가지 리듬의 규칙성을 교차 점검할 수 있다. 예컨대 우리는 스톱워치를 사용해서 태양의 이동 시간을 재봄으로써 태양의 이동의 규칙성을 점검할 수 있다. 혹은 역으로, 태양을 기준으로 삼아 스톱워치의 규칙성을 점검할 수도 있다. 그러나 모든 리듬은 세계 안에 있다. 우리는 두 개의 리듬을 서로 관련시킴으로써 그것들을 이해한다. 각각의 리듬의 의미는 그것이 다른 리듬들과 맺는 상관관계를 통해 이해된다. 어느 한 가지 리듬을 측정하려면 우리가 그것을 특정하는 데 사용하는 기준이 되는 다른 리듬을 명시해야 한다.

한 가지 사고 실험을 해보자. 어느 날 하나님이 갑자기 우주의 모든 리듬의 속도를 두 배로 올리신다고 상상해보자. 모든 것이 두 배로 빠르게 움직인다. 모든 물리학 법칙들이 조정된다. 빛이 두 배로 빠르게 이동하고, 우리의 심장 박동도 두 배로 빨라지며, 우리의 정신 활동도 두 배로 빨라진다. 이전과 어떤 차이가 있을까? 식별 가능한 차이는 없다. 우주 내의 한 가지 리듬의 속도는 오직 다른 리듬과 관련해서 측정될 수 있다. 모든 리듬의 "속도를 두 배로 올리는 것"에 대해 말하는 것은 넌센스다. 왜냐하면 그런 가설적 배가(doubling)는 배가되지 않는 **다른** 무언가를 언급하지 않고서는 이해될 수 없기 때문이다. 시간을 측정하는 모든 기준을 동등하게 변화시키는 것은 아무것도 변화시키지 않는다.[9]

내 말의 요지는 분절된 시간의 길이에 대해 논하는 것은 오직 그것을 측정하기 위한 기준이란 측면에서만 의미가 있다는 것이다. 그리고 그것은 분절된 시간 자체가 가능한 기준 중 하나일 경우에도 그러하다.

---

9 우리가 우주 밖에 있는 기준으로서 천사들이나 하나님 자신을 사용할 수 있을까? 천사들은 창조된 존재이므로, 철저히 하기 위해서 우리는 천사들의 시간 감각이 모든 다른 속도의 배가와 함께 두 배로 빨라지리라고 규정해야 한다. "주께는 하루가 천 년 같고 천 년이 하루 같다"(벧후 3:8). 그러므로 우리가 하나님 자신을 창조된 세계 내의 리듬들과 어떻게 비교할 것인가는 분명하지 않다.

세계를 시작하는 것의 도전

창세기 1장은 특별한 도전을 제기한다. 그것이 사물의 시작—단지 창조된 세계의 절대적 시작에 대해서만이 아니라 빛의 시작, 마른 땅의 시작, 식물과 동물의 시작, 그리고 하늘의 광명체들의 시작에 대해 말하기 때문이다. 하나님은 그 내러티브를 평범한 사람들이 접근할 수 있는 방식으로 제시하신다. 그분은 단박에 발생한, 그리고 그 이야기를 듣는 이들이 직접 경험하지 않았던 일들에 대해 말씀하신다. 그럼에도 사람들은 하나님이 무엇을 의미하시는지 이해할 수 있다. 왜냐하면 최초의 사건들은 지금 우리가 그 안에서 살고 있는 하나님의 섭리적 질서 안에서 발생하는 일들과 유사하기 때문이다(이 책의 8, 9, 10장을 보라).

우리는 이해할 수 있다. 하지만 완전히 이해하지는 못한다. 하나님이 현재 운행하시는 섭리적 질서가 모든 면에서 창세기 1장에서 묘사되는 것과 동일하지 않다는 것은 분명하다. 만약 인간인 우리가 일상의 삶의 리듬과 얽혀 있는 우리의 매일의 경험으로부터 역추정한다면, 우리는 수많은 세월 동안 일들이 무한하게 얼마간은 동일한 방식으로 진행되었던 과거를 상상할 수 있다. 그러나 하나님은 우리에게 그것이 늘 그렇지는 않았다고 말씀하신다. 모든 날이 그것보다 앞선 날을 갖고 있었던 것은 아니다. 양 떼의 조상이나 인간의 조상은 각각 양 떼나 인간의 그 이전 세대로 영원히 거슬러 올라가지 않는다.

따라서 우리는 단순하게 추정해서는 안 된다. 창조의 여섯 날 동안 발생한 어떤 일들은 지금과 달랐다. 그리고 하나님은 우리에게 그 일들이 지금과 다를 수도 있었던 **방식들**에 대해 상세히 설명해주지 않으신다. 창세기 1장의 내러티브는 듬성듬성하다. 그것은 모든 세부 사항을 상세하게 말하지 않는다. 우리는 그 세부 사항들에 대해 추측할 수 있다. 그런 추측들 중 일부는 비교적 그럴듯하다. 왜냐하면 우리는 하나님의 형상대로 지음을 받았고 "그분처럼" 생각하기 때문이다. 그러나 우리는 하나님이 아니다. 우리는 여전히 추측할 뿐이다.

그렇다면 그 여섯 날은 무엇과 같았을까? 우리는 그날 중 한 날을 어떻게 그려야 하는가?[10] 특히 그날들은 시간 속의 리듬이라는 측면에서 무엇과 같았을까? 하나님의 섭리적 질서 안에 있는 다양한 시간 측정 장치들 사이에는 수많은 놀라운 리듬과 연관된 상관관계들이 존재한다. 그리고 이런 것들과 태양, 별들 그리고 우리 자신의 몸과 마음의 리듬들 사이의 상관관계도 존재한다. 흔들리는 추에 의존하는 시계들이 있다. 스프링의 움직임에 의존하는 시계들도 있다. 그리고 수정의 진동에 의존하는 시계들도 있다. 디지털 정보를 지닌 시계들 및 초침과 분침을 가진 시계들도 있다. 하나님의 섭리적 질서는 우리에게 시간 안의 리듬들에서 나타나는 믿을 수 없을 만큼 풍성하고 다양한 규칙성을 제공한다. 거기에는 과학자들이 지난 세기에야 비로소 발견했던 특화되고 숨겨진 리듬들이 포함되어 있다.

우리가 기계 장치들과 연관시키는 리듬들에 더하여, 더 많은 "친근한" 리듬들이 있다. 시간이 경과하고 있다는 심리적인 느낌, 인간 사회 안에서 먹고, 일하며, 쉬고, 잠자는 리듬, 숨을 쉬고, 음식을 씹으며, 길을 걸으면서 팔다리를 흔드는, 나무를 패느라 도끼를 휘두르는 혹은 우리의 심장 박동을 느끼는 리듬들이 있다. 암소가 되새김질하고, 갈매기가 날갯짓하며, 파도가

---

10   나중에 우리는 심상과 연관된 어려움들에 대해 다룰 기회를 얻게 될 것이다.

바위에 부딪쳐 부서지고, 물이 경사로를 따라 흘러내리는 리듬들이 있다. 여러 종류의 동물들은 각 종류의 고유한 리듬에 따라 하루에 한 번씩 잠을 자는 리듬이 있다. 꽃들이 낮에는 태양을 향해 열렸다가 밤에 닫히는 리듬이 있다. 식물과 나무들이 계절을 따라 성장하는 리듬이 있다. 그리고 어떤 종류의 동물들이 한 해의 특정한 때에 새끼를 낳는 리듬이 있다. 이런 목록은 한없이 계속된다.

하나님의 섭리적 질서 안에서 이런 리듬 중 상당수는 서로 놀라울 정도로 시간을 잘 맞춘다. 예컨대 매일의 태양일은 추시계로 측정해보면 약 86,400초다. 그렇다면 이 모든 리듬은 창세기 1장의 여섯 날까지 거슬러 올라가는가? 또한 그날들은 지금 그것들이 하는 것과 동일한 방식으로 서로 시간을 잘 맞추었는가? 아마도 그랬을 것이다. 그러나 우리는 조심해야 한다. 왜냐하면 창세기 1장이 말하는 창조의 여섯 날은 독특하기 때문이다. 아마도 많은 리듬들이 시간을 맞췄을 것이다. 그러나 그것 중 어떤 것들은 그렇지 않았을 수도 있다.

세부적인 사항을 살펴보면, 문제가 복잡하게 보이기 시작한다. 몇 개의 리듬들은 아주 초기까지 거슬러 올라가지 못한다. 인간을 위한 일, 휴식 그리고 수면이라는 리듬은 인간이 창조된 여섯째 날 이전에는 시작되지 않았다. 소가 되새김질을 하는 리듬은 소 떼가 창조된 여섯째 날 이전에는 시작되지 않았을 것이다. 태양이 움직이는 리듬은 넷째 날 이전에 시작되지 않았을 것이다.[11] 낮 시간과 밤 시간에 다른 활동을 하는 어떤 식물들의 리듬은

---

11   나는 플라즈마 볼(ball of plasma, 이온화된 기체 상태—역주)로서의 태양이 보다 앞서 존재했으나, 넷째 날에 시계 역할을 하도록 태양이 만들어졌다고 주장하는 견해를 배제하지 않기 위해 "않았다"(did not)가 아니라 "않았을지도 모른다"(may not)라고 말한다.

그 식물들이 셋째 날에 창조되기 전에는 나타나지 않았다. 특정한 종류의 원자에서 나오는 특정 스펙트럼선에 의해 방출되는 빛의 진동의 리듬과 같은 몇 가지 다른 리듬[12]은 첫날에 빛의 창조와 더불어 시작되었을 수 있다.

또한 우리는 과연 다양한 리듬이 늘 서로 시간을 맞추는지 물을 수 있다. 예컨대 초나 심지어 1초의 1/100을 측정하는 스톱워치의 리듬은 모든 태양일이 스톱워치로 측정할 경우 거의 정확하게 60초×60분×24시간이라는 의미에서 태양과 연관된다. 이와 같은 타이밍상의 상관관계들은 처음 여섯 날 동안에도 그러했을까?

아마도 그것 중 많은 것이 그랬을 것이다. 그러나 몇 가지 경우에 의문이 남는다. 하나님이 에덴동산에 나무들을 심으셨을 때, 그분은 "보기에 아름답고 먹기에 좋은 나무가 나게 하셨다"(창 2:9). 창세기는 단지 그분이 나무들을 **창조하셨다**고 말하지 않고, 그것들이 **"나게 하셨다"**고 말한다. 이런 묘사는 인간이 하나님을 모방하여 자기가 세운 정원에서 나무들과 다른 식물들이 나게 하는 도구의 역할을 하는 방식과 유사하다. 하나님이 에덴동산을 태양이 궤도를 한 바퀴 도는 동안에 세우셨다면, 우리는 태양의 순환 리듬을 그 동산 안에 있는 나무들의 성장 리듬과 비교할 수 있다. 에덴동산에서 그 두 개의 리듬 사이의 관계는 지금의 것과는 달랐던 것으로 보인다.

혹자는 하나님이 기적적으로 나무들의 성장을 촉진하셨고, 그로 인해 단 하루 동안에 그것들이 씨나 작은 싹으로부터 나무로 성장했다고 주장할 수도 있을 것이다. 그러나 **촉진했다**라는 단어와 함께 우리는 다시 측정

---

12   *The New Encyclopaedia Britannica: Macropaedia*, 18:416.

의 기준이라는 문제에 직면한다. 하루를 기준으로 측정했을 때 나무들의 성장은 빨랐다. 현재의 섭리적 질서 안에서 몇 년이 걸렸을 일이 단 하루 만에 이루어졌다. 마찬가지로 우리는 나무들의 성장을 기준으로 삼아 측정할 경우 하루가 지나가는 일이 지금보다 느렸다고 말할 수 있다. 섭리 안에서 하루는 나무들의 성숙에 필요한 기간의 아주 작은 부분만을 통과할 뿐이다. 그러나 창조의 여섯째 날에 하루가 지나가기 위해서는 나무의 성숙에 필요한 모든 시간이 필요했거나 그것보다 더 걸렸다.

여기서 중요한 것은 하나님이 여섯째 날에 사용하셨을 수도 있는 방법과 수단이 정확하게 무엇이었느냐를 헤아리는 것이 아니다. 우리는 그것에 대해 추측할 수 있다. 하지만 창세기 1-2장의 본문은 그것에 관해 말해주지 않는다. 그럴듯해 보이는 것은 두 개의 리듬, 즉 나무의 성장 리듬과 태양일의 리듬이 지금 사람들이 안정된 섭리적 질서 안에서 즐기는 것과 동일하게 서로 상관관계를 갖고 있지 않았을 수도 있다는 것이다.

유사하게, 우리는 창세기 1:12a을 살펴볼 수 있을 것이다. "땅이 풀과 각기 종류대로 씨 맺는 채소와 각기 종류대로 씨 가진 열매 맺는 나무를 내었다." 셋째 날에 성장하는 식물들의 리듬은 셋째 날 그 자체에 의해 특징지어지는 리듬과 비교될 수 있다. 그 둘 사이의 관계는 지금과는 달랐던 것으로 보인다. 우리의 관점에 따라서, 식물의 성장이 가속되었거나 아니면 날이 천천히 저물었을 것이다. 우리는 "씨를 내다"(yielding seed)라는 표현이 그 식물들이 셋째 날이 끝날 때까지 이미 해놓은 일이 아니라 전체 성장기 동안 **하게 될** 일을 예견한다고 주장함으로써 어려움을 완화시킬 수 있다. 어쩌면 그럴 수도 있다.

그러나 여전히 본문은 셋째 날이 끝날 때까지 땅이 채소와 식물 그리고 나무들을 내었다고 말하는 것처럼 들린다. 이렇게 식물을 내놓는 활동은 하루라는 과정을 통해 일어났다. 우리가 모든 리듬의 타이밍을 단계적으로 보존할 필요가 있다고 여긴다면, 우리는 나무들을 사실상 다른 식물들과 구별할 수 없는 작은 싹들에 불과한 것으로 그릴지도 모른다. 아마도 셋째 날 끝까지 모든 식물이 여전히 그런 형태였을 것이다. 창세기 1:12의 말은 우리에게 아주 상세한 내용을 제공해주지 않는다. 그러나 그것이 제공하는 것은 우리가 오늘날의 식물들과의 비교를 통해 사고하도록 부추긴다. 오늘날의 식물들의 성장에는 최초의 싹틈이라는 사건뿐 아니라 성숙에 이르기까지의 지속적인 성장이 포함되어 있다. 따라서 우리는 셋째 날 동안 계속되었던 식물의 성장의 리듬이 오늘 우리가 보는 것과 정확하게 동일한 방식으로 셋째 날 자체의 리듬과 보조를 맞추었는지 궁금해할 수 있다. 혹은 어쩌면 그 성장은 기적적으로 촉진되었을 수도 있다. 그러나 우리는 성장의 속도를 어떻게 측정하는가? 우리는 에덴동산에 있는 나무들의 성장과 관련해서 가졌던 것과 동일한 어려움에 직면한다.

나는 하나님이 섭리적 질서의 모든 익숙한 리듬들이 처음 여섯 날 동안 항상 존재했다는 확고한 보증을 제공하지 않으셨다고 결론짓는다. 또한 그분은 이런 리듬들이 오늘날 보통 그런 것처럼 정확하게 서로 시간적으로 일치했다고 확실하게 보증하지도 않으신다(나중에 우리는 창 2:1-3에서 묘사되는 일곱째 날에 대해서도 살펴볼 것인데, 그것 역시 몇 가지 문제를 제기한다).

두 개의 다른 리듬

그동안 두 개의 다른 리듬이 처음 3일의 의미를 설명해줄 주목할 만한 후보자 노릇을 해왔다. 하나는 **하나님**을 위한 일과 휴식이라는 리듬이다. 이 리듬은 준거점으로서의 의미를 갖는다. 왜냐하면 하나님을 위한 일과 휴식의 리듬은, 출애굽기 20:8-11이 상기시켜주듯이, 인간을 위한 일과 휴식이라는 리듬을 위한 원형이기 때문이다.

다른 하나는 낮과 밤의 변동이라는 리듬이다. 우리는 그런 리듬이 첫째 날 끝에 하나님에 의해 시작되었다고 추측하기 쉬운데, 왜냐하면 부분적으로 그것은 그런 리듬이 섭리적 질서에 대한 우리의 경험 안에 있는 날들의 특징을 이루기 때문이다. 게다가 본문은 저녁과 아침에 대해 언급한다(창 1:5). 그러나 많은 것이 우리의 초점에 달려 있다. 하나님의 섭리적 질서 안에 있는 우리의 상황에서 만약 우리의 초점이 우주적 환경에 맞춰진다면, 우리는 하늘의 빛과 어둠의 변동에 관심을 쏟는다. 반면에 만약 우리의 초점이 개인적 활동에 맞춰진다면, 우리는 일과 휴식에 관심을 쏟는다. 섭리 안에서 이루어지는 우리의 경험에서, 아침은 (우주적으로) 빛이 시작되는 때일 뿐 아니라 (개인적으로) 일이 시작되는 때이기도 하다. 저녁은 어둠이 오는 때일 뿐 아니라 휴식이 시작되는 때이기도 하다.[13]

창세기 1:5에 나타나는 특정한 어구와 병행 구절들에 주목할 필요가

---

13 C. John Collins, *Genesis 1-4: A Linguistic, Literary, and Theological Commentary*(Phillipsburg, NJ: P&R, 2006), 77은 저녁과 아침이 일의 끝과 시작과 상호연관되어 있음을 분명하게 밝힌다. 특히 그는 시 104:23에 호소하는데, 그 구절은 인간이 아침부터 저녁까지 일하는 것을 지적한다.

있다. 창세기 1:5b은 이렇게 말한다. "저녁이 되고 아침이 되니 이는 첫째 날이니라." "~이니라"(there was)에 해당하는 히브리어는 내러티브의 지속을 위해 일반적인 시제(와우연속법 미완료형)를 사용한다. 우리는 그것을 "그리고 저녁이 가고, 아침이 왔다"로 번역할 수 있다. 저녁이 하나님이 빛을 창조하셨던 시간의 뒤를 잇는다. 창세기 1:3-5에서 주어진 순서는 일 다음에 휴식이 따르는 순서다.

창세기 1:3-5은 하나님의 일의 패턴에 대해 말한다. 그것은 빛과 어둠의 **변동**에 대해 직접 말하지 않는다. 그것은 그저 하나님이 빛을 낮이라고 그리고 어둠을 밤이라고 부르셨다고 말할 뿐이다. 그것은 그 둘 사이의 변동이 즉각 시작되었다고 말하지 않는다. 또한 그것은 현대의 시간 계측 장치로 측정한 변동 속도가 우리가 안정된 섭리적 질서 안에서 그런 장치로 측정하는 것과 정확하게 일치한다고 말하지도 않는다.

그렇다면 주간과 야간의 변동은 창세기 1:3-5에서 시작되었는가? 그리고 하나님은 그 변동을 "첫날"로 지정하시는가? 아니면 일과 휴식의 순환을 "첫날"로 지정하시는가? 아니면 둘 다인가?

인간의 호기심에는 우리가 늘 분명한 답을 얻지는 못하는 문제들에 대한 추측과 추정이 포함된다. 어느 단계에서 창세기 1장의 여섯 날이 정확하게 우리의 섭리적 경험 안에 있는 날들 및 우리가 생각할 수 있는 모든 방식으로 그런 날들과 같았다고 가정하는 것은 합리적인 것으로 보인다. 그러나 물론 우리가 경험하는 날 중 그 어떤 두 날도 정확하게 같지는 않다. 그것들은 (스톱워치로 측정된) 몇 초가 그것들을 구성하는가 하는 협소한 문제와 관련해서는 거의 같을 수도 있다. 그러나 확실히 일상적인 경험의 수준에서 매일은 그 이전과 이후의 모든 날과의 유사성과 비유사성을 모두 포함하고 있다. 각각의 날은 그 자체의 수많은 인간적 활동들—개인적인 활동과 사회적인 활동 모두—로 채워진다. 분명히 하나님은 우리에게 창조의 여섯 날이 두드러진 방식으로 우리의 날들과 같았다고 확신시켜주신다. 그러나 무엇이 가장 중요한가? 시계의 초일까 아니면 우리의 활동과 다른 이들과의 그리고 식물계 및 동물계와 우리의 상호작용일까? 그것은 우리의 관점에 달려 있다.

우리가 창세기 1장이 말하는 저녁과 아침이 빛으로부터 어둠으로, 그리고 어둠으로부터 빛으로의 변화를 가리킨다고 가정한다고 생각해보라. 하지만 그것은 그것들이 정확하게 우리의 날에서 저녁이나 아침에 존재하는 빛과 어둠의 경험과 일치했음을 의미하지 않는다. 우리 시대에는 저녁 동안 태양이 서쪽 지평선 아래로 내려가는 모습을 보일 수 있다. 그 지평선 위의 구름은 붉게 물들 수 있다. 하늘의 빛은 점차 엷어진다. 한동안 동쪽보다 서쪽에 더 많은 빛이 있다. 그리고 아침에 우리는 패턴이 역전되는 것을 볼 수 있다. 이 패턴 안에서 나타나는 모든 복잡성이 창세기 1장이 말하는 처음 3일 동안 저녁과 아침의 특징을 이뤘을까? 이 패턴은 태양이 없었다는 것만 제외하고 오늘날 태양이 만들어 내는 것에 정확하게 상응했는가? 창세기 1장은 우리에게 첫째 날부터 셋째 날에 이르기까지 나타났던 빛과 어둠의 파노라마가 오늘날 저녁과 아침에 우리가 익숙하게 보고 있는 것과 얼마나 혹은 어느 정도나 정확하게 같았는지에 대해 말하지 않는다.

마찬가지로 창세기 1장은 우리에게 각 날이 현대의 기계적인 시간 계측 도구들로 측정했을 때 얼마나 길었는지에 대해서도 말해주지 않는다. 아마도 그날은 지금의 태양일과 동일한 길이(스톱워치로 측정할 경우 약 86,400초)였을 것이다. 하지만 그렇지 않았을 수도 있다. 이런 불확실성 때문에 그 내러티브의 **요점**은 우리에게 특정한 기계적 시간 계측 장비와 관련해서 매일의 길이에 대한 정보를 제공하는 것이 될 수 없다. 요점은 무언가 다른 것이 되어야 한다. 그 다른 무언가는 창조주 하나님의 활동과 관련이 있다. 그분의 활동은 일과 휴식의 사이클 안에서 이루어진다. 바로 그것이 창세기 1장의 내러티브 안에서 가장 중요하다. 창세기 1장에서 사용된 관점으로 보자면, 하루는 **무엇보다도**—두드러짐이라는 측면에서—일과 휴식의 순환이다.

그러나 밥은 불안할 수 있다. 그는 이런 반대 의견을 제시한다. "창세기 1장이 우리에게 각 날의 길이에 대해 상세한 정보를 제공하지 않는다고 할지라도, 각 날이 동일한 길이를 갖고 있다고 **추론하는 것**은 여전히 타당하지 않은가? 결국 여섯 날들 모두 '날들'로 불리며, 출애굽기 20:8-11은 그 날들을 우리가 그 길이를 알고 있는 후대의 날들과 연결시킨다." 답은 가까이 있다. 그렇다. 그러나 밥의 추론의 실제적 결과는 우리가 길이를 측정하기 위해서 어떤 기준을 사용하느냐에 달려 있다. 위의 인용문에서 밥은 "길이"라는 단어를 두 차례 사용하는데, 그것은 그가 측정을 위한 기준을 명시하기 전에는 모호하다. 그는 스톱워치를 특정할 수도 있다. 그것은 하나의 가능성이다. 그러나 현대의 어떤 기술적 장치를 따른다면 보다 정확한 수량적 측정에 대한 우려에 빠지지 않는 것도 동일하게 가능하다. 답은 다음과 같은 것이 될 수 있다. "그렇다. 개인의 일과 휴식이라는 주기적인 순환에 의해서 우리에게 제공된 기준을 따라 측정할 경우, 그것들은 모두 길이가 동일하다. 그것들 각각은 동일한 길이를 갖고 있다—정확하게 일과 휴식의 **한 차례**의 순환이다."

만약 우리가 삶을 시계에 맞춰 살아가도록 가르치는 문화 안에서 살고 있다면, 일과 휴식이라는 순환에 대한 이런 호소는 이상하게 보일 수 있다.

그러나 모든 문화가 그런 것은 아니다. 많은 문화가 현대적인 기술과 현대적인 시계들을 갖고 있지 않다. 그것들은 "상호 지향성"(interactive orientation)을 갖고 있는데, 그것들은 주로 인간의 행위와 사회적 상호작용에 초점을 맞춘다[14](그림 11.4를 보라).

그림 11.4: 시계에 의해 혹은 개인적 활동을 통해 하루를 규정하기

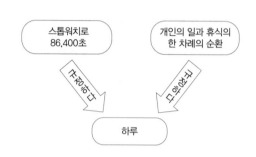

"길이"(length)라는 단어는 우리에게 문제가 될 수 있다. 왜냐하면 우리가 그것을 사용할 때, 그것은 이미 우리에게 시간에 대한 어느 정도의 **양적** 접근에 초점을 맞춰야 한다는 것을 직관적으로 의미할 수 있기 때문이다. 또한 우리는 그것에 더하여 우리의 접근법이 수량적 정확성을 지닌 현대의 과학적인 시간 측정 장치들과 맞물려야 한다고 느낄 수도 있다.

밤의 답 및 일과 휴식이라는 측면에서의 답 간의 차이는 더 큰 문제를 보도록 만든다. 결국 더 중요한 것은 무엇인가? 더 "중심적"인 것은 무엇인가? 그리고 그것은 어떤 목적을 갖고 있는가? 현대의 기술적 장치로 측정하는 것인가? 아니면 개인적 활동인가? 개인적 활동이라면, 창세기 1장에서

---

14   Poythress, Redeeming Science, 140-43.

묘사되는 여섯 날의 주된 초점은 **인간의** 활동이 아니라 계획을 세우고, 일하며, 성취하시는 인격적인 하나님의 활동이다. 그분은 각 날이 끝날 때마다 휴식하시며,[15] 일곱째 날에는 큰 휴식을 축하하신다. 하루는 일과 휴식의 순환이다. 그리고 그것은 우리에게도 마찬가지다. 또한 우리에게는 출애굽기 20:8-11이 지적하듯이 일주일이라는 보다 큰 순환이 있다. 우리의 경험 안에서 여섯 날의 연속은 여섯 번의 일과 휴식의 순환의 연속이다. 이런 순환이 사실상의 날들이다. 마찬가지로, 최초의 여섯 날 역시 실제로 **날들**이었다. 창세기 1장이 스톱워치의 측정을 포함하지 않을 수도 있다는 것을 알기 위해서는 단지 현대의 양적인 그리고 기술적으로 향상된 정밀도에 초점을 맞추는 것에 대한 조정이 필요할 뿐이다. 그것은 개인적인 휴식이 뒤따르는 개인적 일의 순환에 초점을 맞추는 것일 수도 있다.

신학적 토대

그렇다면 우리는 왜 스톱워치를 좋아하는가? 그 문제를 다루기 위해서 기독교 세계관을 현대 과학에 대한 이해에 영향을 주는 유물론 철학과 구분하는 신학적 토대에 대한 간략한 개요로 시작해보자. 여기서 우리는 이런 토대의 몇 가지 기본적인 특징들만 다룰 수 있을 뿐이다.

세계는 시간 속에 어떤 출발점을 갖고 있었다. 하나님께는 그런 것이 없었다. 그분은 항상 존재하신다. 그분은 자신이 영원부터 갖고 계셨던 계획

---

15   J. Ligon Duncan III and David W. Hall, "The 24-Hour View," in *The Genesis Debate*, 33.

에 따라 특정한 때에, 즉 "태초에"(창 1:1) 세계를 존재하도록 하셨다.

하나님은 **인격적**이시다. 그분은 세계를 창조하셨고 삼위일체의 삼위를 포함하는 의도적이고 인격적인 활동을 통해 그것을 유지하신다. 사물들의 세계에는 초인격적인 피조물들, 가령 동물, 식물 그리고 무생물 등이 포함된다. 그러나 하나님은 그것들을 인격적으로 다스리신다. 그것들을 함께 묶는 **비인격적인** 메커니즘은 존재하지 않는다. 오히려 그런 일을 하는 존재는 신실하신 하나님이시다(골 1:17). 그분은 아주 신실하시고 일관성이 있으시므로 우리는 가축을 위해 풀이 자라는 사실 같은 여러 가지 규칙성을 묘사할 수 있다(시 104:14). 그러나 하나님은 자신의 인격적인 목적들을 위해 또한 우리가 "기적"이라고 부를 수도 있는 놀라운 방식으로 행동하실 수도 있다 (그림 11.5를 보라).

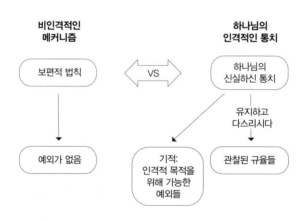

그림 11.5: 비인격적인 메커니즘 vs 하나님의 인격적 통치

하나님은 자신의 형상을 따라 인간을 만드셨다(창 1:26-27). 피조된 **인격**으로서 인간은 하나님에 의해 그분 자신과 인격적 교제를 맺도록 고안되었다.

우리는 하나님과의 인격적 친밀함을 누릴 수 있다. 우리는 그분을 알 수 있고 그분을 경외하며 예배할 수 있다. 이런 것들은 동물들에게는 가능하지 않다. 우리는 창조를 위한 하나님의 계획 안에서 독특하게 핵심적인 역할을 맡고 있다.

이 모든 것은 기독교 세계관의 기본들에 속한다. 그것은 유물론 철학의 영향을 깊이 받은 현대 서구 세계의 분위기와 분명하게 대조된다. 유물론 철학은 세계의 기본적인 구성 요소가 물질—혹은 보다 정교하게 물질, 에너지, 운동 그리고 이런 것들 사이의 물리적 상호작용—이라고 주장한다. 유물론 철학은 하나의 세계관이다(그림 11.6을 보라).

현대 과학이 이런 세계관을 지지한다는 광범위한 인상이 존재한다. 왜냐하면 과학은 우리에게 세계의 가장 깊은 구조, 즉 사실상 가장 깊은 단계에서 실제로 **존재하는** 것을 드러낸다고 널리 해석되고 있기 때문이다. 그 가장 깊은 단계는 물리적 물질이다.

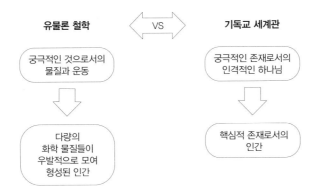

그림 11.6: 유물론 철학 vs 기독교 세계관

그러나 만약 하나님이 하나님이시고 인격적이시라면, 이런 유물론적 세계관은 환상에 지나지 않는다. 하나님은 다른 모든 것을 위한 토대이시다. 그리고 인간으로서 우리는 핵심적 역할을 갖고 있다. 과학이 존재할 수 있는 것은 하나님이 세상을 신실하고 지혜롭게 다스리시기 때문이다. 과학에서 인간의 사고는 피조물의 차원에서 그분을 따라서 하나님의 사고를 모방하는 한 가지 방법이다.[16] 그러나 과학은 다른 모든 학문 분야와 마찬가지로 실재와 일치해야 한다. 그리고 실재에는 사람들의 중심성이 포함된다. 우리 몸의 분자들은 존재한다. 하지만 사람들은 분자들의 가방으로 축소되지 않는다.

인간 경험의 중심성

따라서 하나님이 하나님이시라면, 우리는 세계가 무엇과 같은지에 대해 신중하게 생각할 필요가 있다. 우리는 유물론 철학과 그것의 대변자들, 즉 과학의 이름으로 그리고 과학의 권위를 지니고 말한다고 주장하는 이들에 맞서 그렇게 해야 한다. 우리는 **실재하는** 것, 즉 형이상학이 무엇인지에 대해 생각해야 한다.[17]

이 목적을 위해, 먼저 우리는 그의 시대에 현대적인 천문학의 태동과 함께 빛을 발하기 시작한 통찰들과 상호작용했던 장 칼뱅(John Calvin)이 한 말을 살펴보자.

---

16   Poythress, *Redeeming Science*, 11장.

17   Vern S. Poythress, *Redeeming Philosophy: A God-Centered Approach to the Big Questions* (Wheaton, IL: Crossway, 2014), parts II-IV.

모세는 두 개의 커다란 발광체들[해와 달]을 만든다. 하지만 천문학자들은 결정적인 이유로 토성이라는 별[즉, 행성]이 가장 먼 거리에 있기 때문에 가장 작게 보이지만 사실은 달보다 더 크다는 것을 증명한다. 여기에 차이가 있다. 모세는 대중적인 스타일로, 설명 없이, 상식을 지닌 모든 평범한 사람이 이해할 수 있는 것들을 썼다. 반면에 천문학자들은 굉장한 노력을 기울여서 인간 정신의 현명함이 이해할 수 있는 것은 무엇이든 연구한다.…참으로 모세는 우리가 그런 것을 예술에 고유한 것들이라고 생각해서 생략하고 [현대 천문학에 대한] 이런 추구를 그만두기를 원하지 않았다. 그러나 그는 배운 자들뿐 아니라 배우지 못하고 미개한 자들의 선생으로도 임명되었기 때문에 이런 조잡한 방식의 교수법을 따르는 것 외에는 그의 직무를 이행할 다른 방법을 찾지 못했다.…천문학자가 별들의 **실제 치수**에 대해 탐구한다면, 그는 달이 토성보다 작다는 것을 발견하게 될 것이다. 하지만 이것은 **난해한** 그 무엇이다. 왜냐하면 그것은 달리 보이기 때문이다. 그래서 모세는 자신의 담론을 **일반적인 용법**에 맞춘다.[18]

칼뱅은 서로 구별되는 두 가지 관점의 중요성을 긍정한다. 하나는 평범한 관점으로 토성을 빛의 지점으로 보는 것이고, 다른 하나는 "별들의 실제 치수"에 대해 묻는 천문학자의 관점이다. 혹은 일반화할 수 있다면, 평범한 인간의 삶에서 나타나는 **경험적** 관점과, "난해한" 관점, 즉 다양한 과학에서 발전된 **전문화된 기술적** 관점이 있다(표 11.1을 보라).

---

18   John Calvin, *Commentaries on the First Book of Moses Called Genesis* (Grand Rapids, MI: Baker, 1979), 1.86-87 [on Gen. 1:16](강조는 덧붙인 것임).

표 11.1: 생명에 관한 관점들

전문화되고 기술적인	경험적
과학적 전문화를 위한	평범한 관찰
토성의 크기에 대한 천문학자들의 추정	맨눈에 보이는 토성
"굉장한 노력"; "현명함"	"일반적 용법"(상식)

칼뱅은 두 가지 관점 모두가 타당하다고 여긴다. 모세는 타당하게 "자신의 담론을 일반적 용법에 맞춘다." 왜냐하면 그의 목적(그리고 하나님의 목적)은 "모든 평범한 사람들"을 향해 말하는 것이기 때문이다. 반면에 천문학자들은 다른 목적, 곧 "그들이 굉장한 노력을 기울여서 인간 정신의 현명함이 이해할 수 있는 것은 무엇이든" 연구하는 것을 갖고 있다.

칼뱅은 이런 말을 한 후에 경험적 관점과 전문화된 기술적 관점을 서로 대조시키는 것에 머물지 않는다. 그는 신속하게 성경과 모세의 목적을 보다 상세히 다룬다. 그것이 그의 소명이다. 칼뱅은 천문학자가 아니라 교사, 목사 그리고 주석가다. 덧붙여서 우리는 그가 현명함을 지니고 인간이 그런 두 개의 서로 다른 관점을 사용하는 능력을 갖고 있다는 것이 얼마나 놀랍고 신비로운지를 살펴보고 싶어 하는 인식론자나 인지 심리학자가 아니라고 말할 수 있을 것이다.

그 두 가지 견해 사이의 대조는 우리가 **시간**을 이해하는 데 중요하다는 것이 밝혀졌다. 21세기에 과학이 보다 충분히 발전한 후, 우리는 시간에 대해 적어도 두 가지 관점을 갖는다. 하나는 경험적 관점이고, 다른 하나는 전문화된 기술적 관점이다(표 11.2를 보라).

전문화되고 기술적인	경험적
과학적 전문화를 위한	평범한 관찰
원자 시계; 상대성 이론; 시간에 대한 양자이론적 처리	시간이 지나가고 있다는 의식

형이상학적으로 무엇이 중심적인가? 무엇이 실제적인가?

이제 우리는 주요한 문제와 마주한다. 둘 중 어느 한 가지 관점은 우리에게 실제를 제공하는 반면, 다른 하나는 단지 "겉모습" 혹은 심지어 환상을 제공하는 것인가? 세계가 실제로 유물론 철학에서 상상하는 것이라면, 그것은 그 안에서 살아가는 사람들이 우발적인 존재에 불과한 세상이 될 것이다. 천문학자들의 설명은 우리에게 실제를 제공하는 것처럼 보일 수 있다. 왜냐하면 어느 면에서 그것은 토성이 그 어떤 특정한 관찰자의 눈에 얼마나 크게 보이는지와 무관해지기를 바라기 때문이다. 대조적으로, 인격적이고 경험적인 관점에서 세상은 단순히 겉모습에 불과할 것이다. 결국 유물론 철학의 가정들을 전제한다면, 사람들이 유물론적 우주 안에 존재하게 된 것은, 그리고 그런 사람들이 시각을 포함해서 지각 장치들을 갖게 된 것은 단지 우연일 뿐이다. 그리고 시각은 특정한 파장의 특정한 광자가 인간의 망막 안에 있는 특정한 분자와 세포에 미치는 영향으로 분해되어야 한다. 우연이 없었다면, 이 모든 것이 상당히 달라졌을 수도 있다.

다른 한편으로, 우리가 인격적인 하나님에 의해 만들어진 인격주의적인 우주 안에서 살아가고 있다면, 평범한 경험이 중요해진다. 하나님은 우리를, 그리고 인간 삶의 선물의 일부로서 우리의 지각 장치를 고안하셨다. 시각적 지각은 실제적이며 우리가 현실과 맞닥뜨리도록 만든다. 왜냐하면 하나님이 그것을 지금과 같은 형태로 설계하셨기 때문이다. 그렇다. 하나님은 천문학자가 탐구하는 복잡성들을 설계하셨다. 그러나 그분이 역사 기간 내내 인간의 지각의 모든 경우를 지배하신다는 것 역시 사실이다. 기본적인 형이상학적 단계에서 각각의 지각은 다른 것들만큼이나 실제적이다. 왜냐하면 하나님의 설계와 세상을 다스리시는 하나님의 발언이 모든 상세한 것을 특정하기 때문이다(평범한 것의 현실성에 관해서는 5장을 보라).

이런 측면에서 모든 창조된 것은 다른 모든 창조된 것과 것들과 형이상학적으로 동일한 단계에 속해 있다. 그것들은 모두 피조물이다. 그리고 모든 상세한 것은 우주를 다스리시는 하나님의 발언에 의해 명시된다(시 33:6, 9; 147:15, 18). 그러나 두 가지 중요한 측면에서, 평범한 개인의 인간적 경험은 전문화된 과학보다 **더 기본적**이다.

첫째, 기본적인 시각적·청각적 지각을 포함하는 평범한 인간의 경험이 없었다면, 인간의 프로젝트로서의 과학은 일어날 수 없었을 것이다. 우리는 세계를 관찰하고 그 안에 존재하는 하나님의 방식들을 배워야 한다. 인간의 지각적 경험의 형이상학적 실재를 부정하는 것은 그것의 인식론적 신뢰성을 해치는 셈이 되는데, 그것이 없다면 자연과학이 장난스러운 꿈 이상의 지식의 형태가 될 가능성은 없다.

유물론 철학을 믿는 사람조차 상식을 배제할 수 없다. 그는 토성이 자신의 육안에는 점 하나의 크기로 남아 있다는 것을 안다. 그가 천문학적 관점을 통해서 그것의 크기에 대한 그 이상의 지식을 추가한다고 할지라도 그 사실은 변하지 않는다. 그는 자기가 망원경을 통해 보는 것이 맨눈으로 보는 것과 동일한 것임을, 그리고 모든 새로운 세대는 과학적 관찰을 시력에 묶는 것으로 시작해야 함을 안다.

둘째, 하나님은 우리를 그분의 형상대로 만드셨고 우리를 돌보신다. 그분은 성경을 통한 언어적 계시로, 또한 그분이 만드신 세상을 통한 비언어적 계시로 우리에게 자신을 알리신다(롬 1:18-23). 무지개는 아름다우며 하나님의 아름다우심을 증언한다. 별들은 그것의 모양만이 아니라 그것의 행로에서도 아름답다. 그 행로는 하나님의 지혜를 증언한다(시 19:1-6). 우리는 하나님을 앎으로써, 그리고 그분을 사랑하고 경배함으로써 이 증언에 반응해야 한다. 하나님과의 인격적 교제라는 목적을 위해 일상적 경험에서 이 증언은 핵심적이다. 이는 모든 사람이 쉽게 접근할 수 없는 자연과학 분야의 특별한 발견들보다 더 핵심적이다. 물론 그 특별한 발견들은 그 나름의 증언을 한다. 그러나 그것들의 증언은 우리가 우리의 감각과 관련해서 받는 보다 명백한 증언과 경쟁하거나 그것을 훼손하지 않는다.

따라서 나는 이렇게 결론짓는다. 평범한 사람에게 세계의 외형은 **단순한** 외형이 아니라 실재다. 그것은 하나님을 예배하기 위한 수단인 실재다. 그것은 하나님이 보시는 실재이므로 또한 우리에게도 그러해야 한다. 그것은 과학적 탐구가 결국 거기에 전문화된 층들을 덧붙일 수 있는 하나의 차원, 그것도 중심적 차원이다.

그러나 칼뱅은 실제의 형이상학과 관련된 이런 문제들에 대해 걱정하지 않는다. 그는 그럴 필요가 없다. 왜냐하면 그에게 인간 경험의 가치와 진정성은 문제가 되지 않기 때문이다. 그러나 그는 후대의 역사적 발전 과정에서 과학의 우월성에 대한 자부심의 성장을, 그리고 평범한 것은 실제가 아니라는 주장을 만들어낼 가능성을 지닌 용어들을 사용한다. 예컨대 칼뱅은 천문학이 "현명함"을 사용하는 것으로부터 온다고 말한다. 의심할 여지 없이 그것은 그렇다. 그리고 칼뱅은 올바르게도 현명함을 하나님으로부터 온 선물로서 존중한다. 하지만 그것은 일단 하나님으로부터 분리되면 오만한 우월감의 근원이 될 수도 있다. 그러고 나면 "일반적 용법"이라는 것은 저속하고 열등해진다. 칼뱅은 일반적 경험의 차원을 위해 몇 개의 다른 문구도 사용한다. "배우지 못하고 미개한", "이런 조잡한 방식의 교수법을 따르는 것이 그것이다." 그 두 태도 사이에는, 즉 우리가 배우는 일에 헌신함으로써 하나님으로부터 받는 은혜로운 혜택들에 대한 존중과, 엘리트들만큼 배우지 못한 자들에 대한 경멸 사이에는 미세한 차이가 있다.

나는 칼뱅이 평범한 것을 경멸한다고 생각하지 않는다. 사실, 그가 같은 곳에서 계속해서 말하듯이 그는 우리 모두에게 영적으로 깨어나 평범한 수단들을 통해 창조 안에서 표현된 하나님의 위대하심으로 인해 그분을 높이고 찬양할 것을 요구한다. 그러나 하나님의 위엄 앞에서 덜 겸손한, 훗날의 세대들이 경멸이라는 태도에 빠지게 될 위험이 열려 있다.

그런 것들이 창세기 1장에 대한 해석에 어떤 적실성을 갖는가? 그것들이 적실성을 지니는 것은 전문화된 기술적 관점을 **특권화하고** 경험적 관점의 실제성을 깎아내리는 세계관이 우리가 창세기 1장에서 발견하게 될 것에 대한 우리의 기대를 변화시키기 때문이다. 한편으로, 우리는 성경이 현대 과학의 위엄에 부합함을 보이기 위해 창세기 1장에서 전문화된 기술적 진리들을 찾고자 하는 유혹에 빠질 수 있다. 다른 한편으로, 우리가 그 내용이 자연스럽게 경험적 관점에 속한다고 인정한다면, 우리는 성경을 원시적인 것으로 혹은 원시 문화의 덫에 걸린 것으로 여겨 조롱하고픈 유혹에 빠질 수 있다.

경험적 공간과 공간에 대한 전문화된 관점들

우리는 공간과 운동에 대한 관점들을 사용해서 설명할 수 있다. 코페르니쿠스 혁명(Copernican revolution)이 주된 예시다. 코페르니쿠스 혁명은 태양을 태양계의 중심에 놓고, 지구가 태양 주위를 돌며 그것이 그 자체의 남-북 축을 중심으로 자전하도록 만들었다. 이 그림은 전문적이고 기술적이다. 그것은 20세기의 과학 분야에서 일어난 어떤 발전들처럼 기술적이지는 않으나 사람이 그것을 이해하기 위해서는 지적인 노력("현명함")이 필요하며, 과연 그것이 오래된 모델(프톨레마이오스의 체계[Ptolemaic systmem])보다 우월한지, 그리고 과연 그것이 사실인지, 또한 어떤 의미에서 그러한지를 판단하기 위해서는 훨씬 더 많은 노력이 필요하다. 코페르니쿠스의 관점은 경험적인 관점과 대조되는데, 경험적 관점에 따르면, 지구는 고정되어 있고 태양이 하늘을 아취형으로 가로지르며 움직인다(그림 11.7을 보라).

그림 11.7: 공간과 운동에 대한 전문적 관점과 경험적 관점

역사적으로 볼 때 코페르니쿠스의 이론과 관련된 갈등들은 여러 차원을 갖고 있었다. 그러나 적어도 한 가지 차원은 코페르니쿠스의 이론이 구체화하고 있는 전문화된 기술적 관점과 경험적 관점의 차이와 관련이 있었다. 손쉬운 해결책이 가까이 있기는 하다. 그것은 두 가지 관점 **모두**가 실재의 다양한 차원들을 다루지만, 각각의 관점이 출발하면서 갖고 있던 초점과 목적은 구별된다고 말하는 것이다(5장을 보라). 그런 해결책을 위한 세 가지 강력한 선례가 있다.

첫 번째 선례는 경험적 관점 자체 **안에** 있다. 모든 개별적인 인간은 다른 사람들의 경험과 구별되는 공간에 대한 자기 나름의 경험을 갖고 있다. 예컨대 에밀리와 사만다는 뒷마당에 있는 동일한 토끼를 관찰할 수 있다.

에밀리는 마당에 있고 가까이서 토끼를 관찰하는 반면, 사만다는 집 안에 있고 멀리서 토끼를 관찰한다. 토끼는 에밀리의 눈에 "더 크게" 보인다. 마찬가지로 에밀리는 앞에서 토끼를 관찰하고 그것의 두 눈을 바라본다. 사만다는 옆에서 관찰하고 한쪽 눈만 바라본다. 세 번째 인물인 빅토리아는 뒤에서 관찰하고 아무런 눈도 보지 못한다. 그것은 같은 토끼다. 그리고 그 토끼에 대한 각 사람의 관점은 실제적이다. 그것은 정확하게 하나님이 지정하신 것이다. 이 예화는 본질적으로 서로 양립할 수 있는 서로 다른 관점들이 있을 수 있음을 보여준다. 또한 그것은 어떤 객체의 시각적 "크기"가 사람의 관점에 따라 달라진다는 것을 보여준다.

두 번째 선례는 전문화된 관점의 성격에 있다. 전문화된 관점조차 과학자를 개인적인 참여자로 포함한다. 우리가 경험적 관점에서 보는 것들과 관련된 설명으로서가 아니라면 코페르니쿠스의 이론을 이해하는 것은 불가능하다. 공간을 이해하기 위한 우리의 출발점은 우리 자신의 몸과 관련된 공간적 방향에 대한 우리의 경험이다. 더 나아가 코페르니쿠스의 이론 자체가 태양계를 묘사하는 것을 포함하는데, 정신적인 것이든 시각적인 것이든 그 어떤 묘사도 공간적 관점을 사용한다. 예컨대 우리는 태양계를 행성들의 평면 바깥에 있는 한 점에서 보듯이 그린다. 그래서 우리는 자신이 그것들이 태양 주변에서 원형(혹은 보다 정확하게는 타원형) 운동을 하는 것을 내려다보는 것을 상상할 수 있다(그림 11.8을 보라).

세 번째 선례는 인류의 본성에 있다. 인간은 하나님의 형상대로 만들어졌다. 우리가 하나님의 형상의 의미에 대해 성찰한다면, 그것은 결국 우리를 하나님 안에 있는 일치와 다양성으로, 즉 삼위로 계신 한 분 하나님께로 이끌어간다. 인간 안에 있는 일치와 다양성 그리고 거기에서 파생되어 나오는 서로 구별되는 관점 혹은 시각 안에서 나타나는 일치와 다양성은 그것들의 궁극적 토대와 원형을 하나님 안에 있는 일치와 다양성에서 발견한다.[19] 따라서 하나님 자신 안에 인간들 사이의 다양성을 위한 깊은 토대가 있다. 하나님은 우리와 공간적 관점을 포함하는 세계를 창조하셨다. 그리고 그분 자신이 모든 관점에 관한 일체의 것을 알고 계신다. 우리는 한 장소에서 다른 장소로 이동할 때나 공간 안에서 다른 위치를 점유하고 있는 다른 이들과 교류할 때 자연스럽게 이런 다양한 관점을 경험한다.

그림 11.8: 코페르니쿠스적 체계의 관점

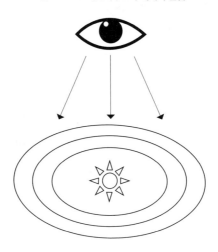

유감스럽게도 여러 관점에 대한 이런 확언은 코페르니쿠스의 이론에 대한 원래의 논쟁 과정에서 선택된 주요 경로가 아니었다. 많은 이들이 니콜라우

---

19   Vern S. Poythress, *Symphonic Theology: The Validity of Multiple Perspectives in Theology* (repr.; Phillipsburg, NJ: P&R, 2001), 5장.

스 코페르니쿠스(Nicolaus Copernicus)의 개념들을 믿기로 한 사람은 지구가 고정되어 있음을 부정해야 한다고 여기는 것처럼 보였다. 사람들이 자기들의 눈으로 본 것을 문자적으로 부정했기 때문이 아니라, 아마도 그들이 코페르니쿠스의 이론이나 고정된 지구를 전제하는 어떤 관점은 형이상학적으로 **유일하게** 궁극적인 관점이어야 한다고 여겼기 때문일 것이다. 따라서 하나에 대한 긍정은 다른 것에 대한 부정이었다. 그러나 문제는 나쁜 형이상학, 즉 궁극적인 그리고 그런 까닭에 다른 모든 관점을 깎아내리는 하나의 관점이 존재해야만 한다는 가정이었다.

다른 모든 것을 지배하는 하나의 관점이라는 망령

나는 사람들이 경험적 관점과 전문화된 기술적 관점 모두를 긍정할 가능성을 놓치게 된 이유를 알지는 못한다. 그러나 나는 그 이유 중 하나가 코페르니쿠스 시대 이전에 이미 자리를 잡고 있었던 전문화되고 기술적인 견해, 즉 천체의 움직임을 이해하는 프톨레마이오스의 체계 안에 들어 있다고 여긴다. 그 체계는 "그 철학자"(the Philospher)로 존경받았던 아리스토텔레스(Aristotle)에 의해 지지를 얻었다. 그의 견해 중 몇 가지가 로마 가톨릭 교회에 의해 채택되어 전통으로 굳게 자리를 잡았다. 아리스토텔레스는 우리에게 자기가 형이상학적으로 궁극적인 것을 말한다고 주장했다. 그러나 그는 유일하고, 참되며, **인격적인** 하나님에 대한 지식을 억눌렀기 때문에, 그의 형이상학적 체계는 기본적으로 비인격적이다. 우리는 "부동의 원동자"(the unmoved Mover)라는 그의 개념과 개인적으로 친숙해질 수 없다. 따라서 인간은 세계의 형이상학에서 중심 역할을 할 수 없다.

그렇다. 인간은 그 형이상학을 이해하기를 바랄 수 있다. 그러나 그는 추상적으로 그리고 그러하기에 비인격적으로 착상된 **이성**으로써 그렇게 한다. 철저해지기 위해, 아리스토텔레스의 형이상학은 인격적 관점을 배제해야 한다. 인격적 견해와 무관한 하나의 궁극적 형이상학이 존재한다. 그리고 이런 형이상학의 영향을 받은 아리스토텔레스적 사상가는 인간 관찰자와 무관하다는 점에서 비인격적인, 하나의 궁극적인 천문학적 체계를 기대한다. 이런 비인격적인 틀 안에서는 전문화된 코페르니쿠스적 관점, 전문화된 프톨레마이오스적 관점, 그리고 평범한 경험적 관점이 궁극적인 지위를 얻기 위해 치고받으며 싸워야 한다. 그러나 경험적 관점은 이미 근본적 단계에서 패했다. 그것은 코페르니쿠스보다 수 세기 전에 프톨레마이오스적 체계의 궁극성을 인정하며 옆으로 밀려났다.

지금 이 모든 것은 역사다. 그러나 그것은 계속해서 영향을 끼치고 있다. 어떤 학자들은 우리에게 교회가 결국 코페르니쿠스의 이론을 받아들였듯이, 이제 또한 그것은—우주의 나이에 관한 것이든, 다윈주의에 관한 것이든 혹은 온 인류의 조상이었던 유일한 아담의 비존재에 관한 것이든 간에—현대 과학의 최신의 "보증된 결과들"을 받아들여야만 한다고 확신시키기 위해 계속해서 코페르니쿠스의 이야기를 꺼낸다. 그런 주장들은 하나 이상의 단계에서 검토될 필요가 있다. 일부 과학자들이 제시한 최신의 주장들과 관련해서 사실은 무엇이고, 가정은 무엇이며, 해석은 무엇인가?

그런 주장들은 사람들과 사람들의 중요성이 장면에서 사라졌음을 인정하지 않고 있으므로 늦춰질 필요가 있다. 애초에 코페르니쿠스의 천문학은 궁극적인 형이상학이 되어서는 안 되었다. 그것은 경험적 관점과 경쟁해서는 안 되었다. 또한 코페르니쿠스의 이론이나 다른 어떤 이론도 그것을 하나의 견해로 발전시켰던 사람들과 무관하다고 인정되어서도 안 된다. 이론들은 언제나 개인적 이해라는 보다 더 큰 틀, 즉 전문화된 관점의 의미를 그들 자신이 사람이고 그들의 출발점이 경험적 관점일 수밖에 없는 다음 세대의 초년병들에게 설명해주는 방대한 네트워크 안에 들어 있다.

그리고 사람들이 불가결하다면, 그들의 마음의 지향 역시 그러하다. 아브라함 카이퍼(Abraham Kuyper)와 코르넬리우스 반 틸(Cornelius Van Til)이 자주 지적했듯이, 사람들은 하나님을 향해서 혹은 그분에 맞서서 중생하거나 중생하지 않거나 한다. 그리고 그것은 그들의 세계관에 영향을 준다. 또한 그들의 세계관은 그들의 과학적 연구와 그런 연구를 위한 형이상학적 틀에 영향을 준다.

유물론적 세계관의 한 가지 효과는 인간이 하찮다는 느낌을 낳는 것이다. 사람들은 우리가 우주가 얼마나 광대한지 알므로 인간이 얼마나 무의미하게 보이는지에 대해 말한다. 우주는 우리의 상상을 넘어설 만큼 크다. 그리고 흔히 말하듯이, 우리는 단지 먼지의 작은 점에 불과하다. 그러나 우주의 크기와 별들의 수에 대한 측량은 전문적이고 기술적인 일이다. 그 수는 너무 커서 실제로는 아무도 평범한 인간 경험의 직접적이고 개인적인 차원에서 "그것들을 헤아리지" 못한다. 인간은 무의미해지는데, 왜냐하면 전문적인 관점이 경험적인 관점을 삼키고 파괴해버리기 때문이다. 그것은 지금 작동하고 있는 나쁜 형이상학, 나쁜 세계관이다. 그 세계관은 인류에게서 그들의 인간성—거기에는 하나님으로부터 온 놀라운 지적 능력이 포함된다—이 현대 우주론의 광대한 기술적 구조를 이해하는 것을 가능케 했던 바로 그 사람들을 빼앗아간다. 우리는 그런 사람들을 동정할 필요가 있다. 그리고 하나님의 이름으로 또한 진리를 위해서, 그들을 위해 일어나서, 그들이 그런 것을 떠올릴 수 있다는 바로 그 사실 때문에 그들이 떠올릴 수 있는 가장 큰 숫자보다도 우주에 훨씬 더 중요하다고 말해줄 필요가 있다. 다시 말해 그들은 하나님의 형상대로 지음을 받았다.

경험적 시간과 전문화된 시간

이제 우리는 경험적 시간과 전문화된 시간이라는 주제로 돌아선다. 현대 과학의 발전과 더불어 점점 더 시간을 전문적으로 처리하는 상황이 나타난 것은 놀랄 일이 아니다. 그것은 나쁜 일이 아니다. 인간은 지배권을 행사할 권한을 갖고 있으며, 여기에는 칼뱅이 승인했던 현명함과 지적 탐구가 포함된다. 과학자들은 현명함을 사용하면서 시간과 관련된 전문적인 의미의 층들을 밝혀왔다. 시간은 원자 시계와 같은 복잡한 도구들을 사용해서 측정될 수 있다. 특수 상대성 이론 그리고 더 나아가 일반 상대성 이론에 따르면, 시간과 공간에 대한 전문화된 기술적 측정은 아름다운 방식으로 서로 맞물려 있으며, 관찰자가 불가결한 역할을 감당한다. 관찰자가! 대부분의 전문적인 이론들 한가운데서조차 경험적 관점의 메아리가 나타난다.

우리가 배워야 할 교훈 중 일부는 우리가 공간, 운동 그리고 코페르니쿠스의 이론과 관련해서 관찰했던 것과 평행을 이룬다. 예컨대 시간에 대한 전문적인 논의에는 커다란 숫자들이 포함된다. 지구의 역사를 위해서는 45억 년 그리고 우주의 역사를 위해서는 140억 년이라는 숫자가 필요하다. 평범한 경험적 관점은 실제로는 공간의 광대한 범위를 이해할 수 있는 것 이상으로 시간의 그 광대한 범위를 "이해하지" 못한다. 어떤 이들은 자신들이 추정한 수치에 놀라 움츠러든다. 인간은 스크린 위에서 잠시 나타났다 사라지는 깜빡거림에 불과하다. 그러나 그것은 나쁜 형이상학이다. 그곳에서는 전문화된 관점이 배타적인 형이상학적 주장이 되고, 그 주장이 사람들을 파괴한다.

시간에 대한 전문화된 작업의 결과 중 일부가 계속해서 우리 주변을 에워싸고 있다. 기계식 시계, 전자식 시계, 그리고 컴퓨터와 휴대전화 안에 내장된 시계들이 있다. 그것들은 어떤 의미에서 우리와 친숙하다. 그러나 그것들의 내적 작용은 기계적이며 숨겨져 있다. 그런 내적 작용을 점검해본 이는 거의 없다. 이런 시계들이 작동하는 원리를 깊이 이해하는 이도 거의 없다. 어떤 의미에서 서로 다른 시계들이 존재하는 것만큼이나 시간을 측정하는 것에 대한 여러 가지 관점이 존재한다. 그리고 시간이 그 안에서 어떤 역할을 감당하는 서로 다른 이론들이 존재한다. 뉴턴의 이론, 상대성 이론, 그리고 양자역학 이론 등.

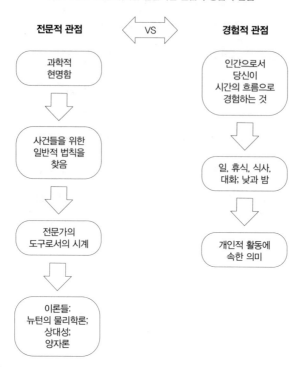

그림 11.9: 시간에 대한 전문적인 관점과 경험적 관점

전문적 관점 VS **경험적 관점**

과학적
현명함

인간으로서
당신이
시간의 흐름으로
경험하는 것

사건들을 위한
일반적 법칙을
찾음

일, 휴식, 식사,
대화; 낮과 밤

전문가의
도구로서의 시계

개인적 활동에
속한 의미

이론들:
뉴턴의 물리학론;
상대성;
양자론

여기서 얻게 되는 한 가지 교훈은 이런 시계들의 존재와 그런 제품들 뒤에
있는 시간에 대한 전문화되고 기계적인 사고가 경험적 시간을 대체하거나
무효로 만들지 않는다는 것이다. 그렇다면 경험적 시간이란 무엇인가? 그
것은 우리가 세계와의 육체적·정신적 상호작용 안에서 경험하는 시간이다.
시간에 대한 경험적 관점이 없다면, 과학자들과 엔지니어들이 시간을 전문
적으로 처리하면서 일하는 방식 중 그 어느 것도 가능하지 않을 것이다. 전
문화된 시간은 경험적 시간에 기초한 개념적 발전의 추가적인 층위다.

덧붙여서 우리는 시간과 관련해서 무엇이 실제인가 하는 형이상학적
질문에 대해 생각해볼 필요가 있다. 여기서의 추론은 우리가 공간과 운동에

대한 경험적이고 전문화된 관점들과 관련해서 살펴보았던 것과 유사하다. 경험적 시간은 전문화된 관점 중 어느 것에도 못지않을 만큼 형이상학적으로 실제적이다. 하나님은 그것들 모두를 계획하셨다. 그분은 그것들 모두를 정하셨다. 그것들은 모두 실제다. 이와는 대조적으로 우리가 유물론 철학의 관점을 택한다면, 결과적으로 사람들은 우발적인 존재이며, 시간에 대한 그들의 살아 있는 경험 역시 우연한 사고일 수밖에 없다. 실제 시간은 물리적 사건들에 속한 비인격적인 시간이며, 다른 모든 것은 이런 근본적인 비인격성 위에 세워진다.

공간과 관련해서 그랬던 것처럼 시간과 관련해서도 그렇다. 사실 경험적 시간에 대한 다양한 견해들이 존재한다. 각 사람마다 나름의 견해가 있을 정도다. 이런 다양성은 우리가 잠들어 있을 때 분명해진다. 우리가 깊은 잠에 빠진다면, 우리는 얼마나 잤는지를 알 수 없다. 그러나 깨어 있는 다른 사람은 현대적이고 전문화된 기술에 대해 언급하지 않고서도 알 수 있다. 그 깨어 있던 사람은 이렇게 말할 것이다. "아주 짧았어. 내가 포도 한 송이를 먹을 만한 시간이었어." 혹은 "길었어. 나는 시장에 갔었고 돌아오기 전에 몇 사람과 대화를 나눴어." 시간에 대한 각 사람의 개인적 경험은 보다 큰 사회 안에서 다른 개인들의 개인적 경험과 맞물린다.

두 가지 측면에서 시간에 대한 경험적 관점은 사실상 형이상학적으로, 그 어떤 형태의 전문화된 시간보다 중심적이다. 첫째로, 우리가 보았듯이 사람들은 시간에 대한 전문화된 연구를 발전시키기 위한 출발점으로서 시간에 대한 의식을 가져야 한다. 시간에 대한 의식이 없으면 우리는 우리가 무엇을 연구하고 있는지 알지 못할 것이다. 둘째로, 하나님은 인간을 돌보시며 그들에게 그분의 계획 안에서 핵심적 역할을 맡기셨다. 그리스도의 죽음과 부활은 구속 및 구속사의 중심에 있다. 이런 사건들은 인간의 상호작용이라는 맥락 안에서 발생했다. 시간에 대한 개인적인 경험은 그들의 우선적인 틀이다. 시간의 의미를 이해하는 것은 마이크로초(microseconds) 및 특수 상대성 이론과 일반 상대성 이론 안에서 시간과 공간의 맞물림을 이해하는 우리의 능력에 달려 있다.

공간에 대한 경험적 관점을 포함하는 창세기 1장

마지막으로 이제 우리는 창세기 1장으로 돌아설 수 있다. 많은 이들이 주장해왔듯이, 창세기 1장은 그것의 내러티브를 인간 관찰자가 세상에서 보는 것의 관점에서 전한다. 그것은 은하수가 아니라 땅에서 시작한다. 어느 면에서 그것은 지구 중심적이다. 그러나 그것은 타당한 관점이다. 하나님은 사람들에게, 그들에게 중요한 그리고 기술적이지 않은 문제들에 대해 말씀하고 계시므로 그분은 자신의 이야기 안에서 공간과 운동에 대한 경험적 관점을 사용하시는 지혜를 드러내신다.

시간에 대한 경험적 관점을 포함하는 창세기 1장

유사하게, 시간의 발전은 저녁과 아침을 포함해서 엿새간에 걸쳐 일어난다. 의심할 바 없이 그 내러티브는 기계 장치 혹은 전자 시계와 같은 다양한 기술적 산물들에 대한 호소를 포함하는 현대의 전문화된 관점보다는 경험적 관점을 사용하고 있다.

잠시 경험적 시간에 대해 생각해보자. 시간 및 시간의 경과에 대한 직관적이고 심리학적인 의식에서 벗어나, 사람들은 여러 가지 일시적인 패턴과 리듬들에 익숙해진다. 그들은 대화, 식사, 일, 걷기, 달리기 그리고 휴식 같은 활동에 참여한다. 또한 그들은 태어나서 늙고 죽는 인간의 재생산과 성장의 과정에 익숙해진다. 사람들은 현재의 순간에 대한 관심을 초월하는 능력 때문에 일반적으로 어떤 목표를 세우고, 실행하며, 그것을 성취하는 (혹은 때때로 실패하는) 것으로 이루어지는 보다 호흡이 긴 행위를 인식한다. 어떤 계획과 목표들은 짧은 기간 이상으로 확대된다. 당신의 도끼를 찾아서 집어 들거나 음식을 준비해서 먹으라. 다른 것들은 몇 날 혹은 몇 년이 걸리기도 한다.

한 가지 근본적인 패턴은 하루의 패턴이다. 인간의 육체적 존재를 위해 낮은 일반적으로 여러 가지 작은 행위의 조각들로 이루어진다. 그러나 대화, 식사, 일, 걷기 그리고 휴식은 주요한 조각들에 해당한다. 우리는 밤에 잠을 잔다(참조. 시 104:23[그리고 여러 문화권에서는 한낮에 휴식을 취하거나 낮잠을 자기도 한다. 창 18:1; 삼하 4:5]). 일과 휴식이라는 매일의 리듬은 우리가 밤에 졸음을 느끼도록 만드는 생리적 리듬, 빛과 어둠의 리듬, 그리고 하늘에서 태양과 별들의 매일의 순환이라는 리듬과 아주 잘 들어맞는다. 그 리듬은 외부로 확장된다. 많은 동물이 매일의 순환 속에서 잠에 빠진다. 어떤 꽃들은 순환을 이루며 낮에 태양을 향해 피어난다. 또한 보다 긴 사이클들도 있다. 가령 계절의 순환(창 8:22)과 년의 순환(1:14) 같은 것들이 있다. 이런 순환들은 하나님의 계획을 따라 여러 가지 목적을 갖고 있을 수 있는데, 그 계획은 **인격적인** 계획이다. 그러나 이런 것들 사이에, 그리고 하나님과 인간의 교제라는 목적에 핵심적인 것으로서 인간에게 복을 내리고 하나님의 이름을 영화롭게 하려는 목적이 있다. 모든 순환은 인간 존재에 영향을 준다. 어떤 것들은 보다 직접적으로(일, 휴식 그리고 잠이라는 매일의 순환), 그리고 어떤 것들은 보다 덜 직접적으로(씨를 뿌리고 추수하는 계절들) 그렇게 한다.

(1) 일과 휴식이라는 인간의 리듬과 (2) 하늘의 태양의 리듬 사이에는 상관관계가 있다. 어느 것이 가장 중요하거나 가장 중심적일까? 둘 다 중요하다. 각각 나름의 방식으로 그러나 서로 다른 관점에서 그러하다. 그러나 어떤 면에서 태양과 천체들은, 인간이 그것들을 위해서가 아니라 오히려 그것들이 인간을 위해서 창조된 것처럼 보인다. 그것들은 **인간의** 삶에서 "징조와 계절과 날과 해를 이루기 위해" 창조되었다(창 1:14b). "안식일이 사람을 위하여 있는 것이요, 사람이 안식일을 위하여 있는 것이 아니다"(막 2:27).

우리는 성경에서 리듬이 정상적인 것과 달랐던 한 가지 경우를 볼 수 있다. 여호수아 10:13b에 따르면, "태양이 중천에 머물러서 거의 **종일토록** 속히 내려가지 아니하였다." "종일토록"이라는 표현을 살펴보라. 늘 그렇듯이, 우리는 "무슨 기준으로 측정한 '종일'인가?" 하고 물을 수 있을 것이다. 그것은 태양의 움직임에 의해 제공된 기준을 따른 것인가? 그럴 수는 없다. 왜냐하면 그 구절의 요지는 다른 활동들이 한동안 계속되는 동안 태양이 "멈췄다"는 것이기 때문이다. 그 구절은 그런 활동과 연관된 리듬을 따라 종일의 가치가 있는 인간의 활동—걷기, 달리기, 칼 휘두르기, 활쏘기 등등—에 관해 말하고 있다. 여호수아와 그의 사람들은 그런 활동을 아주 많이 수행했고, 그런 활동의 수는 아주 커서, 그것들이 정신적으로 여호수아의 정복 기간 중 어떤 다른 시간으로 옮겨졌다면, 그것들은 하루의 공간을 채웠을 것이다. 그 전투에서의 활동들은 약 하루 정도의 **활동들**이 끝날 때까지 계속되었다.[20] 하나님은 이 특별한 문맥에서 태양이 그 시간에 하늘의 일보다 인간의 활동 속도에 기초한 시간의 의미를 사용하는 에피소드를 서술하는 것을 선호하신다. 두 개의 리듬, 즉 인간 활동의 리듬과 태양의 움직임의 리듬은 태양의 멈춤이 예외적인 그 무엇이기 때문에 일반적인 방식으로 서로 맞물리지 않는다. 그 구절은 하나님과 그분의 백성 사이의 인격적 관계의 중요성도 분명하게 긍정한다. "여호와께서 사람의 목소리를 들으신 이 같은 날은 전에도 없었고 후에도 없었나니 이는 여호와께서 이스라엘을 위하여 싸우셨음이니라"(수 10:14). 하나님은 인격적 관계에 묶여 있는 의미가 태양의 움직임에 의해 정해진 패턴보다 더 우선권을 지닌다는 것을 보여주신다(그림 11.10을 보라).

그림 11.10. "종일"의 의미

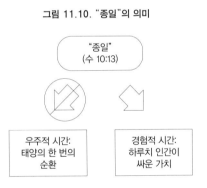

---

20 수 10:13에서 "거의"(about)라는 단어는 어느 의미에서 측정이 있다는 것을, 그리고 측정이 어떤 기준을 사용해서 발생한다는 것을 보여준다. 어떤 기준인가? 일부 현대 독자들은 이 기준을 시계로 생각할 수도 있다. 하지만 그것은 우리 문화에서 우리 주위에 시계가 있기 때문이다. 그 구절의 문맥에서 분명한 "기준", 즉 시간의 경과라는 인식을 제공하는 것은 싸움이라는 인간의 활동과 관련된 인간의 속도다. 이스라엘 군대가 그들의 적들과 맞서 온종일 싸울 기회가 그들에게 열렸다.

12장

창세기 1장에 관한 현대적 관점의 의미

창세기 1장에 나타나는 타이밍에 대한 다양한 현대적 관점들에는 어떤 의미가 있는가? 현대 과학의 주장들을 평가하는 것이나 과학을 창세기 1장과 조화시키려는 시도들을 평가하는 것에는 의미가 있다.[1]

현대 과학의 주장들을 위한 교훈

현대의 과학적 주장들로 시작해보자. 먼 과거에 대한 현대의 주된 과학적 주장들은 모두 현재의 섭리적 질서로부터 추론된 물리적 법칙들이라는 틀을 사용하면서 시간을 거스르는 사색적인 역추정에 근거한다. 물리학과 화학의 기본적인 법칙들 그리고 생물학적 발전과 재생산에서 나타나는 기본

---

[1] 이 장은 Vern S. Poythress, "Time in Genesis 1," *Westminster Theological Journal* 79, no. 2 (2017): 213-41의 후반부를 개정한 것이다. 허락을 받아 사용함.

적인 규칙성들은 하나님의 섭리적 질서 안에서 일해왔던 과학자들에 의해 분석되고, 연구되며, 묘사되었다. 그것들은 그런 질서에 의존했다. 그것들은 그 질서가 날마다 안정되었으며 또한 미래에도 계속해서 안정될 것이라고 가정했다.

그것들은 과거를 어떻게 다루는가? 대부분의 경우, 과거를 법칙들의 안정성과 지속성이라는 동일한 원리를 따라 다룬다. 법칙들은 과거에도 지금 과학적으로 묘사되는 것과 동일했다고 가정된다.

가설적으로는 과거에 대한 그런 추정은 옳은 것일 수도 있다. 신실하신 하나님은 최초의 창조의 순간 이후로 줄곧 동일한 기본적인 물리적 규칙성을 유지해오셨을 수 있다. 그러나 주류 과학자들이 가장 기본적인 규칙성이라고 **생각하는** 것은 성격상 특화되어 있다. 그리고 우리가 보았듯이 형이상학적으로 그것들은 경험적 관점과 동일하다. 하나님은 인격적이시다. 그분은 우리가 지금 보는 것과 다르게 일하실 수 있다. 따라서 시간을 추정하는 것(전문화된 수단을 통해 측정한 결과 우주의 나이는 140억 년이다)에 대한 것이든, 그런 추정이 만들어내는 먼 과거에 관한 전반적인 내러티브에 대한 것이든 간에 이런 추정이 실제로 정확하다는 보장은 없다.

같은 방식으로, 새 하늘과 새 땅이 물리학자들이 지금 그것으로 작업하고 있는 기본적인 물리학적 법칙과 동일한 원리를 드러낼 것이라는 보장도 없다. 우리에게 보장된 것은 **인격**이라는 측면에서 연속성이 있으리라는 것이다. 바로 그것이 하나님의 계획 안에서 인격이 갖고 있는 중심성을 감안할 때 우리가 기대하는 것이다.

과학과 창세기 1장을 조화시키기 위한 시도들을 위한 교훈

성숙한 창조론

또한 성숙한 창조론, 즉 그 여섯 날이 끝날 즈음에 하나님이 창조세계를 오래된 것처럼 보이는 성숙한 상태로 창조하셨다는 이론을 위한 교훈이 있을 수 있다.[2] 보다 정확하게, 그 성숙한 상태는 현재를 과거로 추정하는 과학자에게는 일관되게 오래되어 보인다. 예컨대 과학자들이 추정 방식을 사용할 때 에덴동산의 나무들은 몇 년 혹은 몇십 년씩 오래된 나무처럼 보인다. 아담은 스무 살이나 서른 살쯤 되어 보일 수도 있다. 그러나 이런 과학적 시간 예측은 사실과 상반될 것이다. 그런 예측은 과학자들이 먼 과거를 재구성하려 할 때 의존하는 섭리의 규칙성이 변하지 않는다는 잘못된 가정에 의존한다.

성숙한 창조론이 가진 한 가지 긍정적인 요소는 그것이 처음 여섯 날의 독특한 성격을 인식하고 있다는 점이다. 처음 여섯 날의 일은 단순히 순진한 추정에 의해 확실하게 규정될 수 없다. 그렇다면 성숙한 창조는 실행 가능한 선택지다.

그러나 그 이론은 창세기 1장의 여섯 날 안에서 시간을 측정하는 문제와 관련해서 숨겨진 약점도 갖고 있다. 그 이론의 목적 중 하나는 과학이 행하는 과거에 대한 추론과 창세기 1장의 여섯 날을 조화시키는 것이다. 그 여섯 날 동안 이루어진 활동들은 크게 달랐을 것이 분명하다. 왜냐하면 주

---

2   주된 이론들에 관해서는 Vern S. Poythress, *Redeeming Science: A God-Centered Approach* (Wheaton, IL: Crossway, 2006), 5-10장을 보라.

류 과학자들은 추정을 통해 우주의 나이가 140억 년이라고 주장하기 때문이다.

그러나 우주의 나이에 대한 과학적 주장에는 전문화된 관점이 포함된다. 우리가 창세기 1장을 읽을 때 경험적 관점을 택한다면 우리는 현대적인 전문화된 과학적 시계로 측정할 경우 그날들이 얼마나 길었을지에 대해 알지 못한다. 실제로, 성숙한 창조론은 이런 원리에 동의하는데, 왜냐하면 그것은 일단 우리가 그 여섯 날이라는 기간 안으로 들어가면 상황이 달라진다고 주장하기 때문이다. 따라서 우리는 현대의 시계들이 그 여섯 날 동안에도 그것들이 성숙한 세계 안에서 작동하는 방식으로 작동했다고 억측해서는 안 된다.

그러나 그런 추정이 타당하지 않다면 성숙한 창조론의 옹호자들은 기계적인 시계를 사용해서 처음 3일의 길이를 측정할 수단을 갖고 있지 못한 셈이다. (그들은 마지막 3일을 위해서는 태양을 갖고 있다. 따라서 그때에는 날들의 길이에 대해 생각하는, 적어도 하나의 **기술적이지 않은** 방법이 있는 셈이다.) 그리고 이런 결핍은 애초에 그 이론의 필요를 최소한 부분적으로는 훼손시키는 것처럼 보인다. 결국 그 이론은 부분적으로는 과학에 기초하여 과거를 추정하는 날들의 길이에 대한 측정과 창세기 1장에 기초한 "길이" 사이의 명백한 불일치를 다루기 위해 등장했다.

또한 같은 원리가 그 이론이 마지막 3일의 길이를 명시하는 능력을 약화시킨다. 확실히 마지막 3일 동안 태양은 있었다. 그러나 그 여섯 날과 현재의 섭리적 질서 사이의 차이는 그 태양이 현대의 시계와 같은 다른 가능한 측정 수단들과 장단을 맞추면서 순환하지 않았다는 것을 의미할 수 있다. 우리가 그 여섯 날의 길이를 측정하기 위해 과학적 시계들을 사용할 수 없다면, 어떻게 성숙한 창조론이 우리가 그 여섯 날 동안 이루어진 과정에 대해 교조적이 될 수 없다는, 최소한의 부정적인 주장 이상의 무언가를 할 수 있는지는 분명하지 않다. 그렇다면 그것은 역시 성숙한 종점을 믿는 다른 이론들—창세기 1-2장을 현대 과학의 주장들과 조화시키려는 다른 주요한 이론 중 어느 이론과도—과 양립할 수 있을까?

사실 그것은 그렇게 단순하지 않다. 왜냐하면 창조의 여섯 날을 바라보는 하나가 아닌 두 개의 경험적 방법이 존재하기 때문이다. 첫 번째 방법은 그날들을 일과 휴식의 순환—하나님의 일과 일시적인 휴식—으로 보는 것이다. 두 번째 방법은 그날들을 일과 휴식의 순환 및 **덧붙여서** 빛과 어둠의 순환으로 보는 것이다. 성숙한 창조론은 보통 첫 번째 접근법이 아니라 두 번째 접근법을 취한다. 이 지점에서 그것은 유비적-날(analogical-day) 이론 및 날-세대(day-age) 이론과 구별된다.

유비적-날 이론

유비적-날 이론 역시 우리가 배워야 할 무언가를 갖고 있을 수 있다. 이 이론의 가장 일반적인 형태는 창세기 1장에 묘사된 여섯 날이 현재의 섭리적 질서 안에 있는 인간의 근무일과 유사하다고 또는 유사하지만 동일하지는 않다고 주장한다. 창세기 1장은 각 날의 길이를 현대의 기술적인 시계에 의해 측정되는 방식으로 명시하지 않는다. 그날들은 길거나 짧을 수 있지만, 창세기 1장은 그것에 대해 말하지 않는다. 그러나 유비적-날 이론의 요점의 일부는 종종 현대 과학과의 조화를 제안하는 것이다. 우리가 조화를 취할 경우 창세기 1장의 날들은 사실은 수백만 년의 아주 긴 시간이었을 수 있다.

여기서 문제는 설명의 언어, 특히 앞 문장에 들어 있는 **사실은**(actually)이라는 단어와 관련되어 있다. 처음에 유비적-날 이론을 만들었던 이들의 의도가 무엇이었든 간에, 다른 이들은 그것에 대해 들을 때 "**사실은**"과 "**아주 긴 시간**" 같은 용어들을 적용할 수 있다. 그런 표현을 사용하면서 그들은 그 언어를 시간에 대한 전문화된 과학적 설명이 형이상학적으로 궁극적이라는 현대의 철학적 관점에 동의하는 방향으로 바꿀 수 있다. "**사실은**"이라는 단어는 현대의 기술적 장치로 시간을 측정하는 것이 우리에게 실제적인 것을 제공한다는 것을 암시할 수 있다. 그것은 우리에게 "실재"(actuality)를 제공한다.

그러나 우리가 "실재"와 전문화된 과학적 관점을 동일시하는 것에 동의할 필요는 없다. 시간을 위한 전문화된 틀은 우리에게 경험적 관점의 견해보다 더 궁극적이지 않은 어떤 견해를 제공한다. 더 나아가 그것은 우리에게 기술적으로 전문화된 그 무엇, 즉 인간의 존재와 투쟁이라는 핵심적 문제들과 덜 통합적으로 연관된 그 무엇을 제공한다. 그러므로 그 여섯 날은 사실상 경험적 관점에서 볼 때 여섯 **날**(six days)이었다. 현대의 우주론적 서술은 시간 측정에 대한 그것의 특별하고 전문화된 정의를 감안할 때 참된 것일 수 있는 전문화된 그림을 제공한다. 그러나 그것들은 특별하며 경험적 관점 혹은 개인적 활동과 휴식이라는 사이클을 사용해서 날들을 "측정"하는 것의 타당성을 파괴하지 않는다.

그것을 달리 표현해보자. 문제는 유비적-날 이론의 핵심적 의도를 강조하는 데 있다기보다는 오히려 그것의 설명 안으로 스며들어올 수도 있는 몇 가지 가정에 있다. 유비적-날 이론을 서술하는 데 사용되는 언어 중 일부는 무심코 우리가 어떤 현대 과학자들의 형이상학적 주장들을 수용하도록 강요할 수 있다. 이런 과학자들은 시간을 위한 자신들의 체계가 우주의 형이상학의 진상―혹은 훨씬 가까운 진상―을 규명한다고 함축한다. 우리가 그들의 관점을 인정한다면, 창세기 1장은 단지 보다 앞선 인간의 문화 안에 존재하는 불운한 한계들에 대한 수용이 될 뿐이다. 우리는 이런 주장을 거부해야 한다. 그것은 환원주의에 의해 제한을 받는 현대의 형이상학적 주장이다. 그것은 분명한 것, 즉 하나님의 형상대로 지음을 받은 특별한 인간―그들은 현대의 우주론이라는 형태로 시간에 대한 통찰력 있는, 그러나 **제한된** 견해를 발전시킨다―의 현명함을 만들어내는 이론에 개입하는 것을 간과한다.

창세기 1장에 관한 기본적인 확언들에 관련된 교훈들

창세기 1장의 다른 독자들을 위한 교훈도 있을 수 있다. 어떤 이들, 곧 특별히 서구에 있지만 인류의 나머지에도 속해 있는 이들은 하나님이 여섯 날 동안 세상을 창조하시고 그것을 그 상태로 남겨두셨다고 믿는다. 여러 현대의 분석가들에게 이런 사람들은 24시간-하루-이론(twenty-four-hour-day theory)의 한 형태를 고수하는 것처럼 보일 수도 있다. 그러나 그들이 단순한 확언 이상으로 나아가려고 하지 않는다면, 그들이 반드시 창세기 1장과 주류 과학의 주장들 간의 관계를 설명하는 어느 특정한 이론에 몰두하는 것은 아니다. 또한 그들은 전문화된 기계 장치에 의해 측정되는 여섯 날의 **길이**에 대한 어느 특정한 이론에 몰두하고 있지도 않다. 그들이 서구 밖의 문화에 속해 있다면, 그들은 그런 장치에 익숙하지 않을 수도 있다. 따라서 그런 이들은 조화를 위한 상세한 현대적 이론 중 **그 어느 것**에 대해서도 분명한 헌신을 표명하지 않을 수 있다. 우리는 이런 접근법을 창세기 1장의 날들에 대한 **단순한-확언 관점**(simple-affirmation view)이라고 부르도록 하자.

어느 면에서 이런 이들 중 일부는 24시간-하루-이론보다는 유비적-날 이론에 더 가까울 수도 있다. 그들은 창세기 1장의 한 가지 핵심 요소가 하나님의 일과 인간의 일 사이의 유사성을 지적하는 것임을 인정하기 때문이다. 창세기 1장의 듬성듬성한 서술에 만족하는 사람은 처음 여섯 날이 지금 섭리 안에 있는 우리의 날들과 같으면서도 같지 않음을 안다. 왜냐하면 그 날들은 하나님이 섭리적 지속이라는 활동을 하신 날이 아니라 최초의 창조라는 활동을 하신 날들이었기 때문이다. 즉 어떤 이는 그 여섯 날이 그것의 유사성이 과거에 대한 사변적이고 과학적인 재구성을 위한 노력을 위해 중요할 수도 있는 모든 상세한 내용에까지 확대되어야 한다고 주장하지 않으면서, 훗날의 날들과 같았음을 아는 것에 만족한다.[3]

---

3 창 1장을 해석하면서 자기들이 24시간-하루 이론을 지지한다고 말하면서도 자신들의 해석과 주류 과학을 어떻게 조화시킬지에 대해서는 논하지 않을 것이라고 말하는 학자들은 어떠한가? 그들 중 어떤 이들은 단순한-확언 관점을 유지할 수도 있다. 하지만 그들 중 많은 이들은 24시간으로 이루어진 혹은 평범한 날들, 정상적인 날들 혹은 문자적 날들에 대해 말한다. 그들이 의미하는 것은 무엇일까? 종종 그것은 아주 분명하지는 않다. 이런 이들 중 많은 이들은 시간이나 날들의 길이를 측정하는 방법을 명시하지 않은 채 24시간-하루 이론을 옹호하려고 한다. 그리고 우리가 보았듯이 그런 명시의 결여는 그들의 작업을 모호하게 만든다. 자기들의 관점이 유비적-날이나 날-세대적 관점과 다르다는 그들의 주장에도 불구하고, 그 동안 그들은 우리에게 이론이 아니라 모호함만 제공해왔다. 다른 한편으로, 그들이 우리에게 창 1장에서 나타나는 24시간-하루, 평범한 하루 혹은 정상적인 하루의 길이를 측정하는 방법에 대해 말한다면, 그들은 그런 약속을 통해 시간 측정의 문제와 씨름하기 시작할 것이고, 조만간 현재의 섭리적 질서를 그리고 섭리적 질서와 창 1장의 여섯 날 사이의 차이의 가능성을 다루는 것을 피할 수 없을 것이다.
   차이를 드러내는 가장 단순한 방법은 창 1장의 각 날이 빛과 어둠의 단일한 순환임을 명시하는 것이다. 그것은 우리에게 기술적 장치로 측정된 순환들의 길이를 말해주지는 않을 것이나, 먼 과거에 대한 주류 과학의 서술과의 그 어떤 단순한 조화도 허락하지 않을 것이다.

24시간-하루 이론을 위한 교훈들

마지막으로, 24시간-하루 이론을 위한 교훈들이 있을 수 있다. 이 이론은 무엇인가? 그것은 하나 이상의 형태를 지닌다. 지난 세기에 가장 잘 알려진 형태는 그 이론의 주장들과 주류 과학의 설명들 사이의 명백한 긴장을 다루려 했다. 그러나 그렇게 하는 **방식**에서 그것은 추가적인 가정을 한다.

24시간-하루 이론의 핵심적 주장은 창세기 1장의 날들이 24시간의 길이를 갖고 있다는 것이다. 그렇다면 이것은 무엇을 의미하는가? 그 주장은 24시간을 측정하기 위한 기준을 명기함으로써 더 구체적으로 정의되어야 한다. 한 시간은 적절한 기술적 장치로 측정된 3,600초를 의미하는가? 24시간-하루 이론의 대표자들에게는 한 가지 사소한 문제가 있다. 그들 중 대다수는 자신들이 그 여섯 날의 길이를 어떻게 측정하는가 하는 문제를 직접 다루지 않는다. 그들이 시간을 측정하는 기준을 언급하면서 하루의 길이를 규정하지 않는다면, 그들의 관점은 유비적-날 이론과 분명하게 구별되지 않는다. 그들이 어떤 특별한 측정 방법을 선택하고자 한다면, 그들은 그것이 무엇인지 특정해야 한다.

사람들이 이것을 선택할 경우에 몇 가지 선택지가 있다. 첫째, 24시간-하루 이론의 옹호자들은 자신들이 선택하기를 원하지 않고, 그저 그 여섯 날이 날들이었음을 명시하며, 그것을 그 상태로 남겨두는 쪽을 선택할 수 있다. 그 후에 그들은 위에서 설명했던 단순한-확언 관점을 유지한다.

둘째, 24시간-하루 이론의 옹호자들은 날들의 길이를 위한 특별한 기준을 명기하는 쪽을 택할 수 있다. 그런 기준 중 하나는 빛과 어둠의 순환일 것이다.[4] 그러나 우리가 보았듯이 저녁과 아침은 빛이 점차적으로 사라지고 나타나는 시간을 가리키는 것일 수 있다. 혹은 그것들은 노동일의 끝과 시작을 가리키는 것일 수도 있다. 더 나아가 처음 3일 동안 빛과 어둠의 변동이 있었다면, 그것은 그것을 "지배하는" 태양 없이 일어났을 것이고, 따라서 우리는 그런 변동이 어떤 기술적인 장치들로 측정할 경우 마지막 3일의 그것과 "동일한 길이"를 갖고 있었는지에 대해 알지 못한다.

셋째, 24시간-하루 이론의 옹호자들은 가령 시계와 같은 현대적인 측정 수단을 명기하는 쪽을 택할 수도 있다. 그러나 오늘날에는 수많은 수단이 존재한다. 그렇다면 도대체 다른 수단이 아닌 어느 하나의 수단을 택하도록 자극하는 것은 무엇인가? 그런 선택은 창세기 1장의 본문에만 근거해서 이루어질 수 없다.

넷째, 어느 옹호자는 창세기 1장의 여섯 날의 길이를 어느 하나의 시간 계측 장치에 의해서가 아니라 현재의 모든 리듬이 기본적으로 오늘날처럼 그 여섯 날 동안에도 같았다는 가정을 사용해서 측정할 것을 제안할 수도 있다. 이런 가정은 합리적으로 보일 수 있다. 그것을 좀 더 밀고 나가보자. 그렇게 하면서 우리는 처음 여섯 날과 오늘 우리의 날들 사이의 유사성에 대한 직관적 개념에 대해 분명하게 생각하는 것이 무엇을 의미하는지 알고자 애쓴다.

---

4   예컨대 Josephus, *Jewish Antiquities*, trans. H. St. J. Thackeray (London: Heinemann; Cambridge: Harvard University Press, 1967), 1.28 (1.1.1), 〈http://www.biblestudytools. com/history/flavius-josephus/antiquities-jews/〉; Basil the Great of Caesarea, *Hexaemeron* 2.8, in *A Select Library of Nicene and Post-Nicene Fathers of the Christian Church*, 2nd series, ed. Philip Schaff (Grand Rapids: Eerdmans, 1978), vol. 8, Christian Classics Ethereal Library, 〈http://www.ccel.org/ccel/schaff/npnf208.pdf〉; Ambrose, *Hexaemeron* (Washington, DC: Catholic University of America Press, 1961), 1.10.36-37, 41-43.

그 여섯 날이 정말로 날들이라면, 그것들은 우리의 섭리적 날들과 같아야만 한다. 따라서 적어도 시간 속의 리듬과 관련해서 최대한의 유사성을 요구하는 것은 합리적으로 보일 수 있다.

그러나 우리가 그렇게 확신할 수 있을까? 그 여섯 날 동안 하나님이 행하신 활동의 내용은 특별하다. 그날들은 우리의 날들과 완전히 같지는 않다. 그날들이 모든 리듬이라는 측면에서 우리의 날들과 같다면 편리할 것이다. 그러나 하나님이 그렇게 보증하신 적이 있는가?

우리가 보았듯이 리듬 중 어떤 것들은 처음 며칠 동안은 존재하지 않았다. 시간의 경과에 관한 인간의 심리적 의식의 리듬은 인간이 창조되기 전에는 존재하지 않았다. 식물과 동물의 삶의 다양한 측면의 리듬은 식물과 동물이 존재하기 전에는 존재하지 않았다. 에덴동산은 분명히 하루 만에 나무들을 키워냈다.

어느 옹호자는 여전히 리듬들 안에 존재하는 최대한의 유사성을 유지하려고 할 수 있으나 여러 가지 예외들을 허용한다. 그는 오늘 우리가 보는 모든 리듬이 처음 여섯 날로까지 소급된다는, 또한 그 리듬들이 오늘날 시간을 맞추는 것과 동일한 방식으로 서로 시간을 맞춘다는 원칙에서 시작할 수 있다. 첫 번째 예외는 어떤 리듬들은 하나님이 그런 리듬들과 연관된 것들을 창조하시기 전에는 존재하지 않았다고 인정하는 것이 될 것이다. 또한 그 옹호자는 새로운 리듬을 위한 예외를 허락할 수도 있다. 그는 새로 만들어진 어떤 리듬은 그것이 만들어진 날이 끝날 때까지 나머지 리듬들과 맞지 않을 수도 있다고 말할 수 있다. 그러나 그 이후의 날들에는 새로 만들어지지 않은 모든 리듬이 서로 시간을 맞춘다고, 그것도 그것들이 우리의 환경 안에서 서로 시간을 맞추는 방식과 정확하게 일치하는 방식으로 그렇게 한다고 가정된다.

예컨대 셋째 날에 식물을 창조하는 행위는 기적일 수 있다. 그 창조의 행위 직후에 발생한 이런 식물들의 성장 역시 기적일 수 있으며 식물의 성장을 위한 정상적인 리듬과 다른 무언가를 포함하고 있을 수 있다. 그러나 셋째 날 이후에 식물들은 다른 모든 리듬과 시간적으로 일치하는 리듬을 가졌으며, 이런 리듬은 오늘날까지 서로 들어맞는 상태로 남아 있다. (물론 우리는 에덴동산에서 솟아오르는 나무들을 위한 예외도 만들어야 한다.)

이런 제안에는 세 가지 호소력 있는 측면들이 있다. 첫째, 그것은 하나님이 창조된 세계의 특징들—가령 식물의 왕국, 천체들, 바다의 동물들, 땅의 동물들 혹은 에덴동산—을 정하실 때 특별한 방식으로 행동하실 수 있음을 인정한다. 둘째, 그것은 그 여섯 날과 나중의 섭리적 날들 사이의 연속성의 정도를 최대화함으로써 우리가 그 여섯 날 각각에 이루어진 일에 대한 아주 상세한 그림을 갖고 있다는 확신을 갖게 하는 경향을 보인다. 그것들이 창조된 날 이후 모든 날과 관련해서 식물에 대해 말하는 모든 것은 "정상적이다." 그리고 이것은 빛(첫째 날), 궁창(둘째 날), 마른 땅(셋째 날), 천체들(넷째 날), 새와 바다 동물들(다섯째 날), 그리고 육지 동물들(여섯째 날)에게도 마찬가지다. 셋째, 이런 제안은 우리가 세계의 현재의 상태로부터 과거를 추정하려고 할 때 사용할 수 있는 일련의 상세한 가정들을 제공한다. 과학자는 그 제안이 그가 하나님의 섭리적 질서를 묘사하는 현존하는 과학적 법칙들로 어떤 **종류**의 연속성을 예상할 수 있는지와 관련해서 그에게 분명한 지침을 제공하기 때문에 그 여섯 날에 대해 확신을 갖고 추론할 수 있다. 어느 특정한 법칙이나 규칙성은 질서의 관련 요소가 여섯 날 동안에 처음 만들어진 다음 날 **이후의** 날까지 모든 과거를 추정할 수 있다. 이 제안을 창조의 여섯 날과 관련된 **연속성 가설**(the continuity hypothesis)이라고 부르도록 하자 (그림 12.1을 보라).

그림 12.1: 연속성 가설

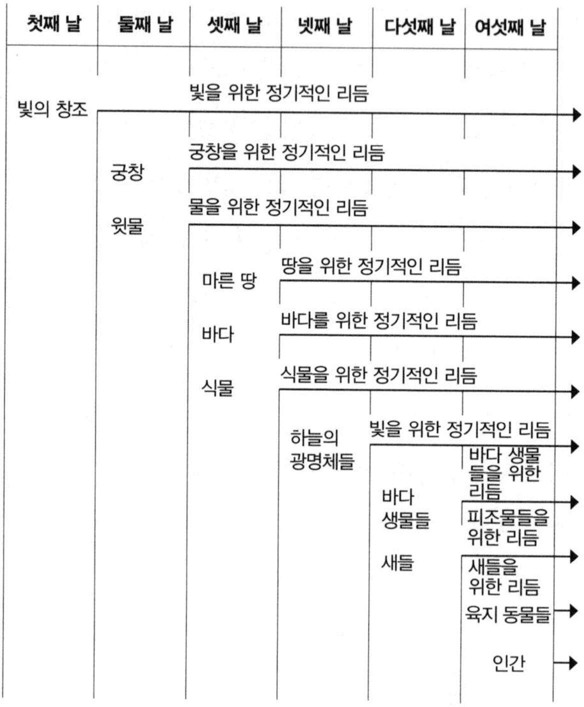

첫째 날	둘째 날	셋째 날	넷째 날	다섯째 날	여섯째 날
빛의 창조		빛을 위한 정기적인 리듬			
	궁창	궁창을 위한 정기적인 리듬			
	윗물	물을 위한 정기적인 리듬			
		마른 땅	땅을 위한 정기적인 리듬		
		바다	바다를 위한 정기적인 리듬		
		식물	식물을 위한 정기적인 리듬		
			하늘의 광명체들	빛을 위한 정기적인 리듬	
				바다 생물들	바다 생물들을 위한 리듬
					피조물들을 위한 리듬
				새들	새들을 위한 리듬
					육지 동물들
					인간

연속성 가설의 난점들

우리는 연속성 가설에 대해 어떻게 생각해야 할까? 그것은 최초의 여섯 날이 **최대한** 우리의 날들과 같았다고 가정하는 것이 그럴듯해 보이기 때문에 확실히 상식적인 호소력을 지닌다. 그러나 우리는 세 가지 난점에 주목할 필요가 있다.

3부 보다 더 큰 전체로서 창세기 1-3장 해석하기

첫째, 24시간-하루 이론가들은 실제로 연속성 가설을 고수하는가? 그들이 그렇게 하고 있는지는 분명하지 않다. 그들 중 어떤 이들은 때때로 자신들이 그것을 고수할 수도 있다고 암시하는 식으로 말하는 것처럼 보인다. 하지만 많은 경우 그들은 명료하게 구체적이지 않다. 그들이 구체적이지 않다면, 그들을 단순한-확언 관점을 고수하는 자들로 분류하는 것이 정당한 것인가? 아마도 아닐 것이다. 왜냐하면 많은 대표자가 대체 이론들을 강력하게 거부하기 때문이다. 24시간-하루 이론가 중 많은 이들이 "평범한 날"이나 "문자적 날" 같은 용어를 사용하는데, 분명히 그것은 자신들의 관점을 다른 몇 가지 주요한 관점과 구별하기 위한 것이다. 그러나 그들이 측정을 위한 기준을 명시할 때까지 그들의 용어들은 그들이 어떤 종류의 측정을 염두에 두고 있는지에 대한 모호성을 해결해주지 않는다.

둘째, 연속성 가설은 결국 하나의 가설이다. 그것은 창세기 1장의 본문에서 나온 하나의 그럴듯한 추론이다. 그러나 창세기 1장은 그것을 분명하게 긍정하지도 부정하지도 않는다. 창세기 1장은 그 여섯 날이 섭리적 질서 안에 있는 우리의 날들과 정확하게 어느 면에서 같고 어느 면에서 다른지를 명시하지 않는다. 따라서 24시간-하루 이론의 이런 형태를 옹호하는 이들은 그 이론이 확실성을 결여하고 있음을 인정하는 것일 수도 있다.[5]

셋째, 연속성 가설은 현대의 과학적 연구와 관련해서 제한적으로 유익한 지침만 제공할 뿐이다. 이 가설의 장점 중 하나는 그것이 적어도 일반적

---

5   연속성 가설에 몰입할 준비가 되어 있지 않은 옹호자들은 자신들이 그 여섯 날과 나중의 날들 사이의 연속성과 불연속성의 요점들이 정확히 무언인지에 대해 아주 확신하지는 못한다는 것을 인정하고 있다. 만약 그렇다면, 그것은 유비적-날 이론이나 성숙한 창조론에 의해 제기된 것과 같은 종류의 연속성과 불연속성을 위한 여지를 남기는가?

인 방식으로 몇 가지 지침을 제공하는 것처럼 보인다는 것이다. 그것은 섭리 가운데 있는 우리에게 익숙한 각각의 규칙성들이 어느 시점부터 효력을 낸다고 주장한다. 그러나 우리가 밖으로 나가 세상을 살필 경우 몇 가지 의문이 생긴다. 특히 우리는 그 연속성 가설을 지금 젊은 지구 창조론자들(young-earth creationists)이 제공하고 있는 과학에 기반을 둔 설명들과 어떻게 조화시킬 것인가?

예컨대 어느 요소들의 방사능 붕괴 속도가 (아마도 지구 안에서 그 요소들이 창조되었을) 첫날 이후 정기적이라면, 그것은 젊은 지구 창조론자들이 옹호하는, 시간적으로 보다 나중에 (노아 홍수 무렵에) 일어난 그 속도의 큰 규모의 변화들과 어떻게 일치하는가? 동물의 재생산을 위한 패턴들이 여섯째 날 이후에 확립되었다면, 그것은 어떻게 노아의 홍수 직후에 매우 빠른 종의 분화가 있었다는 젊은 지구 창조론자들의 주장과 일치하는가? 24시간-하루 이론가들은 연속성 가설을 일관성 있게 고수하지 않는 것처럼 보인다. 그들은 예외들을 도입한다. 그러나 그들이 일관성 가설을 일관성 있게 고수하지 않는다면 그들은 대체 무엇을 고수하는 것일까?

24시간-하루 이론가들은 자신들의 접근법을 자신들이 보기에 최상의 방법으로 정의할 권리를 갖고 있다. 적어도 네 가지의 주된 원리들이 있다. (1) 창세기 1장의 여섯 날 각각은 정확하게 빛과 어둠의 한 번의 순환으로 이루어진다. (2) 그 여섯 날 동안 하나님은 사물들의 새로운 질서를 정하기 위해 예외적이고 기적적인 방식으로 일하셨으나, 그분이 행하신 일의 상세한 내용은 신비로 남아 있을 것 같다. (3) 노아 홍수는 그 범위가 전지구적이었다. 그리고 (4) 노아 홍수는 예외적이고 기적적인 사건이었다. 따라서 그것은 시간 내의 정상적인 리듬의 패턴 중 몇 가지 변화를 포함했을 수 있다. 이 네 가지 원리는 함께 어우러져 24시간-하루 이론가들을 대부분의 다른 이론들의 옹호자들로부터 분리시킨다. 비록 모든 형태의 간헐적인-날(intermittent-day), 성숙한-창조(mature-creation) 혹은 유비적-날(analogical-day) 이론들로부터는 아니지만 말이다. 24시간-하루 이론가들은 그 여섯 날과 나중의 날들 사이에 유사성이 있다고 단언하지만, 그 유사성의 주된 포인트 중 하나가 각 날이 빛과 어둠의 한 차례 순환을 겪는 것에 있다는 원리를 확고하게 고수하려 할 것이다.

24시간-하루 이론은 놀라운 충동에 의해 동기가 부여된다. 그 충동이란 우리가 성경이 그것이 확언하는 모든 것에서 참되다고 믿는다는 것을, 또한 창세기 1장과 관련해서 우리가 그 진리를 이상한 해석학과 타협하지 말아야 한다는 것을 확실하게 하는 것이다. 이 충동은 실제로 하나님께 영광을 돌린다. 하지만 우리는 어떻게 구체적으로 그렇게 하는가? 어떤 24시간-하루 이론가들은 자신들이 "문자적" 해석학을 원한다고 말할지도 모른다.[6] 그들은 창세기 1장의 날들이 "문자적" 날들이라고 말하고 싶어 한다. 그러나 이것 자체는 우리에게 그날들(특히 처음 세 날)의 길이를 측정하기 위한 기준을 정하는 것과 관련해서 무엇이 문자적인 것으로 **간주되는지** 알려주지 않는다. 그 기준은 무엇인가?

또한 "**문자적**"이라는 단어는 우리를 섭리 안에서 우리의 날들과의 **최대한의** 연속성(maximal continuity)을 향해 밀어붙이는 방법을 갖고 있다(15장을 보라). 경향은 여섯 날 중 하루는 오직 그것이 우리의 경험과 일치할 때만

---

6   "문자적"(literal)이라는 단어와 관련된 문제들, 그리고 "분명한"(plain)과 "정상적인"(normal) 같은 대안적 용어들에 대해서는 Vern S. Poythress, *Understanding Dispensationalists*, 2nd ed. (Phillipsburg, NJ: P&R, 1994), 8장을 보라.

참으로 "문자적"인 날일 수 있다고 기대하는 것이다. 그리고 문자성에 대한 이런 종류의 열망은 비록 창세기 1장에 대한 보다 신중한 읽기가 그 장이 최대한의 연속성을 가르치지 않는다는 것을 인정한다고 할지라도 쉽게 우리를 연속성 가설 쪽으로 밀어붙일 수 있다. 최대한의 연속성은 하나의 **가설**이다. "문자적" 같은 표현은 우리가 성경의 가르침에 대한 충성과 최대한의 연속성에 대한 충성—연속성 가설에 대한 충성—을 혼동하도록 만드는 것처럼 보인다.

이런 입장은 여전히 성경이 확증하는 답들을 산출하고자 노력한다. 그러나 그런 갈망은 때때로 상세한 내용에 대한 과도한 확신과 결합될 수 있다. 사람들은 다음과 같이 말하는 편이 나을 것이다. "우리는 성경이 참되다는 것을 믿는다. 그러나 우리는 그것을 주류 과학의 주장들과 어떻게 조화시킬지에 대해 철저히 설명하지는 못한다. 우리는 몇 가지 잠정적인 개념들을 갖고 있으며 그것에 대해 연구하고 있다. 그런 설명의 **일부**는 하나님이 그분 자신의 목적을 위해 우리가 기대하는 것과 다른 방식으로 일하셨다는 것이 될 수 있을 것이다."

또한 우리는 이렇게 덧붙일 수 있다. "그리고 우리가 기대할 수 없는 것 중 하나는 그가 그 여섯 날을 전문적인 관점이 아니라 경험적 관점에서 서술하는 것이다. 그렇게 하면서 그는 하루를 개인적인 일과 휴식의 순환으로 묘사한다."[7]

---

7 우리는 그 여섯 날에 관한 몇 가지 다른 관점들은 다루지 않았다. Poythress, *Redeeming Science*, 8-10장을 보라.

결론

결론적으로 창세기 1장을 현대 과학과 조화시키려는 주된 제안들 대부분은 시간 **측정**의 어려움과 시간에 대한 하나 이상의 관점의 가능성을 충분히 고려하지 않았다. 우리가 이런 난점에 대해 생각할 경우, 우리는 그런 제안들 자체가 창세기 1장에 등장하는 시간에 대한 나름의 견해를 표명했을 때 그것들의 의미가 늘 분명해지는 않음을 알 수 있다. 기계 장치로 구성된 시계에 익숙하지 않은 사람들이 여섯 날 동안 이루어진 창조에 대해 행한 단순한 확언은 그 어떤 상세한 이론들보다도 단순하다. 또한 그것은 덜 구체적이기 때문에 원칙적으로 그런 이론 중 몇 개와 양립할 수 있다.

13장

태도와 기대

창조의 여섯 날 동안 벌어진 사건들을 묘사하려고 할 때, 유감스럽게도 부패한 태도가 우리에게 영향을 줄 수 있다. 어떤 태도를 말하는가? 모든 사람은 악한 성향에 종속되어 있다. 그러나 우리는 다른 개인들에게 부당하게 나쁜 동기를 부여하지 않도록 조심해야 한다. 개인의 동기에 대해서 추측하기보다는 우리 모두에게 제기되는 몇 가지 유혹에 대해 생각해보고, 그것들에 넘어가지 않도록 조심할 필요가 있다.

우리는 앞선 장들에서 그 최초의 여섯 날 동안 발생한 사건들이 훗날의 사건들과 어느 정도나 같은지에 관한 어려운 문제들을 살펴보았다. 이 영역은 우리에게 그 여섯 날과 훗날의 사건들 사이의 유사성을 과대평가하도록, 혹은 과소평가하도록 유혹한다.

현대의 과학적 주장들에 동의하라는 압력

첫 번째 유혹은 창세기 1-2장을 과거에 대한 현대의 과학적 주장들과 조화시키기 위해 그 장들의 주장을 최소화하는 것이다. 창세기 1-2장이 그저 인간의 문서에 불과하다면, 앞에 놓인 길은 수월할 것이다. 조화를 시도하지 마라. 그저 창세기 1-2장이 현대 과학의 주장과 조화를 이루지 못하는 모든 곳에서 그것이 틀렸다고 말하라. 다른 한편으로, 창세기 1-2장이 신적 권위를 지녔다면(그것은 사실이다. 3장을 보라), 신속한 평화를 얻는 가장 쉬운 과정은 주류 과학자들이 긍정하는 것은 무엇이든 긍정하고 창세기 1-2장은 시공간 안에서 발생한 사건들에 대한 과학적 설명과 긴장을 일으킬 수 있는 무언가에 대한 것이 아니라고 재해석하는 것이다. 이런 접근법에 따르면, 창세기 1-2장은 단지 하나님의 섭리적 통치에 관한 진술, 하나의 신학적 확언 혹은 그런 확언에 대한 신화적 표현일 뿐이다. 우리는 이미 그런 과정을 창세기에 대한 건전한 해석에서 벗어난 것으로 거부한 바 있다.

우리가 이런 "쉬운" 해결책들 모두를 거부한다면, 우리는 더 많은 일을 해야 할 필요가 있다. 그 일에는 창세기 1-2장을 하나님의 말씀으로 여기며 신실하게 해석하고, 또한 현대 과학의 주장들을 그것들의 전제, 방법론, 그리고 증거들에 신중하게 주목하면서 해석하는 노력이 포함된다.

세부적인 유사성을 극대화하라는 압력

두 번째 유혹은 창세기 1-2장과 훗날의 섭리 사이의 상세한 유사성을 극

대화하라는 압력으로부터 온다. 이 압력은 다른 곳에서 "진리의 심상 이론"(mental-picture theory of truth)[1]이라고 불리는 것과 함께 나타날 수 있다. 이 이론을 간략하게 살펴보자. 이 이론은 어떤 설명이 참된 것이 되기 위해서는 실제로 일어난 일과 완전하게 일치하는 심상을 독자 안에서 만들어내야 한다고 주장한다. 그러나 이런 개념은 언어를 통한 소통에서 진실성이 의미하는 것을 잘못 해석한다. 어떤 사건에 대한 언어적 설명에는 여러 가지 상세한 내용이 포함되지 않는다. 따라서 그 설명을 듣는 이들이 그 사건이 어떻게 발생했을지 상상할 때 **보다** 상세한 여러 가지 내용을 포함하는 심상을 형성하는 것은 자연스러운 일이다. 이런 추가적인 세부 사항이 반드시 그 사건 자체와 상응하지는 않는다.

창세기 1-2장의 경우에 우리는 상상력을 발휘해서 그 이야기에 대한 설명에 자연스럽게 지금 우리가 하나님의 섭리적 질서 안에서 일반적으로 경험하는 것과 조화를 이루는 세부 사항들을 채워 넣을 수 있다. 그러나 우리의 상상력이 채워 넣는 것은 그 본문이 실제로 말하는 것을 넘어선다. 언어적 진리는 정확하고 모든 것을 포괄하며, 사진을 찍듯 정밀한 심상을 만들어내겠다는 약속이 아니라 발생하지 않는 다양한 대안과 대조되는 발생한 일을 묘사하겠다는 약속과 관련된다. 언어적 설명은 상세한 내용을 빠뜨린다. 창세기 1-2장에서 우리가 세부적인 내용을 우리의 상상력으로 채울 때 우리는 최대의 연속성을 향해 나아간다. 그리고 이런 움직임은 비록 그럴듯하기는 하나 그 본문에 의해 보장되지 않는다.

---

1 Vern S. Poythress, *Inerrancy and the Gospels: A God-Centered Approach to the Challenges of Harmonization* (Wheaton, IL: Crossway, 2012), 7-9장.

현대 과학처럼 인상적이고 설득력 있게 되라는 압력

우리 시대에 과학은 그런 위신을 얻었기 때문에, 성경의 주장을 옹호하고자 하는 이들은 그런 주장이 주류 과학에 의해 규정된 영역 안에서 효과적으로 그리고 설득력 있게 옹호될 수 있기를 바라는 유혹에 빠진다. 종종 주류 과학은 그것의 대중화와 목소리 큰 무신론자들에 의한 조작은 말할 것도 없고, 사람들이 성경의 권위를 공격하고 그것의 진실성을 깎아내리기 위해 이용하는 자원이 되어왔다. 그러니 어느 영웅이 일어나 과학을 사용해 이런 공격들을 결정적으로 물리칠 수 있다면 아주 편리할 것이다. 그런 까닭에 "과학적 증거"를 찾고 비록 얼마간 흠이 있더라도 그런 증거들을 고수하는 것은 유혹적이다. 우리는 하나님과 성경을 옹호하려는 우리의 갈망 때문에 그런 흠들을 간과할 수도 있다.

그러나 그런 움직임은 참으로 하나님께 영광을 돌리지 못한다. 그분은 그런 식의 옹호가 필요하지 않으시다.

우리의 문화적 문제들에 대한 쉽고 빠른 답은 존재하지 않는다. 서구의 엘리트 문화는 성경을 조롱한다. 그런 상황은 금세 바뀌지 않을 수도 있다. 그러나 사도 바울이 복음을 세상의 지혜에 꿰어맞추는 길을 찾지 않는 것에 주목하라. 오히려 그는 하나님의 지혜를 위해 세상의 지혜를 거부한다(고전 1장). 사람들이 그리스도 안에 있는 하나님의 구원의 능력을 알게 된다면, 근본적으로 그것은 성령의 능력 때문이지, 논증과 수사에 뛰어난 인간의 능력 때문이 아니다. 우리는 마음과 정신과 영혼을 다해 하나님을 사랑해야 한다. 물론 우리는 우리의 정신과 그것의 모든 능력을 사용해야 한다. 그러나 그것은 최신의 문화적 경향에 순응하는 것과는 다른 것이다.

우리가 모든 답을 갖고 있지 않고 정통 기독교가 문화적으로 수세에 몰리는 것처럼 보일지라도 두려워하지 말자. 하나님은 성경에 들어 있는 과학과 조화를 이루는 듯 보이는 놀라운 세부적인 내용을 통해 세상에 대해 자신을 입증할 필요가 없으시다. 그분은 하나님이시다. 그분은 아무것도 증명할 필요가 없으시다. 오히려 온 세상이 유죄다. 왜냐하면 세상의 죄인들이 하나님이 자신과 관련해서 자연계를 통해 보여주신 분명한 증거를 억누르고 있기 때문이다(롬 1:18-23). 창조의 증언은 명백하다. 그것은 단지 과학으로부터의 전문화된 통찰로만 이루어지지 않는다. 그리고 만약 우리가 전문화되고 기술적인 증언이 자동적으로 사람들의 마음을 바꾸는 데 더 강력할 것이라고 여긴다면, 우리는 하나님께 맞서는 인간 마음의 사악함에 대해 모르는 셈이다.

특히, 우리가 보았듯이 창세기 1-2장에서 하나님은 평범한 사람들에게 과학 이전의 문화를 포함해서 단순하고 분명한 것에 대해 말씀하신다.

과학의 주장이 엇나가기를 바라는 압력

우리는 현대 과학의 주장들을 너무 빨리 기각하라는 압력을 느낄 수도 있다(그림 13.1을 보라).

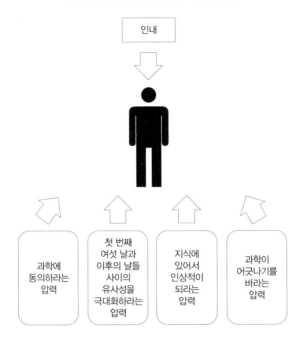

앞서 우리는 과학은 인간의 프로젝트이며 순응을 향한 사회적 영향력에 의해서뿐 아니라 준칙이라는 형태의 인간의 편향에 의해서도 영향을 받는다는 것을 살펴보았다. 우리 시대에 유물론 철학은 다윈주의의 지배와 마찬가지로 다음 두 가지 중요한 원리를 포함하는 것으로 이해되는, 부인할 수 없는 영향력을 갖고 있다. (1) 모든 생명은 **점진적으로** 진화했다. (2) 이 진화는 지적 안내나 계획 없이 일어났다. 따라서 우리는 과학적 주장을 전체적으로 기각하기 위해 이런 영향에 호소하려는 유혹을 받을 수도 있다. 그러나 신속한 기각은 너무 단순하다. 우리는 증거와 논증들을 신중하게 그리고 세밀하게 살펴보아야 한다. 우리는 주류의 주장을 논박하는 소수파의 목소리에 귀를 기울여야 한다. 그러나 또한 우리는 소수파의 목소리를 단지 그

것이 우리가 원하는 결론으로 이어진다는 이유만으로 믿어서도 안 된다. 우리는 과학적 결론에 이르는 복잡한 흐름을 평가하는 일에서 인내심을 발휘해야 한다.

분명히 이것은 중요한 도전이다. 우리가 그 모든 것을 이 한 권의 책으로 해낼 수는 없다. 이미 나는 훨씬 앞에서 독자들에게 주류 과학에 대한 평가를 보다 상세하게 다루는 다른 책들에 대해 언급한 바 있다.

그러나 우리가 아무리 많은 책을 읽을지라도, 우리의 인간적 지식은 부분적인 것일 수밖에 없다. 그뿐만 아니라 우리는 그중 일부에 심각한 흠이 있을 수도 있다는 사실을 받아들여야 한다. 과학적 작업은 현재 진행 중인 작업이다. 우리의 한계들은 우리가 지혜에 한계가 없으신 하나님을 신뢰하는 계기다.

14장

창세기 1장의 날들

이제 창조의 여섯 날에 대해 다시 묻는 일이 남아 있다. 창조의 날들을 이해하는 것과 관련해, 한편으로 하나님의 일과 휴식 사이에는, 그리고 다른 한편으로 인간의 일과 휴식 사이에는 어떤 유비가 존재하는가? 이것은 몇 가지 해석상의 선택지가 존재하는 자주 논의되는 질문이다. 그런 선택지들을 옹호하거나 반대하는 여러 가지 주장들이 있다.[1] 여기서 우리가 그것들을 모두 살필 수는 없다. 우리는 몇 가지 중요한 것들에 집중하고 나머지 상세한 내용은 다른 책들에 맡겨야 한다.[2]

1 　그런 주장들에 대한 소개를 위해서는 Vern S. *Poythress, Redeeming Science: A God-Centered Approach* (Wheaton, IL: Crossway, 2006), 4-10장을 보라.

2 　이 장은 Vern S. Poythress, "Correlations with Providence in Genesis 1," *Westminster Theological Journal* 77, no. 1 (2015): 71-99을 개정한 것이다. 허락을 받아 사용함.

창조의 날들의 길이

첫째, 창세기 2:1-3을 생각해보자. 그것은 하나님의 휴식을 그분의 **창조하시는** 활동으로부터의 휴식으로 규정한다(창 2:3). 그분은 계속해서 섭리를 통해 세상을 다스리신다(시 103:19). 인간의 타락 이후에 그분은 구원을 초래하는 일을 하신다(요 5:17). 그러나 이런 타락 이후의 일 중 어느 것에도 동물과 식물의 새로운 종들을 창조하거나 인간을 두 번째로 창조하는 것은 포함되지 않는다. 그분의 **창조**의 역사는 근본적으로 "끝났으며"(창 2:1) 일시적인 휴식 후에 재개되지 않는다. 그러므로 1-3절에서 언급된 하나님의 휴식은 영원히 계속된다. 그것은 이스라엘 백성이 그들의 안식일에 지키게끔 되어 있는 휴식의 날과 유사하지만 동일하지는 않다. 일곱째 날은 하나님의 휴식 때문에 성별된다(창 2:3). 그 휴식과 날 사이의 견고한 상호관계는 하나님의 휴식의 **날**이 영원히 지속된다는 것을 암시한다.[3]

둘째, 하나님이 에덴동산을 창조하시는 것을 묘사하는 내러티브(창 2:8-9)는 인간이 동산을 만들고 돌보는 일과 유사성을 갖고 있다. 그러나 그 두 종류의 일은 유사하지만 동일하지는 않다. 하나님은 절대적 창조자이시다. 인간은 모방자이며 피조물로서 자신이 누리고 있는 제한된 단계에서 움직일 뿐이다. 현대적인 시계로 측정할 때, 하나님이 동산을 만드시는 기간과 인간이 동산을 만드는 기간이 서로 일치할 필요는 없다. 인간이 나무를 심는다면, 그것들이 자라서 성숙할 때까지 여러 해가 걸릴 것이다. 하나님이 그렇게 하기를 바라신다면, 그분은 순식간에 그 일을 하실 수 있다.

---

3   Poythress, *Redeeming Science*, 133.

셋째, 창세기 1장은 넷째 날이 될 때까지 태양에 대해 언급하지 않는다. 처음 세 날에 대한 이야기(창 1:3-13)를 단순하게 읽어보면 태양의 움직임 같은 분명한 기준이라는 수단으로써 시간의 길이를 수적으로 측정하는 명백한 방법이 드러나지 않는다. 결과적으로 그 본문은 독자들로 하여금 시간을 기계적인 측정 수단이라는 측면보다, 발생한 중요한 사건들 및 그것들과 연관된 인격적 활동이라는 측면에서 생각하도록 유도한다. 기계적인 시계가 발명되기 이전에 세상의 문화들 대부분은 "시계의 시간"(clock time)보다는 "사회적 시간"(social time) 혹은 "상호적 시간"(interactive time)이라는 측면에서 생각했다.[4] 이런 식의 사고는 창세기 1장의 처음 3일뿐 아니라 애초에 창세기 1장이 등장했던 문화에도 잘 들어맞는다.

결론은 하나의 듬성듬성한 설명으로서의 창세기 1장은 우리에게 각각의 개별적인 날을 위한 시계의 시간에 대한 정보를 제공하지 않는다는 것이다. 우리는 일곱째 날이 영원히 계속된다는 것을 안다. 처음 여섯 날은 하나님의 "노동일"로, 즉 그분의 인격적 활동의 시간으로 해석될 수 있을 것이다. 그날들은 인간의 노동일과 유사하다. 그날들은 시계의 시간이라는 측면이 아니라 인격적 활동─상호적 시간─이라는 측면에서 제시된다. 마찬가지로, 일곱째 날은 하나님의 "휴일"이다. 그것은 인간의 휴일인 안식일과 유사하다.

이 상황은 우리가 어떻게 창세기 1장을 시간에 대한 기술-과학적 측정과 조화시킬 것인가 하는 문제를 남겨놓는다. 말하자면, 창세기 1장은 시계의 시간이라는 문제를 남긴다. 우리가 현대의 과학적인 시계에 의해 결정된

---

4   Poythress, *Redeeming Science*, 140-43.

시간 측정을 사용해서, 그리고 기원까지 시간을 되돌려서, 추정하는 방식으로 과학적 탐구를 수행한다고 가정해보자. 창세기 1장에 묘사된 날들은 24시간으로 밝혀질까 아니면 어떤 다른 길이를 지닌 것으로 밝혀질까? 창세기 1장은 그 질문에 대해 답하지 않는다. 왜냐하면 그것은 듬성듬성하기 때문이다. 그것은 똑딱거리는 시계("시계의 시간")가 아니라 인격적인 일의 기간("상호적 시간")을 제시한다.

"저녁이 되고 아침이 되니"라는 후렴구는 어떠한가? C. 존 콜린스(C. John Collins)는 하나님의 섭리적 질서 안에서 저녁과 다음 날 아침 사이의 기간이 인간이 밤의 휴식을 취하는 기간임을 지적한 바 있다.[5]

> 사람은 나와서 일하며
>
> **저녁까지** 수고하는도다(시 104:23).

유비에 의해, 창조 때 하나님의 노동일은 시작의 때와 완성의 때 그리고 그 앞뒤로 휴식의 때를 갖고 있다. 휴식으로부터 활동으로 그리고 다시 휴식으로의 움직임은 하나님의 노동일과 인간의 노동일 사이의 유비를 이룬다.

---

5 C. John Collins, *Genesis 1-4: A Linguistic, Literary, and Theological Commentary* (Phillipsburg, NJ: P&R, 2006), 77.

연대기적 순서의 문제

창세기 1장은 그 여섯 날의 활동들이 전적으로 연대순으로 일어났다고 언급하는가? 혹은 그 순서는 단지 주제에 따른 것이라고 언급하는가? 우리가 앞서 보았듯이 창세기의 후반부는 엄격하게 연대순을 따라 배열되어 있지 않다. 책의 진행에 따라 시간적으로 점진적 발전이 있기는 하지만 얼마간 뒤로 돌아가기도 한다. 더 나아가 창세기 2:4-25에서 나타나는 순서는 주로 **목적**에 초점을 맞추는 내레이션의 순서처럼 보인다. 그 내러티브에서 인간의 창조는 일찍이 언급된다. 그리고 이어서 다른 사건들이 발생해서 하나님이 어떻게 자신이 창조하신 인간을 위해 적합한 환경을 배열하시는지를 보여준다.

그렇다면 창세기 1장은 어떠한가? 창세기 1장에 관한 "틀 가설"(framework hypothesis)은 여섯 날에 걸쳐 이루어진 조직화는 문학적 틀이며 반드시 연대순을 의미하는 것은 아니라고 주장한다.[6] 그 가설을 뒷받침하기 위해 틀 가설은 처음 3일간 하나님이 세상의 주요 지역을 창조하시고 다음 3일 동안에는 그 지역들에 대한 "통치자들" 혹은 거주자들을 창조하신다고 주장한다(표 14.1을 보라).

---

6   Poythress, *Redeeming Science*, 10장과 부록 1.

표 14.1: 세상의 지역들과 거주자들

지역들	거주자들
첫째 날: 빛	넷째 날: 하늘의 광명체들
둘째 날: 하늘	다섯째 날: 하늘의 새들
셋째 날: 마른 땅	여섯째 날: 땅의 동물들

이런 구조적 상응은 실제적인 것으로 보인다. 빛은 첫째 날에 창조된 반면, 빛의 통치자들은 넷째 날에 창조된다. 하늘은 둘째 날에 창조되는 반면, 하늘의 새들은 다섯째 날에 창조된다. 그러나 그 패턴은 균일하지 않다. 다섯째 날에 창조된 바다 생물들은 셋째 날의 바다에 대응한다. 더 나아가 어떤 문학적 구조가 존재한다는 것이 곧 연대기적 구조 **역시** 존재하지 않는다는 것을 보여주지는 않는다. 그 둘은 서로 경쟁할 필요가 없다.

고대에 창세기 1장의 평범한 독자는 상당히 많은 사건에서 자연의 순서를 관찰할 수 있었을 것이다.

1. 각 지역은 그 지역의 거주자들이 창조된 시점 이전에 그곳에 있어야 한다.

2. 그 내러티브는 땅을 아주 이른 시기에 소개한다. 창세기 1:1이 초기의 사건들을 묘사하며 단지 타이틀에 불과한 것이 아니라면(부록 A를 보라), 2절에서 땅은 반드시 연대순으로 창조된 첫 번째 것은 아니다. 그 내러티브가 그렇게 이른 시기에 거기에서 시작되는 것은 그것이 평범한 사람들에게 설명을 제공하려고 하기 때문이다. 그리고 이 설명은 섭리로부터의 유비들을 사용할 것이다. 섭리 안에서 인간은 거기로부터 사물을 관찰하는 한 장소를 가져야 한다. 섭리와 유사한 창조 이야기는 이른 시기에 땅을 제공한

다. 하나의 듬성듬성한 설명으로서 창조 이야기는 땅의 창조 이전에 일어났을 수도 있는 사건들에 대한 세부적인 내용을 빠뜨린다.

3. 다음으로 빛이 나온다. 섭리 안에서 빛은 대부분의 인간 활동을 위해 꼭 필요하다. 마찬가지로, 섭리와 유사한 창조 안에서 빛이 이른 시기에 도입되는 것은 적절하다. 하나의 듬성듬성한 이야기로서 그 이야기는 최초의 빛이 등장하기 전 어둠 속에서 발생했던 사건들에 대한 세부적인 내용들을 건너뛴다.

4. 다음으로 물의 분리가 일어난다. 분리는 (둘째 날에는) 수직적으로, 그리고 (셋째 날에는) 수평적으로 일어난다. 주요한 지역들로 두 차례 분리가 일어난 것은 모두 그 지역들 안에 존재하게 될 질서의 보다 특수한 형태를 위한 중요한 틀을 제공한다. 섭리와의 유사성들 중에는 나일강의 연례적인 범람과 때때로 강력한 폭풍우로 인해 다른 곳에서 발생하는 범람이 포함된다.

논리적으로 어느 것이 먼저일 것이라고 보는가? 윗물과 아랫물 사이의 수직적 분리인가 아니면 바다와 마른 땅 사이의 수평적 분리인가? 어느 면에서 하늘의 물의 존재는 섭리적 질서 안에서 보다 근본적인 기능을 갖고 있다. 왜냐하면 홍수, 비 그리고 건기의 연례적인 순환 내내 그런 물이 존재하는 것은 원칙적으로 가능하기 때문이다. 더 나아가 하늘의 물은 폭풍우가 홍수를 초래할 수 있는 땅에서 범람의 근원으로서 전제된다.

우리는 우리의 정상적인 원리를 따라 창조와 섭리 사이의 유사성을 찾는다. 이 경우에 하늘의 물을 위한 보다 근본적인 섭리적 역할은 그것이 창조 안에서 수행할 수도 있는 유사한 근본적인 역할을 암시한다. 만약 그렇다면 윗물과 아랫물의 수직적 분리는 창조의 질서 안에서 보다 이른 시기에 발생할 것으로 예상될 수 있다. 바다와 마른 땅의 분리는 나중에 올 것이다.

더 나아가 하나님의 섭리적 질서 안에서 하늘과 땅의 분리는 마른 땅과 바다 모두에 대해서도 유효하다. 수직적 분리의 이 넓은 범위는 다시 수직적 분리가 적절하게도 창조의 역사 안에서 보다 이른 시기에 일어났으리라는 것을 암시한다.[7] (물론, 하나님은 다른 순서를 택하실 자유를 갖고 계신다. 하지만 그분이 택하신 순서는 이치에 맞는다.)

5. 식물은 (셋째 날 전반부에서) 땅이 나타난 후에야 (셋째 날 후반부에) 땅 위에 나타난다.

6. 빛은 (둘째 날에) 궁창이 나타난 후에야 (넷째 날에) 궁창에서 나타난다.

7. 피조물들은 (셋째 날에) 바다가 나타난 후에야 (다섯째 날에) 바다에서 나타난다. 피조물들(새들)은 (둘째 날에) 하늘이 나타난 후에야 (다섯째 날에) 하늘에서 나타난다. 동물들은 (셋째 날에) 땅이 나타난 후에야, 그리고 동물들이 먹을 식물들이 나타난 후에야(셋째 날, 창 1:30을 보라) (여섯째 날에) 땅에서 나타난다.

연속적인 날들에 서술된 사건들을 통해 나타나는 진보에 대한 의식은 날들의 순서가 단지 문학적 장치일 뿐이라고 말하는 "순진한"(pure) 틀 접근법(framework approach)에 불리하게 작용한다.[8] 이에 맞서 틀 접근법은 첫째 날에 빛이 등장하는 것과 넷째 날에 하늘의 광명체들이 등장하는 것 사이의 관계를 지적할 수도 있을 것이다. 때때로 이런 두 날에 대한 묘사는 실제

---

7   참조. Edward J. Young, *Studies in Genesis One* (Philadelphia: Presbyterian and Reformed, 1964), 91.
8   "틀 가설"에 관한 상세한 논의를 위해서는 Young, *Studies in Genesis One*, 43-76; Poythress, *Redeeming Science*, 143-47, 341-45; Derek Kidner, *Genesis: An Introduction and Commentary* (Leicester, England: Inter-Varsity; Downers Grove, IL: Inter-Varsity Press, 1967), 54-55을 보라.

로는 동일한 사건을 두 개의 관점으로 묘사하는 것이라는 주장이 제기된다. 그러나 우리가 이 책의 8장에서 행한 읽기는 그런 식의 주장을 약화시킨다. 섭리로부터의 평범한 유비들은 우리가 첫째 날과 넷째 날에 대한 일관적인 해석을 통해 그 두 날이 붕괴되어 하나로 뭉뚱그려지지 않게 할 수 있음을 보여준다. 빛은, 가령 밝은 태양의 원반이 지평선 위로 솟아오르기 전의 새벽빛이나 잔뜩 흐린 날 구름으로부터 나오는 빛처럼, 흐릿한 빛의 형태로 하늘의 빛의 원반 없이도 나타날 수 있다. 빛이 빛을 지닌 **물체**로부터 **나와야만** 한다는 가정은 현대의 과학적 지식으로부터 오는 것이지, 섭리에 대한 평범한 관찰로부터 오는 것이 아니다. 그런 가정은 창세기 1장의 첫째 날과 넷째 날에 대한 지각 있는 읽기를 방해한다.

창세기 1장의 읽기를 방해하는 또 다른 가정은 현대의 독자들이 "큰 광명체"가 태양이고 "작은 광명체"가 달이라고 여기는 것에서 나오는데, 거기에서 **태양**과 **달**이라는 용어들은 오늘 우리의 과학적 개념들을 따라 태양과 달을 의미한다. 창세기 1:14-16의 언어는 늘 그렇듯이 현상적이다. 그 현상은 그것들이 오늘날 가진 것과 본질적으로 동일한 외형을 지니고 하늘에 실제로 **나타날** 때까지는 존재하지 않으며 하나님에 의해 "만들어지지" 않는다. 물론 신학적 문서인 창세기 1장은 하나님께서 그것이 무엇이든 외관 뒤에 있는 알려지지 않고 보이지 않는 "것들"을 모두 창조하셨음을 암시한다. 그러나 초점은 하나님이 외관을 만드시는 것에 맞춰진다. 달리 생각하는 것은 과학적 형이상학이라는 신화에 부분적으로 희생되는 것과 성경의 언어를 그것의 "비가정적"(nonpostulational) 특성을 해치면서 다루는 것을 포함할 수 있다.

그러므로 창세기 1장에는 진보와 연대순에 대한 의식이 포함되어 있다. 각 날을 위해 연속적인 숫자를 사용하는 것이 이런 순서를 확인해준다. 하지만 그것은 창세기 1장이 하나의 듬성듬성한 설명으로 주요한 요점들에 충실하고 주제의 단순화를 위해 한 종류의 창조물들을 한데 묶을 수 없음을 의미하지는 않는다.

보다 앞선 작업들에 의존하면서 브루스 월키(Bruce Waltke)는 히브리어 본문에서 나타나는 날들에 해당하는 특별한 표현법을 지적한다. 보다 문자적인 번역은 "첫째 날"(one day), "둘째 날"(a second day), "셋째 날"(a third day), "넷째 날"(a fourth day), "다섯째 날"(a fifth day) 그리고 "여섯째 날"(the sixth day)이 될 것이다. 마지막에 정관사가 붙는다. 월키와 다른 이들은 이 용어가 순서를 얼버무리는 효과를 낳는다고 주장한다.[9] 여기서 증거는 미묘하며, 그것의 의미를 평가하는 것은 얼마간 미묘한 문제다. 이런 변화의 의미에 관한 불확실성을 감안할 때 우리는 그것에 너무 많은 의미를 부여하지 않도록 조심해야 한다. 그리고 비록 이런 세부 사항이 이론적으로는 순서를 얼버무리는 것을 **허용할지라도**, 그것은 그런 얼버무림을 적극적으로 지적

---

9   Bruce K. Waltke, with Cathi J. Fredricks, *Genesis: A Commentary* (Grand Rapids, MI: Zondervan, 2001), 62는 D. A. Sterchi, "Does Genesis 1 Provide a Chronological Sequence?" *Journal of the Evangelical Theological Society* 39 (1996): 529-36; and M. Throntveit, "Are the Events in the Genesis Account Set Forth in Chronological Order? No," in *The Genesis Debate*, ed. R. F. Youngblood (Nashville, TN: Thomas Nelson, 1986), 53을 인용한다. 이 중 마지막 자료는 보다 최신판으로 나와 있다. Mark A. Throntveit, "Are the Events in the Genesis Creation Account Set Forth in Chronological Order? No," in *The Genesis Debate: Persistent Questions about Creation and the Flood*, ed. Ronald Youngblood (repr., Grand Rapids, MI: Baker, 1990), 36-55. 『창세기 격론』(IVP 역간). 또한 Throntveit는 첫째 날부터 다섯째 날까지 정관사가 없는 것에 대해 논한다. "Are the Events in the Genesis Creation Account Set Forth in Chronological Order? No," 50-1. 덧붙여서, Sterchi의 논문은 R. Youngblood, *The Book of Genesis*(Grand Rapids, MI: Baker, 1991), 26을 인용한다.

하지는 않는다.[10]

그러므로 기본적으로 사건들이 순서대로 일어났다고 생각하기 위한 근거가 존재한다. 하지만 그런 설명은 철저하다기보다는 높은 개연성이 있을 뿐이다. 따라서 비록 어떤 종류의 식물들의 창조는 아주 오랜 시간에 걸쳐 이루어졌을지도 모르나, 모든 종류의 식물들은 그것들 모두가 하나의 포괄적인 표제 아래 포함될 수 있기 위해서 셋째 날의 창조 활동에 포함될 수 있었다.

데릭 키드너(Derek Kidner)는 날들을 문학적 고안으로 여기는 접근법에 대해 고찰한 후 창세기 1장의 메시지에 대한 자신의 견해를 다음과 같이 요약한다.

그러나 나에게 그날들의 행진은 정해진 순서를 의미하기에는 너무나 장엄한 전진이다. 또한 그 구절이 평범한 독자에게 끼치는 주요한 인상 중 하나를 무시하는 견해를 택하는 것은 지나치게 예민하게 보인다. 그것은 단지 진술에 불과한 것이 아니라 모든 이야기가 그러하듯이 하나의 이야기다. 그것은 관점, 포함시킬 자료, 그리고 말을 하는 방법에 대한 선택을 요구했다. 이것들 각각에서 주된 관심사는 단순성이었다. 그 언어는 사물을 그것들의 외양으로 묘사하는 일상의 언어다. 이야기의 개요는 담대하며, 마음을 산란하게 하는 예외들과 제한들을 지니고 있지 않으며, 또한 자유롭게 서로에게 속해 있는 것들을 하나로 묶고(그로 인해 예컨대 나무들은 초목으로 분류되기 위해 그것들의 연대기적 지위를 예상한다), 시간-순서와 주제-물질의 요구가 표현을 통제하고 모든 것

---

10   Sterchi, "Does Genesis 1 Provide a Chronological Sequence?" 533, 536가 시인한 것처럼.

이 창조주와 그분이 우리를 위해 준비하고 계신 장소를 드러내는 웅장한 계획을 이룬다.

창세기 1장이 창조가 이 세상에 영향을 주었을 때 그것의 일반적인 순서를 밝히기 위함이라는 관점은 그 글쓰기가 가진 명백한 특성에 기초를 두고 있다. 그러나 어떤 이는 그렇게 생각할 수 있을 것이다. 그 특성이 이런 순서와 현재 과학이 함의하는 순서 사이에서 발견될 수 있는 서로 상응하는 정도에 의해 강화된다고 말이다. 이것은 자주 지적되어 오기는 했는데, 늘 성경의 사실적 정확성을 중시하는 사람들에 의해서 그런 것은 아니다.[11]

키드너는 그 설명이 우리에게 단지 주제의 목록이 아니라 내러티브의 진행에 대해 알려준다는 것을 옳게 지적한다. 그러나 그것은 "웅장한 계획"을 강조하기 위해 듬성듬성하다.

과학적 설명과의 상호관계 만들기

우리가 해석할 때 과학적 형이상학이라는 신화에 의해 희생되지 않으려면, 우리는 먼저 창세기 1장을 현대의 과학적 지식과 독립된 방식으로 해석해야 한다. 우리가 이 신화의 희생양이 된다면, 우리는 과학에 의해 영향을 받은 앞선 기대로 인해 인위적으로 잘못된 해석을 가져오는 접근법에 도달하

---

11   Kidner, *Genesis*, 55.

게 될 수도 있다.[12]

그러나 그 후에 우리는 다른 종류의 질문을 제기할 수도 있다. 우리는 창세기 1장에 대한 합리적인 해석이 어떻게 현대의 과학적 설명과 함께 갈 수 있는지 혹은 함께 가는 데 실패하는지에 대해 물을 수 있다. 그런 질문에 접근할 때, 우리는 우리가 더는 창세기 1장의 본문을 그것 자체의 방식으로 해석하고 있지 않음을 인정해야 한다. 그때 우리는 더는 창세기 1장의 주된 목적에, 즉 고대 이스라엘 사람들과 모든 문화의 사람들을 가르친다는 목적에 초점을 맞추지 않는다. 그때 오히려 우리는 그것과 현대의 과학적 설명과의 관계에 대해 묻고 있는 셈이다. 그렇게 할 때 우리는 어떤 하나의 관점을 사용하는데, 그것은 오류와 책임을 갖고 있다. 앞서 살펴본 바와 같이, 과거에 대한 과학적 주장과 상호작용할 때 우리는 그런 주장들이 물리적 법칙들의 연속성에 대한 가정들에 의존한다는 것을 인정해야 한다. 그런 가정들은 사실일 수도 있고 사실이 아닐 수도 있다.

그런 관계들을 살필 때, 우리는 창세기 1장과 과학의 상호관계를 발견할 수도 있다("일치주의[concordisms]"). 그런 상호관계를 발견하더라도, 우리는 창세기 1장 자체가 직접 그리고 분명하게 우리가 상호관계에서 발견하는 모든 것을 "의미한다"고 말하는 것이 아니다. 단지 우리는 창세기 1장을 사람들이 우리 시대에 발견한 다른 것들과의 관계 안에서 이해하고자 할 뿐이다. 우리는 이 모든 것에서 과학의 잠정적인 성격과 오류 가능성뿐 아니

---

12 "비록 우리가 그 본문에 접근할 때 우리의 마음에 가장 먼저 떠오르는 것이 역사적이고 과학적인 질문들일지 모르나, 과연 그런 문제들이 저자의 마음에 있었는지는 의심스러우며, 따라서 우리는 저자가 관심을 두지 않았던 문제들에 대한 답을 찾는 것에 조심해야 한다." Gordon J. Wenham, *Genesis 1-15*, Word Biblical Commentary 1 (Waco, TX: Word, 1987), l.iii.

라 창세기 1장에 대한 우리의 해석의 오류 가능성을 이해해야 한다. 다른 한편으로, 하나님이 우리에게 성경을 통해 자신이 자연을 만드신 분일 뿐 아니라 성경의 저자이심을 알려주시기 때문에 우리가 그 두 가지가 그분의 포괄적인 계획 안에서 어떻게 서로 어울릴 수 있는지를 살펴보는 것은 적법한 일이다. 이 모든 자격 조건을 인정할 경우, 일단 우리가 그것들 각각이 나름의 방식으로 자신의 이야기를 하도록 허락한다면 주류 과학의 설명과 창세기 1장 사이에 잠정적인 상호관계를 형성하는 것은 그렇게 어려운 일이 아니다. 여기에 조합을 시도하는 하나의 시나리오가 있다.

지구의 창조 때까지의 우주의 역사에 대한 전체적인 과학적 설명은 창세기 1:1에 상응한다. 첫째 날의 빛은 태양이 중력 수축(gravitational contraction, 별의 내부 압력에 의한 힘이 중력보다 약할 때 중력에 의하여 수축하는 현상—역주)을 통한 열기 때문에 빛을 내기 시작하는 때에 해당한다. 혹은 보다 가능성 있게, 그것은 그 행성이 불투명한 대기에 덮여 있고 행성들 사이의 파편들에 휩싸여 있던 시기 이후 새로운 지구의 표면에 최초로 빛이 투과되는 것에 해당될 수 있다.[13] (주류 과학으로부터 나오는 표준적인 그림은 태양계 안에 존재하는 현재의 행성들이 그 자체가 성간 먼지[interstellar dust] 구름으로부터 응축된 태양의 일반적인 환경의 일부였던 먼지 및 보다 작은 조각들로부터 점차적으로 응축되었다는 것이다.)

둘째 날에 일어난 분리는 구름이 일어나고 비가 내리는 것과 관련된 기후 사이클의 최초의 확립에 해당한다. 셋째 날은 보다 이른 형태의 대륙들과 생명의 기원들에 해당한다. 넷째 날은 대기의 산소화(산소화는 식물의 생명

---

13   나는 Hugh Ross 덕분에 이런 통찰을 얻었다.

을 전제한다)와 청소에 해당하고, 그로 인해 천체들이 지구에서 보이며 지금 그것들이 가진 외양을 취한다. 다섯째 날은 보다 큰 바다 생물들(물고기)의 기원에 해당하며, 여섯째 날은 육지 동물들과 인류의 기원에 해당한다. 이런 사건들은 창세기 1장에서 그리고 먼 과거에 관한 현재의 과학적 연대기에서 동일한 순서로 나타난다(표 14.2를 보라).

표 14.2: 창세기 1장의 날들과 과학적 설명

날들	창세기 1장에서의 현상들	과학적 사건들
첫째 날	빛	빛이 파편들에 의해 막혀 있던 기간 후 지구의 표면에 도달한다
둘째 날	대기권의 물	물의 순환의 시작
셋째 날	마른 땅 식물	최초의 대륙들 최초의 식물들
넷째 날	하늘의 광명체들	대기가 산소화되고 투명해짐에 따라 태양, 달 그리고 별들이 현재의 모양을 띄다
다섯째 날	물고기, 새들	물고기와 새들이 나타나다(화석 기록)
여섯째 날	땅의 큰 동물들 사람	커다란 포유류들이 나타나다 사람이 나타나다

(과학 칼럼에 나오는 화석의 생성 과정에 상응하는 순서를 갖고서도 여전히 서로 다른 식물과 동물들을 창조하셨던 하나님의 특별한 행위를 믿는 것이 가능하다는 것에 주목하라. 이런 개념은 대진화를 지지하지 않는 오래된 지구 창조론자들에 의해 제시된다.)

물론 현대 과학은 잠정적이고 수정의 대상이 된다. 그러나 과학과의 함축적인 상호관계는 창세기 1장과 고대 신화들 사이의 유사성에 근거한 현대의 치명적인 공격이 지닌 문제적 성격을 보여준다. 예컨대 비평가들은 창세기 1:2에 나타나는 물에 대한 언급은 창세기가 원시적 혼돈의 물로부터 나오는 질서를 묘사하는 고대 근동의 신화적 자료를 차용하고 있음을 보여준다고 주장할 수도 있다.[14] 현대인들이 보기에 그런 묘사는 현대의 과학적 설명에 대한 거짓된 원시적 대체물에 불과하다. 그러나 혼돈으로부터 나오는 질서의 패턴은 실제로 이집트의 농업 주기를 시작하는 나일강의 연례적인 범람과 더불어 나타난다. 이런 일련의 사건들은 섭리이지 신화가 아니다. (그러나 고대 근동의 신화들은 섭리로부터 그런 관찰을 취한 후 그것들을 "신화화해서" 다신교적 설명을 만들어낼 수 있었다.)[15] 하나님의 유사한 역사가 지구의 창조에서 나타났다. 현재의 과학에 따르면, 지구는 그것이 태양의 응축하는 몸체를 둘러싸고 있는 파편들의 원반으로부터 응축되었을 때 황량하고 형태가 없는 상태에 있었다.

신화와의 유사성이 창세기 1:2을 참되지 않은 것으로 만들지 않는다. 2절이 진실을 드러낼 가능성에 직면해 회의주의자는 그것은 우발적으로만 참되다고 답할 수도 있다. 그러나 그런 답은 그가 2절은 단지 땅의 실제적 기원에 대해 알 수 없었던 사람의 산물이라고 여긴다는 것을 보여준다. 다른 한편으로, 2절이 인간의 담화일뿐 아니라 하나님의 담화라면, 하나님은 자신의 서술에서 나일강의 범람과 자신의 창조 역사 사이의 유비처럼 자신이 섭리적으로 제공하신 유비들을 자유롭게 사용하실 수 있다.

---

14 가령, Vincent Arieh Tobin, "Myths: Creation Myths," in *The Oxford Encyclopedia of Ancient Egypt*, ed. Donald B. Redford (New York: Oxford University Press, 2001), 2.469.

15 Tobin, "Myths: Creation Myths," 2.464(또한 8장의 각주 23을 보라); Richard J. Clifford, *Creation Accounts in the Ancient Near East and in the Bible* (Washington, DC: Catholic Biblical Association of America, 1994), 102, 103, 105, 129.

유비들의 의미

다른 예를 살펴보자. 하나님의 섭리적 질서 안에서 마른 땅은 심각한 폭풍우나 홍수 후에 나타난다. 창조에서 대륙들은 물이 땅을 덮고 있던 보다 앞선 기간 후에 나타났다. 하나님은 평범한 사람들이 그분의 창조의 역사를 이해하도록 하시기 위해 범람이라는 섭리적 사건들을 유비로 사용하신다.

현대인, 곧 과학적으로 교육을 받은 사람은 그런 것에 깊은 인상을 받지 않을 수도 있다. 그는 대륙의 건설은 지구의 맨틀과 지각의 복잡한 지구물리학적 과정에 의존하는 반면, 범람은 물의 움직임에 의존한다고 지적할 수도 있다. 그 두 가지는 물리학적으로 아주 다르다. 그는 다음과 같이 말한다. "따라서 그 유비는 피상적이다."

우리가 그 유비를 어떻게 보느냐는 "피상적인" 것과 "기본적이고 실제적인" 것을 어떻게 평가하느냐에 달려 있다. 과학적 형이상학은 지구물리학적 과정에 의한 물리적 원인과 물의 이동이 기본적인 것이라고 말한다. 대조적으로, 눈에 보이는 외관은 "피상적이다." 그러나 하나님은 다른 종류의 구조를 정하신 것만큼이나 이런 종류의 구조도 정하셨다. 하나님은 우리가 알아내는 모든 물리 법칙뿐 아니라 나중에 발견하는 모든 유비를 미리 계획하셨다.

더 나아가 보다 문학적이고 시적인 유비들의 세계를 포함한 외형들의 세계가 어느 면에서는 인간의 삶과 인간의 의미에 대한 개인적 관심과 더 가깝다. 우리는 지극히 개인적인 의미와 관련해서 질서를 뒤집고 대륙과 물러가는 홍수 사이의 유비가 중요한 반면에 물리적 인과 관계에 대한 세부 사항은 피상적이라고 말할 수도 있을 것이다. 전자의 유비는 실존적 관심의 단계에서 인간의 본성에 영향을 준다. 왜냐하면 인간은 홍수나 지구를 뒤덮고 있는 수면처럼 물이 많은 환경에서는 살 수 없기 때문이다. 또한 물에 대한 설명에는 혼돈과 질서 사이의 구분 그리고 전자에서 후자로의 변화와 관련된 상징적 차원들이 포함되어 있다. 하나님의 통제 아래에서 지구는 물로 가득 찬 형체가 없는 상황으로부터 바다와 마른 땅으로 구분된 지역들로 변화한다. 마른 땅은 식물과 동물의 삶을 유지하고 인간의 삶에 유용할 수 있다.

하나님은 자신의 주권적 계획을 통해 우리가 지구물리학에서 보는 물리적 규칙성의 구조뿐 아니라 시적 유비들을 포함하는 유비들의 구조를 정하셨다. 그런 유비들 중에는 대륙을 만드는 것과 홍수로부터의 회복 사이의 유비가 포함되어 있다. 두 과정 모두 넓게 퍼진 물로부터 묶인 (분리된) 물로의, 형체가 없는 것으로부터 형체로의, 그리고 인간에게 적대적인 상황으로부터 우호적인 상황으로의 이동을 포함하고 있다. 하나님은 이런저런 유비들을 통해 창조와 섭리를 연결하셨다. 그리고 그런 연결 중 일부는 인간이 삶을 이해하는 데 아주 중요한 의미를 지닌다. 과학적으로 틀이 지워진 사람은 그런 생각을 일축할 수도 있다. 그러나 그 문제는 그의 것이다. 하나님은 창세기 1:9에 실려 있는 설명의 명백한 단순성과 "순진성"을 통해 "지혜 있는 자들로 하여금 자기 꾀에 빠지게 하신다"(고전 3:19b).

15장

사실성과 문자주의

이제 우리는 창세기 1-3장과 관련된 마지막 두 개의 쟁점에 초점을 맞출 수 있다. 그 쟁점들은 사실성과 문자주의다.[1]

예외적인 것과 정상적인 것

이 책의 8-10장은 창세기 1-3장이 하나님의 창조 행위와 훗날의 섭리 행위 사이에서 나타나는 여러 가지 유비를 사용하고 있음을 보여주었다. 하지만 우리는 창세기 1-3장에서 보다 특이한 것으로 두드러지는 몇 가지 세부 사항도 보았다. 특히 절대적인 태초(창 1:1), 인간의 창조(창 2:7), 두 그루의 나무(창 2:9)와 여자(창 2:21-22), 말하는 뱀(창 3:1, 4-5), 그리고 그룹(창

---

1   이 장의 내용은 Vern S. Poythress, "Correlations with Providence in Genesis 2," *Westminster Theological Journal* 78, no. 1 (2016): 29-48을 개정한 것이다. 허락을 받아 사용함.

3:24) 등이 예외적인 것으로서 두드러진다(이 책의 10장 끝부분을 보라). 이런 사건들에 대한 묘사는 특별한 주목을 요구하는데, 그것은 그것들이 그 주변의 구절들과 다르기 때문이다.

섭리의 사건들은 오늘날의 시공간 안에서 일어나기 때문에, 창세기의 처음 장들에서 나타나는 섭리와의 여러 유사성은 창세기 1:1-3:24이 우리에게 시공간 안에서 벌어진 실제 사건들을 제공한다고 확증해준다. 다시 말해 창세기 1-3장은 우리에게 비허구적인 사실적 설명을 제공한다. 여러 유비의 누적된 힘은 그런 확증을 증진시킨다. 우리가 창세기 1-3장이 전하는 원래 사건들의 실제성을 부정하고자 한다면, 우리는 보다 철저하게 현재적 섭리의 실제성을 부정하는 편이 나을 것이다. 이런 부정은 현대의 유물론이 사실상 하고 있는 일이다.

현대의 의제들, 현대의 신화들 및 유물론적 세계관으로부터의 압력이 사람들이 창세기의 처음 세 장을 해석하는 방식에 영향을 끼치고 있다는 의혹이 제기되고 있다. 이런 경향에 맞서서 하나님의 섭리에 대한 확고한 믿음뿐 아니라 그리스도 안에서 완성된 초자연적 구원에 대한 확고한 믿음이 우리가 우리의 생각에서 세상에 대한 거룩한 관점을 회복하도록 돕는다. 우리는 그런 관점에서 세상에 대한 하나님의 강고한 개입과 초자연적인 것의 현실성을 믿는다. 궁극적으로, 우리의 믿음은 그 기초를 하나님의 성품에서 발견한다. 창세기 1장뿐 아니라 성경의 나머지 역시 우리에게 그분이 창조와 섭리를 주관하고 계신다고 말해준다. 하나님의 참된 본성에 대한 견고한 확신은 창세기 1-3장에 대한 건전한 해석으로 이어진다.

논픽션 내러티브 vs 우화와 전설

또한 우리는 보다 일반적으로 "우화"와 시공간 안에서 일어난 사건에 대한 것이라고 주장되는 창세기 1-3장 같은 내러티브의 차이에 대해 생각해볼 수 있다(6장을 보라). 사사기 9:8-15에서 요담은 말하는 나무들에 관한 우화를 전한다. 우리는 그 본문에 나타나는 여러 가지 보강 정보를 통해 그것이 우화임을 안다. (1) 9:16-20에서 요담은 자신의 우화가 아비멜렉과 세겜의 거주자들을 가리킨다고 해석한다. (2) 그 우화는 사사기 내에서 분명한 문학적 경계를 지니고 있으며, 그 시작과 끝에서 주제가 급격하게 바뀐다. (3) 사사기 9장의 보다 큰 관심은 아비멜렉과 그의 야심에 대한 것이지, 나무들과는 아무런 직접적인 관련이 없다. (4) 우화가 주변의 문맥과 관련을 맺는 것은 오직 그것이 알레고리적 의미를 지니고 있다고 인식될 때뿐이다. 우리는 예수의 비유 중 많은 것들에 대해서도 유사한 관찰을 할 수 있다.

요담의 우화와 예수의 비유들은 모두 우리에게 두 개의 구별되는 행위의 단계들을 제공함으로써 그것들의 의미를 제시한다. 한 단계는 그 이야기 안에서의 행위와 연관되어 있다. 그리고 다른 단계는 그 이야기 밖에서의 행위, 즉 그 이야기가 의도적으로 지적하는 것과 연관되어 있다. 요담의 우화의 경우, 그 이야기 안에서 나무들의 행위는 그 이야기 밖에 있는 개인들과 집단들의 행위에 상응한다.

두 단계의 허구적 이야기를 포함하는 이런 경우들은 발람이 발락을 방문하는 것에 대한 한 단계의 역사적 내러티브에 잘 들어맞는 발람의 나귀에 대한 이야기나 혹은 창세기 3:1에서 시작되는 뱀에 대한 이야기-그것은

1-24절에 나오는 타락 이야기에 잘 들어맞는다—와 대조된다. 그리고 우리가 아담과 하와가 허구적 인물이라고 생각하려는 유혹에 빠진다면, 우리는 그들이 어떻게 아담으로부터 아브라함으로 그리고 그 이후까지 계속되는 한 단계의 계보의 역사에 잘 들어맞는지 살펴보아야 한다. 이 역사는 창세기에서 예언된(창 12:2; 13:16; 15:5 등) 후손들의 나라, 즉 출애굽기 1:7에서 아주 많은 수의 형태에 이른 나라로 이어진다.

학자들은 창세기 3장이 우화적 혹은 신화적 고안이라는 개념을 거부하면서도 여전히 창세기의 자료를 "전설"(legend)로 분류함으로써 그것을 깎아내릴 수도 있다. 그러나 그런 판단은 우리의 정경 안에 들어 있는 대로 그 본문의 문학적 형태 안에서는 아무런 실제적 근거를 갖지 못한다. 그 본문은 그것 자체를 훗날의 역사와 연결시키는데, 그 내러티브와 실제 사건들의 관계에 대해 아무런 머뭇거림도 없이 그렇게 한다. 창세기에 대한 후대의 유대교와 신약성경의 언급들은 창세기가 논픽션이라고 확언한다. 그것들은 실제 사건들에 대한 언급이 현대의 오독이 아님을 보여준다. 창세기의 문학적 내용 중에는 그것을 한정하는 것이 아무것도 없다. 즉 "우리의 조상들이 우리에게 ~라고 말했다", "사람들이 ~라고 말한다", "우리의 전통이 ~라고 말한다" 같은 표현들이 나오지 않는다. 따라서 어느 학자가 "전설"이라는 명칭(혹은 그와 비슷한 명칭)을 사용할 때, 그 명칭의 사용은 창세기의 문학적 장르에 대한 에믹적 평가에 근거한 것이 아니다(6장을 보라). 오히려 그것은 그 산물의 신적 권위에 대한 광범위한 역사적 회의주의 혹은 거부에 근거한 것이다.

핵심은 신적 권위라는 문제다. 그것이 없다면, 창세기는 회의적인 학자들이 오랜 축적 과정의 종점이라고 상상하는 책으로 축소된다. 그런 축적은 특별한 신적 감독 없이 거듭 다시 말해지고 다시 쓰임으로써 발생했다고 알려져 있고, 따라서 혼합된 가치를 지닌 것으로 보인다. 그러나 그런 회의주의적인 관점은 그 본문에 부과된 그 무엇일 뿐, 창세기가 실제로 주장하는 것과 상충한다.

우리는 창세기 1-3장이 그것의 장르를 따라서 오래전에 시공간 안에서 발생한 실제 사건들을 묘사한다고 결론지을 수 있다. 그것의 신적 영감이 묘사한다고 주장하는 것은 사건이 실제로 발생하는 데 성공하고 있는 바로 그것임을 보증한다. 즉 그것은 실제 사건을 묘사한다. 실제 사건을 가리키는 것으로서의 창세기 1-3장에 대한 이와 같은 이해는 때때로 **문자적** 해석으로 묘사되는 반면, 그 본문을 우화나 알레고리 혹은 신화로 다루는 해석은 **비유적** 해석이라고 묘사된다. 그러나 우리는 과연 이런 명칭들이 실재를 조명하고 있는지 살펴볼 필요가 있다.

문자적 vs 비유적

"문자적"과 "비유적"이라는 용어들은 다양한 방식으로 사용될 수 있다.[2] 어떤 문맥에서 그 두 용어는 서로 반대되는 방식으로 사용된다. 어느 단어를 문자적으로 사용하는 것은 그 단어를 그것의 주된 사전적 의미에 가깝게 사용하는 것이다. 비유적 언어는 문자적이지 않고, 문자적 언어는 비유적이지

2　Vern S. Poythress, *Understanding Dispensationalists*, 2nd ed. (Phillipsburg, NJ: P&R, 1994), 8장을 보라.

않다. 예컨대 어느 집의 문에 대해 말할 때 우리는 **문**(door)이라는 단어를 문자적으로 사용한다. 그러나 우리가 "예술에 대한 이해에 이르는 문"(door to understanding art)이라고 말할 때 우리는 **문**이라는 단어를 비유적으로 사용한다.

그러나 "문자적"이라는 용어의 몇 가지 다른 용법이 있다. 예컨대 대중적 논의에서 사람들은 자기들이 성경을 "문자적으로" 받아들인다고 말할 수 있는데, 그때 그들이 실제로 의미하는 것은 자기들이 그것을 완전하게 진리로 여긴다는 뜻이다. 그들은 성경에 비유적인 말들이 들어 있음을 부정하지 않는다. 또한 그들은 자기들이 비유적인 말들에 민감하지 않다고 말하지도 않는다. 예컨대 요한복음 10:7b에서 예수는 이렇게 말한다. "나는 양의 문이라." 사람들은 "문"과 "양"이라는 단어들이 모두 비유적으로 사용되고 있음을 쉽게 인식한다. 여기서 "양"이라는 단어는 사람을 가리키지, 동물을 가리키지 않는다.

문자적이라는 단어는 역시 비유적이지 않은 해석에 대한 **선호**를 묘사하는 데 사용될 수도 있다. "나는 양의 문이라"와 같은 명백하게 비유적인 말들은 비유로 인식된다. 하지만 명백하게 비유적이지 않은 어떤 것은 그 단어의 가장 보편적인 사전적 의미를 사용해 취급된다. 이런 접근법은 "가능하다면 문자적"(literal if possible)이라는 원리에 가깝다. 이 원리는 매력적으로 보일지는 모르나 가장 명백하게 비유적인 말 외에 모든 것을 놓치게 될 위험이 있다.

"문자적"이라는 단어는 분명하고 보다 평범한 의미 외에 그 어떤 추가적인 상징적 차원의 의미가 없음을 가리키는 데 사용될 수 있다. 예컨대 모세의 성막은 물리적 구조물이지만, 그것은 **또한** 상징적 의미를 갖고 있다.

왜냐하면 그것은 하나님의 백성이 광야 여행을 하는 동안 그분이 그들 안에 거하심을 상징하기 위해 고안되었기 때문이다. 동물 제사에는 실제 동물들이 포함되지만, 그것들은 사람들이 죄로부터 씻김을 받고 하나님과 화해하기 위해서는 완전한 대체물이 필요하다는 것도 상징한다. 성막과 제사들에 대한 묘사가 **문자적**이라고 말하는 것은 그것들이 상징적 차원을 갖고 있지 않음을 의미할 수 있다.

문자적이라는 단어의 또 다른 용법이 있다. 때때로 그것은 느슨하게 모든 논픽션을 묘사하는 데 사용된다. 어떤 이는 어느 이야기를 우화와 구분하기 위해서 그것이 "문자적"이라고 말할 수도 있다(그림 15.1을 보라).

그림 15.1: "문자적"이라는 용어의 의미

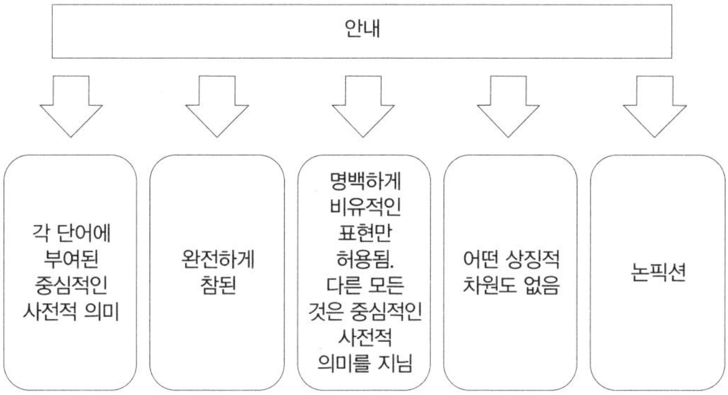

안내				
각 단어에 부여된 중심적인 사전적 의미	완전하게 참된	명백하게 비유적인 표현만 허용됨. 다른 모든 것은 중심적인 사전적 의미를 지님	어떤 상징적 차원도 없음	논픽션

이런 복수의 용법들은 잠재적으로 혼란스럽다. 그 어려움을 설명해보겠다. 출애굽기 15:1-18 같은 시적인 구절은 하나님이 이스라엘 백성을 이집트에서 빼내 홍해를 건너게 하신 사건을 설명하기 위해 비유적 표현을 사용한다. 같은 사건이 출애굽기 14장에 보다 산문적인 형태로 설명되어 있다. 유

사하게, 사사기 5장은 사사기 4장에서 산문으로 설명된 사건들을 시적으로 언급한다. 그것들은 모두 시스라와 그의 군대가 패퇴한 이야기를 전한다. 그 두 개의 시적인 구절들(출 15장과 삿 5장)은 문자적인가 비유적인가? 그것들은 비유적 표현을 사용한다는 점에서 "비유적이다." 하지만 그와 동시에 그것들은 우화나 알레고리와 달리 실제 세계에서 벌어진 사건들을 가리킨다는 점에서 "문자적이다."

따라서 **문자적**과 **비유적** 사이의 극성은 출애굽기 15장을 논하는 데 도움이 되지 않는다. 마찬가지로 그것은 **유비들**을 사용하는 구절들을 논하는데도 도움이 되지 않는다. 유비들은 창세기 1-3장 전체에서 나타난다(이 책의 8-10장을 보라). "문자적"이라는 단어나 "비유적"이라는 단어 모두 우리에게 유비가 기능하는 방식에 대한 포괄적이고 명확한 설명을 제공하지 않는다.[3]

생각해보라. **문자적**이라는 단어는 그 본문 어디에도 유비가 존재하지 않는다는 것을 의미하기 위해서 사용될 수 있다. 창세기 1-3장과 관련된 상황이 그러하다면 우리에게 남는 것은 창조에 대한 설명과 섭리에 대한 설명 사이의 순전한 일치뿐이다. 그러나 그 경로는 창조와 섭리를 동일시하는 것으로 이어지며, 그것은 창세기 2:2b의 말씀과 긴장을 이룬다. "그가 하시

---

3 유비(analogy)는 때때로 비유적 표현으로 분류되며(Michael Gladkoff, "Writing Speeches Using Similes, Metaphors, and Analogies for Greater Impact," Word Nerds, ⟨https://www.word-nerds.com.au/writing-speeches-using-similes-metaphors-and-analogies/⟩를 보라) 직유(simile)와 비교된다. "유비: 두 개의 다른 것들 사이의 유사성, 때때로 직유로 표현됨." Karl Beckson and Arthur Ganz, *Literary Terms: A Dictionary* (New York: Farrar, Straus and Giroux, 1975), 12; compare "What Is Analogy?" ThoughtCo, ⟨https://grammar.about.com/od/ab/g/analogy.htm⟩와 비교하라. 그러나 유비가 "비유적"이라고 말하는 것은 그것의 기능에 관한 일방적인 인상을 줄 뿐이다.

던 모든 일을 그치셨다." 그렇다면 우리는 창세기 1장이 "비유적"이라고 말하려는 것인가? "비유적"이라는 단어는 창세기 1-3장이 그것의 목적이 섭리에 대한 진리를 묘사하는 것이거나 아니면 하나님과 인간의 관계에 대한 영적 진리를 묘사하는 것인 알레고리를 포함한다는 것을 의미할 수 있다. 그렇다면 하나님의 창조의 역사는 본문으로부터 분명하게 제거된다.

한 예로 우리는 창세기 1:9을 생각해볼 수 있다. 그곳에서 하나님은 마른 땅이 나타나도록 명령하신다. 이것은 물이 모든 것을 덮고 있던 보다 앞선 때 이후에 **최초로** 마른 땅이 나타나는 것에 대한 설명이다. 그것은 훗날 섭리 안에서 벌어지는 사건들과 유사하지만 동일하지는 않다. 섭리 안에서 물은 제한된 지역 안에 있는 일시적으로 홍수가 진 땅으로부터 물러난다.

우리는 창세기 1:9의 묘사가 "문자적"인지 아니면 "비유적"인지 물을 수 있다. 어느 쪽 명칭도 적절하지 않다. "비유적"이라는 단어는 그 구절이 최초로 마른 땅이 나타났을 때 실제 세상에서 벌어진 사건을 묘사하고 있기에 적절하지 않다. 이 사건은 물과 마른 땅의 상대적 위치의 물리적 변화를 수반했다. 그러나 "문자적"이라는 단어는 쉽게 유비에 대한 거부를 의미할 수 있다. 그것은 유비들은 그 본문이 묘사하는 것을 이해하는 데 적절하지 않음을 의미한다. 그렇다면 우리는 창세기 1:9을 어떻게 이해해야 하는가? "마른 땅"과 함께 모여 있는 물이라는 개념은—만약 우리가 그것을 이해하고자 한다면—우리 시대에 마른 땅, 물 그리고 물의 모임과 어느 정도 같아야만 한다.

그로 인해 우리는 당혹스러운 상황에 처해 있다. 마른 땅의 최초의 출현은 물이 온 세상을 덮었던 보다 앞선 때 이후에 이루어진다. 그것은 제한된 지역에 홍수가 난 후에 마른 땅이 나타나는 후대의 섭리적 상황(가령 나일강의 범람)과 완전히 같지는 않다. 나중에 하나님의 섭리적 질서 안에서 땅이 다시 나타나는 것은 부분적으로는 땅의 첫 번째 출현과 유사하다. 하지만 우리가 유비를 거부한다면, 우리는 나중의 사건들은 첫 번째 사건과 아무런 상관이 없다고 말해야 한다. 그리고 그런 결론은 하나님이 거듭해서 창조와 섭리 사이의 유비들을 사용해 소통하시는 방법을 무시하는 것이다.

더 나아가 "문자적"이라는 단어는 그 구절이 최소한의 물리적 설명을 넘어서는 그 어떤 의미의 차원도 갖고 있지 않음을 뜻할 수도 있다. 이런 추론은 창세기 1장 전체와 긴장을 유발한다. 왜냐하면 창세기 1장에서 마른 땅의 출현은 단순히 물리적 변화만이 아니라 하나님의 목적과도 연관되기 때문이다. 그것은 식물, 육지 동물 그리고 사람을 위한 공간을 준비한다. 마른 땅과 바다의 분리 역시 서로 구별되는 지역들을 분리하시고 구조화되고 질서가 잡힌 세상을 만들어내시는 하나님의 다른 행위와 일치한다. 그것은 하나님의 다른 창조 행위로부터 완전히 고립된 상태에서 전체적인 의미를 갖는 사건이 아니다.

요약하자면 창세기 1장의 맥락에서 "문자적"이라는 단어의 사용은 몇 가지 어려운 문제들을 일으킬 수 있다. 그것은 해석을 창조와 훗날의 섭리 사이의, 혹은 유사한 언어적 설명을 지닌 그 어떤 두 가지 사건들 사이의 순전한 동일성이라는 방향으로 밀어붙일 수 있다. 만약 우리가 9절의 경우에 순전한 동일성을 가정한다면 전체 **자연**과 마른 땅의 출현의 전체 **과정**은 두 경우의 세부 사항에서 정확하게 동일한 것이 되어야 한다. 즉 창조와 섭리는 정확하게 동일한, 상세한 물리적 과정을 포함해야 한다. 결과적으로, 우리는 한 경우(창조)에는 산을 세우고 다른 경우(섭리)에는 물이 나일강으로 물러가도록 할 수는 없다.

창세기 1:9을 읽는 현대의 독자가 정확한 대응을 원한다면, 그는 홍수 후에 물이 물러나는 것이 아니라 산을 세우는 것과 관련된 물리적 과정에 대한 얼마간의 이해를 우리에게 제공해온 지구물리학과 판 구조론의 현대적 발전에 대해 생각한다. 지구물리학은 우리에게 오늘날 작용하고 있는 특수한 과정을 제공한다. 현대의 독자는 현대의 과학적 설명을 홍수와의 유비, 즉 고대 독자 혹은 과학 이전의 문화에 관심을 두는 현대의 독자들에게 적합한 유비로 알아차리기보다 창세기 1:9에서 발생한 일에 적절하게 상응하는 것으로 이해한다.

"문자주의"(literalism)의 깃발은 무의식적으로 창세기 1장을 마치 그것이 아주 깐깐한 설명인 것처럼 읽는 것으로 이어질 수 있다. 그런 설명에서 모든 것은 정확하고 확실하게 하나님의 훗날의 섭리적 사역과 특히 과학에 기반한 전문화된 설명의 빛에 비추어 하나님이 일하시는 방식에 대한 우리의 기대에 상응해야 한다.

"비유적"이라는 단어는 더 나은 기능을 하는가? 아니다. 그것은 해석을 최소주의적(minimalistic) 방향으로 밀어붙인다. 우리가 창세기 1:9을 묘사하는 데 "비유적"이라는 단어를 사용한다면, 그것은 마른 땅이 나타났던 물리적 사건은 존재하지 않았다고 의미하는 것처럼 보일 수도 있다. 오히려 그것은 우리에게 창세기 1:9을 단순히 하나의 상징—아마도 하나님이 인간의 삶을 위해 마른 땅을 유지하는 일에 섭리적으로 임하시는 것에 대한 상징(참조. 9:11, 15)—으로 다루라고 말한다. 사람들은 중요한 것은 **오직** 하나님이 물과 마른 땅 사이의 지속적인 섭리적 분리에 대해 어떤 중요한 방식으로 책임을 지고 계신다는 것뿐이라고 말할지도 모른다. 마른 땅이 특별한 시간에 나타났다는 사실은 무시된다. 그것은 "중요한 게 아니다"라고 주장된다.

보다 논쟁적으로 말하자면, "문자적"과 "비유적" 사이의 동일한 극성은 창조의 여섯 날의 본질에 대한 논의를 방해한다. "문자적"이라는 단어는 창조의 여섯 날과 훗날의 섭리 안에서의 날들 사이에 정확한 일치가 존재해야 한다는 의식을 쉽게 장려한다. 그러나 분명히 그런 날 중 어느 것을 위해서도 정확한 일치는 사실상 존재할 수 없다. 왜냐하면 그날들은 훗날의 섭리적 행위의 날들이라기보다는 창조의 날들이기 때문이다. 창조와 섭리의 행위는 단순하게 동일시될 수 없다.

문자적·비유적 극성의 일반적인 문제

그런 논의에서 "문자적"과 "비유적"이라는 단어들은 도움이 되지 않는다. 그것들은 하나님이 창세기 1-3장에서 말씀하시는 것의 의미를 확고하게 전달하기에는 의미가 너무 "빈약하다." 그러나 그 문제는 인간과 그들의 행위가 유비의 문맥에서 의미를 지니기 때문에 더욱 복잡해진다. 예컨대 인간은 엄밀한 의미에서 순전히 "문자적인" 존재가 아니다. 왜냐하면 그들은 하나님과 유사하게 하나님의 형상대로 지음을 받았기 때문이다. 인간 아버지는 자식들의 아버지가 된다. 그러나 아버지가 된다는 것은 독립적인 일이 아니다. 인간 아버지들은 성부 하나님과 성자의 영원한 관계를 모방한다. 또한 인간은 순전히 "비유적인" 존재도 아니다. 그들은 실재이지 단지 그들이 그의 형상을 반영하는 다른 무언가—아마도 하나님—를 가리키는 상징에 **불과한 것**이 아니다. 인간의 의미에는 그—상징적인 것과 물리적인/문자적인 것—두 측면이 모두 포함되어 있다.

상징적으로 인간은 하나님을 보여주는 동시에, 하나님과 구별된 창조된 존재로서 존재한다. 정확하게 창조된 존재로서 인간은 그들을 만드신 하나님을 보여준다. 인간의 인간 됨은 오직 그들의 기원이신 하나님을 성찰함으로써만 알 수 있다.

유사하게, 인간의 일 역시 "문자적"이거나 "비유적"이지 않다. 그것은 하나님의 창조 사역과 구별되는 실제적인 일이며, 동시에 하나님의 일과 유사하다. 그것은 하나님의 존재에 의해 능력을 얻는다. 인간의 날들 역시 순전히 "문자적"이지 않다. 왜냐하면 그것들은 하나님이 일하셨던 최초의 여섯 날과 그분이 휴식을 취하셨던 마지막 날과 유사하기 때문이다. 우주 전체에 걸쳐 의미는 하나님과의 관계 안에서의 의미이며, 따라서 그것은 철저하게 평범하고, 철저하게 세속적이며, 최소주의적인 핵심으로 정당하게 축소될 수 없다. 또한 그것은 단순히 이상들 혹은 천상적 영역들에 관한 진리를 위한 "상징"에 불과한 것으로 축소될 수도 없다.

따라서 "문자적"과 "비유적"이라는 단어들은 도움이 되지 않는 양극화에 쉽게 기여한다.

과도한 해석 혹은 과소한 해석?

어떤 유비라도 유사성과 비유사성 모두를 포함하고 있다. 따라서 우리가 인위적으로 우리의 해석에 그런 상세한 내용을 강요하지 않는 한, 유비는 우리에게 상세한 기술적 정보를 제공하지 않을 수도 있다. 예컨대 하나님은

"생기를 그[아담]의 코에 불어넣으셨다"(창 2:7b). 우리는 하나님이 "생기 [숨]"를 낳는 몸을 갖고 계신다고 추론해서는 안 된다. 우리는 하나님이 정확하게 오늘날의 인명 구조 작업에서와 동일한 방식으로 구강 대 구강 인공호흡법을 사용하셨다고 결론을 내려서도 안 된다.

하나님은 갈빗대로 여자를 만드셨다(창 2:22b). 그러나 우리는 아담의 DNA와 하와의 DNA 간의 정확한 관계를 추론해서는 안 된다. 우리는 기술적 세부 사항을 알지 못한다. 우리는 하나님이 하와를 만드시는 과정에서 육체적인 손가락을 사용하셨다고 추론하지 않는다.

생명나무는 물리적인 나무였다. 그러나 우리는 그것이 사과나무였는지, 배나무였는지 혹은 우리가 오늘날 알지 못하는 특별한 열매를 맺는 나무였는지 알지 못한다.

창세기 1:6-8은 궁창의 물리적 구조에 대한 과학적 "이론"을 제공하지 않는다.

요약하자면, 우리는 추가적인 세부 사항들을 제공하고 그것들이 창세기 1-2장에 실제로 있다고 상상함으로써 잘못을 저지르기가 쉽다. 우리가 창세기 1-2장과 현대 과학의 상호관계를 만들어내고자 할 때 불가피하게 우리는 과학에서 모은 정보를 사용해 세부 사항을 채운다. 그러나 우리는 혼동해서는 안 되며 그런 세부 사항을 창세기 1-2장 안에 직접 집어넣어서 읽는 것을 고집해서도 안 된다. 그렇게 할 경우 우리는 혹시 미래에 과학적 견해가 바뀔 때 그것과 충돌할 준비를 하는 셈이다.

또한 본문이 실제로 제공한 현상에 대한 정보를 부정하고 그 본문은 그저—하나님이 세상과 인간을 창조하셨다는—아주 일반적인 그림을 제공하려는 의도를 지니고 있을 뿐이라고 주장함으로써 잘못을 저지를 가능성도 있다. 우리가 그런 쪽으로 움직인다면, 우리는 세부 사항—예컨대 생명나무라고 불리는 특별한 나무가 있었다는 표시 같은 것—을 잃어버린다. 최소주의적인 해석 아래에서 생명나무는 단지 하나님의 임재 안에 있는 삶에 대한 일반적 원리에 대한 **상징에 불과한 것**이 된다. 우리는 본문이 제공하는 모든 세부 사항을 고려해야 한다. 하지만 추가적인 세부 사항을 **덧붙여서는** 안 된다.

유비를 사용하는 것에는 생명나무의 물리성과 그것의 독특한 언약적 역할—거기에는 상징적 차원이 포함된다—을 긍정하는 것이 포함된다. 비록 이 한 그루의 나무는 독특하지만 그것의 의미는 어떻든 모든 과실나무의 의미를 반향한다. 하나님은 우리에게 식용 과실수를 주신다(신 6:11; 행 14:17). 그리고 그것들은 피조물의 단계, 즉 강도가 낮은 단계를 반영하는 하나님의 생명을 상징한다. 그 어떤 나무도 단지 무미건조하게 기술적이고 생물학적인 구조에 불과하거나 "그 이상의 아무것도 아닌 것"일 수 없다. 모든 피조물은 창조주에 대해 증언한다(롬 1:20).

유사하게 창세기 1:9-10에 대한 최소주의적인 상징적 해석에서 마른 땅의 출현은 하나님이 바다와 마른 땅의 구분을 유지하신다는 일반적 원리에 대한 상징에 **불과한 것** 혹은 혼돈을 극복하시는 하나님의 능력에 대한 상징에 **불과한 것**이 된다. 대조적으로, 유비를 사용하는 것에는 바다와 마른 땅을 구분하는 하나님의 최초 행위의 물리적(즉, 현상적) 현실을 긍정하는 것이 포함된다. 더 나아가 성경이 우선적으로 단지 하나님이 어떤 분이신지에 대해 **말하기**보다 하나님의 행위를 **보여주려고** 할 때, 그런 선택은 존중되어야 한다. 창세기 1:9-10의 서술이 보여주는 것, 즉 하나님이 마른 땅과 바다를 분리하는 것은 오직 그것이 하나님이 어떤 분이신지를 말하기 위해 허구를 지어내는 것이 아니라 그분이 실제로 행하신 것을 보여줄 때만 적절한 무게를 지닌다. 그와 동시에 우리는 하나님의 돌보심과 신실하심에 대한 표현으로서 이 행위의 중요성을 긍정한다. 지금 우리는 그런 돌보심과 신실하심을 그분이 그 분리를 계속해서 유지하고 계시는 데서 발견한다. 하나님은 바다와 마른 땅의 지속적인 분리를 통해 오늘도 여전히 육지 동물들과 인간에게 적합한 주거지를 제공하시고 그분의 선하심을 보여주신다.

결론적으로 우리는 창세기 1-3장의 서술에 물리적 측면과 신학적 측면 모두가 있음을 인정해야 한다. 그 둘은 서로 긴장 상태에 있는 것이 아니라 서로를 강화한다.

결론

우리의 결론은 무엇인가? 창세기 1-3장을 해석할 경우 몇 가지 폭넓은 해석학적 원리들을 염두에 두는 것이 중요하다. 그중 가장 중요한 것 네 가지가 있는데, 우리는 그것들을 강조하면서 우리의 결론을 도출할 수 있다.

네 가지 중요한 해석의 원리들

첫째, 현대 과학자들이 행한 선언들은 비판적으로 받아들여져야 한다. 과학은 몇 가지 놀라운 성취를 이뤘으며 놀라운 잠재력을 지니고 있다. 그러나 우리는 과학에 오류가 있다는 단순한 사실뿐 아니라 나쁜 전제들, 나쁜 형이상학, 그리고 은밀한 우상숭배가 과학 연구의 분위기에 끼치는 광범위한 영향에 주목할 필요가 있다. 우리는 창세기가 과학적 주장의 "확실한 진리들"과 양립할 수 있어야 한다는 가정 때문에 그것을 왜곡하는 일을 피해야 한다.

둘째, 창세기는 그것의 내용과 표현을 완전하게 구체화한 신적 저자를 갖고 있다. 그것은 완전하게 참되며, 과거로부터 내려온 단지 인간의 문서에 불과한 것과 구별되는 방식으로 수용될 필요가 있다.

셋째, 창세기는 고대 근동의 대부분의 다른 문서와 구별되는 장르를 갖고 있다. 그것은 세밀한 단계에서 독특하다. 창세기는 장르라는 측면에서 구약성경의 다른 역사서들—가령, 사무엘상·하와 열왕기상·하 같은 책들—과 아주 밀접하게 연결되어 있다. 장르에 관한 이런 관찰은 우리가 창세기 1-3장을 고대 근동의 신화들과 부적절하게 동화시키는 것을 피하도록 도와준다.

넷째, 우리는 하나님의 창조 행위와 훗날의 섭리 행위 사이의 **유비**가 가진 핵심적 역할을 염두에 두어야 한다.

몇 가지 답 얻기

우리가 이런 원리들을 염두에 둔다면, 창세기 1-3장에 관한 중요한 논쟁 중 일부는 스스로 해결되기 시작한다. 창세기 1-3장은 실제 세계에서 발생한 사건들에 대한 것이다. 그것은 논픽션이다. 그것은 하나님의 창조 행위와 섭리에 대한 우리의 평범한 경험 사이의 유비들을 사용하므로 과거에 대해 알아들을 수 있는 주장들, 평범한 사람들조차 이해할 수 있는 주장들을 제시한다.

모든 답을 갖지는 못함

동시에 그 서술들이 순전한 동일시보다는 유비를 사용하므로, 창세기 1-3장이 답하지 않는 세부 사항에 대한 여러 가지 질문이 남아 있다. 특히 그것은 우리에게 먼 과거에 대한 실증적인 과학적 재구성을 위한 확고한 지침들을 제공하지 않는다. 왜냐하면 평범한 섭리를 포함하는 유비가 가진 현실은 과학자들이 발견한 특정한 종류의 규칙성을 포함한 섭리의 모든 상세한 규칙성이 먼 과거를 순진하게 추정할 수 있다고 보장하지 않기 때문이다. 창조는 섭리가 아니다.

결론은 우리가 창세기를 과학적으로 알려진 규칙성에 대한 호소에 기초한 과거에 대한 이론적인 재구성과 조화시키는 문제와 관련해서 어떤 포괄적인 해결책이 없이 남아 있을 수 있다는 것이다. 우리는 하나님의 신실하심을, 그리고 그분이 성경에서 말씀하시는 것과 창조와 섭리를 통해 통치하시는 방식 사이의 본질적인 조화를 믿는다. 하지만 우리는 그런 조화가 어떻게 달성되는지를 회의론자가 만족할 정도로 **예시할 수는** 없다. 왜냐하면 우리나 회의론자 모두 제한적인 지식만 갖고 있기 때문이다.

그리고 우리가 세상에서 사는 동안 그런 지식이 얼마나 많이 늘어나든 간에, 하나님은 우리에게 먼 과거를 추정하기 위한 상세한 기초를 제공하시는 것이 적합하다고 보지 않으셨다. 왜냐하면 창조는 섭리가 아니기 때문이다. "하나님이 그가 하시던 일을 일곱째 날에 마치시니…"(창 2:2a). 우리는 이 구절에서 하나님에 대한 그리고 그분과 역사의 관계에 대한 적극적이고 인격적인 계시를 얻는다. 그 계시적 진술은 하나님이 엿새 동안 어떻게 일하셨는지에 대한 상세한 내용과 관련된 교조주의에 대해 주어진 신적 한계를 제시한다. 우리는 하나님께서 자신이 창세기 1-2장에서 하셨다고 말씀하시는 일을 하셨다는 것을 안다. 그러나 우리는 창세기 1-2장이 말하는 것을 넘어서 그 일의 상세한 내용에 대해서는 확실하게 알지 못한다. 재구성을 위한 과학적 시도들은 추측의 차원을 갖고 있다. 그것들은 (창 1-2장의 듬성듬성한 설명을 넘어서) 어떤 특정한 시간적·물리적 규칙성이 먼 과거를 추정할 수 있다고 가정하기 때문이다. 일반적으로 규칙성은 창조의 첫 순간, 즉 "태초"에까지 소급된다. 아마도 기본적인 물리적 규칙성은 창조의 첫 순간에도 발생했을 것이다.[1] 그러나 지금 우리는 어떤 가정을 하는 중이다. 우리는 우리의 지식이 제한되어 있음을 인정해야만 한다.

어떤 이들은 창세기 1-3장을 과소하게 해석하기 쉬운데, 부분적으로 그것은 현대의 과학적 주장이 해석자들에게 과학자들이 어떤 선언을 해온 분야에서 창세기 1-3장의 함의를 축소시키도록 압력을 가하기 때문이다. 반면에 다른 이들은 창세기 1-3장을 과도하게 해석하기 쉬운데, 그것은 부분적으로 그들이 유비를 거의 동일시로 여기기 때문이며, 또한 그렇게 함으로써 창세기 1-3장이 실제로 제공하는 것 이상으로 지속적인 기술적 규칙성들의 보다 상세한 체계를 쉽게 가정하기 때문이다.

하나님은 실제로 엿새 만에 세상을 창조하셨다. 그분은 실제로 아담과 하와를 자신의 형상을 따라 지으셨다. 그 두 사람의 행위와 타락은 온 인류에게 영향을 주었다. 우리가 이런 일들에 대해 확신할 수 있는 것은 단지 창세기 1-3장이 그렇게 말하기 때문만이 아니라, 그것들이 창세기 1-3장

---

1   이 책의 14장에서, 창 1장과 주류 과학계의 설명에서 나타나는 메아리 사이의 잠정적인 일치는 그런 가정을 배경으로 갖고 있다.

에 기초한 후대의 성경적 성찰들에 의해 확증되기 때문이다. 그러나 우리는 창세기의 설명이 듬성듬성함을 존중하고 또한 어느 지점들에서는 이런 진리들이 현대의 과학적 주장들과 어떻게 연결되는지와 관련해서 우리가 생각하는 것에 대해 잠정적인 태도를 취하는 편이 낫다.

창세기 1:1은 최초의 사건이지
요약이 아니다

주석들은 종종 창세기 1:1과 그것의 후속 절들에 관한 세 가지 주요 해석에 대해 논한다.[1] (1) 첫 번째이자 전통적인 해석에 따르면, 창세기 1:1은 하나

---

[1]   Gordon J. Wenham, *Genesis 1-15*, Word Biblical Commentary 1 (Waco, TX: Word, 1987), 11-13; C. John Collins, *Genesis 1-4: A Linguistic, Literary, and Theological Commentary* (Phillipsburg, NJ: P&R, 2006), 50-55; Edward J. Young, "The Relation of the First Verse of Genesis One to Verses Two and Three," *Westminster Theological Journal* 21, no. 2 (May 1959): 133-46, reprinted in Edward J. Young, *Studies in Genesis One* (Philadelphia: Presbyterian and Reformed, 1964), 1-14; Bruce K. Waltke, "The Creation Account in Genesis 1:1-: Part III: The Initial Chaos Theory and the Precreation Chaos Theory," *Bibliotheca Sacra* 132 (1975): 216-28. 보다 포괄적인 논의를 위해서는 다음을 보라. Joshua D. Wilson, "A Case for the Traditional Translation and Interpretation of Genesis 1:1 Based upon a Multi-Leveled Linguistic Analysis," PhD diss., Southern Baptist Theological Seminary, 2010.

   Waltke의 논문 "The Creation Account in Genesis 1:1-: Part III"은 그가 창 1-3장의 여러 측면들을 다루는 다섯 개의 논문 중 세 번째 것이다. 다른 논문들은 다음과 같다. Bruce K. Waltke, "The Creation Account in Genesis 1:1-3: Part I: Introduction to Biblical Cosmogony," *Bibliotheca Sacra* 132 (1975): 25-36; "The Creation Account in Genesis 1:1-: Part II: The Restitution Theory," *Bibliotheca Sacra* 132 (1975): 136-44; "The Creation Account in Genesis 1:1-: Part IV: The Theology of Genesis 1," *Bibliotheca Sacra* 132 (1975):

님의 창조 행위 중 최초의 사건을 묘사한다. 이어서 1:2은 초기의 땅의 상태에 대한 환경적 정보를 제공한다. (2) 두 번째 해석에 따르면, 1절은 때를 나타내는 종속절의 역할을 한다. "태초에 하나님이 천지를 창조하셨을 때, 땅은 혼돈하고 공허하며…." (3) 세 번째 해석에 따르면, 1절은 1:2-31에서 묘사되는 연속해서 일어난 하나님의 모든 행위에 대한 요약이다. 그것은 땅의 창조와 2절에서 언급된 그것의 혼란스러운 상태로 이어졌던 최초의 사건을 묘사하지 **않는다**. 오히려 사물을 만드는 최초의 행위는 3절에서 시작

327-42; and "The Creation Account in Genesis 1:1-: Part V: The Theology of Genesis 1—Continued," *Bibliotheca Sacra* 133 (1976): 28-41. 이 각각의 논문에 첨부된 편집자주는 그것들이 Western Conservative Baptist Seminary에서 행한 Bueermann-Champion Foundation 강연들에서 "개작되었고," *Creation and Chaos*(Portland, OR: Western Conservative Baptist Seminary, 1974)라는 제목으로 출간되었다고 전한다. 여기서 우리는 1974년판 책보다는 1975-76년에 발표된 논문들에 초점을 맞출 것인데, 그것은 그 논문들이 보다 최근의 것이며 보다 널리 유포되어 있기 때문이다(그 논문들은 그 책과 저널 모두에서 나타나는 표현들과 거의 같아 보이는데, 아주 똑같지는 않다).

*Bibliotheca Sacra*에 발표된 논문 시리즈 중 Part III은 특별히 이 부록의 목적에 적합하다. 그리고 나는 그것을 단순하게 "Waltke, 'Part III'"로 인용할 것이다. Waltke의 2001도 주석(Bruce K. Waltke, with Cathi J. Fredricks, *Genesis: A Commentary*[Grand Rapids, MI: Zondervan, 2001], 58-59)은 창 1:1에 대한 동일한 기본적 해석을 유지하고 있으나, 1975년에 나온 그의 세 개의 주된 주장 중 첫 번째 것에 대한 짧은 버전만 포함하고 있다. Bruce K. Waltke, with Charles Yu, *An Old Testament Theology: An Exegetical, Canonical, and Thematic Approach* (Grand Rapids, MI: Zondervan, 2007), 179-81.

이 단락에서 요약된 세 가지 해석 너머에 있는, 때때로 "간격 이론"이라고 불리는 네 번째 해석은 지금은 거의 주목을 받지 못하고 있다. 하지만 그 이론은 창 1:2에 관한 Scofield Bible의 주(note)에 의해 옹호되었고 또한 대중화되었다. *The Scofield Reference Bible*, ed. C. I. Scofield, new and improved edition (New York: Oxford University Press, 1917), 3n3. 그 이론은 1절과 2절 사이에 시간적 간격이 있다고 말한다. 1절은 하나님의 최초의 선한 창조세계의 창조를 묘사하는 반면, 2절은 그 이후에 나타난 심판의 행위로서의 그 창조세계에 대한 파괴를 묘사한다("땅이 혼돈하고 공허해졌다"). 3-31절은 그 파괴 이후의 재창조를 묘사한다. 이런 개념을 지지하면서 Scofield의 주는 렘 4:23-26; 사 24:1; 45:18을 인용한다. 그러나 간격 이론은 지금은 거의 폐기되었다. 왜냐하면 그것은 창 1:2의 히브리어에 대한 자연스러운 읽기에 부합하지 않기 때문이다. 2절의 단어의 질서는 그 구절이 그 내러티브의 주요한 사건들에서의 어떤 진척보다는 오히려 그에 수반되는 상황을 소개하고 있음을 보여준다. 간격 이론에 대한 비판을 위해서는 Waltke, "The Creation Account in Genesis 1:1-3: Part II"을 보라.

된다. 그리고 창세기 1장은 2절의 그 "아무런 형태도 없는"(unformed, 현대인의 성경) 땅이 어떻게 나타나게 되었는지에 대해서는 아무런 언급도 하지 않는다.[2]

두 번째 해석은 많은 옹호자를 갖고 있다. 하지만 그것은 점차 퇴색해가는 것처럼 보이며 그동안 설득력 있는 수많은 반론에 직면해왔다.[3] 우리는 간략함을 위해 이 글을 첫 번째와 세 번째 해석 사이의 논쟁에 국한시킬 것이다. 첫 번째 해석은 창세기 1:1이 최초의 사건이라고 주장하며, 따라서 **개시 관점**(initiation view)이라고 불릴 수 있을 것이다. 세 번째 해석은 창세기 1:1이 요약이라고 주장하며, 따라서 **요약 관점**(summary view)이라고 불릴 수 있을 것이다.

개시 관점은 이른 시기의 유대교와 기독교 해석자들 사이에서 일반적인 견해였다.[4] 그러나 지금 그것은 더 이상 그런 인기를 얻지 못하고 있다. 고든 웬함(Gordon Wenham)은 자신의 1987년 주석에서 현대의 주석가 중 "대다수"가 요약 관점을 선호한다고 지적한다.[5]

---

2   이 부록은 Vern S. Poythress, "Genesis 1:1 Is the First Event, Not a Summary," *Westminster Theological Journal* 79, no. 1 (2017): 97-121을 개정한 것이다. 허락을 받아 사용함.

3   Waltke, "Part III," 221-5; Collins, Genesis 1-4, 50-52; Victor P. Hamilton, *The Book of Genesis, Chapters 1-17* (Grand Rapids, MI: Eerdmans, 1990), 104-8; Young, "Relation," 133-9; Young, *Studies in Genesis One*, 1-7; Nicolai Winther-Nielsen, "'In the Beginning' of Biblical Hebrew Discourse," in *Language in Context: Essays for Robert E. Longacre*, ed. Shin Ja J. Hwang and William R. Merrifield (Dallas TX: The Summer Institute of Linguistics and the University of Texas at Arlington, 1992), 67-80, ⟨https:// www.sil.org/system/files/reapdata/12/98/61/129861883369277823521029452481206904550/31844.pdf⟩; Wilson, "A Case," 60-12.

4   Waltke, "Part III," 217.

5   Wenham, *Genesis 1-15*, 12.

개시 관점을 위한 주요한 논거들

개시 관점은 여전히 옹호자들을 갖고 있다. C. 존 콜린스, 웬함 그리고 다른 이들이 쓴 주석들이 그 관점을 옹호한다.[6] 그러나 이런 주석들은 지면의 제약 때문에 요약 관점을 간단하게 다룰 뿐이다. 나는 요약 관점을 보다 철저하게 다루고자 한다. 특히 브루스 월키의 중요한 논문에서 제시되는 그것의 가장 완전한 표현에 초점을 맞추면서 그렇게 할 것이다.[7]

이 분석에서 나는 창세기를, 월키가 그렇게 하듯이 하나의 문학적 단위로 다룰 것이다. 대조적으로 역사-비평적 전통은 창세기를 조각낸다. 그리고 대개 창세기 1장의 현존하는 형태보다 앞선 시기에 존재했던 의미의 층들을 발견한다. 나는 이런 일련의 추측들에 대해서는 다루지 않을 것이다.[8] 나는 단순함을 위해 성경 본문을 주로 영어표준역(ESV)에서 인용할 것이다. 그러나 그 논거들은 기저를 이루는 히브리어 본문의 관점에서 궁극적으로 틀이 형성되었음을 이해할 필요가 있다.

---

6   Collins, *Genesis 1-4*, 51-55; Wenham, *Genesis 1-15*, 12-13. Wenham은 또한 다른 이들을 인용한다; *Genesis 1-15*, 13.

7   Waltke, "Part III." Collins는 Waltke의 논문이 요약 견해에 대한 "가장 강력한 주장"이라고 여긴다. Collins, *Genesis 1-4*, 54.

8   창세기에 대한 주석들은 자료 이론(source theories)에 대해 방대한 논의를 펼친다. 자료 이론은 종종 창 1:2을 혼돈에서 시작하는, 그리하여 무로부터의 창조라는 그 어떤 개념도 거부하는 원시적 전승으로부터 나오는 것으로 다루므로 차이를 만들어낼 수 있다. 어떤 이가 이런 가정을 받아들이고 2절을 여전히 그것이 보다 이른 단계에서 의미했던 것을 의미하는 것으로 다룬다면, 그는 이미 자신을 오직 두 가지 선택지에 국한시키고 있는 셈이다. 1절이 무로부터의 창조를 묘사하지 않는다고 말하거나 아니면 두 개의 서로 구별되는 자료들이 만족스럽게 결합되지 않았기 때문에 1절과 2절이 모순된다고 말하거나이다. 나의 접근법은 그 본문을 있는 그대로 해석하고, 설령 그 배후에 자료들이 있다고 할지라도, 그 본문의 의미는 그것의 자료들과 다를 수 있다고 전제하는 것이다(6장을 보라). 창세기의 완전한 본문은 영감을 받아 쓰인 오류가 없는 하나님의 말씀이다.

개시 관점을 위한 세 가지 주요 논거를 간략하게 언급하는 것으로 시작해보자.

1. 1절과 2절 사이의 화합: 형태가 없는 것으로서의 땅의 최초의 상태

첫 번째 논거는 창세기 1:1과 2절 사이의 긴밀한 관계에 호소한다. 땅 (אָרֶץ)이라는 용어는 1절에서 마지막 용어로, 그리고 2절에서는 첫 번째 주된 용어로 나타난다. 그 두 구절 사이의 통사적 연결은 와우 접속사(waw-conjunctive)로 이루어져 있는데, 그것은 명사와 그리고 이어서 그 절의 주된 동사가 뒤따를 때 관례적으로 상황에 대한 정보를 제공한다.[9] (대조적으로, 와우 접속사에 불완전 동사를 더하는 것은 내러티브의 순서에서 새로운 주요 사건들을 소개하는 일반적인 방법이다.) 2절은 상황에 대한 정보를 제공하고 있다.

여기서 중요한 점은 창세기 1:2이 어떤 종류의 상황 정보를 소개하고 있느냐 하는 것이다. 그것은 땅의 상태에 대한 정보다. 땅은 앞 절에서 막 소개되었으므로, 그 정보는 1절에서 언급된 땅의 상태를 명시한다. 1절에서 언급된 창조 행위가 "혼돈하고 공허한" 땅을 낳는다. 그 "땅"은 그 내러티브가 1:31에서 도달하고 2:1에서 다음과 같이 요약하는 것처럼 형태가 갖춰지고 속이 채워진 땅이 **아니다**. "그렇게 해서 하늘과 땅이 **완성되었고**, 그 안의 **모든 것들**[구성 요건들, 땅이 더 이상 비어 있거나 공허하지 않음을 함의하면서]이 완성되었다." 땅의 이전의 형태가 없었던 상태는 1:2에 의해 **1절**

---

9   Waltke는 창 1:2이 상황적이며 "통사론적 근거 위에서" 뒤로 돌아가 1절과 연결될 수 있다는 것에 동의한다. "Part III," 221. 그러나 그는 그것이 앞에 있는 3절과 연결되는 상황 정보를 제공한다고 여긴다. "Part III," 226-27. 상황절에 관해서는 Paul Joüon, *A Grammar of Biblical Hebrew*(Roma: Editrice Pontificio Istituto Biblico, 1996), §155nc를 보라.

의 **땅과 관련해서** 묘사된다. 따라서 1절은 요약일 수 없다. 말하자면, 1절의 "하늘과 땅"이라는 표현은 요약 관점이 주장하듯이 완성된 형태의 하늘과 땅(창 2:1)을 가리키지 않는다. 오히려 그것은 미성숙한 상태의 하늘과 땅을 가리킨다.

2. 신학적 목적: 절대적인 하나님의 주권에 대한 단언

두 번째 논거는 창세기 1장의 신학적 목적에 초점을 맞춘다. 창세기 1:1-2:3 전체[10]는 하나님의 완전하고 효과적인 주권을 단호하게 선언한다. 그분은 자기가 만드신 모든 것을 통제하고 다스리는 유일한 참 하나님이시다. 웅장한 일신론의 형태를 지닌 이 구절은 고대 근동 문화들의 다신론과 강력하게 대조된다. 또한 그것은 신들의 탄생과 신들 사이의 갈등을 포함하고 있는 고대 근동의 우주발생론적 내러티브들과도 대조된다. 창세기 1장에는 신들의 복수성이 존재하지 않는다. 신들의 탄생 사건들도 없다. 신들의 갈등에 대한 언급도 없다. 하나님은 자신의 뜻을 인격적으로 다스리고 또한 이루신다.

　따라서 창조 내러티브가 세상의 사물 중 **일부**만이 아니라 **모두**에 대해 하나님의 주권을 주장하는 것은 적절하다. 하나님의 주권에는 이미 존재하는 사물들의 발전을 이끄는 것뿐 아니라, 이미 존재하는 모든 것의 존재 자체와 구성을 통제하는 것까지 포함되어야 한다. 이런 포괄적인 주권에는 아무런 형태도 없는 최초의 땅과 깊음이 포함되어야 한다. 그렇지 않을 경우, 땅은 잠재적인 **독립적** 실체로 남아 있게 된다. 하나님이 그것을 만들지 않

10　창 2:3과 4절 사이에서 발생하는 문학적 구분에 관해서는 Collins, *Genesis 1-4*, 40-42을 보라.

으셨고 그것이 그저 영원히 존재하는 것이라면, 그것의 애초의 구성은 하나님의 주권에서 벗어나며 하나님은 애초에 자신이 특정하지 않은 물질로 자신이 할 수 있는 최선을 다해야 한다. 더 나아가 그런 가정들에 따르면 땅은 하나님 자신만큼이나 영원한 것일 수 있다. 하나님과 함께 영원한 그 어떤 것도, 심지어 비인격적이면서 함께 영원한 그 어떤 것도 사실상 완전한 주권에 대한 경쟁자다.[11] 그러므로 창세기 1:1의 내러티브가 최초의 창조 행위에 땅의 창조 및 그것의 표면을 덮고 있는 깊음에 대한 창조가 함축적으로 포함되었음을 지적함으로써 경쟁을 불가능하게 하는 것은 적절한 일이다. 대조적으로 요약 관점은 아무런 설명도 없이 하나님이 3절에서 창조를 시작하시기 **전에** 땅과 깊음이 이미 존재한다고 가정한다.[12] 이런 가정은 창세기 1장의 전체적인 신학적 목적과 긴장을 이룬다.

3. 내러티브 구조: 선행 사건을 위한 완전 동사의 사용

세 번째 논거는 창세기 1:1-2의 내러티브 구조에 초점을 맞춘다. 콜린스는 어떤 내러티브의 출발점에서 히브리어 완료 시제를 사용하는 것은 보통 어떤 선행하는 사건을 가리킨다고 주장한다.[13] 그의 주장은 그런 구조가 책 전체의 출발점에서 발생하는 두 경우를 관찰함으로써 강화될 수 있다.

---

11   Wayne A. Grudem, *Systematic Theology: An Introduction to Biblical Doctrine* (Grand Rapids, MI: Zondervan, 1994), 264. 『웨인 그루뎀의 조직신학』(은성 역간).

12   Young은 요약 관점의 어떤 형태를 옹호하지만, 또한 창 1:1이, 비록 무로부터의 창조라는 최초의 행위에 직접 초점을 맞추지는 않으나, 그것을 간접적으로 함의한다고 여긴다. Young, "Relation," 141; *Studies in Genesis One*, 9.

13   Collins, *Genesis 1-4*, 51-52.

בִּשְׁנַת שָׁלוֹשׁ לְמַלְכוּת יְהוֹיָקִים מֶלֶךְ־יְהוּדָה בָּא נְבוּכַדְנֶאצַּר מֶלֶךְ־בָּבֶל יְרוּשָׁלַם וַיָּצַר עָלֶיהָ (단 1:1).

유다 왕 여호야김이 다스린 지 삼 년이 되는 해에 바벨론 왕 느부갓네살이 예루살렘에 이르러 성을 에워쌌더니

여기서 히브리어의 문법적 구조는 창세기 1:1과 병행한다.

בְּרֵאשִׁית בָּרָא אֱלֹהִים אֵת הַשָּׁמַיִם וְאֵת הָאָרֶץ
태초에 하나님이 천지를 창조하시니라.

다니엘 1:1에는 시간을 알려주는 표시가 나타나는데("유다 왕 여호야김이 다스린 지 삼 년이 되는 해에"), 그것은 창세기 1:1에 있는 시간을 알려주는 표시인 "태초에"와 병행한다.[14] 그런 다음 히브리어 단어 순서상으로, 창세기 1:1에서 나타나는 "창조하셨다"(בָּרָא)라는 완전 동사에 병행하는 "이르렀다"(בָּא)라는 완전 동사가 나온다. 이어서 주어 "바벨론 왕 느부갓네살"이 나오는데, 그것은 창세기 1:1의 주어 "하나님"과 병행한다.

유사한 예가 에스라 1:1에서 나타난다.

---

14 첫머리에 나오는 "태초에"에 해당하는 히브리어에 정관사가 없는 것에 관해서는 다음을 보라. Waltke, "Part III," 221-5; Alexander Heidel, *The Babylonian Genesis: The Story of Creation*, 2nd ed., 3rd impression (Chicago/London: University of Chicago Press, 1963), 92-93; Collins, *Genesis 1-4*, 51n50; Hamilton, *Genesis, Chapters 1-17*, 103-8; Winther-Nielsen, "In the Beginning," 67-80.

바사 왕 고레스 원년에[וּבִשְׁנַת אַחַת] 여호와께서 예레미야의 입을 통하여 하신 말씀을 이루게 하시려고 바사 왕 고레스의 마음을 감동시키시매[הֵעִיר יְהוָה] 그가 온 나라에 공포도 하고 조서도 내려 이르되

다니엘 1:1과 달리 이 구절은 와우 접속사로 시작한다. 그러나 이어서 시간을 나타내는 표시인 "바사 왕 고레스 원년에"라는 말이 나오는데, 그것은 창세기 1:1의 "태초에"라는 표현과 병행한다. 이어서 목적을 나타내는 부정사절("여호와께서 예레미야의 입을 통하여 하신 말씀을 이루게 하시려고")이 나오는데, 이것은 창세기 1:1과 비교할 때 추가적인 요소다. 이어서 "감동시키셨다"(הֵעִיר)라는 완료형 동사가, 다시 이어서 주어 "여호와께서"가 나온다.

다니엘 1:1과 에스라 1:1 모두에서 그 서두는 후속 내러티브에 대한 요약을 제공하기보다는 최초의 사건을 묘사한다. 두 구절 모두에서 문법적 구조는 창세기 1:1과 병행한다. 따라서 우리는 유비를 통한 추론을 하면서 창세기 1:1이 1:2-31에 실려 있는 내러티브와 관련된 최초의 사건을 묘사한다고 결론짓는다.

요약 관점

이제 우리는 창세기 1:1에 대한 요약 관점으로 돌아선다. 여러 사람이 요약 관점을 옹호한다. 하지만 우리는 단순성을 위해 그리고 보다 온전한 논의를

위해 그 관점의 대표자인 월키에게 초점을 맞출 것이다.[15] 월키는 위의 세 가지 논거를 그것들에 상응하는 반대 논거들을 들며 반대한다. 우리는 그것들 각각을 차례대로 살펴볼 것이다.

이미 질서가 잡혀 있던 하늘과 땅

첫 번째 반대 논거는 창세기 1:1의 "하늘과 땅"이라는 표현이 **정돈된 우주, 즉 코스모스**"를 가리킨다는 것이다.[16] 그것은 2절에서 묘사되는 것처럼 정돈되지 않은 상태가 **아니다.** 하늘과 땅이 1절에서 정돈되어 있다면, 결과적으로 그 구절에서 묘사되는 하나님의 창조 행위의 종료점은 그 내러티브가 31절에서 도달하는 것과 동일한 종료점이 되어야 한다. 이 종료점은 2:1에 요약되어 있다. "천지와 만물이 다 **이루어지니라.**" 따라서 창세기 1:1은 그 장의 나머지, 즉 1:2-31에서 상술되는 행위와 동일한 결과를 요약해서 제공한다.

월키는 "하늘과 땅"이라는 표현에 대한 이런 해석에 찬성하면서 세 가지 하위 요점(subpoints)을 제시한다. (1) "하늘과 땅"은 메리즘(merism), 즉 두 개의 상반되는 극(極)을 사용하는 **전체**에 대한 명칭이다. 따라서 그 표현은 하나의 전체로 간주되어야 한다. (2) 히브리어 표현은 언제나 질서가 잡힌 혹은 정돈된 우주를 가리킨다. 그리고 (3) 결과적으로 창세기 1:1에서 어떤 구별되는 의미를 가정하는 것은 표준적인 문헌학을 해치는 것이 된다.

---

15 Waltke, "Part III," 216-8. Waltke, *Genesis*, 58-59 그리고 *Old Testament Theology*, 179-81에는 또한 동일한 논거들 중 몇 가지에 대한 축약된 버전이 포함되어 있다.

16 Waltke, "Part III," 218(강조는 덧붙인 것임). *Old Testament Theology*, 179; 또한 Young, "Relation," 142n17; *Studies in Genesis One*, 10n17을 보라.

표면적으로 본다면, 이런 식의 논거는 꽤 합리적으로 보인다. 그러나 그 세 가지 점들 각각을 살필 경우, 그것들의 주장에는 다소간의 모호함이 있고, 논거들에는 몇 가지 함정들이 존재한다.

1. 메리즘

첫 번째 하위 요점은 "하늘과 땅"(기저를 이루는 히브리어 표현은 הַשָּׁמַיִם, וְאֵת הָאָרֶץ אֵת)이 메리즘이라는 것이다.[17] 월키는 다른 곳에서 메리즘을 "전체성을 가리키기 위해 반대되는 것들을 포함하는 비유적 표현"이라고 규정한다.[18] 그는 창세기 1:1을 논하면서 다양한 표현을 예로 든다. "사람들이 왔다, 크고 작은 사람들이"와 "복 있는 사람은 하나님의 율법을 '주야로' 즉 '항상' 묵상한다" 같은 표현들이 그것이다.[19]

메리즘에 대한 호소는 중요하다. 왜냐하면 월키는 그것이 정돈된 우주에 대한 언급과 관련된 자신의 두 번째 요점을 위한 근거를 마련한다고 여기기 때문이다. 그 핵심적 표현이 메리즘이라는 것은 사실이다. 하지만 우리가 보게 되겠지만, 그것은 월키의 주장에 도움이 되지 않는다.

수많은 메리즘은 의미가 비교적 "명확하다." 전체의 의미는 상반되는 두 개의 의미에서 쉽게 추론될 수 있다. 예컨대 "낮과 밤"이라는 표현은 모든 시간을 포함한다. 우리가 그 표현이 낮 시간 전부와 밤 시간 전부 사이의 전환의 시간, 즉 어스름의 시간을 함축적으로 포함하도록 허락한다면 말이

---

17 Waltke, "Part III," 218; *Old Testament Theology*, 179.

18 Bruce K. Waltke, *A Commentary on Micah* (Grand Rapids, MI: Eerdmans, 2007), 456.

19 Waltke, "Part III," 218. 그 두 개의 예시적인 메리즘 중 첫 번째 것은 Waltke from Cyrus H. Gordon, *The World of the Old Testament*(Garden City, NY: Doubleday, 1958), 35에서 인용된다. 또한 Waltke, *Old Testament Theology*, 179을 보라.

다. 유사하게 결혼 서약에서 나타나는 고전적인 메리즘, 즉 "부하거나 가난하거나"와 "병들었을 때나 건강할 때나" 같은 표현들은 인간의 모든 상황을 포함한다. 우리가 그 중간에 해당하는 상황들(예컨대 아팠다가 건강을 회복하는 상황)을 포함시킨다면 말이다. 히브리어로 된 "하늘과 땅"이라는 표현도 유사하다. 왜냐하면 "하늘"은 보통 위에 있는 것을 가리키고 "땅"은 우리보다 아래 혹은 적어도 보다 낮은 곳, 즉 하늘 아래에 있는 것을 가리키기 때문이다. 그 둘을 한데 모으면 우리가 눈으로 보는 모든 것이 거기에 해당된다. 따라서 "하늘과 땅"이라는 복합적 표현의 의미는 두 개의 주요한 구성 요소인 "하늘"과 "땅"의 의미로부터 명백하게 구성된다.

의미의 명확성이 어째서 중요한가? 월키는 "하늘과 땅"이라는 표현은 "하나의 통일체로서 연구되어야만 하는 복합적 표현이다"라고 말한다.[20] 하지만 어떤 복합적 표현이 "하나의 통일체로서 연구되어야 한다"는 것은 무엇을 의미하는가? 그것은 그저 그 복합적 표현의 온전한 의미가 **단순히** 그 두 개의 주요한 단어를 "서로에게서 고립된 상태로" 다루는 방식으로 추론되어서는 안 된다는 것을 의미할 수 있다.[21] 그러나 그것은 일단 우리가 그 복합적 표현의 통일성을 보기만 한다면, 그 표현이 그것을 구성하는 두 개의 주요한 단어들과 고립되어 연구되어야 한다는 것을 의미할 수도 있다. 다시 말해, 우리는 "**하늘**"과 "**땅**"이라는 단어들이 그 복합적 표현 밖에서 나타나는 모든 경우를 무시한다. 우리는 그 복합적 표현을 마치 그것이 "하나님이 모든 것을 만드셨다"라고 말하는 것과 완전하게 동일한 것처럼 다룬다.

---

20 Waltke, "Part III," 218.
21 Waltke, "Part III," 218.

이것은 사소한 문제가 아니다. 창세기 1:1에서 우리가 "하늘과 땅"이라는 표현을─가령 "만물"(요 1:3)이나 "보이는 것들과 보이지 않는 것들"(골 1:16) 같은─어떤 다른 표현으로 대체한다면, 우리는 창세기 1:1의 "땅"과 2절의 "땅" 사이의 핵심적 연결 관계를 잃게 되는데, 그 관계는 1절의 땅의 상태를 결정하는 데 중요하다. 유사하게, 우리가 1절의 그 복합적 표현이 2절의 "땅"이라는 표현으로부터 분리되어야 한다고 여기다면(그 복합적 표현은 어느 정도는 이음새가 없는 전체이기에), 우리는 유사한 결과, 즉 2절이 1절로부터 단절되는 결과를 얻는다. 우리는 두 구절 모두에서 "땅"이라는 특별한 표현이 나타나는 것의 의미를 공정하게 다루는 데 실패한다. 월키의 논거는 이 문제를 결코 논의하지 않는다.[22]

---

22 요약 관점의 한 가지 형태를 옹호하는 Young은 그 문제를 알아차린다. 그 문제를 설명하면서 그는 다음과 같이 쓰고 있다.

> 2절은 분명하게[!] 1절과 연결되며 그것이 첫 번째 구절에서 가졌던 것과 다른 의미에서 הָאָרֶץ라는 단어를 사용한다. (Young, "Relation," 142n17; *Studies in Genesis One*, 10n17)

다른 곳에서 Young은 더 명확하게 말한다.

> הָאָרֶץ라는 단어는 그것이 1절에서 갖고 있는 것과 정확하게 동일한 의미를 갖고 있지 않다. 1절에서 그것은 הַשָּׁמַיִם이라는 단어와 함께 지금 우리가 알고 있는 제대로 질서가 잡힌 우주를 가리키는 조합을 형성한다. 그러나 2절에서 그것은 사람이 거주할 수 없는 상황에 있는 땅을 묘사한다. (Edward J. Young, "The Interpretation of Genesis 1:2," *Westminster Theological Journal* 23, no. 2 [1961]: 168)

Young의 설명은 보충적인 논거를 제시하기보다 그런 주장이 갖고 있는 어려움을 예시하는 것처럼 보일 뿐이다. 한편으로 그는 창 1:1과 2절 사이에 분명한 연결 관계가 있다고 말한다. 그리고 우리는 그 연결 관계의 핵심이 "땅"이라는 용어의 반복을 통해 이루어진다는 것을 알 수 있다. 다른 한편으로 그는 그 둘 사이에 커다란 차이가 있다고 여긴다. 1절의 "땅"은 정돈된 땅인 반면, 2절의 "땅"은 아직 형태를 갖추고 있지 않았고 정돈되지도 않았다.
Hermann Gunkel 같은 다른 분석가들은 1절과 2절이 서로 다른 자료에서 나온다고 가

월키는 움베르토 카수토(Umberto Cassuto)의 글을 찬성하며 인용하는데, 카수토는 **"방송하다"**(broadcast)라는 영어 단어를 사용해서 어떤 복합적 표현("방송하다"[broadcast])의 의미가 그것의 부분들("넓게"[broad]와 "던지다"[cast])의 의미로부터 추론될 수 없다는 원리를 예시한다.[23] 그러나 그 예는 그것이 입증하겠다고 한 것을 입증하지 못한다. 문제는 과연 "하늘과 땅"이라는 복합적 표현이 "방송하다"라는 복합적 표현과 동일한 방식으로 작동하는가 하는 것이다. 그것은 그렇게 작동하지 않는다. 앞서 지적했듯이, 수많은 메리즘은 본질상 의미가 명확하다. "밤낮으로"나 "병들었을 때와 건강할 때" 같은 예들이 보여주듯이 말이다. 어느 메리즘의 의미를 결정할 때 유일하게 필요한 것은 서로 연결되는 두 개의 극이 그것들 사이에 있는 모든 것을 포괄하고 있지 않으면 안 된다는 사실에 적응하는 것이다. 따라서 어느 메리즘의 의미는 그것을 구성하는 요소들의 의미에서 추론될 수 있다. 의미의 이러한 명확성은 우리가 메리즘을 무한히 증식할 수 있게 해준다. 예컨대 우리는 인간을 묘사하는 수많은 메리즘을 얻을 수 있다. 부자와 가난한 자, 노예와 자유인, 덩치가 큰 자와 작은 자, 젊은이와 늙은이, 강한 자와 약한 자, 키가 큰 자와 작은 자, 배운 자와 못 배운 자, 고용된 자와 실업자 등등. 적절한 문맥이 주어진다면, 복합적 표현의 의미를 판별하기는 쉽

정함으로써 그 문제를 피해간다. Hermann Gunkel, *Genesis*, trans. Mark E. Biddle (Macon, GA: Mercer University Press, 1997), 104(독일어 원문에서는 103).

어려움은 어느 해석자가—그가 Waltke이든, Young이든, Gunkel이든 혹은 다른 어떤 이든 간에—1절이 정돈되고 완전한 하늘과 땅을 가리키고 있다고 판단할 때만 나타난다. 이런 움직임은 일반적으로 나타나는 잘못이다. 그것이 어떻게 해서 그렇게 일반적인 것이 되었는지는 우리의 이어지는 논의를 통해 드러날 것이다.

23   Waltke, "Part III," 218은 Umberto Cassuto, *A Commentary on the Book of Genesis*, 2 vols. (Jerusalem: Magnes, 1961), 1.22를 인용한다; Waltke, *Old Testament Theology*, 179은 "나비 [Butterfly]는 버터[butter]와 날다[fly]와는 아주 다르다"라는 예를 제시한다.

다. 그 의미를 판별하는 우리의 능력은 그 복합적 표현이 이미 보편적이고, 잘 알려져 있으며, 확정된 표현인지 여부에 의해 크게 영향을 받지 않는다.

또한 인간을 표현하는 모든 메리즘이 동일한 지시 대상(즉, 인간)을 갖고 있지만, 그중 어느 것도 다른 것과 엄밀한 의미에서 동의어가 아니라는 것에 주목하라. "부한 자와 가난한 자"는 경제적 양극성에 주목한다. "노예와 자유인"은 자유와 부자유의 양극성에 주목한다. "배운 자와 못 배운 자"라는 메리즘은 교육이 사람들의 상황에 영향을 준다고 순진하게 생각될 수 있지만, 사실은 그렇지 않은 상황에서 적절하게 나타날 수 있다. 모든 인간, 즉 배운 자와 배우지 못한 자 모두가 서로에게 속해 있다.

같은 것이 "하늘과 땅"이라는 표현에도 해당된다. 우리는 그것이 온 세상을 가리킨다는 것을 알 수 있는데, 왜냐하면 그것의 두 가지 주요한 내적 구성 요소들이 세상의 두 가지 주요한 공간적 지역들을 가리키는 데 사용되는 극성을 지닌 의미들을 갖고 있기 때문이다. 여러 다른 메리즘들과 마찬가지로, 전체라는 의미가 그 두 부분의 의미로부터 명백하게 추론된다.

따라서 월키가 "하늘과 땅"이라는 복합적 표현을 어떻게 다루는지를 좀 더 세밀하게 살펴보자. 그는 사이러스 고든(Cyrus Gordon)을 긍정적으로 인용하면서 다음과 같은 예를 제시한다. "영어에서 '사람들이 왔다, 크고 작은 사람들이'라는 표현은 '모두가 왔다'를 의미한다."[24] 여기서 **의미한다**(means)라는 단어에는 얼마간의 모호함이 존재한다. "큰 자와 작은 자"라는 복합적 표현을 사용하는 샘플 진술은 "모두가 왔다"를 **함축한다**(imply).

---

24 Waltke, "Part III," 218은 Cyrus H. Gordon, *The World of the Old Testament*(Garden City, NY: Doubleday, 1958), 35을 인용한다.

그러나 우리가 "모두"를 "큰 자와 작은 자"로 대체한다면, 우리는 그 복합적 표현이 그 두 개의 내적 구성 요소인 "큰 자"와 "작은 자"에 대해 명확하다는 사실을 제거함으로써 그 의미를 미묘하게 바꾸고, 그 의미는 우리로 하여금 인간을 이런 두 개의 극성을 지닌 부분들로 이루어진 것으로 생각하도록 요구함으로써 효과적으로 작동한다. 그 "의미"는 보다 미묘한 의미에서 두 개의 극단—큰 자와 작은 자—에, 이어서 그 사이에 있는 모두에 대한 주목에 초점을 맞추는 것을 포함한다. 마찬가지로, **하늘**과 **땅**의 구별된 의미들은 그 복합적 표현에서 완전히 사라지지 않는다. 그것들은 여전히 "알아볼 수 있다." 그것들은 그 복합적 표현의 온전한 의미를 "명확하게" 한다.

2. 정돈된 우주에 대한 주장

월키의 논거 중 두 번째 요소는 그 복합적 표현이 "정돈된 우주, 즉 코스모스"를 가리킨다는 주장이다. 그러나 여기서 우리는 어떤 표현의 **의미**를 그것의 **지시대상**과 구별해야 한다. 명확성을 위해, 의미와 지시대상의 구별에 대한 예를 들어보자. "이삭의 아버지"라는 표현은 아브라함을 **가리킨다**. 그러나 "이삭의 아버지"라는 표현의 **의미**(sense) 혹은 **의의**(meaning)는 대략 "이삭이라고 불리는 사람의 첫 세대 남자-부모"이다. 그런 의미에는 우리가 그 지시대상(아브라함)에 대해 알고 있는 모든 것이 포함되지 않는다. 유사하게, 우리는 필라델피아를 "펜실베이니아주에서 가장 큰 도시", "델라웨어강과 스쿨킬강이 함께 흐르는 도시", "자유의 종이 있는 도시", "독립선언문이 서명되었던 도시" 혹은 "미국 최초의 수도"라고 부를 수 있다. 이런 표현들은 모두 동일한 대상을 가리킨다. 하지만 그것들은 그것들이 그 지시대상에 대해 제공하는 정보의 종류라는 측면에서 서로 다르다. 그것들은 **의미**에서 서로 다르다.

일단 이런 구별을 하고 나면, 우리는 "하늘과 땅"이라는 표현을 분석하는 방법에 어떤 잠재적인 문제가 있음을 알 수 있다. 우리는 그 표현의 **의미**를, 그것이 그것의 용례 중 어느 특정한 경우에 그것이 **가리키는** 것과 구별해야 한다. 구약성경에서 이 표현이 발생하는 대다수의 경우에 그것은 정돈된 상태에 있는 세상을 **가리킨다**. 어째서인가? 하나님의 창조 사역의 완성 이후로 세상은 정돈된 상태로 남아 있기 때문이다(우리는 노아의 홍수 때를 위해 부분적인 예외를 둘 수 있을 것이다). 그것에 더하여, 창세기 1-3장 이후 그 표현의 거의 모든 용례는 인간의 활동과 인간의 출생 및 죽음에 의해 초래된 역사적 발전이라는 상태에 있는 세상을 가리킨다. 따라서 지금 우리가 **지시대상**에 대해 말하고 있다면, 우리는 "하늘과 땅"이라는 복합적 표현이 대부분의 경우에 이미 인간의 역사적 발전을 겪은 세상을 가리킨다고 말할 수 있을 것이다. 또한 우리는 그것이 타락의 결과를 보여주는 세상을 가리킨다고 말할 수 있을 것이다.

그러나 **지시대상**에 대한 이 모든 정보를 취한 후 그것을 그 표현의 **의미**로 다시 읽어내는 것은, 마치 그 의미에 역사적 발전이라는 개념과 타락의 결과라는 개념이 포함되어 있기라도 한 것처럼 읽어내는 것 같이 잘못된 일이 될 것이다. 그런 다시 읽기는 마치 내가 "펜실베이니아주에서 가장 큰 도시"라는 표현의 의미 안에 그 지시대상에 대한 모든 방대한 정보, 즉 그것의 모든 물적·구조적·경제적·사회적 차원을 가진 실제 도시에 대한 모든 정보가 포함되어 있다고 주장하는 것만큼이나 잘못된 일이 될 것이다. 마찬가지로 우리는 얼마간 조심스럽게 "'하늘과 땅'이라는 표현의 의미에 정돈화라는 개념—그 개념은 분명히 적어도 대다수의 경우에 그 지시대상에 속해 있다—이 포함되어 있는가?"라고 물어야 한다. 그 지시대상이 정돈되었다고 지적하면서 그것이 나타나는 다양한 경우를 검토하는 것만으로는 충분하지 않을 것이다.

이것은 인위적인 문제일까? 그 용어에 대한 월키 자신의 용례는 우리에게 확신을 주지 않는다. 왜냐하면 그것은 그 둘을 명확하게 구별하지 않은 채 때로는 지시대상에 초점을 맞추고, 때로는 의미에 초점을 맞추는 것처럼 보이기 때문이다. 월키의 주장 중 다음 두 문단을 살펴보자.

> 그러므로 여기서 "하늘과 땅"은 "만물"을, 그리고 보다 특별하게는 "정돈된 우주, 즉 코스모스"를 가리키는 반의어다. 사실, 「솔로몬의 지혜서」(the Wisdom of Solomon)[11:17]는 창세기 1:1을 **가리키는** 데 ὁ κόσμος라는 그리스어를 사용한다.
>
> 이것은 의심할 바 없이 창조 이야기를 결론짓는 요약적 진술에서 나타나는 그 복합적 표현의 의미다. "천지[하늘과 땅]와 만물이 다 이루어지니라"(창 2:1). 그 복합적 표현은 인간에 대한 이야기를 소개하는 요약적 진술[창 2:4]에서 그런 **의미**로 다시 나타난다.…이 복합적 표현은 결코 무질서한 혼돈이라는 **의미**가 아니라 언제나 질서가 잡힌 우주라는 의미를 갖는다.[25]

언급에 대한 용어들("가리키다"[designate, refer])에서 **의미**에 대한 용어들("의미"[sense, meaning])로의 변화는 지시와 의미 사이의 구별에 대한 의식을 보여주지 않는다. 그리고 「솔로몬의 지혜서」를 논하는 문장은 부정확하다. 더 정

---

25 Waltke, "Part III," 218(강조는 덧붙인 것임).

확하게 그 문장은 ὁ κόσμος라는 단어가 우주를 가리키며 창세기 1:1을 언급한다고 말해야 한다.

우리는 "하늘과 땅"이라는 표현과 "하늘"과 "땅"이 쌍을 이루는 다른 본문의 표현들의 용법들에 대한 특별한 증거를 상세하게 살핌으로써 그 문제를 좀 더 설명할 수 있다. 월키는 위에 제공된 인용문에서 먼저 창세기 2:1을 언급한다. 그는 이렇게 쓴다. "이것은 **의심할 바 없이**⋯그 복합적 표현의 의미다." 그러나 일단 우리가 의미(sense)와 언급(reference)을 구별하면, 그 증거는 아무런 힘도 갖지 못한다. 창세기 2:1에서 그 복합적 표현은 완전한 하늘과 땅을 **가리킨다**. 그러나 그 **의미**는 여전히 "위에 있는 것"과 "아래에 있는 것"을 합친 것에 불과할 수 있다. 그 의미는 그 문장이 복합적 표현을 사용할 때 가리키는 그 시점의 지시대상의 상태에 대해 우리가 아는 모든 것을 자동적으로 누적하지 않는다. 월키는 "의심할 바 없이"라는 단어를 사용하면서 어려운 문제를 슬쩍 넘어간다. 그는 그 복합적 표현이 적절하게 어떤 최소한의 **의미**를 가지면서도 여전히 그런 언급이 이루어진 시점에 정돈되어 있던 우주를 **가리킬 수** 있었다는 것에 주목하지 않는다.

우리가 **의미**보다 창세기 2:1의 **지시대상**에 초점을 맞출 때조차, 우리는 미묘한 어려움을 발견한다. 창세기 2:1은 "하늘과 땅"뿐 아니라 "만물"에 대해서도 언급한다. "만물"(all the host of them, KJV)이라는 표현은 천체들과 새들처럼 하늘의 영역에 있는 것들, 그리고 식물들과 동물들처럼 땅의 영역에 있는 것들을 가리킨다.[26] 이런 무리들은 하늘과 땅 자체와 구분된다.

---

26 어떤 구절들에서 "host"(무리)는 천사들의 무리를 의미하지만(왕상 22:19), 또한 그 단어는 인간의 "무리"(삼상 17:46; 시 68:11, 18)나 하늘의 광명체들(신 4:19)을 가리킬 수도 있다.

따라서 이 문맥에서 "하늘과 땅"이라는 표현은 우선적으로 그것들의 "무리" 혹은 거주자들(렘 51:48과 비교해보라)과 구별되는 공간적 지역에 초점을 맞춘다. 결과적으로 "하늘과 땅"은 단순히 "만물"의 동의어가 **아니다.** "만물이 완성되었다. 그리고 그 안의 모든 것이"라고 말하는 것은 이상하다. "만물"은 "만물"과 구별되는 거주자들을 가질 수 없다. 왜냐하면 그 거주자들은 이미 "만물"이라는 지시대상 안에 포함되어 있기 때문이다.

이런 점에서 "하늘과 땅"이라는 복합적 표현은 그것의 용법과 관련해서 "땅"이라는 구성 요소에 대한 표현과 동등한 유연성을 갖고 있다. "땅"이라는 표현은 때로는 낮은 **지역,** 특히 견고한 터를 가리키는 데(창 1:11, 28, 29; 7:3; 8:17, 19; 11:8 등) 사용되며, 때로는 포괄적으로 그 위에 존재하는 모든 것과 **함께** 그 지역을 가리키는 데 사용된다(창 2:4; 6:11; 9:11, 13; 출 19:5 등). 용법에서의 유연성은 그 복합적 표현이 엄격하고 기계적인 용어가 아니라 그것을 구성하는 용어들의 유연성을 명백하게 반영한다는 것을 확증해준다.

또 다른 어려움은 "정돈되다" 혹은 "질서가 잡히다"라는 개념에 들어 있는 모호함 때문에 발생한다. 우리가 무언가가 정돈되었다고 여기려면 얼마나 많은 구조가 필요한 것일까? 그것은 어느 특별한 물체나 지역을 평가하는 이들의 환경, 목적 그리고 관심사에 달려 있다. 최소한의 의미에서 창세기 1:2의 땅은 이미 구조를 드러내 보인다. 첫째, 모종의 수면을 지닌, 그러나 수면이 그것 위에 있는 돌출 부분이 되는 커다란 물체까지 포함하는 깊음(the deep)이 존재한다. 따라서 깊음은 수면과 수면 아래의 깊음 두 부분으로 "정돈되었다." 둘째, 수면을 지닌 깊음은 그 위에 있는 공간―그 안에서 하나님의 영[27]이 활동하고 계신다—과의 관계에서 "정돈되었다." 문제가 되는 공간은 깊음과 구별되며 그것 위에 존재한다.

덧붙여서 이 공간 안에 정돈된 움직임이 존재한다. 그 영은 활동 중이다. 운행에 관한 이런 묘사는 그 공간이 세 개의 구별된 차원을 지닌—그중 하나가 위와 아래라는 차원이다—우리의 정상적인 공간과 같다는 것을 암시한다. 그것 자체가 일종의 "구조"(organization)다.

더 나아가 우리가 창세기 1:9로부터 배우듯이 액체 상태의 "깊음" 아래에는 이미 어떤 견고한 실체가 존재한다. 9절은 하나님이 물과 함께 마른 땅을 만드셨다고 혹은 창조하셨다고 말하지 않는다. 또한 그것은 그분이 마른 땅이 물로부터 응고되게 하셨다고 말하지도 않는다. 오히려 물이 "한곳으로 모여" 마른 땅이 "드러났다." 이런 묘사는 견고한 물질이 이미 수면 아래에 존재했음을 의미한다. 만약 그렇다면 아마도 그것은 2절에서도 이미 존재했을 것이다.

따라서 창세기 1:2에서 "땅"의 초기 단계는 적어도 6개의 서로 구별되는 요소들을 포함하는 수직적 배열을 갖추고 있었을 것이다. 영 위의 공간, 영 자신, 영 아래의 공간, 깊음 위의 수면, 수면 아래의 깊음, 그리고 깊음 아래의 견고한 터. 우리가 영의 위와 아래의 공간을 결합하고 그것을 그 한가운데서 영이 활동하는 단일하게 구별된 요소라고 여긴다면, 우리는 다섯 개의 요소를 갖게 되는 셈이고, 그것들은 서로와의 관계에서 특별한 방식으로 구조적으로 정돈된다.

그러므로 창세기 1:2에서 땅은 이미 어느 정도 정돈되어 있는 셈이다.

---

27   Hamilton은 "하나님의 영"이라는 의미에 대한 주장을 한다. *Genesis, Chapters 1-17*, 111-14.

거기서 땅은 "혼돈하고 공허한" 상태에 있으나, 콜린스는 그 구절이 그것이 완전한 혼돈이라고 말하는 것과 동일하지는 않다고 지적한다. 그는 이렇게 설명한다. "'혼돈하고 공허하다'(창 1:2)라는 표현은 '무질서한 혼돈'을 가리키는 것이 아니라 그 땅을 '생산적이지 않고 사람이 거주하지 않는 장소'로 묘사하는 것이다."[28]

　"하늘과 땅"이라는 복합적 표현이 "정돈된 우주"를 의미한다고 주장하는 학자들은 그런 복합적 표현을 사용하는 것이 적절한 것이 되기 전에 우주가 얼마나 정돈되어야 하는지에 대해서 우리에게 말해주지 않는다. 우리가 한 방향으로 밀고 나간다면, 창세기 1:2의 상황은 이미 충분히 정돈되어 있으며, 월키의 주장은 모든 힘을 잃어버린다. 따라서 다른 방향으로 밀고 나가보자. 우주가 "정돈되었다"고 간주되기 위해서는 그것이 지금처럼 완전하게 정돈되어야 한다고 명시해보자. 그러면 우리는 창세기 2:1과의 긴장을 만들어낸다. 그 구절은 "천지와 만물이 다 **이루어지니라**"라고 말하는데, 이것은 그것들이 최종적 상태에 이르는 어떤 **과정**을 겪었음을 암시한다. 만약 그렇다면, 그 함축적 의미는 그것들이 여전히 과정 중에 있는 동안 "하늘과 땅"이라고 적절하게 불렸다는 것처럼 보인다. (그렇지 않다면, 아마도 그 표현은 "위에 있는 지역도 완료되었고, 아래에 있는 지역도 완료되었으며, 그렇게 하나님은 하늘과 땅을 만드셨다"와 같은 어떤 것이 되었을 것이다. 즉 그 정돈된 우주는 오직 종료지점에 가서야 "하늘과 땅"으로 불린다.) 완전한 정돈이라는 개념을 옹호하는 이들은 이런 지적에 대응하면서 보다 앞선 단계들은 오직 간접적으로만 혹은 예기적으로만 "하늘과 땅"이라는 명칭에 걸맞은 대우를 받는다고 주장

28　Collins, *Genesis 1-4*, 54.

할 수 있다. 그러나 그것조차 부분적인 양보일 뿐이다.[29]

그러므로 창세기 2:1의 실제적인 표현은 전체가 "하늘과 땅"이라고 불리기 위해서는 모든 일이 "이루어져야" 한다는 개념과 다소간의 긴장을 드러낸다. 이런 긴장은 창세기 2:1이 실제로는 그 메리즘의 **의미**에 정돈이라는 개념이 본질적인 특성으로 포함되어 있다는 논지를 위한 적극적 증거(중립적 혹은 부정적 증거에 맞서는 것으로서)를 제공하지 않음을 더욱 잘 예시한다.

우리는 창세기 2:4에 대한 월키의 해석에서도 유사한 어려움을 발견한다. 그는 "하늘과 땅"이 정돈된 우주를 의미한다는 두 번째 표시로서 이 구절을 인용한다. 하지만 보통 그러하듯이 의미는 지시대상과 구별될 필요가 있다. 의미는 우리가 그 지시대상에 대해 아는 모든 것과 동일시되어서는 안 된다. 비록 우리가 창세기 2:4에서 그 **지시대상이** 우리가 원하는 만큼 온전하게 정돈되어 있다고 가정할지라도, 그것은 그 메리즘의 **의미**에 정돈이라는 개념이 본질적인 특성으로 포함되어 있음을 의미하지 않는다.

창세기 2:4을 위한 지시대상과 관련해서, 다시 말하지만 그것이 어느 정도나 정돈되어야 하는지가 분명하지 않다. 우리는 4절에 나오는 "날"이라는 표현, 즉 "여호와 하나님이 땅과 하늘을 만드시던 날"이라는 표현에 초점을 맞춤으로써 그 어려움을 볼 수 있을 것이다. 하나님이 사물을 만드시는 이 기간에는 1:1-31에 해당하는 모든 기간이 포함된다. 그 경우에 "땅과 하늘"이라는 표현은 그것의 끝뿐 아니라 시작까지 포함하는 과정 내내 존재했던 우주를 가리키는 것일 수 있다. 다시 한번 말하지만, 2:4은 그 복합적 표

---

29 그의 논문의 다른 맥락에서 Waltke는 "하늘과 땅"이라는 복합적 표현을 예기적으로 사용하는 것에 호소하는 설명을 거부한다. Waltke, "Part III," 219. 예기적 사용에 대한 그의 거부는 오직 그의 관점이 창 2:1과 관련해서 갖고 있는 어려움을 가중시킬 뿐이다.

현의 의미에 정돈화라는 개념이 포함된다는 이론을 지지하지 않는다.

월키의 해석은 훨씬 더 심각한 또 다른 어려움을 갖고 있다. 우리가 보았듯이 "하늘과 땅"이라는 표현은 명백하게 그것에 포함된 두 개의 구성 요소인 "하늘"과 "땅"으로부터 나온다. 이 두 지역 모두 오직 그것들이 완전하게 정돈된 종결 상태에서만 언급되지 않고, 오히려 1:2-31에 실려 있는 내러티브의 과정에서 몇 차례 언급된다(하늘: 1:9, 14, 15, 17, 20, 26, 28, 30; 땅: 1:2, 11[두 번], 12, 15, 17, 20, 22, 24, 25, 26[두 번], 28[두 번], 29, 30[두 번]). 그리고 1:2은 분명한 정보를 제공한다. 땅은 심지어 그것이 "혼돈하고 공허한" 상태에 있을 동안에도 적절하게 "땅"이라고 불린다. "하늘과 땅"이라는 복합적 표현의 의미가 그 두 부분의 구성적 의미들로부터 나오기 때문에, 2절은 그것의 구성적 부분들뿐 아니라 그 복합적 표현이 선천적으로 철저한 정돈이라는 개념을 그것의 **의미**의 통합적이고 핵심적인 요소로 포함하고 있지 않다는 분명한 증거를 제시한다. 그것의 의미에 정돈이 포함되어 있다는 개념은 의미와 지시대상을 혼동함으로써 만들어진 환상이다.

월키는 그의 주장을 다음과 같이 요약한다.

창조 이야기와 다른 곳에서 나타나는 그것의 광범위하고 모호하지 않은 용법에 기초를 둔 이런 이해[그 의미는 "정돈된 우주"다]가 허락된다면, 창세기 1:2은 상황절로 이해되어서는 안 된다.[30]

---

30 Waltke, "Part III," 219. 적절한 구두점을 위해서는 인용된 자료 중 "다른 곳에서" 다음에 추가로 쉼표를 찍어야 한다. 여기서 나는 그 논문이 출판된 대로 인용했다. Waltke, *Creation and Chaos*, 26에는 추가적인 쉼표가 포함되어 있다(우리말 번역에서는 상관없는 설명이다—역주).

이 요약은 확신을 주지 못한다. 월키는 "광범위하고 모호하지 않은 용법"에 대해 말한다. 이로써 그는 원칙적으로 그 복합적 표현의 여러 다른 경우들(그는 "그리고 다른 곳에서"라고 말한다)을 포함시키고자 한다. 하지만 그는 겨우 두 개의 구절(창 2:1, 4)을 인용할 뿐이다. 그리고 그 구절 중 어느 것도 그것의 증거라는 측면에서 모호하지 않다. 의미와 지시대상을 구별하는 신중한 분석에서 그 구절 중 어느 것도 정돈이라는 개념이 지시대상과 구별되는 의미의 핵심적 요소라는 **그 어떤** 적극적인 증거도 보여주지 않는다. 또한 월키는 1:2이 제공하는 증거도 무시했다. 구약성경의 다른 곳에서 그 복합적 표현이 여러 차례 나타나는 것과 관련하여, 우리는 그것들이 어떤 증거를 제공하는지 알려면 그것들을 하나하나 살펴볼 필요가 있을 것이다. 창세기 2:1과 4절을 통해 제공된 증거는 분명하지 않다. 사실 아주 미묘한 방식으로 2:1과 4절 모두는 월키의 논지에 대해 문제를 제기한다.

그렇다면 우리는 실제로 어떻게 **정돈화**라는 개념이 "하늘과 땅"이라는 표현의 의미의 핵심적 구성 요소인지를 평가할 수 있는가? 우리는 그 복합적 표현의 의미가 명백하게 그 부분들의 의미로 구성되어 있다는 우리의 앞선 관찰을 통해 이미 그 일을 행한 바 있다. 정돈화라는 개념은 창세기 1:2이 말하는 "땅"의 의미의 핵심적 구성 요소가 아니다. 또한 그것은 그 복합적 표현의 핵심적 구성 요소도 아니다.[31]

더 나아가 그 복합적 표현은 두 개의 극단적으로 대립하는 것들의 합성을 통해서 다른 메리즘들과 같은 역할을 한다. 그것은 정확하게 서로 대

---

31   정돈이라는 개념을 옹호하는 Waltke("Part III," 218-19)는 John Skinner, *A Critical and Exegetical Commentary on Genesis*(Edinburgh: T&T Clark, 1910), 14을 지지하며 인용한다. 그러나 Skinner는 자신의 주장을 위한 증거를 제시하지 않는다.

립되는 것들을 사용함으로써 보다 큰 전체를 가리키는 것을 가능하게 한다. 그 특별한 종류의 대립은 여전히 전체의 의미에서 분명하게 드러난다. 예컨 대 앞서 언급했듯이, "배운 자와 배우지 못한 자"라는 메리즘은 교육에 의해 구별되는 두 부분이라는 측면에서 인간을 가리킨다. 그러므로 그것은 인간 안에 있는 세대 간의 구분(젊은이와 늙은이), 인간의 아름다움과 추함 혹은 인 간의 "정돈화"가 아니라 오직 하나의 기준, 즉 교육이라는 기준에 주목한다. 마찬가지로 "하늘과 땅"이라는 메리즘은 전체 중 높은 지역과 낮은 지역으 로 구분되는 두 부분이라는 측면에서 세상을 가리킨다. 그것의 초점은, 만약 그런 것이 있다면, 지역들로 이루어진 세상에 맞춰진다. 그리고 그 지역들은 관찰자의 입장에서 보자면, 서로 수직적으로 구분되는 두 방향에 자리 잡고 있다. 지역과 위치에 대한 이런 관심은 사실상 그것의 의미와 관련해서 **공 간보다 정돈화**가 핵심적이라는 개념에 반하는 것이다.

또한 우리는 구약성경에서 "하늘과 땅"이라는 표현 및 그것과 연관된 표현들 모두를 살필 수도 있다. 이런 표현 중 많은 것들은 정돈된 우주를 그 것들의 **지시대상**으로 갖고 있다. 그러나 의미와 지시대상 사이의 구분 때문 에, 지시대상에 대한 이런 정보가 정돈화라는 개념을 **의미** 안으로 통합하는 것을 위해 어떤 함의를 지니고 있음을 보여주는 것은 사소한 것은 아니지만 아주 섬세한 과업이 될 것이다.

그럼에도 "하늘"과 "땅"이라는 표현이 동시에 나타나는 경우들을 조사 해서 그것의 용례의 범위를 살피는 것은 유익하다. 우리는 그 두 용어가 짝 을 이루어 나타나지만 정확하게 "하늘과 땅"이라는 형태로 나타나지는 않 는 많은 경우를 쉽게 발견한다.

하나님은 **하늘**의 이슬과 **땅**의 기름짐이며

풍성한 곡식과 포도주를

네게 주시기를 원하노라(창 27:28)

내가 너희의 세력으로 말미암은 교만을 꺾고 너희의 **하늘**을 철과 같게 하며 너희 **땅**을 놋과 같게 하리니(레 26:19; 참조. 신 28:23).

여호와께서 너를 교훈하시려고 **하늘**에서부터 그의 음성을 네게 듣게 하시며, **땅**에서는 그의 큰불을 네게 보이시고 네가 불 가운데서 나오는 그의 말씀을 듣게 하셨느니라(신 4:36).

하늘과 모든 하늘의 하늘과 **땅**과 그 위의 만물은 본래 네 하나님 여호와께 속한 것이로되(신 10:14)

그리하면 여호와께서 너희 조상들에게 주리라고 맹세하신 땅에서 너희의 날과 너희의 자녀의 날이 많아서 **하늘**이 **땅**을 덮는 날과 같으리라(신 11:21).

너희의 하나님 여호와는 위로는 **하늘**에서도 아래로는 **땅**에서도 하나님이시니라(수 2:11b).

그날에 여호와께서

높은 데[**하늘**]에서 높은[**하늘**의] 군대를 벌하시며

땅에서 **땅**의 왕들을 벌하시리니(사 24:21).

여호와께서 이와 같이 말씀하시되

"**하늘**은 나의 보좌요

땅은 나의 발판이니"(사 66:1)

사실상 굉장한 다양성이 존재한다. 그리고 그런 많은 경우에서 분명하게 드러나는 것은 공간적 위치들 사이의 극성―위와 아래―이 아주 다양하게 작용한다는 것이다.

또한 우리는 "하늘"과 땅"이라는 두 용어가 느슨하게 짝을 이루는 구절들과 매우 유사한 **하늘**과 **땅**이라는 표현을 지닌 구절들을 발견할 수 있다. 예컨대 예레미야 32:17a를 51:15과 비교해보라.

슬프도소이다, 주 여호와여! 주께서 큰 능력과 펴신 팔로 **천지**를 지으셨사오니 (렘 32:17a)

여호와께서 그의 능력으로 **땅**을 지으셨고

그의 지혜로 세계를 세우셨고

그의 명철로 **하늘**들을 펴셨으며(렘 51:15).

이런 유사성들은 "하나님이 천지를 창조하시니라"라는 표현이 의미상 "하나님께서 하늘을 만드시고 하나님께서 땅을 만드셨다"와 유사하다는 것을 암시한다. "하늘"과 "땅"이라는 구성 요소적 표현들은 두 문맥 모두에서 나름의 일반적인 의미를 지닌다.

또한 신명기 31:28을 그것보다 불과 몇 구절 후에 나오는 32:1과의 관계 속에서 살펴보자.

> 너희 지파 모든 장로와 관리들을 내 앞에 모으라. 내가 이 말씀을 그들의 귀
> 에 들려주고 그들에게 **하늘**과 **땅**[אֶת־הַשָּׁמַיִם וְאֶת־הָאָרֶץ]을 증거로 삼으리라(신
> 31:28).

> 하늘[הַשָּׁמַיִם]이여, 귀를 기울이라, 내가 말하리라.
> 땅[הָאָרֶץ]은 내 입의 말을 들을지어다(신 32:1).

신명기 31:28에는 그 복합적 표현이 전형적인 형태로 포함되어 있다. 신명
기 32:1은 **하늘**과 **땅**이라는 두 용어를 분리시킨다. 그러나 그 두 구절은 동
일한 것에 대해 말하고 있다. 신명기 31:28에서 하나님은 자신이 **하늘**과 **땅**
을 증거로 삼으실 것이라고 말씀하신다. 총회가 모인 후에(신 31:30), 신명기
32:1에서 하나님은 자신이 하늘과 땅에게 이어지는 말씀들을 들으라고 명
령하심으로써 자신이 하시겠노라고 말씀하셨던 바로 그것을 하신다. 31:28
과 32:1 모두에서 하늘과 땅은 인격화되어 있다. 그러나 이 비유적 표현을
감안할 때, "하늘"과 "땅"이라는 단어들은 31:28에서 사용된 복합적 표현
의 안과 밖에서 동일한 기능을 한다. 그러므로 신명기의 이 두 구절에 대한
비교는 그 복합적 표현이 그 두 가지 주요한 구성 요소들의 의미를 분명하
게 드러낸다는 주장을 지지한다.

또한 우리는 "하늘"과 "땅"이 "바다"와, 혹은 "바다"와 "마른 땅"과 함
께 나타나는 몇 개의 구절들을 발견할 수 있다.

천지창조에서 에덴까지

이는 엿새 동안에 나 여호와가 **하늘**과 **땅**과 **바다**와 그 가운데 모든 것을 만들고 일곱째 날에 쉬었음이라(출 20:11).

여호와는 **천지**와
바다와 그중의 만물을 지으시며(시 146:6)

조금 있으면 내가 **하늘**과 **땅**과 **바다**와 **육지**[마른 땅]를 진동시킬 것이요(학 2:6b).

이런 구절들은 그것들이 짝을 이룰 때조차 "하늘"과 "땅"이 그것들의 정상적인 기능을 보유하고 있음을 암시하는데, 그것들 각각은 그 기능에 따라 한 지역을 지정한다.

마지막으로 우리는 하늘과 땅의 정돈화가 위협받고 있음을 전하는 구절들을 발견할 수 있다.

그러므로 나 만군의 여호와가 분하여 맹렬히 노하는 날에
하늘을 진동시키며 **땅**을 흔들어
그 자리에서 떠나게 하리니(사 13:13)

너희는 **하늘**로 눈을 들며
그 아래의 **땅**을 살피라.
하늘이 연기같이 사라지고,
땅이 옷같이 해어지며,

거기에 사는 자들이 하루살이같이 죽으려니와,

나의 구원은 영원히 있고

나의 공의는 폐하여지지 아니하리라(사 51:6).

보라, 내가 **땅**을 본즉 혼돈하고 공허하며

하늘에는 빛이 없으며(렘 4:23)

여호와께서 시온에서 부르짖고

예루살렘에서 목소리를 내시리니

하늘과 **땅**이 진동하리로다(욜 3:16a).

내가 **하늘**과 **땅**을 진동시킬 것이요(학 2:21b).

마지막 두 구절, 즉 요엘 3:16a과 학개 2:21b은 그 복합적 표현(히브리 원어에서 욜 3:16a는 정관사를 갖고 있지 않다)을 갖고 있으므로 특별히 시사적이다(참조. 또한 학 2:6을 보라). 이 모든 구절에서 정돈에 대한 위협은 여전히 "하늘"과 "땅"이라고 불리고 있는 지역들과 양립한다.

3. 문헌학에 대한 호소

월키는 자신의 첫 번째 논거를 최종적으로 마무리하면서 문헌학에 호소한다. "문헌학적 근거에서 그렇게 하는 것[창세기 1:2을 1절의 결과에 대한

추가적인 설명으로 간주하는 것]은 불가능하다."[32] 어떤 면에서 이런 결론
은 우리가 이미 논했던 하위 요점들에 대한 요약에 불과하다. 그러나 언어
의 유연성과 언어 내 의미들의 유연성에 대해 다음과 같은 두 가지 관찰 주
장을 하는 것은 여전히 가치가 있다.

첫째, 창세기 1장에 묘사된 사건들은 세계사 전체 내에서 고유한 것이
다. 세상은 (오직) 단 한 번 창조되었다. 그 후로 그것은 오랜 세월에 걸쳐 계
속해서 하나님의 섭리적 통치를 받고 있다. 창세기 1장에 묘사된 사건들에
는 몇 가지 연관된 기원, 곧 빛, 식물 그리고 바다 생물의 창조 같은 것들을
포함된다. 창조 사건들은 그것들의 고유함이라는 측면에서 필연적으로 하
나님의 섭리적 통치 아래서 벌어지는 후대의 사건들과 **같지 않다**. 더 나아
가 창세기 1장의 내러티브가 다루는 인간들은 스스로 그 창조 사건들의 증
인이 되지 못했다. 따라서 그와 같은 고유한 사건들을 명료하게 묘사하는
유일한 방법은 섭리 안에서 벌어지는 사건들과의 유비를 통해서다(이 책 8
장). 그리고 유비는 동일시가 아니다. 따라서 우리는 창세기 1장에서 나타나
는 서술적 용례들이 섭리적 사건들과 관련된 훗날의 용례들과 정확하게 일
치할 것이라고 기대해서는 안 된다. 특히 하늘과 땅에 대한 훗날의 언급들
이 실은 그것들의 정돈된 상태를 말하고 있어도, 그것은 창세기 1장에 동일
한 형식의 정돈화를 강요하지 않는다.

둘째, 평범한 언어에서 단어의 의미들에는 유연성이 포함되어 있다.[33]

---

32   Waltke, "Part III," 221.
33   Vern S. Poythress, *In the Beginning Was the Word: Language—A God-Centered Approach*
      (Wheaton, IL: Crossway, 2009), 154-55; Kenneth L. Pike, *Linguistic Concepts: An*
      Introduction to Tagmemics (Lincoln, NE/London: University of Nebraska Press, 1982),
      52-59에 실려 있는 변화에 관한 논의를 보라.

그것들은 의미의 경계가 명확하게 정해져 있는 전문적인 용어들처럼 기능하지 않는다. 우리는 옛말들(old words)을 새로운 문맥에서 사용할 수 있고, 독자들은 그것에 적응할 수 있다.

"세계"(world)라는 영어식 표현을 지닌 예를 살펴보자. 우주를 가리키는 데 사용되는 현대 영어 단어 중 "세계"라는 단어는 종종 우주의 기원에 대한 논의와는 연결되지 않는다. 그런 논의는 기술과학(우주론)과 대중화된 과학의 영역 안에서 발생한다. 과학의 맥락에서 "우주"(universe)와 "코스모스"(cosmos) 같은 표현들은 관례적이다. 대조적으로 "세계"라는 표현은 보다 일반적인 맥락에서 나타난다.[34] 그로 인한 결과는, "세계"라는 표현이 나타나는 거의 모든 경우에, 그것이 오늘 우리에게 익숙한 정돈된 세계 혹은 그것의 몇 가지 하위 구분들, 즉 "우리가 살고 있는 세계", "재정의 세계", "음악의 세계" 같은 것들을 가리키는 것이다. 또한 그 표현은 여전히 인간 문화의 조직화라는 의미를 가진 이전 시대들을 가리킬 수 있다. "고대 그리스 세계" 혹은 "르네상스 시대"처럼 말이다.

그러나 이런 관습적인 용법을 넘어서 보다 덜 정돈된 세계를 가리키는

---

34 영어 단어 world에 대한 한 가지 간단한 정의는 이렇다. "그것의 거주자들과 그 위에 있는 모든 것들을 지닌 지구." *Merriam-Webster's Collegiate Dictionary*, 11th ed. (Springfield, MA: Merriam-Webster, 2003), 1444. 이런 정의—그것은 그 사전에서 언급된 world의 14가지 의미 중 하나다—는 사람과 그 안에 이미 존재하는 사물들을 지닌 정돈된 세상에 분명하게 초점을 맞춘다. "거주자들"과 "모든 것"에 대한 언급은 분명히 얼마간 현재와 같은 구조화된 "세상"을 염두에 두고 있다. world에 대한 정의 중 다른 것은 이러하다. "창조된 사물들의 체계: 우주." 얼핏 이 의미는 universe라는 단어와 동의어처럼 보인다. 그러나 이 정의에서 "체계"(system)라는 단어는 정돈된 전체라는 의미를 제공하며, "창조된"(created)이라는 단어—과거형이다—는 우리가 세계를 현재의 상태와 같은 무언가로 생각하고 있음을 가리킨다. 그 14개의 의미 중 어느 것도 태양계가 만들어지기 전 먼 과거에 존재했던 물리적 상황 같은 것을 고려하지 않는다.

담론을 만드는 데는 많은 시간이 필요하지 않다.

> 태초에 하나님이 천지를 창조하셨다. 세계는 혼돈하고 공허하며, 사방에 흑암
> 이 있었다. 하나님이 "빛이 있으라" 하고 말씀하셨다.

두 번째 문장에서 "세계"라는 단어를 사용하는 것은 그 표현이 현대의 정돈
된(또는 조직화된) 세계를 가리키는 정상적인 패턴과 표면적으로 모순되는 것
처럼 보인다. 그러나 일반적인 독자가 거기에서 모순을 발견할까? 아니면
그 담화의 저자가 어떤 느슨한 혹은 보다 확장된 방식으로 그 표현을 사용
하기로 했다고 보면서 재빨리 거기에 적응할까?

같은 추론이 "하늘과 땅"이라는 기저를 이루는 히브리어 표현에 유비
를 통해 적용된다. 창세기 1:1에서 "하늘과 땅"이라는 표현을 사용하는 것
은 창조의 날들 이후의 섭리의 세계에 대한 잦은 언급에 익숙한 독자에 의
해 쉽게 받아들여질 수 있다. 따라서 월키가 개시 관점(initiation view)에 있는
것으로 발견하는 문헌학상의 문제는 실제로는 존재하지 않는다.

정당하게 평가될 경우, 문헌학은 월키가 "문헌학적 근거에서" 옹호하
는 요약 관점에 크게 불리하다는 점은 역설이다. 문헌학에 대한 적절한 이
해는 대부분의 메리즘들에서 나타나는 의미의 투명성, 고유한 사건들을 묘
사하는 일에서 유비적 용법의 필요성, 그리고 의미의 유연성을 지적한다. 이
런 원리 중 첫 번째 것은 정돈화라는 개념이 "하늘과 땅"이라는 복합적 표
현의 **의미**에 포함되어 있다는 주장을 파괴하는데, 그것은 개시 관점에 맞서
는 논거의 핵심이다.

하나님이 모양을 갖추지 않은 지구를 창조하시는 것의 신학적 문제

월키는 "정돈된 우주"라는 의미를 위한 논거 외에도 창세기 1:1에 대한 요약 관점을 옹호하는 두 개의 다른 논거를 제시한다. 그중 하나는 신학에서 나오는 논거다. 월키는 하나님이 모양을 갖추지 않은 실체를 창조하셨다고 말하는 것은 신학적으로 부적절하다고 주장한다.

1. 이사야 45:18

월키는 이사야 45:18에 대한 논의로 시작한다.

> 대저 여호와께서 이같이 말씀하시되
> "하늘을 창조하신 이,
> (그는 하나님이시니)
> 그가 땅을 지으시고 그것을 만드셨으며,
> (그것을 견고하게 하시되
> 혼돈하게[empty] 창조하지 아니하시고[לֹא־תֹהוּ בְרָאָהּ],
> 사람이 거주하게 그것을 지으셨으니)
> 나는 여호와라. 나 외에 다른 이가 없느니라."

월키는 이 구절이 창세기 1:2에서 하나님이 땅을 애초에 혼돈하게(empty, תֹהוּ) 창조하셨다는 개념과 양립할 수 없다고 주장한다.[35] (영어 성경이 empty로

---

35   Waltke, "Part III," 220.

번역하고 있는 것을 개역개정역은 "혼돈하게"로 번역한다. 이 단락에서는 일관성을 위해 empty를 모두 "혼돈하게"로 옮긴다—역주).

이사야 45:18에 대한 월키의 해석은 어색하다. 그것은 마치 우리가 그 구절 중 일부를 떼어내 그것을 전문적인 논의처럼 다루는 것이나 마찬가지다. 즉 우리는 "그분이 그것을 혼돈하게 창조하지 않으셨다"라는 문장을 마치 그것이 정확하게 초기의 형체가 없는 상태의 문제를 목표로 삼는 것처럼 다룬다. 그런 해석에 따르면, 이 시적인 구절은 창세기 1:2의 땅이 창조 행위의 결과였음을 정확하게 부정한다.

그러나 이사야 45:18은 전문적인 논의가 아니다. 그것은 시다. 핵심적인 행 안에서 "창조하다"는 오직 무언가를 무로부터 존재하게끔 하는 최초의 행위에만 초점을 맞추는 식으로 협소하게 해석되어서는 안 된다. 주변의 행들에서 나오는 병행어들은 "창조하다"가 보다 넓게 해석되고 있음을, 즉 "짓다"(두 번), "만들다" 그리고 "세우다"와 병행어로 해석되고 있음을 보여준다. 문맥상 그 핵심적인 행은 넓은 방식으로 하나님께서 사람들이 살기에 적합한 환경이 되도록 땅을 준비하시기 위해 그 여섯 날의 과정을 통해 행하신 모든 것을 포함하는 일련의 사건들을 가리킨다. 이 넓은 범위는 특히 마지막 행 바로 전 행에서 분명하게 드러난다. "[하나님이] 사람이 거주하게끔 그것을 지으셨으니." 그 구절은 핵심적인 행에서 "창조하다"와 "혼돈하게"라는 단어들을 함께 사용함으로써 창세기 1:1-2을 언급한다. 그러나 그런 언급은 원칙적으로 창세기 1:1-31의 전체 순서를 포함하면서 넓은 의미에서의 "창조"에 대해 언급하는 구절의 일부로서 기능한다.

월키는 자신의 다른 논문에서 이사야 45:18이 그 여섯 날에 발생하는 과정 전체에 대해 폭넓게 말하고 있다는 것에, 그리고 그 과정의 종결점이 창세기 1:31의 완성된 사역이라는 것에 동의하는 것처럼 보인다 "이사야가 지적했듯이(사 45:18), 하나님은 혼돈을 끝내지 않으셨다."[36] 즉 이사야 45:18은 혼돈이 종결점이 아님을 말하고 있다. 그러나 그것은 **시간상으로 앞선 어느 시점에** 하나님이 훗날의 정돈화의 상당 부분을 결여하고 있는 땅을 존재케 하셨을지도 모른다고 말하는 것과 동일하다. 따라서 이사야 45:18과 창세기 1장의 어느 부분 사이에 모순은 존재하지 않는다. 우리가 1:1에 대해서 개시 관점을 갖고 있든 요약 관점을 갖고 있든 말이다. 이사야 45:18은 그 두 관점 사이에서 옳고 그름을 판별하는 데 적합하지 않다.

2. 혼돈하고 공허한

다음으로 월키는 "혼돈하고 공허한"(formless and void)이라는 표현의 의미에 호소한다.

> 다음으로 예레미야 4:23과 이사야 34:11을 통해서도 תהו ובהו은 창조와 대조되는 것을 의미한다는 것이 입증되어왔다.[37]

그러나 이 진술 안에는 정돈됨 혹은 정돈되지 않음 같은 연관된 개념과 관련된 어려움뿐 아니라 "창조"라는 단어와 관련된 모호함이 존재한다. 인용된 월키의 진술에서 "창조"라는 단어는 창조의 개시 행위에 초점을 맞추는

---

36 Waltke, "The Creation Account in Genesis 1:1-: Part IV," 342; 또한 "이사야 45:18은 그 여섯 날 끝에 완성된 창조를 언급한다." Waltke, "The Creation Account in Genesis 1:1-3: Part II," 144.

37 Waltke, "Part III," 220. Waltke는 독자들에게 "The Creation Account in Genesis 1:1-31: Part III," 136-44을 소개하는 각주를 제공한다.

가? 아니면 창조 사역에는 그 일의 시작, 덜 정돈된 상태, 그리고 최종적으로 잘 정돈된 상태를 포함하는 변화의 모든 단계가 포함되는가?

그리고 우리가 염두에 두는 것은 어떤 종류의 대조인가? 사물의 현재의 질서를 폐기하고 세상을 덜 정돈된 상태로 되돌리는 것은 어느 의미에서는 그 창조의 여섯 날의 과정 전체에서 나타난 다양한 종류의 정돈화를 이루는 것과 대조된다. 그것은 전반적인 변화로서의 창조와 대조된다. 그러나 어떻게 그것이 최초의 무로부터의 창조라는 행위와 대조될 수 있는가? 월키의 주장은 **창조**는 상대적으로 정돈되지 않은 일시적 상황 속에 빠져 있는, 무로부터의 창조를 의미할 수 없다는 가정 안으로 무의식적으로 미끄러진 것일까?

하나님이 창조된 세계를 창세기 1:2에서 묘사되는 상황에 남겨놓으셨다면, 그것은 인간이 거주하는 데 적합하지 않은 곳이 **되었을** 것이다. 그분의 목적에 인간의 거주가 포함되어 있었음을 고려한다면, 추가적인 발전과 구별되는 정적인 상황으로서의 1:2의 상황은 하나님이 의도하셨던 종결점과 상충한다. 그러나 물론 2절을 창세기 1장의 내러티브 전체 안에 포함되어 있는 하나님의 목적 전반으로부터 고립시키는 것은 잘못이다. 일단 전체 내러티브를 감안한다면, 우리는 사람이 거주하지 않는 상태의 땅의 최초의 생산이 그분의 목적과 아주 잘 일치한다는 것을 알 수 있다. 우리는 발전이라는 주제를 고려하고, 2절의 상태가 하나님에 의해 의도되고 하나님에 의해서 만들어졌으나 그 상태로 **머물러 있도록** 의도되었던 것은 결코 아니라는 것을 신중하게 고려해야 한다.

3. 하나님의 질서

다음으로 월키는 "성경의 다른 곳에서 하나님이 만물을 그분의 말씀으로 창조하셨다고 말해진다"는 사실에 호소한다(시 33:6, 9; 히 11:3).[38] 그러나 "성경 어디에서도 하나님이 3절[원문, 2절]의 형체가 없고, 어둡고, 물이 있는 상태가 존재하도록 하셨다는 언급은 나오지 않는다."[39] 이것은 (논리학에서 누군가 말하지 않는 것을 논증의 근거로 삼는 것은 잘못되었다는) 침묵으로부터의 논증(argument from silence)이며 그 점에서 약한 주장이다. 월키가 인용하는 구절들(시 33:6, 9과 히 11:3 그리고 다른 것들[골 1:15-17; 요 1:3])은 하나님이 만물을 만드셨다고 넌지시 전한다. 창세기 1:2의 애초의 수면 상태는 "만물"에 **함축적으로** 포함된다.

다음으로 월키는 새 하늘과 새 땅에 바다와 어둠이 없는 것에 호소한다. "새로운 코스모스에 관한 이런 계시[계 21:1, 25]는 [창세기 1장] 2절이 말하는 깊음과 어둠이 바람직하지 않으며 질서와 선함의 하나님에 의해 존재하게 된 것이 아니었음을 암시한다."[40] 콜린스는 요한계시록의 환상 문맥에서 바다와 어둠이 "바다와 밤 그 자체의 도덕적 상태에 대한 논평으로서보다는 타락한 인간이 두려워하는 것에 대한 상징으로서" 사용되고 있다고 분별력 있게 응답했다.[41] 더 나아가, 깊음과 어둠에 대한 월키의 비방은 역사와 발전의 중요성을 무시하는 위험에 빠진다. 깊음과 어둠이 창조의 발

---

38 Waltke, "Part III," 220.

39 Waltke, "Part III," 221.

40 Waltke, "Part III," 221. 그러나 Waltke는 깊음과 어둠에 대한 하나님의 완전한 주권을 확언하고 싶어 한다. Waltke, "The Creation Account in Genesis 1:1-3: Part IV," 338-39. 하나님은 그것들에 대해 통제권을 행사하신다. 하지만 Waltke는 여전히 하나님이 그것들을 고안하셨다고 생각하지 않는다.

41 Collins, *Genesis 1-4*, 54n55.

전 단계에서 **종결점**으로 간주된다면, 그것들은 정말로 "바람직하지 않다." 창세기 1:2에서 땅은 **아직** 인간을 위한 적합한 거주지를 제시하지 않는다. 그러나 종결점으로 적합하지 않은 것은 이른 단계를 위한 하나님의 뜻과 계획과는 아주 잘 어울릴 수도 있다.[42]

월키는 하나님을 "질서와 선의 하나님"이라고 부른다. 그렇다. 그러나 우리가 그것을 창세기 1장에서 후속되는 내러티브와의 관계에서 본다면, 우리는 창세기 1:2에서 현명한 시간적 발전을 발견할 수 있다. 2절은 그 전체 과정의 한 국면이다. 그리고 우리가 그것을 그것이 속해 있는 보다 큰 내러티브로부터 고립시킨다면, 그것은 정당하게 평가될 수 없다.

월키의 말은 유감스럽게도 하나님에 대한 비성경적인 개념을 위한 문을 연다. 그것에 따르면 하나님은 오직 전체 그림 중 **몇몇** 부분들과 관련해서만 주권적 창조주이실 뿐이다. 우리는 그분이 질서는 초래하시지만 무질서는 초래하시지 않는다고 말해야 하는가? 나는 그렇지 않기를 희망한다! 더 나아가 하나님이 깊음과 어둠을 창조하지 않으셨다고 말하는 것은 신약성경의 여러 구절과 상충하며(골 1:16; 히 11:3; 계 4:11)[43] 하나님의 주권에 대한 우리의 개념을 왜곡시킨다.

---

42   Waltke는 창 1:2에서 묘사되는 상태를 잘못 평가하는 유일한 사람이 아니다. 그는 Brevard S. Childs를 우호적으로 인용하는데, Childs는 이렇게 지적한다. "하나님이 먼저 혼돈을 창조하셨다는 주장은 논리적 모순이며 마땅히 거부되어야 한다는 것은 일반적으로 인정되고 있다." Childs, *Myth and Reality in the Old Testament*, 2nd ed. (London: SCM, 1962), 30, Waltke, *Old Testament Theology*, 179에서 인용됨. 그런 견해가 "일반적으로 인정되고 있다"면, 그것은 구약성경 연구의 상황을 위해 좋은 징후가 아니다. 그런 견해는 서로 다른 종류와 정도의 정돈화 사이의 차이, 완전한 혼돈과 "혼돈하고 공허함이 없는" 상황 사이의 차이, 그리고 영원한 상황과 발전을 위한 출발점 사이의 차이를 무시하는 것처럼 보인다. 게다가 Childs가 "논리적 모순"이라는 말을 사용하기로 한 것은 적절하지 않다.

43   Collins, *Genesis 1-4*, 53.

월키의 이 특별한 논거는 그의 최상의 것이 아니다. 다행스럽게도 월키는 그의 2001년도 주석에서 입장의 변화를 드러낸다. 그는 하나님이 "만물을 만드셨다"고 확언한다.[44] 이런 변화는 그가 1975년에 하나님이 모양이 갖춰지지 않은 지구를 창조하셨다는 것은 신학적으로 부적절하다고 제기했던 논증 전체의 기초를 제거한다.

4. 고대 신화들에서 나타나는 병행문들

월키는 자신의 핵심 논증에서 고대 근동의 일부 신화들에 나타나는 원시적 혼돈(primeval chaos)이라는 주제에 직접 호소하지 않는다.[45] 그러나 다른 해석자들은 고대 근동이 "무로부터의 창조"라는 개념을 갖고 있지 않았으며 따라서 창세기 1:1에서도 그런 개념이 발견될 수 없다는 주장을 하기 위해 이 요소에 호소한다. 그러므로 창세기 1:2은 창조 활동을 위한 출발점인 원래의 상황을 묘사한다. 또한 해석자들은 하나님이 바다와 바다 괴물인 "리워야단"(Leviathan)에 대해 승리를 거두시는 이미지를 사용하는 후대의 시적인 성경 텍스트들에 호소할 수도 있다.

---

44 Waltke, *Genesis*, 68. 2001년에 나온 창세기에 관한 Waltke의 주석은 그것의 핵심적 단락에서 그가 *Bibliotheca Sacra*에 게재했던 보다 이른 시기의 논문들을 언급하지 않는다. 그러므로 그의 입장 변화는 추론일 뿐 그의 텍스트를 통해 직접 진술되지 않는다. 2007년에 출간된 Waltke, *Old Testament Theology*, 180은 좀 더 모호해 보이며, 180-81쪽에서 그것은 Waltke, "Part III"(1975)에서 발견되는 두 번째 논거, 즉 신학적 부적절성에 대한 논증의 일부를 다시 거론한다.

45 그러나 Waltke는 "Part III"에서 그의 주된 주장을 끝낸 후의 그의 논문 시리즈 중 네 번째 논문("The Creation Account in Genesis 1:1-3: Part I")에서 병행문들에 대해 언급한다. 또한 그는 그 시리즈의 첫 번째 논문("The Creation Account in Genesis 1:1-3: Part I")에서 고대 근동의 우주생성론들을 평가한다. 더 나아가, Waltke, *Old Testament Theology*, 181-83은 신화들에 대해 논한다.

이에 대한 간략한 답변에는 네 개의 요점이 포함된다. 첫째, 참된 하나님은 고대 근동의 신화들과 다른 것을, 심지어 그것을 반대하는 무언가를 말씀하고 행하실 수 있다. 둘째, 프타(Ptah, 이집트의 건축의 신―역주)가 원시의 물을 포함해서 만물을 생산하는 것을 다루는 이집트의 몇몇 텍스트에는 부분적인 병행문이 들어 있다.[46] 셋째, 우리는 고대 근동의 신화를 다루면서 과연 바다나 물의 (여)신이 참으로 원시적인 것인지 물어야 한다. 신들이 다른 신들을 낳는 문맥에서 바다 신은 필연적으로 첫째가 아니다. 따라서 물은 "그곳에" 있지 않고, 오히려 더 궁극적인 무언가로부터 온다. 넷째, 하나님이 바다 괴물을 물리치시는 장면에 호소하는 성경 본문들은 그것들의 시적 스타일을 존중하는 방식으로 사용되어야 한다. 그것들은 최초의 혼돈에 대한 이론이라기보다 이미지의 예들이다. 더구나 이 본문들에서 사용된 특별한 용어들은 종종 창세기 1장의 후반절들에서 나타나는 용어들과 연관된다. 1:10의 "바다"와 2:21의 "큰 바다 짐승들"은 모두 분명히 하나님에 의해 창조되며 그분은 그것들에 대해 철저하게 주권을 행사하신다.[47] 그러므

---

46   Wenham, *Genesis 1-15*, 13; Viktor Notter, *Biblischer Schöpfungsbericht und ägyptische Schöpfungsmythen* (Stuttgart: KBW, 1974), 23-26; Vincent Arieh Tobin, "Myths: Creation Myths," in *The Oxford Encyclopedia of Ancient Egypt*, ed. Donald B. Redford (Oxford: Oxford University Press, 2001), 2:471. 그러나 프타에 의한 생산이 유출(emanation)과 유사해 보이며, 따라서 여기에는 명백한 창조주-피조물의 구분이 존재하지 않는다는 것에 주목하라. 고대 근동의 다신론 안에 있는 그 어떤 것도 창 1장의 일신론과 참으로 병행하지 않는다.

47   Waltke, *Old Testament Theology*, 181은 창 1장이 "원시 물"의 기원을 밝히지 않는다고 주장하는 논거를 댄 후(180) 곧바로 고대 근동에서의 혼돈과 원시 물이라는 주제에 대해 논한다. 두 개의 논의 모두 Waltke가 "창조 **이전의** 땅의 부정적 상태(1:2)"라고 이름을 붙인 단락에 속해 있다(강조는 덧붙인 것임). 따라서 Waltke는 고대 근동을 자신의 요약 관점을 위한 추가적인 지지 증거로 사용하고 있는 것일 수 있다. 혼돈이라는 고대 근동의 주제에 대한 성경의 병행 본문으로 Waltke는 시 74:12-17을 인용하고 13절의 "바다"에 대한 언급을 그것에 괄호 ["Yamm"]을 삽입함으로써 설명한다(181-82). 그는 13절이 가나안 신화에 등장하는 "얌"(Yamm)이라는 신의 역할에서 병행하는 것을 갖고 있다고 지적한다. 그렇다. 그런 신

로 시적인 성경 언어에서 특정한 어휘의 선택은 사실상 창세기 1장이 하나님의 창조 행위 밖에 존재하는 원래의 혼돈이라는 이론을 사용하고 있다는 개념에 불리하게 작용한다.

요약으로서의 창세기 1:1을 위한 구조적 증거

월키의 세 번째이자 마지막 논거는 병행하는 구조들에 초점을 맞춘다.

1. 창세기 2:4-7과의 병행

월키의 해설에서 나타나는 가장 인상적인 병행은 창세기 1:1-3과 2:4-7 사이의 병행이다. 월키에 따르면, 각각의 텍스트는 세 부분으로 이루어져 있다.

> 1. "서론적 요약 진술"(1:1; 2:4)

화들에 대한 언급이 있을 수 있다. 그러나 그런 언급은 여전히 성경이 원시적 혼돈(original chaos) 이론을 지지한다는 것을 의미하지 않는다. 성경은 그 자신의 발언권을 갖도록 허락되어야 한다. 원시적 혼돈 이론에는 유감스럽게도, 13절의 히브리어는 창 1:10의 "바다"와 상응한다. 그리고 동일한 구절의 하반절에 나오는 병행구에는 "큰 바다 짐승들"이라는 표현이 들어 있는데(개역개정역에는 "물 가운데 용들"이라고 번역되어 있다—역주), 그것은 창 1:21에서와 같은 단어로 되어 있다. 시 74:13의 세부적인 내용은 사실상 시 74:13을 최초의 혼돈과 병렬시키려는 Waltke의 시도에 맞선다. 또한 Waltke는 시 77:17(영어역에서는 16절)을 인용하는데, 거기에서는 "깊음"에 해당하는 단어가 등장한다. 그러나 여기서 그 문맥은 출애굽에 관한 시적 설명을 제공하며, 문제가 되는 물은 창 1:10이 창조된 질서의 일부로 확언하는 홍해의 물이다.

창 1:2을 창조 이전의 혼돈으로 보는 것을 위한 논거는 세 가지 의심스러운 단계를 거쳐서 나온다. (1) 첫째, 고대 근동의 텍스트 안으로 최초의 혼돈에 대한 확언을 집어넣어 읽는다. 그러나 다신교적 상황에서 바다 신이 필연적으로 첫째는 아니다. (2) 둘째, 승리에 대한 느슨한 시적 이미지보다 최초의 혼돈에 대한 모든 이론을 신화로부터 구약성경의 시로 옮긴다. (3) 셋째, 그 구약성경의 시를 그것이 보다 직접적으로 연관될 수 있는 후대의 사건들—출애굽, 홍수, 바다의 창조(창 1:10) 그리고 큰 바다 짐승들의 창조(창 1:21)—이 아닌 창 1:2에 투사한다.

천지창조에서 에덴까지

2. "창조 이전의 부정적인 상태를 묘사하는 와우(*waw*) + 명사 + 동사
(היה) 형태의 **상황절**"(1:2; 2:5-6)

3. "창조를 묘사하는 와우(*waw*) 연속법 + 접두사 활용형 형태의 **주절**"
(1:3; 2:7).[48]

이런 대응은 인상적으로 보일 수 있다. 하지만 우리는 (2)와 (3)이 각각 상황
절과 주절을 만들어내는 공통의 방식을 대표한다는 것을 인식해야 한다. 이
런 문법적 구조가 일반적이므로, 그것들의 재발생은 참된 병행에 대한 무게
있는 증거가 되지 않는다. 물론 월키가 (1)에 붙인 제목 "서론적 요약 진술"
은 오직 요약 관점이 올바를 때만 적절한 것이 된다.

또한 창세기 1:1-3과 2:4-7 사이에는 몇 가지 차이가 존재한다. 첫째,
창세기 2:4의 자료는 사실상 하나님이 새로운 것들을 창조하시는 사건들
만을 위한 표제가 아니다. 그것은 2:5-4:26 전체 단락을 위한 서론적 제목
이다. 월키의 주석에서 나타나는 개요와 논의가 인정하듯이[49] 2:4은 "이것
이 노아의 족보니라"(창 6:9), "데라의 족보는 이러하니라"(창 11:27), "아브
라함의 아들 이삭의 족보는 이러하니라"(창 25:19) 등과 같은 형태의 몇 가
지 표제 중 첫 번째 것이다. (창 5:1에서는 표현이 살짝 바뀐다. "이것은 아담의 계
보를 적은 책이니라.") 표제에 의해 소개되는 각 단락은 주로 거명된 사람들,
즉 노아, 데라 혹은 이삭의 기원에 대한 설명이 아니라 거명된 사람과 그의
후손들을 포함하는 이후의 역사에 대한 설명("족보")을 포함하고 있다. "이
것"(these)이라는 단어는 그 단락 전체를 미리 가리킨다. 이것은 그 문장이

---

48   Waltke, "Part III," 226. 번호가 매겨진 요점들은 직접 인용이 아니라 그의 어법 중 몇 가지를
      사용해 Waltke의 설명을 요약한 것이다.

49   Waltke, *Genesis*, 18.

그 단락의 표제임을 알려준다. "이것"의 핵심적 용례는 창세기 1:1과 같지 않다. 그 구절에는 그 핵심적 단어를 포함하고 있지 않다. 1:1에서는 아무것도 그것이 표제라는 것을 명확하게 표시해주지 않는다.

또한 2:5-4:26 단락이 하늘이나 하늘의 광명체들의 창조에 주목하지 않는다는 것에 주목하라. 그것은 보다 집중적인 설명이다. 그것은 하늘과 땅의 "족보들", 즉 그것들로부터 흘러나오는 역사와 산물들에 대한 것이다. 따라서 그것은 1:1-2:3에 실려 있는 창조 이야기와 완전히 병행하지는 않는다. 그러므로 2:5-6은 **세상 전체**의 "창조 이전의 부정적인 상태를 묘사하는 게" 아니라 오히려 아담과 에덴동산이 창조되기 이전의 덜 발전된 상태를 묘사한다.

둘째, 창세기 1:1은 완전한 형태의 주동사를 갖고 있다. 이런 구조를 지닌 절은 자연스럽게 후속 구절들에서 펼쳐지는 일련의 사건 중 첫 번째 것을 묘사하는 것으로 해석될 수 있다. 창세기 2:4은 이런 특징을 갖고 있지 않다.[50]

셋째, 히브리어 담화가 표제를 제공하는 전형적인 경우는 그것이 표제라는 분명한 표시를 갖고 있다. 창세기의 단락들에 대한 표제에서 "이것"이라는 단어가 사용되는 것이 그런 표시다. 유사하게, 우리는 성경에서 "이스라엘 아들들의 이름은 이러하니"(출 1:1), "이는 모세가…이스라엘 무리에게 선포한 말씀이니라"(신 1:1), 그리고 "선지자 예레미야가 예루살렘에서 이같은 편지를…모든 백성에게 보냈는데"(렘 29:1) 같은 문장들을 접한다. 보다 단순하게, 표제는 절 대신 구를 사용할 수도 있다. "다윗의 아들 이스라엘

50　다른 곳에서 Waltke는 그런 차이들에 대해 신중하게 주목한다. Waltke, "Part III," 225.

왕 솔로몬의 잠언이라"(잠 1:1), "다윗의 아들 예루살렘 왕 전도자의 말씀이라"(전 1:1), 그리고 "아모스의 아들 이사야가 유다와 예루살렘에 관하여 본 계시라"(사 1:1). 이 모든 표현은 그것들의 특별한 형태를 통해 그것들이 표제들임을 보여준다. 그런 특별한 표시들을 갖고 있지 않은 창세기 1:1은 개시 사건(initial event)을 묘사하는 것으로 해석되어야 한다.

넷째, 우리가 보았듯이 창세기 1:1과 2절이 "땅"이라는 핵심적 용어로 연결되고 있는 것은 자연스럽게 2절이 1절로 **되돌아가** 연결되는 상황절로 시작된다는 표시로 해석된다. 2:4과 5절 사이의 연결은 견고하지 않다. "땅"(the earth)에 해당하는 히브리어(ארץ)가 4절에서 두 번, 5절에서 두 번, 그리고 6절에서 한 번 나타나는 것은 사실이다. 그러나 5-6절에서 그 표현이 나타나는 세 차례 경우 모두에서 그 핵심적 단어는 그 내러티브 안에서 종속적이고 뚜렷하지 않은 역할을 한다. 5-6절은 초목, 식물, 비 그리고 사람의 부재와 안개의 존재에 초점을 맞춘다. 그것들은 땅 자체를 주제로 삼아 시작하지 않는다. 게다가 구조상 2:4은 분명히 그것이 이후의 모든 내러티브를 위한 표제임을 밝히고 있으므로, 5-6절은 오직 7절의 주절에까지 연결되는 상황절로만 해석될 수 있다. 같은 것이 1:1-3에는 해당되지 않는다.

다섯째, 창세기 2:4-7은 창세기 1:1-3의 기본적인 의미와 구문에 대한 평범한 이스라엘 사람들의 해석에 영향을 주기에는 너무 늦게 등장한다. 독자들은 2:4-7에 이르기 오래전에 이미 그것이 무엇을 의미하는지를 발견한다. 따라서 2:4-7의 기초 위에서 1:1-3의 순서에 다른 의미를 부여하면서 그 텍스트를 읽는 것은 의심스럽다.

2. 창세기 3:1과의 병행

다음으로 월키는 창세기 1:1-3과 3:1 사이의 병행에 호소한다.[51] 월키에 따르면 3:1에서 표제는 2:4에 의해 제공된다. 3:1a는 상황절이고, 주절은 3:1b에서 시작된다. 그러나 이것은 약한 유비다. 왜냐하면 월키는 3:1을 위한 표제를 2:4로 돌아가서 찾기 때문이다. 더 나아가 2:4은 3:1-7 혹은 3:1-24을 위한 표제가 아니라 2:5-4:26 단락 전체를 위한 표제다. 그러므로 3:1에 관한 관찰은 과연 1:1이 그것 **바로** 다음에 오는 것을 위한 표제인지를 판단하는 데 큰 관련성을 갖고 있지 않다.

3. 「에누마 엘리쉬」의 시작 부분과의 병행

또한 월키는 상황절과 그다음에 나오는 주절로 시작되는 「에누마 엘리쉬」에 호소한다.[52] 그러나 「에누마 엘리쉬」에는 표제가 존재하지 않는다. 따라서 그런 식으로 추정된 병행 역시 우리가 창세기 1:1이 표제인지를 판단하는 데 도움이 되지 않는다.

발전을 묘사하는 다양한 경우들에서, 상대적으로 덜 발달된 상태에 대한 묘사로 시작하는 것은 자연스러운 일이다. 그러므로 미발달된 상태에서 발달된 상태로의 변화는 과연 선행하는 자료가 표제인지, 요약인지 혹은 발달 과정을 이끄는 보다 앞선 사건인지와 무관하게 자연스럽다.

요약하자면, 월키가 발견하는 병행들은 설득력 있는 증거로서의 역할을 하기에는 너무 느슨하다.

---

51   Waltke, "Part III," 227.
52   Waltke, "Part III," 227.

결론

결론적으로, 요약 관점을 위한 주된 세 가지 논거는 모두 겉보기에는 그럴 듯해 보이나 그중 아무것도 무게감이 있지 않다. 게다가 2001년 현재 월키 자신은 더 이상 그의 앞선(1974년에 나온) 작품에 포함되었던 두 번째 논거를 온전하게 유지하지 않고 있다. 요약 관점은 많은 이들이 생각하는 것보다 훨씬 더 약하다. 대조적으로, 개시 관점은 창세기 1:1-2의 의미, 신학 그리고 구문을 1:1-2:3 전체와 그것을 넘어서는 텍스트(창세기의 나머지와 성경의 나머지)와의 관계 속에서 이해한다. 나는 개시 관점이 옳다고 결론짓는다.

적응의 의미

"적응"이라는 문제에 대해 생각해보자. 하나님은 무한하시다. 반면에 하나님의 말씀을 받아들이는 인간은 유한하다. 우리는 무한과 유한의 관계를 어떻게 판단해야 하는가? 궁극적으로 거기에는 신비가 있다. 그러나 우리가 하나님에 대해 생각하는 방식은 우리가 성경에서 어떤 종류의 의사소통을 하는지에 대한 우리의 사고방식에도 영향을 준다. 이어서 그것은 우리가 창세기 1-3장을 읽을 때 기대하는 것에 영향을 준다.

오랜 세월 동안 해석자들은 **적응**이라는 단어를 사용해서 하나님이 유한한 인간과 소통하시는 것을 묘사해왔다. 그러나 적응이 무엇을 의미하는지에 많은 것이 달라진다. 그것은 하나님이 인간의 능력을 고려하신다는 것을 의미하는가? 그것은 그럴듯해 보인다. 하지만 "적응"이라는 단어는 또한 때때로 성경이 그것이 쓰인 시기의 문화가 갖고 있던 잘못된 개념들에 적응함으로써 그런 개념들을 신학적 진리의 핵심과 함께 긍정한다고 가정하는 데 사용되기도 한다. 따라서 우리는 시간을 들여서 "적응"이라는 단어에 대

해 생각해볼 필요가 있다.[1]

인간을 향한 하나님의 계시 안에서 적응이라는 교리는 고대 교회로부터 오늘날에까지 이르는 길고 존중할 만한 역사를 갖고 있다.[2] 어느 단계에서 그것은 단순한 개념에 불과하다. 하지만 면밀하게 살펴보면 신비와 헤아리기 어려운 깊이가 드러난다.

적응이라는 개념

그 단순한 단계에서 시작해보자. A. N. S. 레인(Lane)은 적응이라는 개념을 다음과 같은 말로 요약한다. "하나님은 청중의 능력에 적합한 형태로 우리에게 말씀하신다."[3] 그분은 인간의 언어로 그리고 그들이 이해할 수 있는 방식으로 인간에게 말씀하신다. 이런 적합성은 "비하"(condescension) 혹은 "적

---

1   이상의 두 문단을 제외하고 이 부록은 Vern S. Poythress, "Rethinking Accommodation in Revelation," *Westminster Theological Journal* 76, no. 1 (2014): 143-56를 조금 개정한 것이다. 허락을 받아 사용함.

2   John Henry Blunt, ed., "Accommodation," in *Dictionary of Doctrinal and Historical Theology* (London/Oxford/Cambridge: Rivingtons, 1871), 4; A. N. S. Lane, "Accommodation," in *New Dictionary of Theology*, ed. Sinclair B. Ferguson, David F. Wright, and J. I. Packer (Downers Grove, IL: InterVarsity Press, 1988), 3; John D. Woodbridge, *Biblical Authority: A Critique of the Rogers/McKim Proposal* (Grand Rapids, MI: Zondervan, 1982); Hoon Lee, "Accommodation: Orthodox, Socinian, and Contemporary," *Westminster Theological Journal* 75, no. 2 (2013): 335-48.

3   Lane, "Accommodation," 3. 또한 accommodation이라는 단어는 때때로 점진적 계시를 묘사하는 데 사용된다. 역사의 어느 때에 하나님이 자신의 백성과 소통하시는 것은 그 소통이 발생하는 역사적 상황과 구속의 시기에 적합하다. 보다 앞선 소통은 하나님이 훗날 제공하시는 상세한 내용과 특정성을 갖고 있지 않을 수도 있다. 그 과정은 진리로부터 더 깊은 진리로 이행하는 것이지, 오류로부터 진리로의 이행이 아니다. Blunt, "Accommodation," 4-5을 보라.

응"(accommodation)이라고 불려왔다.[4] 적응은 그것이 성경의 그리고 성경에 기록된 하나님으로부터 인간에게로 향하는 보다 앞선 구전 소통(창 3:9-13; 12:1-3; 15:1 등)의 분명한 특징이라는 의미에서 단순하고 명확한 개념이다.

이런 종류의 적응은 적어도 두 가지 방식으로 규정될 수 있다. 좁은 의미에서 그것은 하나님이 **자신**을 드러내시는 방식을 의미한다.[5] 즉 우리는 계시의 모든 경우가 아니라 하나님 자신이 소통의 주제가 되는 경우들에 초점을 맞춘다. 하나님은 무한하시고 이해불가능하시다. 그러나 그분은 인간에게 자신을 알리신다. 그 결과, 인간은 참으로 그분을 알지만, 그들의 유한성이라는 한계를 따라서 알 뿐이다. 따라서 우리는 하나님이 자기와 자신의 성품을 드러내시는 것은 인간의 인식 능력에 맞춰진다고 말할 수 있을 것이다. 예컨대 성경이 "하나님은 왕이시다"라고 말할 때 "왕"이라는 단어는 부분적으로는 우리가 인간 왕들에 대해 알기 때문에 이해가 가능하다. 그러나 하나님은 인간 왕들과 동일한 수준에 있는 왕이 아니시다. 오히려 그분은 인간 왕과의 유비를 통해 왕이 되신다. 유비의 사용은 성경의 가르침이 인간 왕들에 대해 알고 있는 독자들에게 수용 가능한 것이 되도록 만드는 역할을 한다.

넓은 의미에서 "적응"은 하나님이 인간의 능력에 적합한 방식으로 인간을 향해 계시 혹은 소통을 행하시는 모든 방식을 의미한다.[6] 그런 의미에

---

4   Lane, "Accommodation," 3.

5   L. M. Sweet와 G. W. Bromiley에 따르면, 적응은 "하나님이 인간에게 그분의 자기계시를 적용하시는" 원리다. Sweet and Bromiley, "Accommodation," in *International Standard Bible Encyclopedia* (Grand Rapids, MI: Eerdmans, 1979), 1:24(강조는 덧붙인 것임).

6   Lane, "Accommodation," 3. Wick Broomall은 이렇게 말한다. "[그것은] 작가가 단순화를 위해 그 과정에서 진리를 훼손하지 않으면서 자신의 언어를 독자들의 한계에 맞춰 조종하도록 허용한다." Broomall, "Accommodation," in *Evangelical Dictionary of Theology*, ed. Walter A.

서 하나님은 직접 **자신**에 대해 말씀하시는 것뿐 아니라 자신이 **무언가**에 대해 말씀하시는 것까지도 청중의 능력에 적응하신다.

이런 종류의 적합 혹은 적응은 확실히 의미가 있다. 적응에 대한 신학적 토론은 "어린 자식을 대하는 아버지 혹은 어린 학생을 가르치는 선생님"이라는 유비를 사용할 수 있을 것이다.[7] 평범한 인간적 상황에서 현명한 사람은 자신의 말을 청중의 수준에 맞춘다. 마찬가지로, 인간의 그 어떤 지혜도 넘어서는 가장 현명하신 하나님은 그분의 말씀을 청중에게 적합하도록 하신다. 게다가 인간이 타락해서 죄에 빠진 이후 하나님의 소통은 인간의 사악한 상황을 고려하면서 그런 상황에 적합한 방식으로 나타난다.[8]

신인동형론

성경의 해석자들은 하나님에 대한 성경의 묘사와 관련된 특징들을 설명하기 위해 좁은 의미의 적용에 호소해왔다. 예컨대 그들은 성경이 그분의 팔, 눈 혹은 분노와 슬픔에 대해 말할 때 하나님이 인간의 능력에 맞춰서 자신을 묘사하신다고 말할 것이다. 이런 묘사는 "신인동형론"(anthropomorphism)이다. 적용에 대한 현대의 논의는 때때로 이 점과 관련해서 장 칼뱅을 인용

Elwell (Grand Rapids, MI: Baker, 1984), 9.

7   Lane "Accommodation," 3. Also, Rudolf Hofmann, "Accommodation," in *The New Schaff-Herzog Encyclopedia of Religious Knowledge*, ed. Samuel Macauley Jackson (Grand Rapids, MI: Baker, 1977), 1.22-23.

8   죄로 인한 추가적인 복잡성에 관해서는 Sweet and Bromiley, "Accommodation," 26-27을 보라.

한다.

신인동형론자들 역시 쉽게 반박될 수 있다. 그들은 신체를 가진 하나님을 상상하는데, 성경이 그분의 입, 귀, 눈, 손 그리고 발에 대해 자주 언급하기 때문이다. 하나님이 **우리에게 말씀하실 때** 마치 유모가 **어린아기들에게 하듯이** 우리에게 말씀하신다는 것을 이해하지 못하는 이들만큼 지능이 떨어지는 이들이 있겠는가? 그러므로 그런 표현 방법은 하나님이 어떤 분이신지를 썩 잘 표현해주지 않는다. 왜냐하면 그것은 그분에 대한 지식을 우리의 연약함에 **적응시키는 것**이기 때문이다. 그렇게 하실 때 그분은 그분에게 적절한 높이로부터 이 아래를 향해 허리를 **구부리실** 수밖에 없다.[9]

다른 관점

적응에 하나 이상의 개념이 있는가? 계몽주의 때까지 적응에 대한 고전적 개념은 성경의 완전한 참됨을 부정하지 않으려고 조심했다.[10] 적응은 하나님이 인간 성경 작가들이 글을 쓸 때 더 높은 신학적 목적을 위해서 그들 시대의 잘못된 개념들을 사용했던 것을 인내해주셨음을 의미하지 **않는다**. 리처드 멀러(Richard Muller)는 이렇게 말한다.

---

9   John Calvin, *Institutes of the Christian Religion*, trans. Henry Beveridge (Grand Rapids, MI: Eerdmans, 1970), 1.13.1(강조는 덧붙인 것임).

10   그러나 영지주의자들과 소키누스주의자들(Socinians)은 오류가 포함된 적응 개념을 제시했다. John M'Clintock and James Strong, *Cyclopedia of Biblical, Theological, and Ecclesiastical Literature* (New York: Harper, 1874), 1.46-47.

종교개혁가들과 그들의 학문적 후계자들은 모두 하나님이 자신을 계시하시기 위해 모종의 방식으로 자기를 낮추시고 인간의 앎의 방식에 자신을 적응시키실 수밖에 없음을 인식했다. 이런 **적응**은 특별히 그분이 율법과 복음을 전하기 위해 인간의 말과 개념들을 사용하시는 것을 통해 나타난다. 그러나 어떤 의미로도 그것은 진리의 상실이나 성경의 권위의 축소를 의미하지 않는다. **적응**(*accommodatio*) 혹은 **비하**(*condescensio*)는 유한한 형식을 통해 전해지는 무한하신 하나님의 지혜의 선물인 계시의 방식이나 형태를 가리키는 것이지, 계시의 질이나 계시된 것에 대한 언급이 아니다.[11]

계속해서 멀러는 오류들을 포함했던 적응에 대한 반대 주장이 훗날 역사비평에서 제기되었던 것에 주목한다.[12] 그것은 오늘날까지 우리와 함께 있으며 명백하게 복음주의적인 서클 안으로 침투했다.[13] 우리의 목적을 위해 고전적 교리에 집중해보자. 우리가 여기서 오류에 대한 적응이라는 이단적 개념을 충분하게 다룰 수는 없다.[14]

---

11   Richard A. Muller, *Dictionary of Latin and Greek Theological Terms: Drawn Principally from Protestant Scholastic Theology* (Grand Rapids, MI: Baker, 1985), 19.

12   Muller, *Dictionary*, 19. 또한 Hofmann, "Accommodation," 1.23-24.

13   가령, Kenton L. Sparks, *God's Word in Human Words: An Evangelical Appropriation of Critical Biblical Scholarship* (Grand Rapids, MI: Baker, 2008); Kenton L. Sparks, *Sacred Word, Broken Word: Biblical Authority and the Dark Side of Scripture* (Grand Rapids, MI: Eerdmans, 2012).

14   3장에서 인용되었던 성경의 무오류성에 대한 고전적 옹호에는 "적응"으로 인한 오류라는 개념에 대한 논의와 반박이 포함된다. 또한 그 개념의 몇 가지 측면을 다루는 것을 위해서는 5장을 보라.

교리의 기초

기본적으로 적용이라는 교리는 창조주와 피조물 간의 구분이 계시의 본질에 대해 갖는 함의에 대한 표현에 지나지 않는 것처럼 보인다. 하나님은 무한하신 창조주이시고, 우리는 그렇지 않다. 우리는 성경의 가르침이라는 기초 위에서 그분이 아시는 것과 우리가 아는 것을 구별한다. 그리고 우리는 우리에 대한 그분의 소통이 피조물인 우리를 고려한다고 추론한다. 그 교리는 우리의 지식을 과대평가하는 것과 마치 하나님이 그 지식에 맞추실 필요가 있는 궁극적 기준인 것처럼 그것을 다루려는 것을 경계한다.

창조주-피조물의 구분에 더하여, 성경은 인간이 하나님의 형상대로 창조되었으며 반역 상태에 있는 인간조차 계속해서 그분을 알고 있다고 가르친다(롬 1:19-21). 이런 확언들은 반대되는 위험, 즉 우리가 성경에 의해 제시된 가르침과 일반 계시를 **과소평가하고** 하나님이 알려지지 않았거나 알려질 수 없다고 말하는 반성경적인 방향으로 움직이게 될 위험에 대해 경계한다.[15]

따라서 우리는 그 문제를 그대로 놔둔 채 적용 교리는 아주 간단하고 명백하다고 말할 수도 있을 것이다. 우리가 우리 자신을 서론적 논의에 국한시킨다면 그렇다는 것이다. 그러나 우리가 상세한 내용을 살핀다면, 우리는 거기서 신비를 발견한다. 또한 우리는 잠재적 위험들을 발견한다. 왜냐하면 죄인인 우리는 우리가 이해해야 할 모든 것을 이해했다는 가정하에 너무

---

15 John M. Frame은 그의 책 *The Doctrine of the Knowledge of God*(Phillipsburg, NJ: Presbyterian and Reformed, 1987), 13-40에서 그 두 가지 위험 모두에 대해 경고한다. 『신지식론』(P&R 역간).

빨리 달려가고 싶어 하는 유혹에 빠질 수 있기 때문이다.

잘못된 초월의 위험

한 가지 위험이 잘못된 초월(false transcendance)을 행하려는 유혹으로부터 제기된다. 그런 유혹은 어떤 이가 창조주-피조물 구분을 사용하면서 하나님의 초월성을 확언한 후에도 나타날 수 있다. 그 위험은 앞서 언급했던 적응에 대한 일반적인 인간적 묘사, 즉 어린 자식을 둔 아버지나 어린 학생을 둔 선생님에 대한 묘사를 통해 예시될 수 있다. 우리는 그런 아버지나 선생님을 관찰할 수 있고 무슨 일이 벌어지는지 이해한다. 우리는 아버지나 선생님이 더 많은 것을 알고 더 깊이 아는 방식들을 이해한다. 우리는 그런 아버지나 선생님이 어린아이나 학생들을 단순한 방법으로 가르치기 위해서 유보하는 모든 것을 이해하며 관찰한다.

따라서 어떤 이는—그녀를 도나(Donna)라고 부르자—하나님이 그것과 동일한 일을 행하신다고 상상한다. 그리고 실제로 유사성이 존재한다. 그러나 그 유사성은 부분적일 뿐이다. 도나는 실제로는 자신의 수준에서 인간 아버지를 관찰할 수 있는 것과 동일한 방식으로 하나님에 대한 관찰자가 될 수 없다. 하지만 그녀는 그것을 상상하고 나서 하나님이 "어린아이 같은" 인간에게 말씀하시는 과정에서 버리고, 압축하며, 단순화하시는 것을 찾아내려고 시도하는 유혹에 빠질 수 있다. 그렇게 함으로써 그분이 실제로 하시는 일에 대한 도나의 추측이 성경보다 더 궁극적인 권위로서 기능할 수도 있다. 성경은 어린아이를 위해 존재하는 것으로서만 합당한 권위를 가질 뿐이다. 그러면 도나는 어떠한가? 그녀는 신과 같이 되었다.

도나의 접근법과 유사한 무언가가 역사 속에서 영지주의의 경우를 통해 실제로 일어났다. 영지주의자들은 자기들이 "영적인" 것들에 대한 은밀한 가르침을 갖고 있다고 주장했다. 대조적으로, 신약성경에 나타나는 명백한 가르침들은 평범한 그리스도인들의 능력에 적합한 낮은 수준의 것이었다. 결국 영지주의자들은 성경의 저술들은 영지주의자들이 갖고 있다고 간주되는 보다 깊은 지식과 대조되는 방식으로 적용되었다고 말했다.

도나가 그리고 영지주의자들이 취했던 이런 입장은 잘못된 초월의 위험성을 보여준다. 도나는 하나님의 어깨에 기대어 하나님을 살펴보기 위해 인간의 한계를 초월하려고 한다. 말하자면, 그녀는 그런 한계를 초월해서 자기가 성경을 충분히 가치 있게 받을 수 있거나 받을 수 없는 방법들을 알고자 한다. 도나의 이런 움직임은 고전적 의미의 적용으로부터 성경 안의 오류를 수용하는 현대의 역사비평적 의미의 적용으로의 전환이라는 결과를 가져올 수 있다. 그렇지 않더라도, 적어도 당장은 아니더라도 새로운 권위의 자리로 나아가는 치명적인 전환이 있었다. 그 새로운 권위는 하나님이 어떻게 아버지처럼 자신을 낮추시는가에 대한 도나의 개인적인 시각이다. 그런 시각은 성경 자체의 권위를 짓밟는다. 그리고 그렇게 함으로써 도나는 자신의 개인적인 시각을 수단으로 하여 그녀 자신의 궁극적 주인이 되었다. 그녀는 여전히 입으로는 성경에는 오류가 없다고 고백할지 모르나, 내적으로 궁극적 권위는 뒤바뀌었다. 마찬가지로, 영지주의자들은 권위를 자신의 은밀한 지식과 은밀한 저작들로 뒤바꿨다.

잘못된 내재의 위험

나는 도나의 접근법을 잘못된 초월의 예로 제시했다. 하지만 그와 동시에 그 접근법은 하나님의 내재에 대한 잘못된 이해도 포함하고 있다.[16] 하나님에 대한 성경의 가르침에 따르면, 하나님의 내재는 인식론의 영역에서 그분이 일반 계시와 성경 모두를 통해 우리에게 자신을 알리신다는 것을 의미한다. 이런 내재에 관한 교리에 대한 대체물로서 도나와 영지주의자들은 특별한 지식에 대한 자신들의 주장을 내세운다. 하나님의 성품에 대한 도나의 개인적인 시각과 은밀한 지식에 대한 영지주의자들의 주장은 내재적 권위로서 기능한다. 여기서 인간의 개념들은 이해의 잘못된 근원으로서 기능한다. 이런 핵심 개념들은 하나님이 "실제로" 무엇과 같으신지, 혹은 "실제로" 성경이 제공하는 베일 뒤에서 무엇을 하고 계신지에 대한 내재적이고 접근 가능한 지식으로 기능한다고 주장한다.

또한 우리는 또 다른 형태의 잘못된 내재로 빠져들 수 있다. 어떤 이가―그를 조(Joe)라고 부르자―기본적으로 성경이 하나님에 대한 인간의 모든 이해를 위해서는 궁극적이라는 걸 인정한다고 해보자. 그는 자기가 도나가 상상하는 방식으로 성경 "뒤로 숨을 수" 없음을 안다. 그러나 여전히 조는 성경의 적용된 특성을 마치 그것이 그가 성경의 계시를 **마스터할 수** 있다는 것을 의미하는 것처럼 해석함으로써 내재의 개념을 왜곡시킬 수 있다.

---

16 초월과 내재에 대한 Frame의 정의는 초월과 내재에 대한 기독교적 관점과 비기독교적 관점을 구별하는 데 유용하다. Frame, *The Doctrine of the Knowledge of God*, 14. 성령의 사역을 통해 그리스도인이 된 우리조차 여전히 남아 있는 사악함을 지니고 있다. 그리고 우리는 비기독교적 관점을 지닌 다양한 타협으로 후퇴하려는 유혹을 받는다.

이런 입장을 택하면서도 그는 자기가 창조주-피조물의 구분이라는 토대 위에서 하나님을 마스터할 수 없음을 인정한다. 그러나 그는 (원칙적으로) 자기가 성경을 마스터할 수 있다고 여기는데, 정확하게 그것은 성경이 우리에게 적응되어 있고 인간의 통제라는 영역에 속해 있기 때문이다. 그는 적응된 언어로서의 성경은 하나님 자신과 달리 합리성에 대한 인간의 개념에 완전하게 종속되어야 한다고 추론한다. 이런 움직임은 여전히 하나님은 마스터될 수 없고 무한하시다고 주장한다. 하지만 조는 성경을 통해 얻은 하나님에 대한 자신의 개념은 마스터될 수 있다고 추론한다. 왜냐하면 그것은 자기에게 그리고 인간에게 속해 있기 때문이다. 따라서 조가 말하는 "신"(god)은 유한하며, 그는 그 자신의 개념이라는 우상을 섬기고 있는 것이다.

따라서 우리는 두 측면을 함께 유지해야 한다. 우리에게 말씀하시는 하나님은 그분의 말씀을 우리의 능력에 맞추신다(내재). 하지만 말씀하시는 분은 신적 권위와 능력을 지니신 하나님이시다(초월). 하나님의 내재는 우리가 그분이 말씀하시는 것을 성령의 도우심을 받아 진실로 이해하고 흡수할 수 있음을 의미한다. 하나님의 초월은 우리가 우리에 대한 그분의 소통—혹은 그중 일부—을 마스터할 수 없음을 의미한다. 왜냐하면 그분은 자신이 말씀하시는 모든 것 안에 계시기 때문이다.

하나님의 능력을 과소평가할 위험

적응을 묘사하는 말은 완벽하게 정확하지 않다. 그런 까닭에 그것을 다른 방향으로 잘못 사용할 수 있는 문이 열려 있다. 그런 방향 중 하나는 하나님의 능력을 과소평가하는 것과 관련이 있다.

어린아이를 둔 인간 아버지와 어린 학생을 둔 선생님에 대한 유비를 다시 생각해보라. 이런 상황은 특별한 경우에 아버지나 선생님의 행동에 변화를 수반한다.

어린아이를 둔 아버지의 경우에, 그 아이는 아버지가 그것을 좋아하든 좋아하지 않든 간에 지금 그 모습 그대로의 아이다. 아버지는 지금 그 아이의 모습이나 그의 능력을 자기 마음대로 통제하지 못한다. 그 아이가 말하는 능력이 부족하다면, 아버지는 그 아이가 더 많은 말을 하지 못해서 좌절감을 느낄 수도 있다. 그는 아무리 노력해도 그 아이에게 중요한 어떤 개념을 전달하지 못해서 좌절할 수도 있다. 그는 자기가 할 수 있는 최선을 다했지만, 자신이 통제할 수 없는 환경에 제한받는다.

우리가 이런 유비에 너무 많이 주의를 기울인다면, 우리는 하나님에 대한 묘사에 같은 의미를 부여하려는 유혹에 빠질 수 있다. 우리는 하나님이 인간 아버지와 같으시며, 따라서 그분은 그분의 의지에 반하여 상황과 인간의 능력의 한계 때문에 꼼짝 못 하게 된다고 추론한다. 하지만 그것은 옳지 않다. 하나님은 인간 아버지처럼 제한되지 않는다. 그분은 모든 "상황"을 창조하시기 때문이라고 창조 교리는 말한다. 죄는 분명히 하나님의 질서를 해친다. 하지만 그것은 침입자다.[17] 창조의 원래의 상황에서, 피조물인 인간은 인간과 소통하고자 하시는 하나님의 갈망을 "좌절시킬" 수 없었다. 왜냐하면 그분은 인간을 창조하셨고 인간에 대해 전적으로 책임을 지고 계셨기 때문이다.

---

17   죄의 상황에서 "적응"에 관해서는 Sweet and Bromiley, "Accommodation," 1.26-27을 보라.

하나님은 인간을 훗날의 소통을 위해 고립시켜 창조하지 않으셨다. 그분은 먼저 인간을 창조하시고, 그 후에 과연 인간과 소통하는 것이 좋은 일이 될지, 그리고 어떤 측면에서 소통이 가능할 수 있을지에 대해 질문을 제기하셨던 것으로 보이지 않는다. 오히려 하나님은 창조하실 때 이미 소통이라는 목적을 염두에 두고 계셨다. 결과적으로 인간이 어떤 존재인지로 인해 발생하는 하나님 편에서의 좌절은 있을 수 없다. 대조적으로, 인간은 자전거를 만들고 나서 그것이 현재 상태보다 더 강하거나 더 빠르지 않기 때문에 좌절할 수도 있다. 그러나 하나님은 좌절하지 않으신다. 왜냐하면 그분은 하나님이시기 때문이다. 그분은 그분의 통제 밖에 있는 상황에 혹은 그분이 특정하지 않으신 인간의 능력에 "맞추실"(adjust) 필요가 없다. 정확하게 하나님이 절대적인 창조주이시기 때문에 인간의 유한성은 소통을 위해 아무런 저항도 아무런 문제도 제기하지 않는다. 우리가 자주 빠지는 생각과 반대로, 무한한 정신과 유한한 정신 사이의 그리고 인지 능력들 사이의 구별은 하나님께는 문제가 되지 않는다. 그것은 그분이 자신의 소통을 불행하고 통제 불가능한 한계들에 적응시키기 위해 풀어야만 하는 그 무엇이 아니다.

그러므로 "적응"과 "순응"이라는 단어들은 모두 도움이 되지 않는다. 둘 다 하나님이 마치 우리 인간들이 자신의 상황에 순응하듯이 혹은 우리의 통제를 넘어서는 상황에 적응하듯이 그분이 통제하실 수 없는 상황에 적응하신다는 혹은 순응하신다는 것을 암시할 수 있다. 그렇다면 우리는 하나님이 하시는 일을 어떻게 달리 묘사할 수 있는가? 우리는 보다 조심스럽게 하나님을 그분의 청중에게 **맞춘** 혹은 **적합한** 방식으로 소통하시는 분으로 묘사할 수 있을 것이다. 그러나 이 새로운 표현조차도 하나님이 자신의 통제 밖에 있는 상황들에 "맞추기" 위해 자기 자신이나 자신의 말을 형성했다는 개념을 나타내는 것이 가능하다. 이런 종류의 양보는 하나님의 말씀의 권위를 손상시킨다. 왜냐하면 그것은 하나님께서 자신이 말씀하신 것에 대해 오직 부분적으로만 책임이 있고, 그 책임의 일부는 그분이 말씀하실 수 있는 것의 한계를 제한하는 자율적인 환경에 속하는 것임을 의미하기 때문이다.

결함에 대한 부적절한 추론과 관련된 위험

게다가 인간 아버지와의 유비는 그 소통 안에 들어 있는 모종의 결함을 암시한다. 두 어른 사이의 소통은 아버지와 아이 사이의 소통보다 풍요롭다. 그러나 그렇다고 해서 후자가 "결함이 있는" 것일까? 어떤 이들은 그렇다고 말할지도 모른다. 그러나 모든 것에는 때와 장소가 있는 법이다. 우리가 가족의 삶에 대해, 그리고 아이를 키우는 것과 그렇게 이른 시기의 소통의 기회들이 가진 적극적 역할에 대해 건강한 관점을 갖고 있다면, 아버지-아이의 소통은 결함이 있는 게 아니다. 어린아이의 삶에서 이루어지는 이른 시기의 소통조차도 여전히 완전하게 참되고 분명하게 교훈적인 것이 될 수 있다. 소통상의 적절성과 성공은 완벽함이라는 인위적인 기준에 의해서가 아니라 궁극적으로 신적 설계와 기준에 대한 순응에 의해서 판단되어야만 한다. 신적 기준은 아버지가 그의 아이의 현재의 능력을 고려하는 것과 같은 종류의 소통을 적극적으로 인정한다.

그러나 그 아이가 영원한 뇌 손상을 일으키는 사고를 당했다고 가정해보자. 그 아이는 이생에서는 절대로 정신적으로 어른이 되지 못한다. 그렇다면 우리는 이제 그 아버지와 아이 사이의 소통이 손상되었다고 말할 수 있을까? 어떤 의미에서 그것은 아버지가 치유할 수 없는 방식으로 결함이 있다.

그런 상황은 우리와 하나님과의 상황과는 어떻게 연관되는가? 시간이 흐르면서 인간은 개인으로나 하나의 인종으로서나 성장하도록 되어 있다. 그러나 그들은 하나님이 되기 위해 인간성을 넘어서까지 성장할 수는 없다. 우리는 어느 개인이 일정 기간 지속적으로 성경을 공부함으로써 그의 영적 지식이 성장하는 것과 또한 점진적인 계시를 통해 하나님의 백성이 성장하는 것을 이해할 수 있다. 그러나 인간은 계속해서 인간일 뿐 결코 하나님이 되지 못한다. 그 유비에 따르면, 우리는 결코 "어린아이다움" 너머로 성장하지 못한다. 이것은 결함인가? 그것이 하나님이 되고자 하는 사악한 인간의 욕망에 비추어 측정될 때만 그러하다. 완성 상태의 우리의 지식은 여전히 온전하게 인간적일 것이다. 그리고 그것으로 족하다.

적응된 것처럼 보이는 의미를
재빨리 포기하거나 과소평가하는 것과 관련된 위험

또 다른 종류의 위험은 세부 사항과 관련된 성경의 신비를 과소평가하는 것과 관련이 있다. 좁은 의미의 적용이라는 개념을 생각해보라. 여기서 좁은 의미의 적용은 하나님이 자신을, 즉 자기 자신의 성품을 계시하시는 방법을 다룬다. 이런 종류의 적용은 하나님에 대한 신인동형론적 언어를 설명한다고 한다. 그러나 정말로 그러한가? 면밀하게 살펴보면, 지속적인 신비가 있음을 알 수 있다.

한 가지 예를 살펴보자. 출애굽기 15:6b은 이렇게 전한다. "여호와여, 주의 오른손이 원수를 부수시니이다." 하나님에 관한 이런 묘사에 대한 누적된 설명은 그것이 신인동형론을 통한 인간의 능력에 대한 적응이라는 것이다. 그렇다. 그것은 신인동형론이다. 그러나 이 구절이 정말로 적응이라는 개념과 많은 상관이 있는가? 인접한 문맥을 살펴본다면, 우리는 출애굽기 15:6이 시가의 일부임을 알 수 있을 것이다. 그 노래는 은유와 비유적 표현들로 가득 차 있다. 여호와께서는 물리적 오른손을 지닌 육체를 갖고 계시지 않다. 따라서 그 표현이 문맥을 따르는 은유라는 것은 분명하다. 이것은 야웨께서 인간이 그의 오른손으로 물건을 부수듯이 적을 부숴 흩으신다는 것을 의미한다.

이 진리는 다른 방식으로, 즉 생생한 은유를 사용하지 않고도 표현될 수 **있을 것이다.** 예컨대 한 가지 대안으로써 우리는 이렇게 말할 수 있을 것이다. "야웨께서 그분의 힘을 발휘해 적을 철저하게 무찌르신다." 그런 식의 말은 다채롭지 않고, 시적이지 않으며, 수사학적으로 매력적이지도 않다. 그러나 그것은 그 시적 표현이 하는 것과 동일한 몇 가지 일에 대해 말한다. 따라서 야웨께서는 생생한 신인동형론을 사용하지 않으면서 말씀하실 수 있었음에도 그렇게 하지 않으셨다. 어째서인가? 적응이라는 교리 자체는 단지 하나님이 인간을 그들의 능력을 따라 다루신다는 것만 말한다. 은유적 표현과 비은유적 표현 모두 이 기준에 적합하다. 실제로 우리가 이해할 수 있는 그 어떤 인간의 언어도 그 기준을 충족시킨다! 적응은 단지 성경이 이해할 만하다는 것을 말할 뿐이다. 그것은 어째서 야웨께서 여러 다른 대안과 대조되는 한 가지 특정한 종류의 이해할 수 있는 표현을 택하시는지에 대해서는 설명하지 않는다. 그러므로 적응은 실제로는 신인동형론이나 그 어떤 상세한 사항들을 설명하지 않는다. 우리가 적응이 적절하지 않은 곳에서 그것을 설명으로 사용한다면, 우리는 세부적인 사항들을 간과할 위험이 있다. 적응에 대한 우리의 호소는 상세한 사항들을 용케 둘러대고 그것들이 중요하지 않다고 암시하는 비법이 될 수도 있다.

이와 관련해서 발생하는 한 가지 위험은 무의식적으로 비유적 언어를 "깎아내리고" 낮게 평가하려는 유혹이다. 우리는 비유적 언어는 "실제"가 아니고 단지 적응 때문에 필요한 장식일 뿐이라고 생각하기 시작할 수 있다. 그렇다면 "적응되지 않은" 진실은 장식을 제거한 진실이 될 것이다. 우리가 마음으로 이런 길을 따른다면, 우리는 은유와 비유적 표현을 진지하지 않은 것으로 간주하는 셈이다. 우리는 하나님이 실제로 말씀하신 것을 그분이 마땅히 말씀하셨어야 했던 것에 대한 우리 자신의 개념들로 대체한다. 아마도 그것은 우리가 그분이 말씀하신 것에 당황하거나 아니면 그것이 신학적으로 어린아이 같은 이들에게나 타당할 뿐 우리에게는 그렇지 않다고 여기기 때문일 것이다. 그와 동시에 우리는 우리가 적응되지 않은 진리를 안다고 상상함으로써 잘못된 초월의 희생자가 된다. 대체로 그것에 대한 치유법은 하나님이 말씀하신 것 때문에 당황하기보다 그것에 순종하는 것이다. 그분은 자신이 무슨 말씀을 하고 계신지 아신다. 그분은 은유들을 아주 많이 편안해하신다. 비록 인간의 죄가 우리로 하여금 그것들을 오해하도록 유혹할지라도 말이다.

말과 생각에 대한 우리의 통제를 과대평가할 위험

또 다른 위험은 우리가 아는 것의 깊이를 과대평가하거나 남아 있는 신비를 과소평가하려는 유혹이다. 우리는 자신에게 이렇게 말한다. "나는 오른손이 무엇인지 알아. 그건 몸의 오른쪽에 있는 네 개의 손가락과 엄지를 가진 물리적인 손이야. 하나님은 오른손을 갖고 계시지 않아. 따라서 출애굽기 15:6은 적응이야."

우리는 정말로 오른손이 무엇인지 아는가? 내가 방금 제공한 묘사는 부분적이다. 왜냐하면 그것은 전적으로 그 손의 모양, 위치 그리고 물리적 구성에 초점을 맞추기 때문이다. 우리는 정말로 앞의 묘사가 오른손에 대해 모든 것을 말한다고 생각하는가? 만일 그렇게 생각한다면, 우리는 오른손이 하는 기능들을 간과하게 된다. 우리는 오른손을 가지고 여러 가지 일들을 수행한다. 우리는 손으로 만지고, 움켜쥐며, 손짓으로 의사를 표현한다. 또한 우리가 오른손의 물리적 구성에만 관심을 보일 경우, 우리는 오른손을 은유로 사용할 가능성도 간과하게 된다.

왜 우리는 오른손을 가지고 있을까? 성경의 틀 안에서 그 질문에 대해 답하는 것에는 분명히 하나님이 우리를 그런 식으로 만드셨다는 것을 관찰하는 것이 포함된다. 그분은 관대함 때문에 그렇게 하셨다. 예컨대 수(Sue)가 오른손을 가진 것은 하나님이 그녀에게 그것을 주셨기 때문이다. 그러면 그분은 왜 그렇게 하셨는가? 적어도 부분적으로는 그녀가 자신의 오른손으로 하나님을 찬양할 수 있게 하시기 위함이다. 또한 부분적으로는 그 손으로 일을 할 수 있게 하시기 위함이다. 그녀가 일하는 능력은 하나님의 원래의 능력을 모방한다. 따라서 그것은 하나님의 형상의 한 측면이다.

하나님은 원본이시고 전능하신 창조주시다. 수는 하나님의 권능으로부터 나온, 그리고 그 권능을 모방하는 힘을 갖고 있다. 그녀의 손은 그런 모방에 대한 표현이다. 다음 단계로 우리는 수의 오른손의 원본은 만들고, 형성하며, 보호하시는 하나님의 권능이라고 말할 수 있을 것이다. 만약 그렇다면, 수의 오른손은 은유적이다. 그것은 하나님의 권능을 드러내기 위한 창조 안에 있는 하나의 모양이다. 하나님의 권능이 원래의 "오른손"이다.

그러나 수의 오른손은 하나님의 권능의 형상일 뿐 아니라 하나님의 권능을 구체화한다. 하나님은 수가 그녀의 손을 움직일 때마다 그녀에게 능력을 주시기 위해 존재하신다. 따라서 수가 자신의 오른손을 움직일 때, 우리는 수의 능력뿐 아니라 그녀의 오른손에서 드러나는 하나님의 권능도 관찰한다. 그분의 지속시키시는 권능이 없다면 수는 아무것도 할 수 없다.

우리가 출애굽기 15:6이 **단지** 어떤 은유를 설명하려는 적응에 불과하다고 말한다면, 우리는 수의 오른손의 중요성에 들어 있는 깊은 의미를 설명하는 데 관여하고 있는 것 아닌가? 그리고 그런 시도는 우리가 물리적으로 구조화된 물체로서의 손에 배타적으로 집중할 때, 따라서 하늘과 땅과 수의 손을 채우시는 하나님의 존재를 마음으로 무시할 때, 우리는 자신이 중요한 모든 것을 이미 이해했다고 여기도록 유혹하는 거들먹거리고 위험한 오만을 드러내는 것 아닌가?

또 다른 예를 살펴보자. 적응 교리는 "(물론) 하나님은 정말로 화를 내지 않으신다. 하나님의 진노에 대한 성경의 진술들은 적응의 예들이다"라고 말하는 데 사용될 수 있다.

이런 분석은 하나님의 오른손에 대한 분석과 마찬가지로 최소화시키려는 유혹을 드러낸다. 우선 우리는 하나님이 진노하지 않으신다고 말하는 대신 하나님의 진노는 인간의 분노와 유사한 것이지 같은 수준에 있지 않은 것이라고 제안할 수 있다. 따라서 "진노"라는 단어는 은유적으로 혹은 비유적으로 사용된다. 그러나 또한 우리는 우리가 하나님의 오른손과 관련해서 관찰했던 것과 동일한 종류의 역전을 시도할 수 있다. 화를 내는 인간의 능력은 어디에서 오는가? 그것은 우리를 자신의 형상대로 지으신 창조주로부터 온다. 물론 사악한 인간의 분노가 있을 수 있다. 하지만 그것은 우리가 불의를 볼 때 그 일에 개입하게 하는 또한 그 불의에 맞서 기도하고, 일하며, 싸우도록 부추기는 의로운 분노에 대한 악용이자 사악한 왜곡이다. 우리는 이런 능력을 어디에서 얻었을까? 하나님으로부터 얻었다. 하나님은 정의의 하나님이시므로 분노를 위한 원형적 능력을 갖고 계신다. 하나님의 성품은 온전하게 정의롭다. 그리고 그분은 정의를 위해 강력하게 행동하신다. 그분의 존재가, 말하자면, 깊숙이 개입하신다. 이것은 그분이 심중에 어떤 명제, 즉 "이것은 정당하지 않다"라는 명제를 갖고 계신다는 것이 아니다. 하나님이 불의를 평가하고 판단하시는 일에 몰두하시는 것이야말로 원래의 분노다. 우리의 분노는 그것에 대한 그림자와 같은 모방이다. 그렇다면 어느 것이 "진짜" 분노이고 어느 것이 단지 "은유적인" 분노인가?

　오른손의 경우처럼 여기서도 우리의 분노는 하나님의 진노를 모방하는 것일 뿐 아니라 그것이 의로울 경우 우리 안에서 일어나는 하나님의 일하심과 관련된다. 우리는 하나님과 교제하고 있다. 그리고 우리의 분노는 우리 안에서 일어나는 성령의 역사에 대한 표현이다. 하나님은 우리를 통해 **그분의** 진노를 표현하신다(비록 우리가 자신을 신성시하거나 의롭지 않은 분노에 대해 평계를 대지 않도록 조심해야 하지만 말이다). 따라서 "단지 인간적인" 분노 같은 것은 존재하지 않는다. 그것은 언제나 하나님의 성품에 대한 증언이다. 언젠가 J. I. 패커는 하나님이 신인동형론적이신 것이 아니라 인간이 신과 같은 모습을 하고 있다고—하나님의 형상대로 지음 받았다고—말한 바 있다.[18] 불의하며 믿음 없이 일어나는 분노의 경우에도 사람들은 자신들을 지으신 하나님으로부터 벗어나지 못한다. 그때 그들은 하나님의 형상에서 벗어나는 것이 아니라 그것을 왜곡하고 있는 것이다. 그렇다면 분노란 무엇인가? 우리는 우리가 분노에 대한 지식이 헤아리기 어려운 신비 속으로 들어가는 하나님에 대한 지식과 엮여 있다는 사실을 깨닫기 전까지 우리가 하는 말에 대해 실제로는 많이 알지 못한다.

세상을 신비하지 않은 것으로 다루는 위험

한 가지 연관된 위험은 다른 모든 것에 대한 묘사에 관해서가 아니라 단지 하나님에 대한 묘사와 관련해서만 적응에 초점을 맞추고자 하는 결정(한 가지 점에서 이해할 수 있는 결정)으로부터 나온다. 이런 뚜렷하게 구별되는 초점은 우리가 세상에—오른손, 분노, 눈, 불, 바람, 인간의 사랑에—대한 우리의 지식이 신비로운 것이 아니라고 쉽게 추론하도록 유혹할 수 있다. 그럴 때 우리는 하나님이 세상 안에 계심과 하나님에 대한 세상의 증언의 신비를 증발시켜버린다.

따라서 "적응"이라는 단어의 보다 넓은 용례를 살펴보자. 거기서 그 단어는 하나님의 스스로에 대한 묘사에 대해서만이 아니라 성경의 모든 것에

---

18   나는 이것을 J. I. Packer로부터 육성으로 들은 기억이 있다.

적용된다. 모든 성경은 인간 저자를 통해 인간의 언어로 우리에게 오며 역사 속의 인간적 상황이라는 맥락에서 유래한다. 하나님이 말씀하시는 것은 이런 맥락에 적합하다. 전통적 용어를 사용해 말한다면, 모든 성경은 "적응되었다"(accommodated).

전과 같이, 적응을 인간이 개인적인 통제를 넘어서는 환경에 순응하는 것으로 생각하는 것으로부터 동일한 위험이 제기된다. 그런 식으로 우리는 창조 이후 그분의 포괄적 통제를 감안할 때 하나님께 적합하지 않은 개념들을 도입한다.

어떤 성경 구절들을 "좀 더" 적응된 것처럼 다루는 위험

모든 성경이 적응되었다면, 우리는 거기에 비유적 진술들뿐 아니라 문자적 진술들도 포함시켜야 한다. 하나님에 대한 신인동형론적 언어는 하나님은 "썩지 아니하고 보이지 아니하신다"(딤전 1:17b)라는 혹은 "에라스도는 고린도에 머물러 있다"(딤후 4:20a)라는 확언들보다 더 적응되었거나 덜 적응되지 않았다. 그러나 모든 것을 설명하는 적응이라는 유일한 일반적인 원리는 아무것도 특별히 설명하지 못하는 위험에 빠진다. 실제로 우리는 성경에 있는 어떤 것은 적응되었고 다른 것은 그렇지 않다고 생각하는 위험에 처한다. 그럴 경우 우리는 정경 내의 정경을 만들어내는, 또한 마치 실제로는 적응되지 않은 것처럼 다뤄질 수 있다고 알려진 것과 관련해서 잘못된 초월을 만들어내는 위험에도 빠진다.

이성, 일반 계시 그리고 다른 성경 외적 자료들을 우선시하는 위험

적응의 언어는 성경 전체에 적용될 경우 여전히 또 다른 위험을 위한 문을 연다. 성경이 적용된다면, 아마도 성경 밖에 있는 어떤 것은 그렇지 않을 것이다. 인간의 이성은 분명히 유한한 인간의 능력과 관련되어 있기 때문에 적응되지 않은 자료의 역할을 하지 않을 것이다. 그러나 사람들은 인간의 이성을 신성을 향한 창문으로 여기려는 유혹을 받아왔다. 이 견해에 따르면 이성은 결국 우리 안에 있는 신성의 불꽃이며 따라서 신적 이성과 동등하다. 그렇게 해서 이성은 이신론에서 그랬던 것처럼 성경 위에서 주님 노릇을 한다.

비록 이런 입장은 거부되고 있으나 사람들은 여전히 창조세계를 지배하는 하나님의 말씀(시 33:9; 히 1:3)은 적응되지 않은 것이라고 생각할 수 있다. 그 말씀은 우리에게 전해진 것이 아니다. 따라서 그것은 인간과의 소통에 포함된 제약들을 가질 필요가 없다. 이성은 족쇄가 채워져 있지 않으며 제한되어 있지도 않다. 그러므로 사람들은 그것을 성경보다 우월한 근원으로 다루려는 유혹을 받을 수 있다. 현대 과학의 인상적인 승리를 감안할 때, 그 위험은 실제적이며 성장하고 있다.

그러나 신학적으로 말하자면, 적응의 일반적 원리는 우리가 인간에게 제공된 발언에 대해 말해왔던 것과 유사한 방식으로 창조세계를 지배하는 하나님의 발언에 적용된다. 창조와 관련된 하나님의 발언은 그분의 명령에 순종하는 피조물 편의 응답을 요구한다. 따라서 우리는 인간에 대한 하나님의 발언과의 유비를 통해 그분의 명령은 그것이 향하는 피조물에게 적합하다고 추론할 수 있을 것이다. 우리 자신은 이런 피조물이 아니므로(다른 피조물과 달리 하나님의 형상대로 지음을 받았기에—역주), 우리는 그런 적응이 작동하는 방식에 대해 거의 알지 못한다. 결국 세부 사항은 극도로 신비롭다. 우리는 하나님의 그런 말씀을 이해하는 데 적합하지 않은 위치에 있다. 부분적으로 그것은 우리가 그 직접적인 청중 가운데 있지 않기 때문이다(이런 경우에 하나님은 직접 우리에게 말씀하지 않으신다). 또한 부분적으로 그것은 우리가 구두로 이루어진 이런 말씀에 접근할 수 없기 때문이다. 과학자들은 단지 하나님이 말씀하시는 것을 추론, 추측 혹은 모방할 수 있을 뿐이다. 그리고 그런 추측은 과학자들이 "자연법"에 대해 생각하는 내용을 구성한다.

이런 점에서 자연법에 대한 과학적 사고는 삼중으로 적응된다. 창조에 대한 하나님의 발언은 창조에 적합하다. 그 발언에는 적응의 첫 단계, 즉 그 발언을 듣는 피조물에 대한 적응이 포함된다. 둘째, 창조는 과학자들에게 정보의 출처가 된다. 그것은 사물이 어떻게 작동하는지에 대한 단서들을 "계시한다." 비록 창조로부터 오는 이런 정보는 특성상 비언어적이기는 하나 과학자들의 능력에 적합하다. 그런 적합성이 두 번째 적응이다. 셋째, 과학자들이 수행하는 과학적 해석들은 그들의 능력에 적합하다. 그들 자신의 숙고가 그들의 사고와 성향에 대한 적응을 구성한다. 따라서 이론, 가정 그리고 "사실들"의 요약이라는 형태로 된, 인간이 고안한 과학이라는 산물은 삼중으로 적응된다. 일단 변경해야 할 사항을 변경하고 나면(*mutatis mutandis*), 같은 것이 역사적 탐구에 대해서도 계속된다.

삼중으로 적응된 인간의 프로젝트는 우리에게 어두운 유리창을 통해 보는 것과 같은 견해를 제공한다. 과학이나 역사적 연구 모두 우리가 그것을 통해 성경보다 우월한 것이 될 수 있는 안정되고 견고한 플랫폼을 세우는 근거가 될 수 없다. 이유는 분명하다. 그것은 "의사야, 너 자신을 고치라"(눅

4:23)는 말의 경우와 같다. 제안된 플랫폼은 오직 우리가 먼저 과학과 역사의 연구에 대한 삼중의 적용의 결과들을 "고쳤을" 경우에만 세워질 수 있다.

이 길은 결국 적용에 대한 건강한 관점은 성경적 토대 밖에서 더 우월한 견해를 찾는 것을 위한 변명이 될 수 없음을 드러낸다. 우월한 견해를 찾는 사람은 그 과정 어딘가에서 성경이 적용되었든 아니든 간에 (그것이) 실제로 하나님의 발언이라는 확신을 암묵적으로 포기한다.

하나님을 수령자로 남겨두는 위험

마지막으로 적용에 대한 가장 단순한 사고는 언약적 계시를 온전히 고려하는 것을 무시할 위험을 초래한다. 언약의 의미에 대해서는 약간의 설명이 필요하다. 우리는 두 당사자 사이의 조약(혹은 "언약")이란 문제로 시작할 수 있을 것이다. 그 조약은 오직 한쪽 당사자만을 위해서가 아니라 두 당사자 모두를 위해 체결된다. 두 당사자 모두 그 협정에 대해 구속력 있는 약속을 한다(가령 창 31:44-54). 하나님이 인간과 언약을 맺으실 때, 그 언약은 인간을 향하고 또한 인간을 구속한다. 그러나 하나님은 두 번째 당사자시다. 그분은 말하자면 자신의 말씀에 자신을 묶으신다(참조. 히 6:13). 그분은 자신이 말씀하시는 것을 들으신다. 우리는 하나님이 모세에게 율법을 기록한 문서를 지성소 안에, 언약궤 안과 곁에, 하나님 앞에 놓으라고 말씀하신 것(신 10:5; 31:24-26)을 관찰함으로써 이런 의미를 알 수 있다. 그 문서의 위치는 하나님이 그것의 내용을 의식하고 계시며 자신이 그 언약의 한쪽 당사자로서 하신 약속을 충실하게 이행하시리라는 것을 상징적으로 표현한다. 이렇게 언약의 말씀을 하나님 앞에 놓는 일은 하나님이 요한복음 17장에서 우리가 이해할 수 있는 말로 하나님에 대해 말씀하실 때 온전하게 실현된다.[19]

요한복음 17장은 아주 특별한 사례다. 하지만 그런 특성을 갖고 있음에도 그것은 모든 성경에 해당하는 것을 유비를 통해 설명할 수 있다. 모든 성경은 넓은 의미에서 언약적이다. 하나님은 그 안에서 우리에게 말씀하시지만, 또한 그분은 자신을 두 번째 당사자로 표현하신다. 우리가 성경을 받을 때, 성령이 우리 곁에 서시고 우리 안에 거하신다. 그리고 그것은 성령이 화자일뿐 아니라 청자라는 것을 의미한다.

따라서 적용에 대한 일반적인 추론은 잠재적 결함을 갖고 있다. 그것은 성경이 우리 인간을 **단지** 청자로 여긴다는 가정을 제시할 수 있다. 우리가 단지 청자일 뿐이라면, 성경은 우리에게는 적용하나 하나님께는 적용하지 않는다. 그것은 거짓이다. 인간들 간의 조약처럼, 성경은 하나님과 우리 모두를 향해 말한다. 더 상세하게 말하자면, 하나님은 삼위일체의 신비 안에 계신 하나님을 향해 말씀하는 동시에 우리에게도 말씀하신다. 만약 그렇다면, 그것이 하나님께 의미하는 것은 우리의 헤아림을 넘어선다. 그러므로 성경 자체는 헤아림을 넘어선다.[20] 우리에 대한 그것의 적용은 추가적인 특징이지, 온전한 신적 의미로부터 무언가를 빼는 것이 아니다.

지금 우리는 그 문제를 깊이 고찰하고 있으므로, 요한복음 17장에서 성자가 성령의 내주라는 상황에서 성부에게 말씀하시는 것을 살펴보자. 삼위의 두 위격들 사이의 소통은 언제나 사랑을 주고받는 각 사람의 상황뿐

19　Vern S. Poythress, *God-Centered Biblical Interpretation* (Phillipsburg, NJ: P&R, 1999), 19-25.

20　Vern S. Poythress, *God-Centered Biblical Interpretation*, 19-35.

아니라 제삼위의 상황에도 **적합하다.** 소통 혹은 문맥상의 부합을 위한 원형은 삼위일체다.

당신은 이것을 이해하는가? 아니다. 그것은 이해하기 어렵다. 그것을 이해할 만하게 만드는 이들은 하나님을 파괴하려 하거나 아니면 스스로 하나님이 되려 하거나 하는 것이다.

결과들

하나님을 파괴하려는 시도는 성공하지 못한다. 적응을 합리적으로 설명하려는(본질적으로 창조주-피조물 간의 구분을 합리적으로 설명하려는) 시도 역시 성공하지 못한다. 적응을 합리적으로 설명하는 것은 적응 교리를 인간의 자율적인 합리성의 능력에 맞추는 것을 의미한다. 그런 시도는 결과를 만들어낸다. 하나님은 그분의 이름을 헛되이 부르는 자들을 죄가 없다고 여기지 않으신다(출 20:7). 하나님을 파괴하려는 시도는 그 시도 자체를 거스르며, 하나님의 형상, 즉 그런 시도를 하는 이를 손상시킬 수 있다.

몇 가지 형태의 포스트모더니즘이 그 과정을 예시해준다. 일부 포스트모더니스트들은 초자연적 계시를 거부하는데, 그들은 초자연적 계시가 실제로는 유한한 언어와 문화 안에서 살아가는 유한한 인간에 의해서는 수용될 수 없음을 스스로 알 수 있다고 여기기 때문이다. 요컨대 그들은 적응주의자들이다. 그들에게 적응은 그 어떤 계시도 유한한 언어와 문화의 바다에서 불가피하게 흡수되어 해체되는 것을 의미한다. 그 결과 그들은 그 어떤 계시도 일단 인간의 유한성에 적응하고 나면 그것의 환경의 오류와 잘못 중 몇 가지를 물려받는다고 생각한다.

　그런 잘못된 견해는 그로 인한 결과들을 갖는다. 동일하게 잘못된 추론이 과학에 적용될 수 있다. 적응에 대한 포스트모더니즘적 이론이 과학에 적용될 때 과학에서의 삼중 적응은 과학이 하나의 사회적 구성체─그것의 기능은 과학자들의 힘과 권위를 유지하는 것이다─라는 결론으로 이어진다. 그리고 만약 그 추론이 그렇게까지 멀리 나간다면, 그때 그것은 자연과학뿐 아니라 사회과학과 지식사회학의 토대를 공격할 수 있다. 이런 공격은 마침내 포스트모더니즘 자체를 훼손한다. 왜냐하면 포스트모더니즘은 언어와 문화에 대한 모더니즘적인 사회과학적 통찰들을 기반으로 성립되기 때문이다. 포스트모더니즘의 희생자들은 자신들의 핵심에 남아 있는 권력에 대한 의지, 즉 자율성에 대한 원초적 갈망만을 지닌 채 인식론적 공허 안으로 들어갈 수도 있다.

결론

옳게 이해될 경우 적응은 창조주-피조물 간의 구분에 대한 표현이다. 그러나 죄는 우리를 여러 가지 방법으로 유혹해서 적응의 의미를 잘못된 초월과 잘못된 내재를 옹호하는 쪽으로 왜곡시킨다. 우리는 적응이라는 개념이 신적 소통과 신적 언약 안에 들어 있는 근본적인 신비들을 없애준다고 여기는 일을 경계하고 피해야 한다. 오히려 적응은 신비들을 거듭 주장한다.

창세기 1:6-8과 1:5에 관한
칼뱅의 해석에 대한 오해

장 칼뱅은 자신의 창세기 주석에서 창세기 1:6-8에 대해 몇 가지 흥미로운 해석을 했다.[1] 나는 그런 해석들을 재점검하고자 한다. 왜냐하면 그것들의 의미와 관련된 논쟁이 존재하기 때문이다. 나는 그것에 덧붙여 창세기 1:5에 대한 문제 하나를 더 조사할 것이다. 두 경우 모두 성경에 대한 교리와 "적응"의 본질에 대한 함의를 갖고 있다. 따라서 그것들은 역사적 관심 이상의 것을 갖고 있는 셈이다.[2]

켄튼 스팍스(Kenton Sparks)의 『인간의 말로 쓰인 하나님의 말씀』(*God's Word in Human Words*, 2008)에는 칼뱅이 창세기 1:6-8을 해석한 언급이 들어

---

1   John Calvin, *Commentaries on the First Book of Moses Called Genesis* (Grand Rapids, MI: Baker, 1979), 1.78-81.

2   이 부록은 Vern S. Poythress, "A Misunderstanding of Calvin's Interpretation of Genesis 1:6-8 and 1:5 and Its Implications for Ideas of Accommodation," *Westminster Theological Journal* 76, no. 1 (2014): 157-66을 개작한 것이다. 허락을 받아 사용함.

있다.[3] 그러나 우리가 보게 되겠지만 스팍스는 칼뱅을 오해한다. 더 나아가 스팍스는 성경에 대한 전반적인 접근법을 구성하는 과정에서 칼뱅의 말을 건축용 벽돌처럼 중요한 방식으로 사용한다. 스팍스의 전반적인 접근법은 성경은 우주에 대한 고대의 잘못된 견해와 다른 종류의 오류들을 포함할 수 있다고 말한다. 그는 칼뱅도 유사한 방식으로 생각했다고 주장한다. 문제는 스팍스의 입장과 그가 그것을 지지하기 위해 칼뱅의 해석을 사용하는 방식 모두에서 나타난다.[4]

최근에 어느 복음주의 학자가 칼뱅이 창세기 1:6-8장에 관해 말했던 것에 대한 스팍스의 오해를 그 자신의 용어로 되풀이했다. 이것은 다른 이들이 스팍스가 한 것과 동일한 실수를 하고 있음을 보여준다. 그러므로 지금은 칼뱅에 대한 이런 잘못된 읽기를 그만두어야 할 때다.

---

3   Kenton L. Sparks, *God's Word in Human Words: An Evangelical Appropriation of Critical Biblical Scholarship* (Grand Rapids, MI: Baker, 2008), 235.

4   성경의 권위에 관한 칼뱅의 견해와 관련된 더 넓은 문제에 관해서는 John D. Woodbridge, *Biblical Authority: A Critique of the Rogers/McKim Proposal* (Grand Rapids, MI: Zondervan, 1982), 49-52, 56-67. 또한 177-78에서 발견되는 56n32 and 56n33의 저서 목록과 61에 나오는 창세기에 대한 칼뱅의 논의를 보라. "적응"에 대한 칼뱅의 견해를 위해서는 다음을 보라. Glenn S. Sunshine, "Accommodation in Calvin and Socinus: A Study of Contrasts," MA thesis, Trinity Evangelical Divinity School, 1985; Clinton M. Ashley, "John Calvin's Utilization of the Principle of Accommodation and Its Continuing Significance for an Understanding of Biblical Language," PhD diss., Southwestern Baptist Theological Seminary, 1972; Martin I. Klauber and Glenn S. Sunshine, "Jean-Alphonse Turrettini on Biblical Accommodation: Calvinist or Socinian?" *Calvin Theological Journal* 25, no. 1 (1990): 7-27, 그리고 9n4에 실려 있는 추가적인 저서 목록.

칼뱅과 스팍스

창세기 1:6-8에 대한 칼뱅의 해석으로부터 시작한 다음 그것을 스팍스의 것과 비교해보자. 문맥을 이해하기 위해서 창세기 1:6-8에 대한 칼뱅의 말 전체를 읽어보는 것이 도움이 될 것이다. 편리함을 위해 가장 두드러지는 부분에서부터 시작해보자. 그것은 그의 설명의 중간에 놓여 있다.

모세는 이 궁창의 특별한 용도를 "물과 물을 나누는 것"으로 묘사하는데, 그런 말로부터 어려움이 제기된다. 하늘 위에 물이 있어야 한다는 것은 상식에 어긋나며 아주 신뢰하기 어려워보인다. 따라서 어떤 이들은 알레고리에 의존하고 천사들에 대한 철학을 펼치는데, 그것은 목적에서 크게 벗어난 것이다. 내 생각에 이것은 어떤 원칙인데, 그것은 여기서는 세상의 가시적 형태 외에는 아무것도 다뤄지지 않는다는 것이다. 천문학이나 다른 심원한 학문을 배우려는 사람은 다른 곳을 찾아가는 게 낫다. 여기서 하나님의 성령은 예외 없이 모든 사람에게 가르치실 것이다. 그러므로 그레고리우스(Gregory)가 동상과 그림들에 대해 거짓되게 그리고 헛되이 선포하는 것은 참으로 창조의 역사에도 적용된다. 즉 그것은 배우지 못한 자들의 책이다. 따라서 그가 말하는 사물들은 그가 우리의 눈앞에 두는 극장 장식물의 역할을 한다. 그러므로 나는 여기서 물이 의미하는 것은 무례하고 배우지 못한 자들이 인식할 수 있는 것이라고 결론짓는다. 어떤 이들의 확언, 즉 자기들이 그것에 대한 무지에도 불구하고 하늘 위의 물에 대해 자기들이 읽은 것을 믿음으로 받아들인다는 확언은 모세의 계획과 일치하지 않는다. 그리고 참으로 열려 있는 명백한 문제에 대한 더 긴 조사는 불필요하다. 우리는 구름들이 대기권에 걸려 있는 것을 본다. 그것은 우리의 머리 위로 쏟아질 듯 위협하지만, 우리가 숨 쉴 공간을 남겨둔다. 이것이 하나님의 놀라운 섭리에 의해 영향을 받는다는 것을 부인하는 자들은 그들 자신의 어리석은 생각으로 인해 헛되이 들떠 있는 것이다. 우리는 실제로 비가 자연적으로 만들어진다는 것을 안다. 그러나 홍수는, 만약 하늘의 큰 폭포가 하나님의 손에 의해 갇혀 있지 않다면, 우리가 어떻게 구름의 폭발로 인해 아주 빨리 압도될 수 있는지를 충분하게 보여준다.[5]

스파크스는 자신의 책에서 이 구절의 중간 부분을 인용한다.[6] 이어서 그는 칼뱅의 말을 다음과 같이 해석한다.

칼뱅은 우리가 이것이 그렇지 않다는 것을 아주 잘 알면서도 궁창 위에 물이 있다는 것을 "믿음으로" 믿어서는 안 된다고 말한다. 창세기는 단지 그런 물이 존재했다는 고대의 견해에 스스로 적응하고 있을 뿐이다.[7]

칼뱅이 한 말의 의미

스파크스의 해석은 칼뱅이 말하는 것을 크게 비껴간다. 스파크스는 칼뱅이 궁창

---

5   Calvin, *First Book of Moses*, 1.78-81.
6   Sparks, *God's Word*, 235. Sparks의 인용문은 "내 생각에…"로 시작되어, 그레고리우스에 관한 문장은 생략하고, "그리고 참으로 열려 있는 그리고 명백한 문제에 대한 더 긴 조사는 불필요하다"로 끝난다.
7   Sparks, *God's Word*, 235(강조는 덧붙인 것임).

위에 물이 없다고 말한다고 여긴다.[8] 그러나 이것은 물에 대한 칼뱅의 반복적인 언급들과 직접 모순된다(각 경우에 강조는 덧붙인 것임).

> 그러므로 나는 **여기서 물이 의미하는 것**은 무례하고 배우지 못한 자들[즉, 고대 이스라엘뿐 아니라 칼뱅 시대의 평범한 사람들]이 인식할 수 있는 것이라고 결론짓는다.

> 우리는 허공에 걸려 있는 **구름**을 본다. 그것은 우리의 머리 위로 쏟아질 듯 위협하지만, 우리가 숨 쉴 공간을 남겨둔다.

> 우리는 실제로 **비**가 자연적으로 만들어진다는 것을 안다. 그러나 홍수[즉, 노아의 홍수]는, 만약 **하늘의 큰 폭포**가 하나님의 손에 의해 갇혀있지 않는다면, 우리가 어떻게 **구름**의 폭발로 인해 아주 빨리 압도될 수 있는지를 충분하게 보여준다.

칼뱅은 구름 속의 물이 "궁창 위의 물"이며 그 아래의 대기가 궁창이라고 말하고 있다.

칼뱅의 주석에서 주변의 본문들은 이것이 칼뱅이 염두에 두고 있는 것임을 확증해준다. (이미 인용한 바 있는) 그의 설명의 중간 부분에 이르기 전에, 칼뱅은 그 핵심적인 히브리어 라키아(*rakia'* ["궁창"])에 낮은 대기가 포함되

---

8 "…우리는 이것[궁창 위에 물이 있다]이 그렇지 않다는 것을 아주 잘 안다." Sparks, *God's Word*, 235.

어 있다고 주장한다.

더 나아가 רקיע(*rakia'*)라는 단어는 대기권 전역뿐 아니라 우리 위에 열려 있는 것을 모두 포함한다. 마치 하늘이라는 단어가 때때로 로마인들에 의해 그렇게 이해되듯이 말이다. 그러므로 그런 배열은 하층 대기권으로서의 하늘만큼이나 그것들[즉, 하늘과 하층 대기권] 사이의 차별 없이 רקיע(*rakia'*)라고 불리지만, 그 단어는, 우리의 과정[즉 앞으로 이어질 칼뱅의 논의]을 통해 보다 분명하게 드러나겠지만, 때로는 양쪽 모두를 그리고 때로는 그중 어느 한쪽만을 의미한다. 나는 그리스인들이 어째서 그 단어를 στερέωμα라고 번역하기로 했는지 모른다. 로마인들은 그것을 *firmamentum*라는 단어로 모방해왔다. 왜냐하면 문자적으로 그것은 *expanse*[*expansio*, 광활한 하늘]를 의미하기 때문이다.[9]

칼뱅은 라키아(*rakia'*, "궁창")라는 핵심적인 단어가 "하늘들"과 "낮은 대기권" 모두를 포함할 수 있다고 주장하지만, 그는 "그중 어느 한쪽만을" 의미할 수도 있다고 주장한다. 이런 주장은 칼뱅이 나중에 창세기 1:6에 등장하는 "궁창"을 낮은 대기권, 즉 구름을 땅과 분리시키는 허공을 가리키는 것으로 해석할 수 있는 길을 놓는다.

우리가 앞서 인용한 설명의 중간 부분 이후에 칼뱅은 계속해서 다음과

---

9   Calvin, *First Book of Moses*, 1.79. 칼뱅이 창 1:1-31의 본문에 대한 자신의 번역을 제공한다는 것에 주목할 필요가 있다. 그는 *rakia'*(רקיע)를 다양하게 번역한다. *extensio*("확장[extension]" 6절), *expansio*("팽창[expanse, expansion]" 7, 8, 1:15, 17절), 그리고 *firmamentum*("창공[firmament]" 14절)(우리말 성경은 라틴어와 영어로 그렇게 다양하게 표현되는 *rakia*를 모두 "궁창"으로 번역한다—역주). 대조적으로, 불가타역은 *firmamentum*을 사용한다.

같이 설명한다.

> 따라서 하나님이 구름들을 창조하셨고, 그것들을 우리 위에 있는 지역[즉 궁창
> 이라는 일반적인 지역]에 두셨기 때문에, 그것들이 갑작스럽고 거칠게 밀려 나
> 와 우리를 삼켜버리지 않도록 하나님에 의해 제어되고 있음을 잊어서는 안 된
> 다. 또한 특별히 이 말씀[창세기 1:6에 실려 있는 "물 가운데 궁창이 있어 물
> 과 물로 나뉘라"라는 하나님의 명령의 말씀]이 우세하지 못했다면 쉽게 물러
> 나는 액체와 유연한 대기 외에는 그것들에 맞설 만한 다른 장벽들이 없었기 때
> 문이다.[10]

여기서 칼뱅의 마지막 문장은 창세기 1:6에 대한 인용문의 일부로서 "궁
창"(*extensio*)이라는 핵심적인 단어를 사용한다. 칼뱅은 궁창에 관한 하나님
의 명령의 말씀이 대기가 "물러나지" 않게 한다는 것을 암시한다. 그럼으로
써 그는 궁창을 "장벽" 역할을 하는 대기와 동일시한다. 그는 이 대기가 장
벽처럼 궁창 위의 물과 아래의 물을 나눈다고 암시한다. 그 대기가 물러나
면, 구름에 속해 있던 물이 "갑작스럽고 거칠게 밀려나올" 것이다. 그렇게
그는 구름을 궁창 위의 물, 즉 대기의 "장벽" 위에 있는 물과 동일시한다.

이 전체 문단은 칼뱅의 원칙에 비춰보면 뜻이 잘 통한다. "내 생각에,
이것은 어떤 원칙인데, 그것은 여기서는 세상의 가시적 형태 외에는 아무것
도 다뤄지지 않는다는 것이다."[11] 구름과 대기는 모두 눈에 보인다. 칼뱅은

---

10   Calvin, *First Book of Moses*, 1.80-81.
11   Calvin, *First Book of Moses*, 1.70. Cf. John Calvin, *Institute of the Christian Religion*, 1.14.3. "모
      세는 일반 사람들의 무지함에 적용하면서 창조의 역사 가운데서 우리의 눈에 들어오는 것들

창세기 1:6-8이 그것들을 가리키는 것으로 해석한다. 이론적으로 가정된, 눈에 보이지 않는, 난해한 "하늘 위에 있는 물"은 칼뱅이 창세기 1장 전체를 통해 작용하고 있다고 여기는 원칙과 **일치하지 않는다**. 따라서 그는 그런 사변적인 견해들을 거부한다. 비록 그것들이 경건하게 믿음에 호소할지라도 말이다.

> 어떤 이들의 확언, 즉 자기들이 그것에 관한 무지[그들이 자기들이 결코 경험한 적이 없는 보이지 않는 몸체를 구성한다고 여기는 물을 염두에 두었다는 사실로 인한 무지]에도 불구하고, 하늘 위의 물에 대해 자기들이 읽은 것을 믿음으로 받아들인다는 확언은 모세의 계획과 일치하지 않는다[즉 그것은 "무례하고 배우지 못한 자들"을 다루고 "세상에서 눈에 뜨이는 것"에 자신을 국한시키려는 모세의 계획에 상응하지 않는다].[12]

칼뱅은 창세기 1:6-8이 "세상의 가시적 형태", 곧 이 경우에는 대기와 구름들을 가리킨다고 말하는 이들을 지지하는 사변적 해석을 거부한다.[13]

칼뱅은 자신이 한 말의 의미가 모세가 의도했던 것("모세의 계획")이라고 여긴다. 그는 마치 보다 현대적인 지식에 비추어 가설적으로 그런 대안이 필요하기라도 했던 것처럼 어떤 의미상의 대안을 제시하고 있지 않다. 고

외에는 하나님의 그 어떤 다른 작품들에 대해서도 언급하지 않는다"(강조는 덧붙인 것임); Klauer and Sunshine, "Turrettini," 10에서 재인용함.

12　Calvin, *First Book of Moses*, 1.80.

13　Scott M. Manetsch, "Problems with the Patriarchs: John Calvin's Interpretation of Difficult Passages in Genesis," *Westminster Theological Journal* 67, no. 1 (2005): 1-21; 같은 구절과 관련해서는 11-13.

대 이스라엘인들과 칼뱅 자신에게 의미는 같았다. 그것은 시간이 흐름에 따라 안정적인 기능을 하게 되는데, 그것은 그 구절이 모든 사람("무례하고 배우지 못한 자들"을 포함하는)에게 보이는 것에 대해 논하기 때문이다. 칼뱅은 창세기 1:6-8이 세상의 인식 가능한 측면들에 대해 반복해서 언급한다고 지적한다. 따라서 모든 사람이 다음과 같은 표현들을 이해할 수 있을 것이다. "세상의 **가시적 형태**", "예외 없이 **모든 사람**에게 가르치기", "**배우지 못한 자들**의 책", "그가 **우리의 눈앞에 놓는다**", "**무례하고 배우지 못한 자들**이 인식할 수 있도록", "**열려 있는 명백한** 문제" 그리고 "우리는 구름들이 대기권에 걸려 있는 것을 **본다**."[14]

추가적인 퍼즐

칼뱅의 설명 중에는 현대의 독자들을 여전히 혼란스럽게 할 수도 있는 한 부분이 남아 있다. 그는 "하늘 위에 물이 있어야 한다는 것은 상식에 어긋나며 아주 신뢰하기 어려워 보인다"라고 말한다.[15] 여기서 칼뱅은 "하늘 위의 물"의 존재를 그것이 "상식에 어긋나기" 때문에 부인하는 것일까? 아니다. 칼뱅이 말하는 것을 이해하기 위해서는 문장들을 하나하나씩 살펴보는 것이 최선이다. "상식"에 관한 그의 문장 바로 앞에는 칼뱅이 자신의 독자들에게 "어려움"을 소개하기 위해 사용하는 단어들이 등장한다. "그런 말로부

---

14   Calvin, *First Book of Moses*, 1.79-80(강조는 덧붙인 것임).
15   Calvin, *First Book of Moses*, 1.79.

터 어려움이 제기된다." 그는 자신의 설명 중 상대적으로 이른 이 지점에서 해석자들이 어려움을 인식하는 이유에 대해 논할 준비를 한다. 다른 해석자들—칼뱅이 아닌—은 이 물이 무엇인지를 상식에 부합하는 방식으로 헤아리지 못한다.[16] 칼뱅이 직접 그렇다고 말하지는 않으나, 그들의 어려움은 그들이 "하늘"(즉, "궁창")이 높은 하늘을 의미한다고 이해한다는 사실과 연관되어 있다. 칼뱅은 그것을 그렇게 이해하지 않는다. 그는 자신의 해설 중 보다 앞선 부분에서 이미 자기 견해의 이 부분을 라키아(*rakia*', "궁창")라는 단어의 용법의 유연성을 설명하면서 설명하기 시작했다. "궁창"에 해당하는 히브리어 단어는 대기권을 가리킬 수 있다. 그리고 그런 식으로 칼뱅은 다른 해석자들이 마주하는 어려움을 피했다.

"상식"에 관한 문장에 이어서 칼뱅은 다른 해석자들이 그들의 어려움을 다루기 위해 취하는 방식에 대해 설명한다. "그러므로 어떤 이들은 알레고리에 의존하고 천사들에 관한 철학을 펼치는데, 그것은 목적에서 크게 벗어난 것이다." 칼뱅은 이런 해석을 "목적에서 크게 벗어난"이라는 말로써 거부한다. 이런 방식들은 어째서 "목적에서 벗어난" 것일까? 칼뱅은 다음 문장에서 이렇게 설명한다. "내 생각에 이것은 어떤 원칙인데, 그것은 여기서는 세상의 가시적 형태 외에는 아무것도 다뤄지지 않는다는 것이다." 여기서 칼뱅은 자신의 입장을 밝힌다. 다른 해석자들은 방황하면서 사변에 빠졌다. 왜냐하면 그들은 "하늘 위의 물"이 눈에 보이지 않는 혹은 숨겨진 무언가를 가리키는 것이 틀림없다고 가정하기 때문이다. 대신에, 만약 우리가 창세기 1장에 대한 이런 그리고 다른 표현들이 관찰 가능한 것을 가리킨다

---

16   Manetch, "Problems," 11.

는 것을 깨닫는다면, 어려움은 해소된다. 그리고 실제로 이어지는 논의에서 칼뱅은 그 어려움을 적어도 자신이 만족할 정도로 해소한다.

따라서 "상식"에 관한 핵심적인 문장에서 칼뱅은 "하늘 위 물"의 존재를 부정하지 **않는다**. 오히려 그는 한 가지 **명백한** 어려움을 제기한다. 이 어려움은 다른 해석자들로 하여금 알레고리 쪽으로 방향을 틀게 만들었다. 그러나 칼뱅 자신은 일단 우리가 창세기 1:6이 "세상의 가시적 형태"에 관해서 말하고 있음을 안다면 해결책을 찾을 수 있다고 여긴다. 그때 우리는 그 본문이 대기권에 의해 땅과 분리된 구름 속에 들어 있는 물에 대해서 말하고 있음을 알 수 있다.

모든 이들이 칼뱅의 해석에 전적으로 동의하지는 않을 것이다. 그러나 그의 해석은 그가 출발할 때 가졌던 지향점, 즉 "모세의 계획"에 대한 그의 가정들, "궁창"에 대한 그의 이해, 그리고 성경의 신적 권위에 대한 그의 가정들을 고려한다면 의미가 있다.

스팍스의 오해

대조적으로 스팍스는 두 개의 구별되는 시대, 곧 칼뱅의 시대와 스팍스가 "고대의 관점"이라고 부르는 것이 우세하던 시대 사이의 심원한 분리에 대해 언급한다. 스팍스에 따르면 "고대의 관점"은 "창세기가 순응하는" 것이다. 그는 칼뱅이 현대의 주석가로서 고대의 관점에서 고의적으로 벗어난다고 말한다. 왜냐하면 그는 "이것이 그렇지 않다는 것을 아주 잘 알기" 때문이다.[17] 그러나 스팍스는 틀렸다. 그가 두 시대를 분리하는 것은 칼뱅의 말에는 완전히 낯선 것이다. 사실 그것은 칼뱅이 "모세의 계획"에 대해 말하는 것, 즉 구름과 비와 하층 대기권에 대해 말하는 것과 모순된다. 칼뱅의 사고에는 뚜렷한 "고대의 관점"이 들어 있지 않다. 스팍스는 무의식적으로 그것을 집어넣어 읽었다.

스팍스는 어쩌다가 이런 잘못을 저지르게 되었을까? 우리는 모른다. 어쩌면 스팍스는 자기가 이 고대의 관점이 무엇인지 안다고 여기고 우리가 더 이상 그것을 붙들 수 없다고 확신했을 수 있다.[18] 스팍스 자신은 의심 없이 다음과 같이 말한다. "우리는 이것이 그렇지 않다는 것을 아주 잘 알면서도 궁창 위에 물이 있다는 것을 '믿음으로' 믿어서는 안 된다." 그는 자신의 생각을 칼뱅 덕분인 것으로 돌린다. 그러나 칼뱅은 거의 정확하게 정반대의 것, 즉 창세기 1:6-8을 해석할 때 우리는 "궁창 위의 물"에 대해 모세의 계획과 일치하는 의미를 결정해야 한다고 말한다. 그 후에 우리는 그것이 얼마나 참된지 그리고 어떤 실제적인 교훈으로 이어지는지를 이해해야 한다.[19] 칼뱅은 우리는 모세가 묘사하는 것을 믿어야 한다고 여긴다. 스팍스는 우리가 그래서는 안 된다고 말한다(왜냐하면 "우리는 이것이 그렇지 않다는 것을 아주 잘 알기" 때문이다). 그는 궁창 위에 물은 없다고 여긴다. 하지만 칼뱅은 그것이 있으며 그 물은 구름 속에 있는 빗물과 동일하다고 여긴다.

---

17   Sparks, *God's Word*, 235.
18   Sparks, *God's Word*, 234.
19   "창세기 1:6에 대한 올바른 해석을 정립한 후, 설교자 칼뱅은 마지막으로 적용으로 나아간다." Manetsch, "Problems," 12.

스팍스의 시간 다루기(창 1:5)

우리가 스팍스의 해석과 관련해서 칼뱅을 살펴보는 중이라면, 우리는 그가 첫 번째 것과 동일한 페이지에서 소개하는 칼뱅에 관한 그의 두 번째 주장을 살펴보아야 한다. 스팍스는 이렇게 말한다.

> 유사하게 칼뱅은 창세기 1장의 다양한 창조의 날들을 열거하기 위해 사용되는 연대기적 체계 안에서 적응이 작용하고 있다고 주장했다. 그 본문이 시간에 대한 고대의 관점에 대한 적응을 반영하므로 칼뱅은 이렇게 말한다. "이것이 최선이고 적법한 질서인지 아닌지를 논하는 것은 쓸모없다." 다시 말해 칼뱅에게 적응은 해석의 유용한 도구였다. 왜냐하면 그것은 그런 경우에 성경의 옳음에 관한 그 어떤 질문들도 부적절하게 만들었기 때문이다.[20]

이 문단의 중간 부분에서 스팍스는 칼뱅의 말을 직접 인용한다. 스팍스의 각주는 칼뱅의 말이 창세기 주석의 1.79-80에서 온 것임을 알려준다.[21] 그러나 그 말들은 실제로는 1.79에서 오는데, 내가 갖고 있는 칼뱅 주석의 영어 번역본에는 살짝 다르게 표현되어 있다. "이것이 최선이고 적법한 질서인지 아닌지를 논하는 것은 헛되다."

---

20 Sparks, *God's Word*, 235.
21 Sparks, *God's Word*, 235n19.

칼뱅 자신의 의미

여기서 쟁점은 무엇인가? 칼뱅 자신이 의미한 것을 식별하는 것이 중요하다. 왜냐하면 "적응"에 대한 하나 이상의 가능한 이해가 존재하기 때문이다.

칼뱅을 이해하려면 보다 넓은 문맥을 고려해야 한다. 거기서 칼뱅은 첫째 날 저녁과 아침에 대한 언급을 포함하고 있는 창세기 1:5을 다루는 중이다.

> 그러나 모세가 [창세기 1:5에서] 하는 말은 이중의 해석을 허용한다. 이것이 첫째 날에 속한 저녁과 아침이라거나, 그 첫째 날이 저녁과 아침으로 이루어졌다거나이다. 어느 쪽 해석을 택하든 의미상의 차이는 없다. 왜냐하면 그가 이런 말로써 이해하는 것은 그날이 두 부분으로 이루어져 있다는 것뿐이기 때문이다. 더 나아가 그는 그날이 자기 민족[즉, 이스라엘]의 관습을 따라 저녁에 시작되는 것으로 묘사한다. **이것**[즉 날이 저녁에 시작되는 것]**이 최선이고 적법한 질서인지 아닌지를 논하는 것은 헛되다.**…비록 모세가 여기서 그것을 위반하는 것이 죄가 될 수 있는 규칙을 묘사하려는 의도를 갖고 있지는 않았으나, (우리가 방금 말했듯이) 그는 자신의 담화를 [유대인들에게] 일반적으로 인정되는 관습에 적응시켰다. 따라서 유대인들이 마치 하나님이 오직 이것[즉 한 날의 시작에 대한 사고는 저녁에서 시작**해야만 한다**]만을 인정하신 것처럼 다른 민족들의 사고 모두를 어리석게 정죄하듯이, 모세가 승인하는 이런 종류의 사고[즉 날을 저녁으로부터 시작하는 유대적 방식]가 터무니없는 것이라고 주

장하는 이들 역시 동등하게 어리석다.[22]

얼마간 칼뱅은 창세기 1:5의 단어 순서―"저녁" 그리고 그 후의 "아침"―
의 의미에 대해 논한다. 인용된 자료 중 마지막 문장은 특별히 계시적이다.
그것은 칼뱅이 어떤 분쟁을 인식하고 있음을 분명하게 밝혀준다. 유대인 중
어떤 이들은 자기들의 사고, 즉 날이 저녁 때 시작된다는 사고가 유일하게
적절하다("승인된다")고 주장한다. 반면에 다른 이들은 이런 유대적 사고를
"터무니없는 것"으로 여겨 거부함으로써 "모세가 승인하는" 것을 비난하고
공격한다. 칼뱅은 어느 쪽이든 좋다고 주장한다. 이것은 그가 앞서 "이것이
최선이고 적법한 질서인지 아닌지를 논하는 것은 헛되다"고 말했을 때 의
미했던 것을 분명하게 밝혀준다.

　　칼뱅은 다른 곳에서도 "적응시켰다"라는 단어를 사용한다. 모세는 "그
의 담화를 일반적으로 인정되는 관습에 적응시켰다[*accommodavit*]." 그 단
어의 이런 용법은 해가 없다. 칼뱅은 단지 모세가 "일반적으로 인정되는 관
습"―유대인들이 자신들을 표현했던 정상적인 방식―을 고려하는 방식으
로 썼다는 것을 의미할 뿐이다.

스팍스의 설명

이제 스팍스가 칼뱅에 대해 한 말들을 살펴보자. 그 말들에는 몇 가지 특징

22　Calvin, *First Book of Moses*, 1.77-88(강조는 덧붙인 것임).

이 있다. 먼저 그는 "시간에 대한 고대의 관점"이라는 표현을 사용한다. 이 표현은 마치 유일한 고대의 관점이 있었던 것처럼 보이게끔 만든다. 그러나 칼뱅은 그렇게 말하지 않는다. 오히려 그는 보다 좁게 유대인들이 하루를 어떻게 묘사했는지에 대해 논한다. 그는 고대에 그들의 방법이 보편적이었다고 주장하지 않고, "다른 민족들의 모든 사고"에 대해 언급한다. "모든"(omnes)이라는 단어는 그가 거기에 자기 시대의 사람들뿐 아니라 다양한 고대인들을 포함하고 있을 수도 있음을 암시한다. 게다가 그는 어떤 이들이 유대인들의 방식이 "터무니없다"라고 여긴다는 것을 인식하고 있다. 조금도 과장하지 않고, 그는 다양한 관점들에 대해 알고 있다.

칼뱅에게는 하나의 방법이 "옳은" 방법이라는 데 대해서는 의문의 여지가 없다. 오히려 저녁에서 시작하는 것은 물론이고 아침으로 시작하거나 한밤중으로 시작하는 것도 가능하다. 칼뱅은 실제로 이런 결과를 얻기 위해 어떤 정교한 적응 이론을 필요로 하지 않는다. 그는 "적응시켰다"로 번역되는 라틴어를 사용한다. 하지만 요점은 그것 없이도 분명해진다. 서로 다른 사람들이 서로 다른 관습적 방법을 갖고서 낮과 밤의 순서를 볼 수 있을 것이다. 하나 이상이 서로 분쟁을 일으키지 않으면서 봉사할 수 있다. "분쟁하는 것은 터무니없다."

유감스럽게도, 스픽스의 언급을 접하는 이들은 칼뱅이 하는 말의 의미를 오해하기 쉽다. 스픽스는 "창세기 1장의 다양한 창조의 날들을 열거하기 위해 사용되는 연대기적 체계"에 대해 말한다. 스픽스의 말에 따르면, 칼뱅은 이 체계 안에서 "적응이 작용하고 있다고 주장했다." 스픽스의 말만 듣고 칼뱅의 논의 전체를 읽지 않는 독자들은, 칼뱅이 **여섯 날의 순서의 전체 체계**를 적응으로 여기고 있다고 쉽게 믿을 수 있다. 때문에 칼뱅이 실제로 말하는 모든 것은 "저녁이 되고 아침이 되니"라는 반복되는 후렴구는 하루의 시작이 저녁때 시작된다는 유대인의 사고방식을 따른다는 것이다.

또한 스팍스가 인용하는 칼뱅의 말은 "최선이고 적법한 질서"라는 핵심적 표현을 포함하고 있다. 보다 큰 맥락을 고려하지 않을 경우, 이 표현은 쉽게 오해될 수 있다. 현대의 해석자들은 그것이 창조의 주간에 일어난 사건들의 발생 순서를 가리킨다고 생각하기 쉽다. 왜냐하면 그것이 지금 논의되고 있는 분야이기 때문이다. 그러나 칼뱅의 글에서 "순서"라는 단어는 아주 다른 것, 즉 우리가 하루를 계산할 때 저녁에서 아침까지의 순서를 사용하는지, 아침에서 저녁까지의 순서를 사용하는지, 아니면 자정에서 자정까지의 순서를 사용하는지를 가리킨다. 그는 **사건들**의 발생 순서에 대해 논하고 있는 게 아니다. 그는 우리가 하루의 순환의 "시작"을 무엇이라고 부르기로 선택하는지를 논하고 있다. 발생 순서는 모두에게 동일하다. 새벽, 아침, 정오, 오후, 저녁 그리고 밤이 순환을 이루며 계속된다. 칼뱅은 우리가 어느 지점을 택하든 간에 그곳에서 그 순환을 시작하는 게 합법적이라는 것을 암시한다.

여섯 날의 체계에 대한 칼뱅의 언급

칼뱅은 저녁과 아침에 관한 논의 직후에 여섯 날의 순서에 대해 언급한다. 그는 "세상이 한순간에 만들어졌다"는 견해를 거부한다. 오히려 그는 이렇게 말한다. "그보다는 오히려 하나님 자신이 그분의 일을 인간의 능력에 적응시키실[temperaret] 목적으로 여섯 날이라는 기간을 사용하셨다고 결론을 내리자."[23]

여기서 다시 우리는 적응에 관한 언어를 만난다. 그러나 그것이 의미하는 것에 주목하라. 칼뱅은 하나님이 세상을 "한순간에" 만드실 **수도 있었을** 것이라고 암시한다. 그러나 그분은 "여섯 날의 기간을 사용하셨다." 칼뱅은 창세기 1장의 단어들이 여섯 날이 걸렸던 일련의 일들을 묘사한다는 것을 분명하게 믿는다. 그가 적응이라고 부르는 것은 일을 그런 식으로 하시겠다는, 즉 "여섯 날의 기간"에 걸쳐 일을 하시겠다는 하나님 편의 결단이다. 칼뱅은 하나님이 그렇게 하신 이유는 시간을 거치며 진행되는 과정이 인간이 받아들이고 이해하기가 더 쉽기 때문이라고 여긴다. 그것은 "인간의 능력"에 맞는다. 따라서 칼뱅에 의하면, 적응은 하나님이 시간 속에서 자신의 일을 펼쳐나가신다는 사실에 있는 것이지, 그런 일들을 묘사하는 창세기 1장의 말들에 있는 것이 **아니다.**

대조적으로 오늘날의 학자들은 창세기 1장의 날들의 발생 길이에 관해, 그리고 과연 거기에서 묘사되는 다양한 일이 발생 순서대로 이루어졌는가에 관한 논란에 크게 관심을 쏟고 있다. 현대의 주류 과학의 설명과 화해하기 위해 오늘날의 일부 해석자들은 하나님이 창세기 1장의 **언어**를 여섯 날이라는 틀에 "적응시키셨다"고 말한다. 비록 거기서 묘사되고 있는 일들이 전적으로 다른 시간의 질서에 속해 있을지라도 말이다.[24]

---

23   Calvin, First Book of Moses, 1.78.

24   창 1:5에 대한 칼뱅의 주장에 대한 Sparks 자신의 견해는 분명하지 않다. Sparks가 칼뱅을 오해했을 가능성이 있다. 그러나 창 1:5의 경우에, Sparks가 언제 하루가 시작되는지에 대한 논쟁과 관련한 칼뱅의 좁은 관심을 옳게 이해했을 가능성이 더 커 보인다. 그와 동시에 그는 더 넓은 의미를 제시하는 방식으로 설명했다. 그러나 칼뱅이 한 말의 의미와 보다 넓은 의미를 동시에 다루려고 하는 설명은 쉽게 양쪽 모두에 대해 불명확해진다. 게다가 그것은 하나가 다른 하나로 이어질 수 있는지 여부를 확인하지도 못한다. 사실 칼뱅 자신이 유대적 관습

다시 말하지만 오늘날 어느 해석자가 칼뱅에게 동의하느냐 마느냐는 나의 관심사가 아니다. 나의 관심사는 칼뱅의 접근법이 있는 그대로 인식되어야 한다는 것이다. 칼뱅은 "여섯 날의 기간"에 대해 확언하면서 여섯 날에 관한 **말**에서 급진적인 종류의 "적응"이 발생한다고 주장하는 관점과 거의 반대의 것을 옹호한다. 그는 창세기 1장의 말이 실제로 여섯 날에 걸쳐 일어난 하나님의 일을 묘사하지만 적응은 하나님이 스스로 그 **일들**을 수행하시는 방식에서 일어난다고 생각한다. 우리가 그것을 시대착오적으로 현대적인 용어로 번역한다면 아마도 우리는 칼뱅이 과학이 연구하는 것(그 일들)에서 나타나는 적응에 대해 말하는 반면, 현대의 해석자들은 말—창세기 1장의 구두 침전물—에서 나타나는 적응에 대해 말하고 있다고 말할 수 있을 것이다. 이런 현대의 해석자들에 따르면 창세기 1장에서 나타나는 표현들은 그 설명을 이해 가능한 틀에 적응시키려는 목적으로 여섯 날에 대해 말하는 문학적 틀을 제시하지만 창세기 1장은 시간의 다른 질서에 속한 사건들을 가리킨다.[25] 혹은 한 단계 더 나아가 현대의 해석자들은 여섯 날의 틀뿐 아니라 그 사건들의 전체적인 체계 역시 하나님을 세상의 존재의 근거로

에 초점을 맞춰 그 문제를 다루는 것은 오늘날의 몇몇 해석자들이 창조의 여섯 날의 발생에 관한 전체적인 체계에 적용하고 싶어 하는 광범위한 재해석적 처리를 위한 근거를 제공하지 않는다. 사실은 정반대다.

25 여기서 나는 창 1장을 위한 모든 형태의 틀 가설(framework hypothesis)을 비판하려고 하지 않는다. 틀 관점에 대한 보다 상세한 평가를 위해서는 Vern S. Poythress, *Redeeming Science: A God-Centered Approach*(Wheaton, IL: Crossway, 2006), 143-47, 341-45을 보라. 오히려 나는 단지 창 1:5에 대한 칼뱅의 접근법이 어떤 틀 관점을 출범시키는 데 이용되어서는 안 된다고 말할 뿐이다. 더 나아가, 우리는 (1) "적응"의 느슨한 일반적 원리의 기초 위에서 본문의 세부 사항을 일축하는 것과 (2) 세부 사항에 대한 진지한 관여—어느 해석자는 그것의 토대 위에서 모세가 의미하는 것으로서의 어느 틀을 찬성하면서 주장하려고 한다—를 구분해야 한다.

묘사하는 데 (하나의 적응으로서) 유용한 문학적 고안이라고 말할 수도 있을 것이다.

적응의 의미

서로 구별되는 적응들은 아주 다르며 그 모든 용법을 하나로 묶는 것은 도움이 되지 않는다. 특히 우리가 창세기 1:5에 관해 논하면서 "인정되는 관습"(칼뱅)을 따르는 말의 신중한 용법과 발생 순서에 대한 전체적인 재조정(현대적 갈망)을 구분하지 않는다면 우리는 한 가지 중요한 논쟁을 모호하게 만든다. 마찬가지로 우리는 이 부록의 앞에서 창세기 1:6-8에 대한 두 개의 아주 다른 접근법을 발견한 바 있다. 칼뱅은 창세기 1:6-8의 말을 "세상의 가시적 형태"에 대한 **참된** 묘사로 해석하려 한다. 대조적으로 스팍스는 동일한 성경 구절을 경시하려고 하는데, 왜냐하면 그것이 이른바 **잘못된** "고대적 관점"을 대표하기 때문이다. 그는 "창세기는 단지 그것을 그런 물이 존재했다는 고대의 견해에 스스로 적응하고 있을 뿐이다"라고 말한다.[26]

이 두 개의 전략—칼뱅의 것과 스팍스의 것—모두는 "적응"이라는 단어로 묘사되었다. 그러나 칼뱅의 경우에 하나님은 세상의 가시적 형태를 묘사함으로써, 또한 이를 통해 자신의 소통이 평범한 사람들("배우지 못한 사람들")에게 의미 있는 것이 되게 하심으로써 자신의 청중의 필요에 적응하신다. 이런 의미의 적응은 그것을 접근 가능한 방식으로 표현함으로써 진리에

---

26   Sparks, *God's Word*, 235.

봉사한다. 스팍스의 관점에서 하나님은 잘못된 고대의 관점들을 그분이 승인하는 본문 안으로 병합시키심으로써 그것들을 적응시키신다. 이 두 번째 의미에서 적응은 혼동을 일으킨다. 우리 시대의 많은 이들은 하나님이 대면하시는 언어와 문화의 한계 때문에 그런 혼동에 대한 실제적인 대안은 존재하지 않는다고 여긴다.[27] 역설적으로 스팍스가 칼뱅에게 호소하는 바로 그 지점들이 소통에 대한 이런 비관적인 견해에 불리하게 작용한다. 비록 칼뱅이 어떤 세부 사항에서는 틀릴지라도, 적어도 그는 어떻게 분명한 의미가 하나님으로부터 인간에게로 소통**될 수 있는**지를 보여준다. 그것은 바로 평범한 방식으로 관찰 가능한 세계에 대해 말하는 것이다. 그것이 창세기 1장에서 하나님이 하시는 일이다.

---

27 언어, 문화 그리고 인간의 심리와 관련된 "한계"라는 포스트모던적 개념들 뒤에는 수많은 가정이 존재한다. Vern S. Poythress, *Inerrancy and Worldview: Answering Modern Challenges to the Bible*(Wheaton, IL: Crossway, 2012)을 보라.

고대의 본문들에 대한
다양한 해석들

5장에 대한 더 자세한 설명을 위해서 고대 근동의 본문들을 해석하는 데 따르는 도전을 보여주는 두 개의 다른 예를 살펴보자.[1]

하늘의 여신에 대한 이집트인들의 묘사

첫 번째 예는 이집트에서 온 것이다. 이집트에는 하늘의 여신 누트(Nut)에 대한 수많은 그림이 있는데, 그 여신은 몸의 전면을 아래로 향하고 있다. 그녀의 몸 전체가 일종의 텐트 모양을 하고 있는데, 몸통은 지붕, 팔과 손은 오른쪽 경사면, 그리고 다리와 발은 왼쪽 경사면을 이루고 있다.[2] 그녀의 몸은

---

1   이 부록은 Vern S. Poythress, "Three Modern Myths in Interpreting Genesis I," *Westminster Theological Journal* 76, no. 2 (2014): 321-50의 일부를 개작한 것이다.

2   예컨대 대영박물관에 있는 그린필드 파피루스(Greenfield Papyrus[the Book of the Dead

대기의 신 슈(Shu)가 쳐든 손에 의해 유지된다. 슈의 발치에는 땅의 신 게브(Geb)가 누워 있다. 어떤 그림들에서 슈의 팔은 양쪽에 있는 남녀양성의 영원의 신/신들인 헤(Heh)가 들어 올린 팔에 의해 지탱된다.

물리주의적 해석

학생 A는 물리주의적 해석을 제공한다.

현대 과학을 알지 못했던 이집트인들은 원시적 대체물로 그런 것들을 설명했다. 그들은 하늘의 물질적 구성 요소가 여신의 몸이었다고 말했다. 그들은 하늘의 물리적 구조를 그것이 여신의 몸의 구부림에 의해 텐트 모양으로 형성되었다고, 또한 그것이 여신 자신의 손과 발 모두에 의해 그리고 대기의 신의 손에 의해 지탱된다고 말함으로써 설명했다.

비판. 앞서 티아마트(Tiamat)에 대한 해석(5장)과 마찬가지로, 이 해석 역시 고대 이집트에 현대 과학의 관심사인 물질적 구성 요소와 물리적 구조에 관한 질문들을 주입하는 약점을 드러낸다. 그것은 과학적 형이상학을 배경으로 그런 질문들이 틀림없이 가장 궁극적인 실재를 드러낼 것이라고, 또한 궁극적 실재를 찾는 이집트인들은 이런 질문들에 답하려고 했으나 혼란스

---

of Nesitanebtashru])에 대한 사진을 보라. 온라인에서는 ⟨http://en.wikipedia.org/wiki/File:Geb,Nut,_Shu.jpg⟩에서 찾을 수 있다. 같은 그림이 James B. Pritchard, *The Ancient Near East in Pictures Relating to the Old Testament* (Princeton, NJ: Princeton University Press, 1969), 183, #542에서 나타난다. 누트에 대한 또 다른 그림은 James P. Allen, *Genesis in Egypt: The Philosophy of Ancient Egyptian Creation Accounts*(New Haven, CT: Yale Egyptological Seminar, Department of Near Eastern Language and Civilizations, The Graduate School, Yale University, 1988), 115, Plate I, with discussion, 1–7에서도 찾아볼 수 있다.

러운 방식으로 그렇게 했음이 틀림없다고 가정했을 수도 있다.

또 다른 약점은 이런 해석이 신들 간의 그리고 신들과 인간들 사이의 인격적 상호과정을 배경으로 해야 한다는 사실에 있다. 이집트인에게는 그 두 가지 사고 모두가 어떤 역할을 한다. 이집트의 다양한 이야기들에 따르면, 게브와 누트는 슈와 테프누트(Tefnut)의 자손들인데, 그 두 신은 다른 신들도 후손으로 낳았다(오시리스[Osiris], 이시스[Isis], 세트[Seth] 그리고 네프티스[Nephthys]).[3] 이런 상호작용은 오직 물리적 구조에 관한 "실제적" 질문들에 답하는 것으로 이어지는 근본적인 방법으로만 해석되어야 한다.

또한 물리주의적 해석은 대기의 신 슈와 영원을 대표하는 신 헤의 존재로 인해 약화된다. 왜냐하면 이집트인들이 하늘을 떠받치는 대기와 영원의 "손들"로부터 문자적인 물리적 소품들을 포함하는, 궁극적으로 기계론적인 설명을 제공하고 있다고 여기는 것은 타당하지 않기 때문이다. 대기와 영원은 물리적 소품의 역할을 할 수 있는 것들이 아니다.

게다가 그 그림에는 하늘에, 그것에 상응하는 가시적인 것들이 없다는 특징이 있다. 예컨대 가시적인 하늘 어디에서 우리가 누트의 눈, 귀, 머리카락 그리고 입을 볼 수 있는가? 하늘 어디에 그녀의 두 팔과 두 다리 사이에 존재하는 구분선이 있는가? 하늘 어디에 그녀의 발, 발가락, 손 그리고 손가락이 존재하는가? 이런 특징들은 우리가 상상력을 발휘해서 여신을 인간의 형태로 표현하고 있는 것이지, 하늘의 부분들을 물리적이고 문자적으로

---

3   Vincent Arieh Tobin, "Myths: An Overview," in *The Oxford Encyclopedia of Ancient Egypt*, ed. Donald B. Redford (New York: Oxford University Press, 2001), 2.464–65, concerning the "Heliopolitan tradition"; Veronica Ions, *Egyptian Mythology*, new rev. ed. (New York: Peter Bedrick, 1982), 45, 48–50, 56.

표현하고 있는 것이 아님을 암시한다. 영적 실재로서의 여신은 공간적으로 표현된다. 하지만 그림을 통한 표현은 상징적이다. 그러므로 현대의 물리주의적 해석은 이집트에서 나타나는 이미지를 통한 표현의 본질을 놓칠 수 있다.

> 이집트의 신들은, 그리스도의 신인동형론적 신들과 달리, 도해법이 그들을 묘사하는 방식에 제한되는 것으로 이해되지 않았다.[4]

영적 해석

학생 B는 영적 해석을 제안한다.

> 이집트의 사고에서 하늘, 대기 그리고 땅은 우리가 아는 것과 같은 "물질"로 이루어지지 않는다. 오히려 그것들은 각각 하늘, 대기 그리고 땅의 신들과 여신들의 가시적 표현들이다. 그림은 실재에 대한 은유적 표현이다.

비판. 이런 해석에서 세상은 영들로 구성된다. 그것은 타당성이 있다. 왜냐하면 초점이 신들과 그들의 활동에 맞춰지기 때문이다.

이원론적 해석

학생 C는 이원론적 해석을 제안한다.

---

4   Tobin, "Myths: An Overview," 2.464.

자연의 지역들은 물질과 영으로 구성된다. 즉 이원론적으로 만들어진다. 하늘, 대기 그리고 땅의 물질은 상응하는 영/신들에 의해 활성화된다.

비판. 이런 해석 역시 타당하다. 하지만 그것은 무의식적으로 이집트의 그림에 당시보다는 우리에게 더 익숙한 후대 문화의 특징을 이루는 몸/영혼 이원론을 집어넣어 읽는 약점을 지니고 있다.

일원론적 해석

학생 D는 일원론적 해석을 제안한다.

신들은 신들과 가시적 실재들 사이에 날카로운 구분 없이 하늘, 대기 그리고 땅이라는 실재들 안으로 흘러 들어간다.

사회학적-기능적 해석과 우화적 해석

또한 우리는 몇 가지 신화적 요소들의 가치를 평가절하하게 될 사회학적·기능적 해석들과 우화적 해석들에 대해 생각할 수도 있다. 하지만 여기서 우리는 그것들을 지나칠 것인데, 왜냐하면 그것들의 패턴이 너무 분명하기 때문이다.

킹구의 피로 인류를 만듦

두 번째 예로, 우리는 인류를 만드는 것과 관련된 「에누마 엘리쉬」(*Enuma Elish*)의 일부를 살필 수 있을 것이다.

> 그들[신들의 총회]은 그[신 킹구]에게
>
> [반역을 선동한] 죄를 묻고 그의 피[혈관]를 절단했다.
>
> 그들은 그의 피로부터 인류를 만들어냈다.
>
> 그[에아?]는 그들에게 봉사를 강요하고 신들을 해방시켰다.
>
> 나중에 현명한 에아가 인류를 창조한 후
>
> 그들에게 신들의 임무를 부과했다.[5]

물리주의적 해석

절단된 혈관과 피에 대한 묘사가 물리주의적이기 때문에 이 서술은 학생 A 의 물리주의적 해석을 위한 서두를 제공하는 것처럼 보인다.

> 우리는 킹구의 피를 인류의 물질적 구성 요소로 보는 인류의 기원에 관한 설명 을 갖고 있다.

---

5   James B. Pritchard, ed., *Ancient Near Eastern Texts Relating to the Old Testament* (Princeton, NJ: Princeton University Press, 1969), 68, VI.32-36; 또한 번역에서 약간 차이가 있기는 하나 다음을 보라. William W. Hallo, ed., *The Context of Scripture*, 2 vols. (New York: Brill, 1997-2002), 1.401.

비판. 이런 해석은 인간의 몸이 아주 분명하게 피뿐만 아니라 피부와 뼈로 구성되어 있다(「에누마 엘리쉬」 VI.5에서 언급된다)는 사실을 약점으로 갖고 있다. 따라서 그 해석에는 추가적인 추론이 포함되어야 하는데, 아마도 그것은 신들에 의한 "형성"이 피를 다른 물질로 바꾼다는 것일 것이다. 또한 그 토판은 창조의 직접적인 결과가 한 개별적인 남자를 이루는지, 한 쌍의 남녀를 이루는지, 혹은 보다 큰 집단을 이루는지에 대해 분명하게 밝히지 않는다. 그것은 그 과정에 관해 상세하게 논하지도 않는다. 또한 어째서 피가 채택되었는지에 관한 질문에도 답하지 않는다.

영적 해석

이런 누락은 학생 B가 제시한 영적 해석을 위한 공간을 제공한다.

> 피는 하나의 영, 곧 킹구의 생명을 표현한다. 그의 영은 인류에게 생명을 불어넣어주는 영으로 변화된다. 영적 존재인 인간은 그 안에 킹구의 신적 존재로부터 유래하는 신적 불꽃을 갖고 있다. 그 시의 나머지 부분들처럼, 창조에 관한 이런 묘사 역시 "물질"이 아니라 영에 대해 초점을 맞추고 있다.

이원론적 해석

학생 C는 유사하게 이원론적 해석을 내놓을 수도 있다.

> 킹구의 피는 그의 몸의 일부인 동시에 그의 영에 대한 은유적 표현이기도 하다. 따라서 우리는 그 시가 킹구의 몸(문자적 재료로서의 피)과 영 모두가 인류

의 몸과 영으로 ("형성"에 의해) 변화된다고 말하고 있다고 추론한다.

해석들에 대한 감별

이런 예들은 물리주의적 해석들이 유일하게 가능한 해석들이 아님을 지적해주기에 충분하다. 물리주의적 해석은 우리가 이런 고대의 본문들과 그림들에서 성숙한 물리주의적 우주론을 위한 증거를 발견하는 유일한 해석이다. 다른 다양한 해석들은 물리주의적 해석이 본문들 안으로 물질적 해석에 관한 현대 과학의 초점을 집어넣어 읽는 위험에 빠져 있음을 분명히 밝혀준다. 이런 식의 주관적인 읽기는 우리가 사실로부터 문화를 이해할 수 있다는 신화의 영향 때문에 쉽게 일어날 수 있다.

이 모든 것은 고대 근동의 문화들이 물질적 구성 요소, 물리적 구조, 그리고 물리적 인과 관계에 관한 물리주의적 이론들을 갖고 있지 않았다고 말하는 게 아니다. 어쩌면 고대 근동의 문화들은 그런 것들을 갖고 있었을 것이다. 그러나 우리는 고대 근동의 문화들이 그런 것들을 갖고 있었다는 것을 **아는가?** 설령 갖고 있었다고 할지라도, 그들은 하나가 아니라 여러 개의 이론들을 갖고 있었을 것이다. 게다가 우리는 과연 우주발생론적 신화라는 장르가 근본적인 물리주의적 이론들을 드러내는 데 적합한지에 대해 의심해볼 수 있다. 빈센트 토빈(Vincent Tobin)이 믿듯이, 신화들이 의미에 대한 "상징적 표현들"에 관한 것이라면, 그것들은 다른 방향으로 움직인다.[6]

---

6   Vincent Arieh Tobin, "Myths: Creation Myths," in *The Oxford Encyclopedia of Ancient Egypt*,

우리의 목적은 이런 문제들에 대해서 상세하게 논하는 것이 아니라 문화들의 실제적 특성을 분별하는 것이 겉보기보다 훨씬 더 어렵다는 사실을 보이는 것이다. 1차적인 것이든 2차적인 것이든 혹은 양쪽 모두로부터이든 간에, 자료들로부터 취합된 단순한 요약은 문화에 대한 간략한 지식만 제공할 수 있을 뿐이다. 그런 요약들이 대중이 소비하도록 제공될 때 위험이 증대된다. 그런 경우에 쉬운 이해라는 신화는 도전받지 않은 채 남아 있다.

2.469.

Alexander, T. D. *From Paradise to Promised Land: An Introduction to the Pentateuch.* 2nd ed. Grand Rapids, MI: Baker, 2002.

Allen, James P. *Genesis in Egypt: The Philosophy of Ancient Egyptian Creation Accounts.* New Haven, CT: Yale Egyptological Seminar, Department of Near Eastern Language and Civilizations, The Graduate School, Yale University, 1988.

Ambrose. *Hexaemeron.* In *Saint Ambrose: Hexameron, Paradise, and Cain and Abel.* Washington, DC: Catholic University of America Press, 1961.

Anderson, James N. "Can We Trust the Bible over Evolutionary Science?" *Reformed Faith & Practice* 1, no. 3 (December 2016): 6-23. http://journal.rts.edu/article /can-we-trust-the-bible-over-evolutionary-science/.

Averbeck, Richard. "A Literary Day, Inter-Textual, and Contextual Reading of Genesis 1-2." In *Reading Genesis 1-2: An Evangelical Conversation*, edited by J. Daryl Charles, 7-34. Peabody, MA: Hendrickson, 2013. 『창조 기사 논쟁』(새물결플러스 역간).

Axe, Douglas D. "Estimating the Prevalence of Protein Sequences Adopting Functional Enzyme Folds." *Journal of Molecular Biology* 341, no. 5 (Aug. 27, 2004): 1295-1315.

Balserak, Jon. "The God of Love and Weakness: Towards an Understanding of God's Accommodating Relationship with His People." *Westminster Theological Journal* 62, no. 2 (2000): 177-95.

Barr, James. *The Semantics of Biblical Language.* London: Oxford University Press, 1961.

Barrett, Matthew, and Ardel B. Caneday, eds. *Four Views on the Historical Adam. Grand Rapids*, MI: Zondervan, 2013. 『아담의 역사성 논쟁』(새물결플러스 역간).

Barrick, William D. "A Historical Adam: Young-Earth Creation View." In *Four Views on* the Historical Adam, edited by Matthew Barrett and Ardel B. Caneday, 197-227. Grand Rapids, MI: Zondervan, 2013.『아담의 역사성 논쟁』(새물결플러스 역간)

Basil the Great of Caesarea. Hexaemeron. In A Select Library of Nicene and Post-Nicene Fathers of the Christian Church, 2nd series, edited by Philip Schaff. Grand Rapids: Eerdmans, 1978.

Beale, G. K. The Temple and the Church's Mission: A Biblical Theology of the Dwelling Place of God. Downers Grove, IL: InterVarsity Press, 2004.『성전 신학』(새물결플러스 역간).

Beckson, Karl, and Arthur Ganz. Literary Terms: A Dictionary. New York: Farrar, Straus and Giroux, 1975.

Behe, Michael J. Darwin's Black Box: The Biochemical Challenge to Evolution. New York: Free Press, 1996.『다윈의 블랙박스』(풀빛 역간).

_____. The Edge of Evolution: The Search for the Limits of Darwinism. New York: Free Press, 2007.

Bergen, Robert. "Text as a Guide to Authorial Intention: An Introduction to Discourse Criticism." Journal of the Evangelical Theological Society 30, no. 3 (1987): 327-36.

Blunt, John Henry, ed. "Accommodation." In Dictionary of Doctrinal and Historical Theology, 4-5. London/Oxford/Cambridge: Rivingtons, 1871.

Boettner, Loraine. The Reformed Doctrine of Predestination. Grand Rapids, MI: Eerdmans, 1936.

Bromiley, Geoffrey W., et al., eds. International Standard Bible Encyclopedia. Rev. ed. 4 vols. Grand Rapids, MI: Eerdmans, 1979-1988.

Broomall, Wick. "Accommodation." In Evangelical Dictionary of Theology, edited by Walter A. Elwell, 9. Grand Rapids, MI: Baker, 1984.

Brown, Francis, S. R. Driver, and Charles A. Briggs. A Hebrew and English Lexicon of the Old Testament. Oxford: Oxford University Press, 1953.

Budge, E. A. Wallis. The Babylonian Legends of Creation. London: British Museum, 1921. Internet Sacred Text Archive. http://www.sacred-texts.com/ane/blc/blc11.htm.

_____. The Book of the Dead: The Papyrus of Ani in the British Museum: The Egyptian Text with *Interlinear Transliteration and Translation, a Running Translation, Introduction, etc.* London: Longmans, 1895. Internet Sacred Text Archive. http://www.sacred-texts.com/egy/ebod/.

Cabal, Theodore J., and Peter J. Rasor, II. *Controversy of the Ages: Why Christians Should Not Divide over the Age of the Earth.* Ashland, OH: Weaver, 2017.

Calvin, John. *Commentaries on the First Book of Moses Called Genesis.* 2 vols. Grand Rapids, MI: Baker, 1979.

_____. *Institutes of the Christian Religion.* Trans. Henry Beveridge. Grand Rapids, MI: Eerdmans, 1970. 『기독교강요』(CH북스 역간).

Carson, D. A., and John D. Woodbridge, eds. *Scripture and Truth.* Grand Rapids, MI: Baker, 1992.

Charles, J. Daryl, ed. *Reading Genesis 1-2: An Evangelical Conversation.* Peabody, MA: Hendrickson, 2013. 『창조 기사 논쟁』(새물결플러스 역간).

Clifford, Richard J. *Creation Accounts in the Ancient Near East and in the Bible.* Washington, DC: Catholic Biblical Association of America, 1994.

Collins, C. John. *Did Adam and Eve Really Exist? Who They Were and Why You Should Care.* Wheaton, IL: Crossway, 2011. 『아담과 하와는 실제로 존재했는가?』(새물결플러스 역간).

_____. *Genesis 1-4: A Linguistic, Literary, and Theological Commentary.* Phillipsburg, NJ: P&R, 2006.

_____. *Reading Genesis Well: Navigating History, Poetry, Science, and Truth in Genesis 1-11.* Grand Rapids, MI: Zondervan, 2018.

_____. "Reading Genesis 1 - with the Grain: Analogical Days." In *Reading Genesis 1-2: An Evangelical Conversation,* edited by J. Daryl Charles, 73-92. Peabody, MA: Hendrickson, 2013.

_____. "The Evolution of Adam." The Gospel Coalition. April 26, 2012. https://www.thegospelcoalition.org/reviews/theevolutionofadam/.

Currid, John D. *Ancient Egypt and the Old Testament.* Grand Rapids, MI: Baker, 1997. 『고대 이집트와 구약성경』(CLC 역간).

Denton, Michael. *Evolution: Still A Theory in Crisis.* Seattle: Discovery Institute, 2016.

Duncan, J. Ligon, III, and David W. Hall. "The 24-Hour View." In *The Genesis Debate: Three Views on the Days of Creation*, edited by David G. Hagopian, 21-66. Mission Viejo, CA: Crux, 2001.

Eichrodt, Walther. *Theology of the Old Testament*. Philadelphia: Westminster, 1967.

Einstein, Albert. *Relativity: The Special and General Theory*. New York: Henry Holt, 1920. 『상대성이론: 특수 상대성 이론과 일반 상대성 이론』(지만지 역간).

Enns, Peter. *Inspiration & Incarnation: Evangelicals and the Problem of the Old Testament*. Grand Rapids, MI: Baker, 2005. 『성육신의 관점에서 본 성경영감설』(CLC 역간).

Frame, John M. *The Doctrine of God*. Phillipsburg, NJ: P&R, 2002. 『신론』(CLC 역간).

_____. *The Doctrine of the Knowledge of God*. Phillipsburg, NJ: Presbyterian and Reformed, 1987. 『신지식론』(P&R 역간).

_____. *The Doctrine of the Word of God*. Phillipsburg, NJ: P&R, 2010. 『성경론』(P&R 역간).

_____. "God and Biblical Language: Transcendence and Immanence." In *God's Inerrant Word: An International Symposium on the Trustworthiness of Scripture*, edited by John W. Montgomery, 159-177. Minneapolis: Bethany Fellowship, 1974. http://www.frame-poythress.org/god-and-biblical-language-transcendence-and-immanence/.

Futato, Mark. "Because It Had Rained: A Study of Gen 2:5- with Implications for Gen 2:4-25 and Gen 1:1-2:3." *Westminster Theological Journal* 60, no. 1 (1998): 1-21.

Gaster, T. H. "Cosmogony." In *Interpreter's Dictionary of the Bible*, edited by George Arthur Buttrick, 1.702-9. New York: Abingdon, 1962.

Gauger, Ann, Douglas Axe, and Casey Luskin. *Science and Human Origins*. Seattle: Discovery Institute, 2012.

Gelb, Ignace J., et al., eds. *Assyrian Dictionary*. Chicago: University of Chicago Press, 1956-2010.

Gladkoff, Michael. "Writing Speeches Using Similes, Metaphors, and Analogies for Greater Impact." Word Nerds. https://www.word-nerds.com.au/writing-speeches-using-similes-metaphors-and-analogies/.

Gonzales, Robert R., Jr. "Predation & Creation: Animal Death before the Fall?" Evangelical Theological Society paper, March 23, 2013.

Griffiths, J. Gwyn. "Myths: Solar Cycle." In *The Oxford Encyclopedia of Ancient Egypt*, edited by Donald B. Redford, 2.476-80. New York: Oxford University Press, 2001.

Grudem, Wayne A. *Systematic Theology: An Introduction to Biblical Doctrine*. Grand Rapids, MI: Zondervan, 1994. 『웨인 그루뎀의 조직신학』(은성 역간).

Hagopian, David G., ed. *The Genesis Debate: Three Views on the Days of Creation*. Mission Viejo, CA: Crux, 2001.

Hallo, William W., ed. *The Context of Scripture*. 3 vols. New York: Brill, 1997-2002.

Hamilton, Victor P. *The Book of Genesis, Chapters 1-17*. Grand Rapids, MI: Eerdmans, 1990.

Harris, R. Laird, Gleason L. Archer Jr., and Bruce K. Waltke, eds. *Theological Wordbook of the Old Testament*. 2 vols. Chicago: Moody Press, 1981.

Harrison, R. K. "Firmament." In *The International Standard Bible Encyclopedia*, rev. ed., edited by Geoffrey W. Bromiley, et al., 2.306-7. Grand Rapids, MI: Eerdmans, 1979.

Headland, Thomas, Kenneth Pike, and Marvin Harris, eds. *Emics and Etics: The Insider/Outsider Debate*. Newbury Park, CA: Sage, 1990.

Heidel, Alexander. *The Babylonian Genesis: The Story of Creation*. 2nd ed. 3rd impression. Chicago/London: University of Chicago Press, 1963.

Hodge, Archibald A., and Benjamin B. Warfield. *Inspiration*. With introduction by Roger R. Nicole. Grand Rapids, MI: Baker, 1979.

Hofmann, Rudolf. "Accommodation." In *The New Schaff-Herzog Encyclopedia of Religious Knowledge*, edited by Samuel Macauley Jackson, 1.22-24. Grand Rapids, MI: Baker, 1977.

Horowitz, Wayne. *Mesopotamian Cosmic Geography*. Winona Lake, IN: Eisenbrauns, 1998.

Ions, Veronica. *Egyptian Mythology*. New rev. ed. New York: Peter Bedrick, 1982.

Jacobsen, Thorkild. *The Sumerian King List*. Chicago: University of Chicago Press, 1939.

Jastrow, Marcus. *A Dictionary of the Targumim, the Talmud Babli and Yerushalmi, and the Midrashic Literature*. New York: Pardes, 1950.

Josephus. *Jewish Antiquities*. Translated by H. St. J. Thackeray. London: Heinemann; Cambridge: Harvard University Press, 1967. http://www.biblestudytools.com/history/flavius-josephus/antiquities-jews/.

Keathley, Kenneth D., and Mark F. Rooker. *40 Questions about Creation and Evolution*. Grand Rapids, MI: Kregel, 2014.

Kidner, Derek. "Gen 2:5-, Wet or Dry?" *Tyndale Bulletin* 17 (1966): 109-14.

_____. *Genesis: An Introduction and Commentary*. Leicester, England: Inter-Varsity; Downers Grove, IL: InterVarsity Press, 1967.

King, L. W., ed. *The Seven Tablets of Creation, or the Babylonian and Assyrian Legends concerning the Creation of the World and of Mankind*. London: Luzac, 1902.

Klein, Jacob. "Enki and Ninmaḫ." In *The Context of Scripture*, edited by William Hallo, 1.517-18. Leiden/New York/Koln: Brill, 1997.

Kline, Meredith G. *Images of the Spirit*. Grand Rapids, MI: Baker, 1980. 『언약과 성령』(부흥과개혁사 역간).

Kuhn, Thomas S. *The Copernican Revolution: Planetary Astronomy in the Development of Western Thought*. Cambridge: Harvard University Press, 1992. 『코페르니쿠스 혁명』(지만지 역간).

Kuhn, Thomas S. *The Structure of Scientific Revolutions*. Chicago: University of Chicago Press, 1970. 『과학혁명의 구조』(까치 역간).

Lamoureux, Denis O. *I Love Jesus & I Accept Evolution*. Eugene, OR: Wipf & Stock, 2009.

Lane, A. N. S. "Accommodation." In *New Dictionary of Theology*, edited by Sinclair B. Ferguson, David F. Wright, and J. I. Packer. Downers Grove, IL: InterVarsity Press, 1988.

Langdon, S. *The Babylonian Epic of Creation: Restored from the Recently Recovered Tablets of Aššur: Transcription, Translation & Commentary*. Oxford: Clarendon, 1923.

Lee, Hoon. "Accommodation: Orthodox, Socinian, and Contemporary." *Westminster Theological Journal* 75, no. 2 (2013): 335-48.

Leopold, H. C. *Exposition of Genesis.* Grand Rapids, MI: Baker, 1965.

Letham, Robert. "'In the Space of Six Days': The Days of Creation from Origen to the Westminster Assembly." *Westminster Theological Journal* 61 (1999): 149-74.

Lewis, C. S. *The Pilgrim's Regress: An Allegorical Apology for Christianity, Reason, and Romanticism.* 3rd ed. Grand Rapids, MI: Eerdmans, 1943. 『순례자의 귀향』(홍성사 역간).

Liddell, Henry George, Robert Scott, and Henry Stuart Jones. *A Greek-English Lexicon.* 9th ed., with supplement. Oxford: Oxford University Press, 1968.

Lillback, Peter A., and Richard B. Gaffin Jr., eds. *Thy Word Is Still Truth: Essential Writings on the Doctrine of Scripture from the Reformation to Today.* Philadelphia: Westminster Seminary Press; Phillipsburg, NJ: P&R, 2013.

Long, V. Philips. *The Art of Biblical History.* Grand Rapids, MI: Zondervan, 1994. Reprinted in Moises Silva, ed. *Foundations of Contemporary Interpretation.* Six Volumes in One. Grand Rapids, MI: Zondervan, 1996.

_____. *The Reign and Rejection of King Saul: A Case for Literary and Theological Coherence.* Atlanta: Scholars Press, 1989.

Longacre, Robert E. *An Anatomy of Speech Notions.* Lisse, Netherlands: Peter de Ridder, 1976.

_____. *Discourse, Paragraph, and Sentence Structure in Selected Philippine Languages: Volume I: Discourse and Paragraph Structure.* Santa Ana, CA: Summer Institute of Linguistics, 1968.

_____. *Joseph: A Story of Divine Providence: A Text Theoretical and Textlinguistic Analysis of Genesis 37 and 39-48.* Winona Lake, IN: Eisenbrauns, 1989.

Machen, J. Gresham. *Christianity and Liberalism.* New ed. Grand Rapids, MI: Eerdmans, 2009. Originally published New York: Macmillan, 1923. 『기독교와 자유주의』(복있는사람).

Madueme, Hans, and Michael Reeves, eds. *Adam, the Fall, and Original Sin: Theological, Biblical, and Scientific Perspectives.* Grand Rapids, MI: Baker, 2014. 『아담, 타락, 원죄』(새물결플러스 역간).

M'Clintock, John, and James Strong. *Cyclopedia of Biblical, Theological, and Ecclesiastical*

Literature. New York: Harper, 1874.

Merriam-Webster's Collegiate Dictionary. 11th ed. Springfield, MA: Merriam-Webster, 2003.

Meyer, Stephen C. *Darwin's Doubt: The Explosive Origin of Animal Life and the Case for Intelligent Design.* New York: HarperOne, 2013. 『다윈의 의문』(겨울나무 역간).

_____. *Signature in the Cell: DNA and the Evidence for Intelligent Design.* New York: HarperOne, 2009. 『세포 속의 시그니처』(겨울나무 역간).

Moreland, J. P., et al., eds. *Theistic Evolution: A Scientific, Philosophical, and Theological Critique.* Wheaton, IL: Crossway, 2017. 『유신진화론 비판』(부흥과개혁사 역간).

Muller, Richard A. *Dictionary of Latin and Greek Theological Terms: Drawn Principally from Protestant Scholastic Theology.* Grand Rapids, MI: Baker, 1985.

Murray, John. "The Attestation of Scripture." In *The Infallible Word: A Symposium By Members of the Faculty of Westminster Theological Seminary*, 3rd rev. printing, edited by N. B. Stonehouse and Paul Woolley, 1-54. Philadelphia: Presbyterian and Reformed, 1967.

Muss-Arnolt, William. *Assyrisch-englisch-deutsches Handwörterbuch.* Berlin: Reuther & Reichard; New York: Lemcke & Buchner, 1905.

The New Encyclopaedia Britannica: Macropaedia. 15th ed. Chicago/London/Geneva/Sydney/Tokyo/Manila/Seoul/Johannesburg: Helen Hemingway Benton, 1974.

Newman, Robert C. "The Biblical Teaching on the Firmament." ThM thesis, Biblical Theological Seminary, 1972.

Orr, James, ed. *International Standard Bible Encyclopedia.* 5 vols. Grand Rapids, MI: Eerdmans, 1955.

Packer, J. I. "Hermeneutics and Genesis 1-1." *Southwestern Journal of Theology* 44, no. 1 (2001): 4-21.

Pike, Kenneth L. *Language in Relation to a Unified Theory of the Structure of Human Behavior.* 2nd ed. The Hague/Paris: Mouton, 1967.

_____. *Linguistic Concepts: An Introduction to Tagmemics.* Lincoln, NE/ London: University of Nebraska Press, 1982. 『언어개념』(한국문화사 역간).

Porter, J. B. "Old Testament Historiography." In *Tradition and Interpretation: Essays by*

Members of the Society for Old Testament Study, edited by G. W. Anderson, 125–62. Oxford: Clarendon Press, 1979.

Poythress, Vern S. "Adam versus Claims from Genetics." *Westminster Theological Journal* 75, no. 1 (2013): 65–82. http://www.frame-poythress.org/adam-versus-claims-from-genetics/.

_____. *Chance and the Sovereignty of God: A God-Centered Approach to Probability and Random Events*. Wheaton, IL: Crossway, 2014.

_____. "Correlations with Providence in Genesis 1." *Westminster Theological Journal* 77, no. 1 (2015): 71–99.

_____. "Correlations with Providence in Genesis 2." *Westminster Theological Journal* 78, no. 1 (2016): 29–48.

_____. "Dealing with the Genre of Genesis and Its Opening Chapters." *Westminster Theological Journal* 78, no. 2 (2016): 217–30.

_____. *Did Adam Exist?* Phillipsburg, NJ: P&R; Philadelphia: Westminster Seminary Press, 2014. 『아담은 역사적 인물인가』(개혁주의신학사 역간).

_____. "Dispensing with Merely Human Meaning: Gains and Losses from Focusing on the Human Author, Illustrated by Zephaniah 1:2–3." *Journal of the Evangelical Theological Society* 57, no. 3 (2014): 481–99.

_____. "Evaluating the Claims of Scientists." *New Horizons* 33, no. 3 (March 2012): 6–8. http:// www .opc .org /nh .html ?article id = 739; also http://www.frame-poythress.org/evaluating-the-claims-of-scientists/.

_____. "Genesis 1:1 Is the First Event, Not a Summary." *Westminster Theological Journal* 79, no. 1 (2017): 97–121.

_____. *God-Centered Biblical Interpretation*. Phillipsburg, NJ: P&R, 1999. 『하나님 중심의 성경 해석학』(이레서원 역간).

_____. *In the Beginning Was the Word: Language—A God-Centered Approach*. Wheaton, IL: Crossway, 2009.

_____. *Inerrancy and the Gospels: A God-Centered Approach to the Challenges of Harmonization*. Wheaton, IL: Crossway, 2012.

_____. *Inerrancy and Worldview: Answering Modern Challenges to the Bible*. Wheaton, IL:

Crossway, 2012.

_____. *The Lordship of Christ: Serving Our Savior All of the Time, in All of Life, with All of Our Heart.* Wheaton, IL: Crossway, 2016.

_____. "A Misunderstanding of Calvin's Interpretation of Genesis 1:6–8 and 1:5 and Its Implications for Ideas of Accommodation." *Westminster Theological Journal* 76, no. 1 (2014): 157–66.

_____. "Problems for Limited Inerrancy." *Journal of the Evangelical Theological Society* 18, no. 2 (1975): 93–102.

_____. "Rain Water versus a Heavenly Sea in Genesis 1:6-." *Westminster Theological Journal* 77, no. 2 (2015): 181–91.

_____. *Reading the Word of God in the Presence of God: A Handbook for Biblical Interpretation.* Wheaton, IL: Crossway, 2016.

_____. *Redeeming Philosophy: A God-Centered Approach to the Big Questions.* Wheaton, IL: Crossway, 2014.

_____. *Redeeming Science: A God-Centered Approach.* Wheaton, IL: Crossway, 2006.

_____. "Rethinking Accommodation in Revelation." *Westminster Theological Journal* 76, no. 1 (2014): 143–56.

_____. *Symphonic Theology: The Validity of Multiple Perspectives in Theology.* Reprint. Phillipsburg, NJ: P&R, 2001.

_____. "Three Modern Myths in Interpreting Genesis 1." *Westminster Theological Journal* 76, no. 2 (2014): 321–50.

_____. "Time in Genesis 1." *Westminster Theological Journal* 79, no. 2 (2017): 213–41.

_____. *Understanding Dispensationalists.* 2nd ed. Phillipsburg, NJ: P&R Publishing, 1994.

Pratt, John H. *Scripture and Science Not at Variance.* 7th ed. London: Hatchards, 1872.

Pritchard, James B. *The Ancient Near East in Pictures Relating to the Old Testament.* Princeton, NJ: Princeton University Press, 1969.

_____. ed. *Ancient Near Eastern Texts Relating to the Old Testament.* Princeton, NJ: Princeton University Press, 1969.

Provan, Iain. *Discovering Genesis: Content, Interpretation, Reception.* Grand Rapids, MI:

Eerdmans, 2016.

Ramm, Bernard. *The Christian View of Science and Scripture*. Grand Rapids, MI: Eerdmans, 1954. 『과학과 성경의 대화』(IVP 역간).

Ryken, Philip G. "Pastoral Reflection 2: We Cannot Understand the World or Our Faith without a Real, Historical Adam." In *Four Views on the Historical Adam*, edited by Matthew Barrett and Ardel B. Caneday, 267-79. Grand Rapids, MI: Zondervan, 2013. 『아담의 역사성 논쟁』(새물결플러스 역간).

Sanford, John, Wesley Brewer, Franzine Smith, and John Baumgardner. "The Waiting Time Problem in a Model Hominin Population." *Theoretical Biology and Medical Modelling* 12, no. 18 (2015).

Scofield, C. I., ed. *The Scofield Reference Bible*. New and improved ed. New York: Oxford University Press, 1917.

Seely, Paul. "The Firmament and the Water Above: Part I: The Meaning of raqia' in Gen 1:6-8." *Westminster Theological Journal* 53, no. 2 (1991): 227-40.

_____. "The Firmament and the Water Above: Part II: The Meaning of 'The Water above the Firmament' in Gen 1:6-." *Westminster Theological Journal* 54, no. 1 (1992): 31-46.

Skilton, John H. "The Transmission of the Scriptures." In *The Infallible Word: A Symposium by Members of the Faculty of Westminster Theological Seminary*, 3rd rev. printing, edited by N. B. Stonehouse and Paul Woolley, 141-95. Philadelphia: Presbyterian and Reformed, 1967.

Sparks, Kenton L. *God's Word in Human Words: An Evangelical Appropriation of Critical Biblical Scholarship*. Grand Rapids, MI: Baker, 2008.

_____. *Sacred Word, Broken Word: Biblical Authority and the Dark Side of Scripture*. Grand Rapids, MI: Eerdmans, 2012.

Sterchi, D. A. "Does Genesis 1 Provide a Chronological Sequence?" *Journal of the Evangelical Theological Society* 39 (1996): 529-36.

Stonehouse, N. B., and Paul Woolley, eds. *The Infallible Word: A Symposium By Members of the Faculty of Westminster Theological Seminary*. 3rd rev. printing. Philadelphia: Presbyterian and Reformed, 1967.

Sweet, L. M., and G. W. Bromiley. "Accommodation." In *International Standard Bible Encyclopedia*, 1:24-28. Grand Rapids, MI: Eerdmans, 1979.

Throntveit, Mark A. "Are the Events in the Genesis Creation Account Set Forth in Chronological Order? No." In *The Genesis Debate: Persistent Questions about Creation and the Flood*, edited by R. F. Youngblood, 36-55. Grand Rapids, MI: Baker, 1990. 『창세기 격론』(IVP 역간).

Tobin, Vincent Arieh. "Myths: Creation Myths." In *The Oxford Encyclopedia of Ancient Egypt*, edited by Donald B. Redford, 2.269-72. New York: Oxford University Press, 2001.

_____. "Myths: An Overview." In *The Oxford Encyclopedia of Ancient Egypt*, edited by Donald B. Redford, 2.264-69. New York: Oxford University Press, 2001.

Tsumura, David Toshio. *The Earth and the Waters in Genesis 1 and 2: A Linguistic Investigation. Journal for the Study of the Old Testament*, Supplement Series 83. Sheffield: Sheffield Academic, 1989.

Versteeg, J. P. *Adam in the New Testament: Mere Teaching Model or First Historical Man?* translated by Richard B. Gaffin Jr. Phillipsburg, NJ: P&R, 2012. 『아담의 창조』(P&R 역간).

Waltke, Bruce K. *A Commentary on Micah*. Grand Rapids, MI: Eerdmans, 2007.

_____. "The Creation Account in Genesis 1:1-: Part I: Introduction to Biblical Cosmogony." *Bibliotheca Sacra* 132 (1975): 25-36.

_____. "The Creation Account in Genesis 1:1-: Part II: The Restitution Theory." *Bibliotheca Sacra* 132 (1975): 136-44.

_____. "The Creation Account in Genesis 1:1-: Part III: The Initial Chaos Theory and the Precreation Chaos Theory." *Bibliotheca Sacra* 132 (1975): 216-28.

_____. "The Creation Account in Genesis 1:1-: Part IV: The Theology of Genesis 1." *Bibliotheca Sacra* 132 (1975): 327-42.

_____. "The Creation Account in Genesis 1:1-: Part V: The Theology of Genesis 1-Continued." *Bibliotheca Sacra* 133 (1976): 28-41.

_____. *Creation and Chaos*. Portland, OR: Western Conservative Baptist Seminary, 1974.

Waltke, Bruce K., with Cathi J. Fredricks. *Genesis: A Commentary*. Grand Rapids, MI: Zondervan, 2001. 『창세기 주석』(새물결플러스 역간).

Waltke, Bruce K., with Charles Yu. *An Old Testament Theology: An Exegetical, Canonical, and Thematic Approach*. Grand Rapids, MI: Zondervan, 2007. 『구약신학』(부흥과개혁사 역간).

Walton, John H. *Genesis 1 as Ancient Cosmology*. Winona Lake, IN: Eisenbrauns, 2011. 『창세기 1장과 고대 근동 우주론』(새물결플러스 역간).

_____. "A Historical Adam: Archetypal Creation View." In *Four Views on the Historical Adam*, edited by Matthew Barrett and Ardel B. Caneday, 89-118. Grand Rapids, MI: Zondervan, 2013. 『아담의 역사성 논쟁』(새물결플러스 역간).

_____. *The Lost World of Genesis One: Ancient Cosmology and the Origins Debate*. Downers Grove, IL: InterVarsity Press, 2009. 『창세기 1장의 잃어버린 세계』(그리심 역간).

Warfield, Benjamin Breckinridge. *The Inspiration and Authority of the Bible*. Edited by Samuel G. Craig. Philadelphia: Presbyterian and Reformed, 1967.

Weeks, Noel. "The Ambiguity of Biblical 'Background.'" *Westminster Theological Journal* 72, no. 2 (2010): 219-36.

_____. "Cosmology in Historical Context." *Westminster Theological Journal* 68, no. 2 (2006): 283-93.

_____. "Problems in Interpreting Genesis: Part 1." Creation 2, no. 3 (June 1979): 27-32. http://creation.com/problems-in-interpreting-genesis-part-1.

_____. *Sources and Authors: Assumptions in the Study of Hebrew Bible Narrative*. Piscataway, NJ: Gorgias, 2011.

Wenham, Gordon J. *Genesis 1-15*. Word Biblical Commentary 1. Waco, TX: Word, 1987. 『창세기 상』(솔로몬 역간).

"What Is Analogy?" ThoughtCo. https://grammar.about.com/od/ab/g/analogy.htm.

Wilson, Joshua Daniel. "A Case for the Traditional Translation and Interpretation of Genesis 1:1 Based upon a Multi-Leveled Linguistic Analysis." PhD diss., Southern Baptist Theological Seminary, 2010.

Winther-Nielsen, Nicolai. "'In the Beginning' of Biblical Hebrew Discourse." In *Language in Context: Essays for Robert E. Longacre*, edited by Shin Ja J. Hwang and

William R. Merrifield, 67-80. Dallas TX: The Summer Institute of Linguistics and the University of Texas at Arlington, 1992. https://www.sil.org/system/files/reapdata/12/98/61/129861883369277823521029452481206904550/31844.pdf.

Woodbridge, John D. *Biblical Authority: A Critique of the Rogers/McKim Proposal*. Grand Rapids, MI: Zondervan, 1982. 『성경의 권위』(선교횃불 역간).

Young, Edward J. "The Interpretation of Genesis 1:2." *Westminster Theological Journal* 23, no. 2 (1961): 151-78.

Young, Edward J. *An Introduction to the Old Testament*. Revised edition. Grand Rapids, MI: Eerdmans, 1960. 『구약총론』(개혁주의신행협회 역간).

_____. "The Relation of the First Verse of Genesis One to Verses Two and Three." *Westminster Theological Journal* 21, no. 2 (May 1959): 133-46.

_____. *Studies in Genesis One*. Philadelphia: Presbyterian and Reformed, 1964.

Youngblood, Ronald. *The Book of Genesis: An Introductory Commentary*. Grand Rapids, MI: Baker, 1991.

천지창조에서 에덴까지

천지창조에서 에덴까지

창세기 1-3장을 성경으로서 읽고 이해하기

Copyright ⓒ 새물결플러스 2021

1쇄 발행 2021년 3월 11일

지은이 번 S. 포이트레스
옮긴이 김광남
펴낸이 김요한
펴낸곳 새물결플러스

편 집 왕희광 정인철 노재현 한바울 정혜인
이형일 나유영 노동래 최호연
디자인 윤민주 황진주 박인미 이지윤
마케팅 박성민 이원혁
총 무 김명화 이성순
영 상 최정호 곽상원
아카데미 차상희

홈페이지 www.holywaveplus.com
이메일 hwpbooks@hwpbooks.com
출판등록 2008년 8월 21일 제2008-24호
주 소 (우) 04118 서울시 마포구 마포대로19길 33
전 화 02) 2652-3161
팩 스 02) 2652-3191

ISBN 979-11-6129-196-3 93230

책값은 뒤표지에 있습니다.